כי הוא זה מקדש מעט פה ק״ק מנהיים

Denn es ist dieses kleine Heiligtum hier, die heilige Gemeinde Mannheim

Aus dem Mannheimer Selichot-Buch, Anfang 18. Jahrhundert,
Reiß-Museum

Volker Keller

Jüdisches Leben in Mannheim

EDITION QUADRAT

Als Ergänzung zu dem vorliegenden Buch ist der Bildband
„Bilder vom jüdischen Leben in Mannheim"
erschienen. Zur besseren Orientierung finden Sie
am Ende der einzelnen Kapitel einen Hinweis auf die
dazugehörigen Abbildungen im Bildband.

Eventuell unbekannte Begriffe, meist aus dem Hebräischen,
können am Ende des Buches nachgeschlagen werden.

Die Deutsche Bibliothek – CIP-Einheitsaufnahme

Keller, Volker:
Jüdisches Leben in Mannheim / Volker Keller. - Mannheim :
Ed. Quadrat, 1995
ISBN 3-923003-71-4

Titelgestaltung und Layout:
Designgruppe Fanz & Neumayer: Uwe Heuing
Satz und Reproduktion:
Designgruppe Fanz & Neumayer: Ruth Morio und Uwe Heuing
Filmbelichtung: typoPlus, Mannheim
Druck: Progress-Druck, Speyer
Buchbinderische Verarbeitung:
Großbuchbinderei Spinner, Ottersweier

Inhaltsverzeichnis

Grußwort

Ein verdienstvolles Werk wird hiermit vorgestellt. Nur wenige können noch über das Leben der Juden Mannheims befragt werden. Sie sind alt, krank und über die ganze Welt verstreut. Mit viel Fleiß und Engagement sind hier Inhalte zusammengetragen worden, die nicht nur in Dokumenten und Geschichtsbüchern zu finden sind. Das Buch dient außerdem als Quelle für jüdische Bräuche und Gesetze, die mit dem täglichen Leben der Juden verbunden sind. Dabei ist mit Sorgfalt und Sachkenntnis vorgegangen worden.

Das Inhaltsverzeichnis vermittelt einen Eindruck von der Reichhaltigkeit der hier behandelten Themen. Das Judentum hat ja nicht nur mit den im engeren Sinne „religiösen" Dingen zu tun, sondern umfaßt alle Bereiche des Lebens. Dementsprechend vielfältig ist die Anzahl der hier aufgeführten Gegenstände. Wer sich über jüdisches Leben im allgemeinen informieren will, findet hier wertvolles Material.

Ein solches Buch ist nicht nur eine Angelegenheit von Pietät und Betroffenheit. Es ist auch nicht nur ein wesentliches Dokument liberalen Geistes in einer Zeit, in der nationale Engführung und falsch verstandener Patriotismus wieder zu Besorgnis Anlaß geben.

Es ist vielmehr Ausdruck des Menschseins überhaupt in dem Sinne, in dem Hannah Arendt das Humanum als die Anerkennung von Unterschieden definiert hat.

Allenthalben hören wir Stimmen, auch von Menschen, die es besser wissen sollten, die jeglichen Pluralismus heute ablehnen und uns auf einen eindimensionalen Weg, eine Art geistige Myopie beschränken wollen. Daß jüdische Menschen seit 2000 Jahren, früher als viele erst durch die Völkerwanderung hierher verschlagene ethnische Gruppen, in diesem Deutschland ansässig gewesen sind und durch ihre Kultur und Geistigkeit einen nicht zu unterschätzenden Beitrag zur Allgemeinheit geleistet haben, soll hier andeutungsweise dokumentiert werden.

Ich wünsche diesem Buch weite Verbreitung, insbesondere bei einer Jugend, die nicht nur offen für Neues ist, sondern auch bereit, das Überkommene zur Erweiterung von Wissen und eigener Bereicherung zur Kenntnis zu nehmen.

Jerusalem, im Jahre 1995

Professor N. Peter Levinson

Landesrabbiner von Baden a. D. und
Stadtrabbiner von Mannheim ehrenhalber

Grußwort

Dieses Buch ist eine würdige Ergänzung des Bildbandes über die Geschichte der Mannheimer Juden, eine bewegende und liebevoll ausgeführte Chronik, die heute für jeden historisch Interessierten dieser Stadt unverzichtbar sein dürfte.

Ich wünsche diesem Band weite Verbreitung, insbesondere unter Schülern und Studierenden.

Nachdem viele Jahrzehnte jüdische Geschichte den Historikern nicht relevant erschien, später der Mechanismus der Verdrängung die Ereignisse der Vergangenheit eines einst hier blühenden, lebendigen Judentums der Vergessenheit zu überlassen schien, interessieren sich mehr und mehr unbelastete, wißbegierige junge Menschen für eine Gemeinschaft, die einst in ihrer Mitte bestanden hatte.

Es ist anerkennenswert und zu begrüßen, daß eine solche Publikation jetzt der Öffentlichkeit übergeben werden kann.

Manfred Erlich

1. Vorsitzender der
Jüdischen Gemeinde Mannheim

Toleranz sollte eigentlich nur
eine vorübergehende Besinnung sein;
sie muß zur Anerkennung führen,
dulden heißt beleidigen.

Johann Wolfgang v. Goethe

Zum Geleit

1995 Das Jahr der 50. Wiederkehr des Tages der Befreiung vom barbarischen Nationalsozialismus wird von einigen, nicht einflußlosen Leuten in der Republik dazu benutzt, unsere Geschichte dieses Jahrhunderts neu zu bestimmen. Sie, die sogenannten Revisionisten, stellen in Frage, verharmlosen, vergleichen, rechnen auf und verleugnen. Sie wollen die erlösende Rede Richard von Weizsäckers aus dem Jahr 1985 in die Vergessenheit drängen und die Befreiung vom Nationalsozialismus als Niederlage Deutschlands interpretieren.

1995 darf schon deswegen, vor allem aber um unserer selbst willen, nicht zum Jahr des Endes der Aufklärung über den Nationalsozialismus werden. Die Anstrengungen müssen weitergehen, ja verstärkt werden, denn die Lehren aus der Geschichte können nur richtig gezogen werden, wenn man sie in ihrer Wahrhaftigkeit erkennt und sie verinnerlicht. Begreifen wird man die Geschichte seines Volkes am besten, wenn man sie an der Geschichte seines Ortes lernt. Zu ihrer zukunftsweisenden Bewertung kommt man erst, wenn man das Leben der Minderheiten und ihre Stellung in der Geschichte kennt.

Es ist darum das Verdienst von Volker Keller und dem Verlag EDITION QUADRAT im Jahre 50 nach der

Befreiung von der nationalsozialistischen Barbarei, dieses Buch vorzulegen. Autor und Verlag setzen fort, was sie mit dem Band „Bilder vom jüdischen Leben in Mannheim“ im 50. Jahr nach der Reichspogromnacht begonnen hatten.

In dem jetzigen Werk steht der Text im Vordergrund. Ausführlich wird die geschichtliche Entwicklung der jüdischen Einrichtungen und Organisationen dargestellt. Die geistigen Strömungen, die das innerjüdische Leben in Mannheim geprägt haben, werden in ihren Spannungsfeldern zwischen religiösem Liberalismus und Orthodoxie, Assimilation und Abgrenzung, ansässigen und osteuropäischen Juden, Deutschpatriotismus und Zionismus genauso dargestellt wie die von Mannheimer jüdischen Repräsentanten ausgegangenen Impulse geistiger Erneuerung, vor allem in der Kultur und im sozialen Leben.

Keller schließt seine Darstellung nicht ab im Jahr 1945, sondern führt uns hinein in die neue jüdische Gemeinde Mannheims und zu den Orten ehemaliger Mannheimer jüdischer Bürgerinnen und Bürger in Israel. Mit diesem letzten Aspekt lenkt er unseren Blick auf die besondere Verantwortung Deutschlands für Israel und das bleibende besondere deutsch-israelische Verhältnis.

Die Gegenwart unserer Stadt mit Menschen aus vielen Nationen und mit Gläubigen aller Weltreligionen macht es nötig, daß wir mehr voneinander wissen. Dieses Buch leistet dazu Hilfe. Darum wünsche ich ihm eine weite Verbreitung, gerade bei der Jugend und zum Wohle der Zukunft unseres Gemeinwesens.

Siegfried Vergin

Mitglied des Deutschen Bundestages

Vorwort

Seit dem Erscheinen des Bandes „Bilder vom jüdischen Leben in Mannheim" sind sieben Jahre vergangen – eine Zeit, in der sich vieles verändert hat. Auch die jüdische Gemeinde hat Erneuerungen erfahren. Im vorliegenden Buch sind die Entwicklungen der letzten Jahre mit berücksichtigt, auch in der Auswahl der Bilder. Die lange Tradition der *„altehrwürdigen Gemeinde in Mannheim"*, wie sie 1922 in der ersten Ausgabe des Israelitischen Gemeindeblatts genannt wurde, verlangt gleichwohl einen Blick über vier Jahrhunderte – ein Blick, der Hochachtung gebietet vor den Leistungen jüdischer Frauen und Männer. Er zeigt eine Seite Mannheims, die der Stadt alle Ehre macht. Dennoch ist es ein zwiespältiger Blick. Er ruft ins Bewußtsein, welches nie wiedergutzumachende Unrecht gerade den Menschen angetan wurde, die in Mannheim Werte gesetzt haben.

Das jüdische Mannheim der Vergangenheit und Gegenwart weist, trotz Verfolgung, Hindernissen und Krisen, eine Kontinuität auf, die Hoffnung zuläßt. Juden leben wieder inmitten der städtischen Gemeinschaft, obwohl Mannheimer Bürger „christlichen" Ursprungs ihre jüdischen Nachbarn verraten und in den Tod getrieben haben. Eine neue, schöne Synagoge bereichert das Stadtzentrum, obwohl Juden auch in der vergleichsweise toleranten Stadt seit jeher angefeindet wurden. Jüdischer Glaube, jüdisches Gebet und jüdische Tradition sind auch hier wieder lebendig, obgleich die seit der Nazizeit wesentlich kleinere Gemeinde auf sich gestellt und auf das Engagement weniger Menschen angewiesen ist. Daß seit 340 Jahren Judentum in Mannheim gelebt wird, hat etwas Tröstliches. Es erfüllt mit Dankbarkeit. Ein Gedenken der jüdischen Geschichte Mannheims ruft jene Menschen in Erinnerung, welche die uralten Bestimmungen des Judentums mit Leben erfüllt, aufrechterhalten und weitergegeben haben. Es waren jene Frauen und Männer, die dem Eitlen in der Welt entgegengetreten sind. Ihre Gottesfurcht, ihr Wissen und ihre der Gemeinschaft zur Verfügung gestellte Kraft machten und machen eine Antwort auf die Fragen nach dem Sinn des Lebens möglich.

Als Autor dieses Buchs, das ein Gedenkbuch sein soll, möchte ich jenen Menschen danken, deren Forschungen die Dokumentation in dieser Form ermöglicht haben. Seit den 20er Jahren arbeitete der Hauptlehrer Berthold Rosenthal unermüdlich die Geschichte der Juden in Mannheim auf und verfaßte grundlegende Veröffentlichungen zu dem Thema. Er mußte 1940 vor den Nazis fliehen; sein Nachlaß im Leo Baeck Institute in New York ist wohl das bedeutendste Quellenmaterial zur Geschichte der Mannheimer jüdischen Gemeinde. Die Autorinnen und Autoren, die vor langer Zeit, etwa im Israelitischen Gemeindeblatt, Beiträge veröffentlichten, haben ebenso unersetzliche Bausteine zu einer geschichtlichen Darstellung beigetragen. Hans-Joachim Fliedner legte 1971 eine beispielgebende Dokumentation zur Verfolgungsgeschichte der Mannheimer Juden 1933 – 1945 vor, und Bürgermeister i.R. Karl Otto Watzinger erinnerte in Buch- und Aufsatzveröffentlichungen unentwegt an den Beitrag der Juden zum städtischen Gemeinwohl. Tilde Bayer, die sich mit verschiedenen Aspekten der jüdischen Geschichte Mannheims befaßte, danke ich für zahlreiche Hinweise.

Namhafte Geldspenden folgender Personen, Firmen und Institutionen ermöglichten den Druck dieses Bandes: Jüdische Erinnerungsstiftung, Heinrich Vetter, Mannheimer Versorgungs- und Verkehrsgesellschaft m.b.H., ÖVA-Versicherungen, Rotary-Club Mannheim, Siegfried Vergin, Bäckerei Grimminger, Katholisches Stadtdekanat Mannheim, Evangelisches Dekanat Mannheim, Werner Albrecht. Ihnen sei in besonderer Form gedankt.

Herzlicher Dank gebührt den vielen Zeitzeugen, die meine Fragen geduldig über sich ergehen ließen, stets mit ihrem Wissen zur Verfügung standen und ihre Fotoalben „plünderten". Hierfür danke ich vielen Mitgliedern der Jüdischen Gemeinde, den Damen und Herren des Vorstandes und zahlreichen ehemaligen Mannheimern. Den Mitarbeitern der Archive, Museen und Bibliotheken bin ich für zahlreiche Auskünfte und Hilfeleistungen zu Dank verpflichtet. Die Namen der Informanten, Leihgeber und Helfer sind im nachfolgenden Abschnitt genannt. Herrn Oskar Althausen und Michael C. Sternheimer danke ich für viele sachliche Hinweise. Für die Durchsicht der Manuskripte zu diesem Buch sei Hildegard Wipfler, Schlomit Jäkle, Eleonore Kopsch, Dora Mönchmeyer, Wolfgang Roth und Cornelia Oslow herzlich gedankt. Cornelia brachte stets Verständnis und hilfreiches Interesse für meine Arbeit auf. Der Gestaltung dieses Buches widmeten sich die Mitarbeiter der Designgruppe Fanz & Neumayer in einfühlsamer Weise. Dem außerordentlichen Engagement von Bernhard Wipfler vom Verlag Edition Quadrat ist es zu verdanken, daß der Band in der vorliegenden ansprechenden Form erscheinen konnte. Herrn Siegfried Vergin, der diese Veröffentlichung anregte, über Jahre hinweg mit Interesse begleitete und förderte, bin ich besonders zu Dank verpflichtet. Ausdrücklich bedanke ich mich schließlich bei Herrn Rabbiner Professor Dr. Levinson, der mich wiederholt zur Veröffentlichung dieser Arbeit anregte.

Mannheim, im Mai 1995

Volker Keller

Danksagung

Folgende Personen, Firmen und Institutionen haben diese Arbeit ideell oder materiell unterstützt. Ohne ihre Mithilfe wären die Bände „Bilder vom jüdischen Leben in Mannheim" und „Jüdisches Leben in Mannheim" in der vorliegenden Form nicht zustande gekommen. Ihnen allen gebührt ausdrücklich herzlicher Dank.

Aberle, Ernst
Adler, Anna
Albrecht, Werner
Alexander, Alice
(geb. Siesel)
Althausen, Oskar
Althausen, Rita
Angst, Inge
(geb. Furchheimer)
Appel, Rudy
Ariav, Esther
(geb. Goldmann)
Arnscheidt, Grit

Baer, Ilse
Baer-Kambert, Isabel
Baker, Trude
Bauer, Erna K.
Baum, Doris
Baum, Lena (geb. Levi)
Baum, Robert
Baum, Rolf
Bayer, Tilde
Beer, Ruth
Berg, Marie
Bier-de-Jong, Mirjam
(geb. de Jong)
Bigler, Kurt
(früher Bergheimer)
Billigheimer, Gertrud
Billigheimer, K. E.
Birnbaum, Leopold
Bohnert & Neusch
Borger, Paula
(geb. Bauer)
Brecht, Irma
Breunig, Magdalena
(geb. Gushurst)
Brintzinger, Christel

Cahen, Max
Cahn, Kurt
Caroli, Michael
Christen, Jean
Cohen, Cläre
Cohen, Daniel J.
Copley, Ruth
(geb. Heilbrunn)
Covier, Margot
(geb. Blicksilber)

David, Ruth
(geb. Oppenheimer)
Dellheim, Arthur F.
Designgruppe
Fanz & Neumayer

Eberstadt, Christoph
Eble, Paul-Otto
Eder-Skolnik, Ruth
Eigermann-Wolf, Ora
Eisenmann, Ruth
Elter, Isidor
Elter, Simon
Engel, Georg D.
Enthoven, Paul
Eppstein, Walter
Eppstein, Yehuda
Erlich, Alisa und
Manfred
Evangelisches
Dekanat Mannheim

Fanz, Norbert
Feist, Ruth
(geb. Rosenthal)
Fischel, Albert
Fischel, Kurt
Fisher, E.
Fleischner, Anneliese de
Fliedner, Hans-Joachim
Florsheim, Edith
Fokina-Wolf
Frank, Milli
Frank, Werner Seev
Frank de Kramer, Lore
Franzot, Marc
Fränkel, Max
Freeman, Eugene
Freudenthal, Ernest G.
Friedhoff, Grete
(geb. Günzburger)
Friedländer,
Charles Jackson
Friedman, Ina
Friedman, Michael
Friedmann, Cilla
(geb. Althausen)
Friedmann, Jakob
Friedmann, Viktor
Froehlich, Harry W.

Generallandesarchiv
Karlsruhe
Gesche, Inga
Gezow, Amira
(früher Siesel, Charlotte)
Giladi, Rahel (geb. Unna)
Giveon, Emanuel
(früher Hochmann)
Goetter, Richard
Golan, Abraham
Goldstein, Zwi
Goold, Ilse
(geb. Seligmann)
Grimminger, Bäckerei
Gruenewald, Judith
Gruenewald, Max
Grünwald, Lotte
Guggenheimer, Julius

Haas, Gad (früher Edwin)
Hamburger, José
Hasenfus, Willy
Haug, Udo
Hauptstaatsarchiv
Stuttgart
Haushofer, Heinz
Hebrew Union College
Cincinnati/USA
Heinrich, Elisabeth und
Jehoshua
Heuing, Uwe
Hirsch, Erwin
Hirsch, Kurt
Hirschhorn, Fritz
Hirschhorn, Simon
Hoffmann, Mosche
Hoffmann, Sigmund
Hoffmann-Lewy, Edith
(geb. Flattau)
Hohenemser, Kurt
Homering, Liselotte

Israel-Museum Jerusalem

Jablon, Gerald
Jäkle, Schlomit
Jatuw, Chaim
Jewish Museum New York
Joswig, Dominik
Jüdische Erinnerungs-
stiftung
Jüdische Gemeinde Genf
Jüdische Gemeinde
Mannheim

Just, Simone
Just-Dahlmann, Barbara

Kahn, Edith T.
Kahn, Klara
Kahn, Robert B.
Kalberman, Frieda
Kälbermann, Mosche (Max)
Kalter, Arthur
Kampf, Josef
Karlsruher, Gerhard
Katholisches Stadtdekanat Mannheim
Katz, Ruth (geb. Levi)
Katzenstein, Trude (geb. Doiny)
Kaufmann, Ernest
Kaufmann, Max
Keese, Gudrun
Keller, Kurt
Kessler, David
Kesten, Sally
Kirchheimer, Arnold
Kirchheimer, Irene B.
Knox, Ruth (geb. Liebermensch)
Kopsch, Eleonore
Kohl-Shapiro, Ruth
Krämer, Helmut
Krone, Katharina
Kukatzki, Bernhard

Lamkowski, Reinhold
Landesdenkmalamt Karlsruhe
Landmann, Otto
Landsberger, Ruth (geb. Bucher)
Lassman-Rosin, Miriam (geb. Lassmann)
Lattek, Volker
Laufer, Josef
Leistner, Dieter
Lenczicki, Isaak
Lenel, Edith
Lenel, Fritz Viktor
Lenel, Heinz Walter
Leo Baeck Institute New York
Levi, Lora H.
Levinson, Nathan Peter
Levinson, Pnina Navè
Levy, Otto
Lewin, Hanna (geb. Liebermensch)
Leyser, Michael H.
Liebhold, Franz
Lindauer, Kaete
Löhr, Günther
Lussheimer, Heinz
Lustmann, B.

Maas, Gershon
Mainfränkisches Museum Würzburg
Mamlok, Rifka
Mannheimer Morgen
Mannheimer Versorgungs- und Verkehrs-gesellschaft m.b.H.
Mansbach, F.S.
Marhöfer, Orna
Marx, Peter
Marx, Stephen H.
Marx, William
Mathieu, G. Bording
Matthes, Rainer
Matzner, Bernhard
Matzner, Josef
Mayer, Adrian
Mayer, Elsa
Mayer, Heinz S. v.
Mettenheim, Amalie
Metzger, Ernst
Metzger, Luise (geb. Stiefel)
Mönchmeyer, Dora
Moos-Liebmann, Lisa (Lee, geb. Moos)
Morgenthau, Henry
Morio, Ruth

Nathan, John
Nathan, Kilian
Nathansohn, Karola Ruth (geb. Bodenheimer)
Neter, Fred
Neter, Robert
Neubauer, Otto F.
Neuberger, Hans
Neumayer, Peter
Newman, Morris L.

Oberrat der Israeliten Badens
Ochßner, Rolf
Oppenheimer, Friedrich
Oppenheimer, Gerd
Oppenheimer, Hans
Oppenheimer, Michel
Ormond, Ilse
Oslow, Cornelia
ÖVA-Versicherungen

Paulus, Jael
Perla, Greta
Perlstein, Doris (geb. Herzberg)
Philipp, Anke
Philipsborn, Lothar
Polak, Henni
Pringle, Anni

Rappaport, Erna
Rath, Kurt
Rath, Paul
Raviv, Menachem (früher Rosenthal, Ernst)
Reiner, Charles
Reiß-Museum Mannheim
Rennert, Ruth
Retwitzer, Heinz-Jacob
Richheimer, Helmut
Richter, Karl
Rieder, Zwi
Ritter, Heinrich
Rogers, Harold (früher Rosenberger, Hans)
Rosen-Perry, Ruth
Rosenberger, Ernest E.
Rosenblatt, Max
Rosenfeld, Gérald
Rosenfeld, Hannelore (geb. Silbermann)
Ross, Ruth
Rossbach-Emden, Paul
Rossmann, Ilse
Rossmann, Karl J.
Rotary-Club Mannheim
Roth, Wolfgang
Rothe, Philipp
Rülf, Ruth (geb. Unna)

Sacks, Joanna
Salomon, Felix
Salomon, Hans
Salomon, Walter
Schade, Ria
Scherer, Wolfgang
Schiller, Friedrich
Schiller, Lieselotte
Schmucker, Karl
Schmucker, Lothar
Schuler, Erich
Schwarzkachel, Gusta (geb. Kampf)
Seeliger, Arno
Selinko, Lotte
Shepard, Peter
Shore, Edith (geb. Maier)
Sichel, Elizabeth
Sichel, Ernst
Sicher, Ernst J.
Soicher, Liese
Solberg, Miriam
Sotheby's Auktionshaus New York
Soussan, Benjamin David
Sperber, Lisa (früher Lisl Süss)
Spiegel, Renate
Staatsarchiv Hamburg
Stadtarchive Heidelberg, Offenburg, Mannheim
Stadtplanungsamt Mannheim
Stahl, Josef
Stahl, Richard W.
Steiner, Hansi (geb, Frank)
Stern, Georges
Stern, Matilde
Stern, Renée
Sternheimer, Harry
Sternheimer, Michael C.
Stimm, Albert
Stras, Walter
Strauss, Alfred
Strauss, Erich
Strauss, Ilse
Strauss, Kurt
Ströhlein, Ernst
Studniberg, Marlies

Thinius, Trude
Tixier, Claude
Trumpp, Karl-Heinz

Unna, Mosche
Unna, Suse

Vergin, Siegfried
Vetter, Heinrich

Wailersbacher, Otto
Waitzfelder, Ruth
Wallach, Lore
Watzinger, Karl Otto
Wecken, Kurt
Weiß, Heinz
Weiss, J. Vered
Weiss, Leonore
Wertheimer, Frederick
Westheimer, Gertrude
Wielandt, Friedrich
Wipfler, Bernhard
Wipfler, Hildegard
Wittner, Lore
Wolfensberger, Wolf
Wolff, Christian

Zatzkis, Herbert
Zernik, Charlotte E.
Zipori-Vogelhut, Zwi
Zweig, Rose (geb. Rennert)

Suchet der Stadt Bestes,
dahin ich euch habe
wegführen lassen, und
betet für sie zum Herrn

Jeremia 29, 7

Juden in Mannheim

Es sollen, *„wie man sagt, nun mehr Juden, alß Christen, zu Mannheim wohnen"*, schrieb Prinzessin Liselotte von der Pfalz 1720 in einem Brief.[1] Ein Frankfurter Reisender berichtet 1731 über seine Eindrücke von Mannheim: *„Bei der Betrachtung gegenwärtiger Stadt mußte [ich] mich auch über die Menge der allhier in besonderer Freiheit lebenden Juden verwundern."* [2] Ein *„Engelländer"* beschreibt 1790 den *„Mannheimer"* als *„ein Gemische vom Franzosen und Juden, mit welch letzterem er auch sogar viel Ähnliches im Sprachklange hat"*. [3] Die Äußerungen dieser Zeitgenossen, die gewiß von subjektivem Erleben und auch von Ironie geprägt sind, beleuchten ein wenig das besondere Verhältnis von Juden und Christen im Mannheim der Kurfürstenzeit.

Der jüdische Bevölkerungsanteil war hier ungewöhnlich hoch. Die jüdische Gemeinde war, und ist heute wieder, eine der größten Süddeutschlands. Jüdische Unternehmer, Wissenschaftler, Künstler und Mäzene trugen bis ins 20. Jahrhundert wesentlich zur wirtschaftlich-kulturellen Blüte der Stadt bei. In Mannheim war zeitweise die Existenz der vielbeschworenen „deutsch-jüdischen Symbiose" unbestritten. Dennoch gab es auch in dieser

Stadt schon immer antijüdische Tendenzen, fand 1933 – 45 auch hier das fruchtbare Zusammenleben ein grausames und beschämendes Ende.

Vor dem Dreißigjährigen Krieg lebten nur wenige Juden in der Kurpfalz. Die Politik ihnen gegenüber war engherzig und feindselig. Dieser offizielle Kurs änderte sich, als Kurfürst Karl Ludwig nach dem Westfälischen Frieden von 1648 mit dem Wiederaufbau des durch den Krieg entvölkerten und verwüsteten Landes begann. Sein Augenmerk galt besonders jüdischen Handelsleuten, von denen er sich den erhofften Aufschwung versprach. Im holländischen Exil hatte Karl Ludwig erfahren, wie die Juden das Wirtschaftsleben bereichert hatten. 1652 erließ er einen Aufruf an *„alle ehrlichen Leute von allen Nationen"*, in Mannheim zu siedeln.[4] Aus den Ruinen Mannheims sollte mit Hilfe vermögender und handeltreibender Juden eine blühende Handelsstadt, ein zweites Amsterdam erstehen.

Die ersten fünf Familien kamen um 1655 aus Pfeddersheim bei Worms nach Mannheim. In religiöser Hinsicht waren sie anfangs dem Rabbinat in Worms unterstellt. Die rechtliche Grundlage für die Existenz der aschkenasischen oder „deutschen" Juden in Mannheim schuf die Konzession von 1660, die ihnen weitgehende Gewerbefreiheit zubilligte. Sie gewährte den Juden in öffentlich-rechtlicher und in wirtschaftlicher Hinsicht Rechte wie keine andere deutsche Stadt.[5] Dennoch blieben, trotz aller Vorteile, auch die Mannheimer Juden Bürger zweiter Klasse. Ihr Status war der des „Schutzbürgers", d.h. sie hatten ein „Schutzgeld" zu entrichten, um in der Stadt wohnen und einige der bürgerlichen Rechte in Anspruch nehmen zu dürfen. Allerdings gewährte ihnen die Konzession als „Starthilfe" die Befreiung von diesem Schutzgeld für zwölf Jahre, also bis 1672. Die nächste Generation hatte sich das Schutzrecht jeweils neu zu erkaufen.

Neben der Ansiedlung deutscher Juden erstrebte die Regierung insbesondere den Zuzug sefardischer, aus Südwesteuropa stammender, sogenannter „portugiesischer" Juden, welche meist besonders vermögend und angesehen waren. Auch den Sefardim wurde eine Konzession gewährt, deren Inhalt nicht überliefert ist. Bei ihrer Abfassung scheint man sich an den Privilegien der Amsterdamer Juden orientiert zu haben.[6] Die Sefardim genossen weitergehende Rechte als die deutschen Juden.[7] Die vier überwiegend aus Südfrankreich nach Mannheim übersiedelten „portugiesischen" Familien mit den Namen Astroucque, Carcassonne und Nacquet unterschieden sich von den deutsch-aschkenasischen Juden durch ihren sefardischen Ritus, größeren Reichtum und höhere Allgemeinbildung.[8] Sie bildeten anfangs eine eigene Gemeinde, gingen jedoch dann in der deutschen Gemeinde auf. Nicht selten führten die sozialen und kulturellen Unterschiede zu Streitigkeiten, die zuweilen auch vor den Stadtrat getragen wurden.[9] Liselotte von der Pfalz erwähnt *„die Juden von Avignon, da einer von so eine schönne fraw hatte."* [10]

Neben den hauptsächlich aus der Umgebung Mannheims stammenden Zuwanderern kamen auch polnische und österreichische Juden in die Stadt [11], was in der jungen jüdischen Gemeinde nicht immer ohne Konflikte blieb. Dem Vorsteher Herz wurde vorgeworfen, daß er so viele „Polacken" anzöge, daß die deutschen Juden bald in der Minderheit seien.[12]

Die Konzessionen wurden von den jeweiligen Kurfürsten erneuert und erweitert. Während unter Karl Ludwig die Zahl der aufzunehmenden Juden unbegrenzt war, schränkte sein Nachfolger Kurfürst Karl im Jahr 1682 die Anzahl der Familien auf 84 ein; zwei Jahre später erhob er die Forderung nach einem Mindestvermögen von 300 Gulden.[13] Im Pfälzischen Erbfolgekrieg, in dem die Stadt 1689 zum zweiten Mal zerstört wurde, leisteten die Juden mit hohen Sach- und Geldspenden, durch Schanzarbeiten und im Feuerlöschdienst ihren Beitrag zur Stadtverteidigung und beteiligten sich schon 1690 am Wiederaufbau Mannheims.[14] Kurfürst Johann Wilhelm erweiterte 1698 die Zahl der zugelassenen Familien auf 150. Karl Philipp setzte in der Konzession von 1717 das Wohnrecht auf maximal 200 Familien fest, ein rechtliches Fixum für das gesamte 18. Jahrhundert.[15] Die tatsächliche Anzahl jüdischer Familien in der Stadt lag hingegen zeitweise darüber, einerseits, weil die Rabbinerfamilien der Klausen nicht unter die zugelassene Zahl gerechnet wurden, andererseits, weil die Quote auch den Behörden nicht immer als ehernes Gesetz galt.[16] Die Wirtschaftskraft jüdischer Einwohner überzeugte.

Als Kurfürst Karl Philipp 1720 seine Residenz nach Mannheim verlegte, nahm er das Angebot des Emanuel Oppenheim an, bis zur Bezugsfertigkeit des Residenzschlosses im Oppenheimschen Stadtpalais zu wohnen. Emanuel war der Sohn des kaiserlichen Hofjuden und Oberfaktors Samuel Oppenheim in Wien. Sein stattliches Haus an der Stelle des heutigen Hauses R 1, 1-3 diente dem kurfürstlichen Hof als Interimsresidenz, bis das Schloß im Jahr 1731 bezugsfertig war.

Die Wirtschaftsform des Merkantilismus, die in der ersten Hälfte des 18. Jahrhunderts ihre Blütezeit erreichte, begünstigte auch die Lage der Mannheimer Juden. Jüdische Handelsleute besorgten die Finanzierung der pfälzischen Manufakturen, den Export der dort hergestellten Waren und die Einfuhr ausländischer Rohstoffe. Zahlreiche Juden

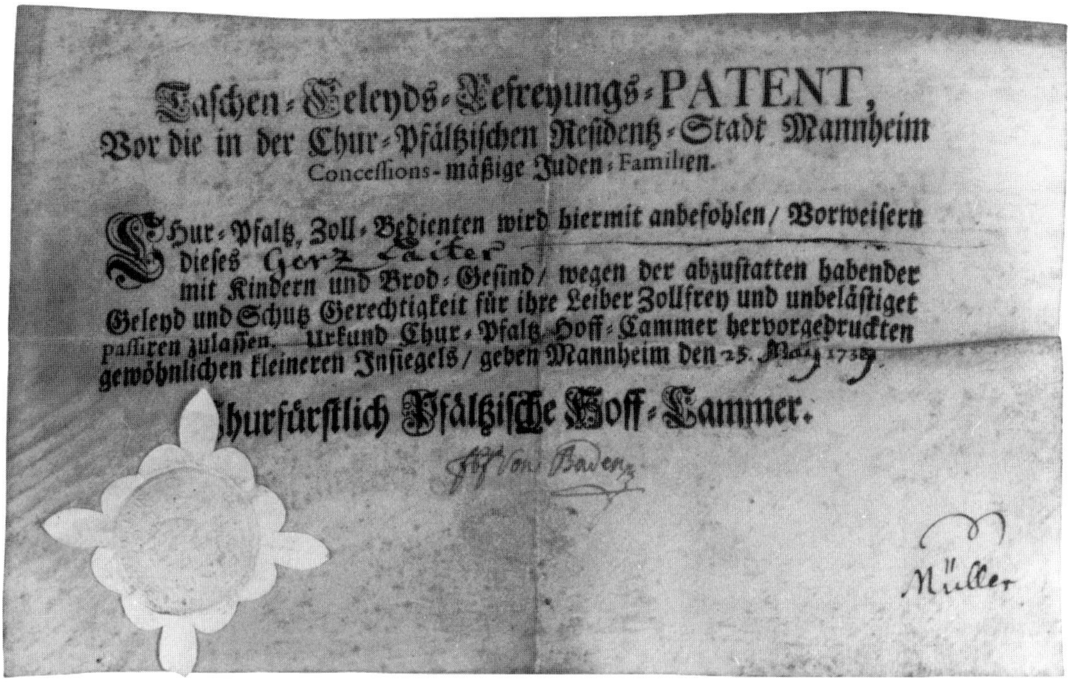
Taschen-Geleyds-Befreyungs-PATENT,
Vor die in der Chur-Pfältzischen Residentz-Stadt Mannheim
Concessions-mäßige Juden-Familien.

Chur-Pfaltz, Zoll-Bedienten wird hiermit anbefohlen/ Vorweisern dieses Görz Laiter mit Kindern und Brod-Gesind/ wegen der abzustatten habender Geleyd und Schutz Gerechtigkeit für ihre Leiber Zollfrey und unbeläſtiget passiren zulassen. Urkund Chur-Pfaltz-Hoff-Cammer hervorgedruckten gewöhnlichen kleineren Insiegels/ geben Mannheim den 25. May 1739.

Churfürstlich Pfältzische Hoff-Cammer.

von Baden

Müller

Passierschein der kurpfälzischen Hofkammer für den Mannheimer Juden Görz Laiter und seine Familie, Mannheim 25.5.1739.

Pergamentfolie mit Papiersiegel.

waren im Eisen- und Textilwarenhandel vertreten, andere waren Krämer, Korn-, Vieh- oder Weinhändler. Der kurfürstliche Hof, die staatlichen Behörden und die Stadtverwaltung bezogen von ihnen einen Teil ihres Bedarfs an materiellen Gütern. Jüdische Hoffaktoren befriedigten den unersättlichen Finanzbedarf des Hofes; ihre weitreichenden Auslandsbeziehungen ermöglichten die Lieferung von Luxus- und Galanteriewaren. Auch als Heereslieferanten waren sie für den Hof von größter Wichtigkeit.[17]

Einer der bedeutendsten jüdischen Hoffaktoren jener Zeit, Lemle Moses Reinganum, kam um 1660 aus Rheingönheim nach Mannheim. Durch zahlreiche Finanzoperationen, u.a. als Pächter des kurfürstlichen Salzmonopols, kam er zu großem Reichtum. Teile der Mühlauinsel, die er in Erbpacht bewirtschaftete, wandelte er zu einem Mustergut um. Als Gemeindevorsteher, als Fürsprecher am Hof, als Stifter der Lemle-Moses-Klaus, eines Lehrhauses mit Synagoge, leistete er der jüdischen Gemeinde unschätzbare Dienste. Er starb 1724.[18]

Im Jahr 1720 kam auf Veranlassung Karl Philipps der Oberhof- und Milizfaktor Michael May (gest. 1737) nach Mannheim. Sein Reichtum ermöglichte ihm, dem Kurfürsten auf einmal 80 000 Gulden zu leihen. 1734 gab es neben ihm sieben weitere jüdische Hoffaktoren in der Stadt. Einige Jahre wohnte auch Süß Oppenheimer in Mannheim, der als „Jud Süß" literarische Berühmtheit erlangte. Er wurde von Karl Philipp zum pfälzischen Oberhofkriegsfaktor ernannt. Als langjähriger Finanzminister am württembergischen Hof, durch seine Lebensführung und schließlich durch seine 1738 erfolgte Hinrichtung in Stuttgart wurde Süß Oppenheimer weithin bekannt.[19] Einer seiner Mitarbeiter, der beschuldigt wurde, *„dem justifizierten Süß als Ohrenbläser und Helfershelfer gedient"* [20] zu haben, war Elias Hayum, der ebenso wie einst Lemle Moses und Michael May der Mannheimer Gemeinde vorstand und hier eine Klaus stiftete. Sein Sohn Mayer Elias wurde 1759 zum Hof- und Milizfaktor ernannt, da er sich als Heereslieferant während des Siebenjährigen Krieges Verdienste erworben hatte. Auch seine beiden Söhne waren Hoffaktoren.[21]

Trotz der Verdienste vieler Juden blieb die im Jahr 1739 insgesamt 1287 Personen umfassende Gemeinde [22] zahllosen Beschränkungen unterworfen. Die von Karl Theodor 1744 erteilte Konzession verbot Juden das Wohnen in der Hauptstraße, sie sollten *„in die Gegend ihrer Synagoge, Spital und Begräbnis"* ziehen.[23] Zur Bildung einer Judengasse kam es in Mannheim indessen nicht mehr, obwohl dies das beharrlich angestrebte Ziel von Regierung und Stadtrat war. So ordnete 1765 eine „Konzessionserläuterung" ausdrücklich an, daß die Juden ihre Häuser in den Haupt- und benachbarten Nebenstraßen innerhalb von drei Jahren verkaufen und in die hinteren Blocks der heutigen Quadrate F, G, H und I ziehen sollten. Auch die beiden Synagogen in F 1 und F 2 sollten verlegt werden, durften dann jedoch bleiben. Die vollständige Umsiedlung in die erlaubten Quadrate blieb aus. Das geplante, mit einer Mauer versehene Getto wurde nie realisiert; die von dem Hofarchitekten F. W. Rabaliatti angefertigten Planzeichnungen des Gettos mit zwei Toren sind erhalten.[24]

Handwerker waren unter den Juden nur sehr selten vertreten. Die Zünfte wehrten sich meist mit Erfolg gegen jüdische Handwerker, wobei ihnen der 1733 in Mannheim eingeführte Zunftzwang zugute kam. Nur vereinzelt waren jüdische Handwerker zugelassen, etwa als Graveure. Juden mit Berufen, an deren Ausübung der Kurfürst interessiert war, konnten von Schutzgeldern und Abgaben befreit werden. Dazu gehörten neben den Graveuren auch Musikanten, Zahnoperateure und Hebammen.[25] Schon Kurfürst Karl Ludwig hielt sich mit Dr. Hayum Jakob einen jüdischen Leibarzt, der wohl der erste jüdische Arzt in Mannheim war.[26]

Aus rituellen Gründen war Juden daran gelegen, das Metzger- und Schneiderhandwerk selbst auszuüben, zum Ärger der christlichen Kollegen. Wegen ihres Erfolgs besonders verhaßt waren die jüdischen Metzger. Die christlichen Fleischer behaupteten 1726, daß von den 15 jüdischen Metzgern einer mehr verkaufe als vier Christenmetzger zusammen.[27]

Auch in Mannheim wirkte sich der Ungeist des Antisemitismus aus. Hier lebten Angehörige zahlreicher Nationalitäten und Glaubensrichtungen; neben den Katholiken wohnten Anhänger der verschiedenen protestantischen Konfessionen und Sektenmitglieder wie die Wiedertäufer und die Socinianer auf engem Raum. Allein die Juden wurden nicht in der gleichen Weise wie andere Minderheiten in der Stadt geduldet. Sie unterschieden sich von Christen durch ihr Äußeres, ihre Sprache, durch die Einhaltung der Sabbatruhe und der Speisevorschriften. Vor der Assimilation des 19. Jahrhunderts konnte man Juden in der Regel an der Kleidung und an der Haartracht erkennen, die Männer trugen Kaftane, hatten Bärte und Schläfenlocken.[28] Die Alltagssprache war jüdisch-deutsch. Das auf den ersten Blick unverständliche Verhalten frommer Juden wurde zum billigen Vorwand für Angriffe; das seit Jahrhunderten von den christlichen Kirchen geprägte Feindbild des verstockten Juden und Christusmörders prägte den Umgang miteinander. Beweggründe wie wirtschaftlicher Konkurrenzneid, Gleichgültigkeit, Mißtrauen, Unduldsamkeit und Spießertum ergänzten den religiös motivierten Haß in unheilvoller Weise. So fehlte es auch im 18. Jahrhundert nicht an antijüdischen Schmähschriften, Anklagen und politischen Vorstößen gegen Juden.

Im Jahr 1761 lebten 225 jüdische Familien in Mannheim, darunter 18 Hoffaktoren. Die ansässigen, behördlich registrierten Juden waren meist angesehene und begüterte Geschäftsleute. Nur sie hatten das verlangte Mindestkapital vorzuweisen und konnten die Baupflicht erfüllen. Daneben lebten etliche in trostloser Armut. Um sie kümmerten sich zahlreiche jüdische karitative Vereine, die von den Wohlhabenden unterstützt wurden. Zu den Problemgruppen gehörten namentlich die Insassen der Klausen und die Durchreisenden, Juden, deren Vermögen zur Schutzaufnahme nicht ausreichte, kleine Händler, deren Schutzrechte abgelaufen waren, und Kinder, die ab einem bestimmten Alter nicht mehr das Schutzrecht ihrer Eltern genossen. Mancher, der keinen Ausweg mehr wußte, wurde zum Verbrecher. Den zahlreichen Räuberbanden der Pfalz des 18. Jahrhunderts gehörten nicht selten Juden an; eine jüdische Diebesbande mit „Isaak dem Schlapp" an der Spitze wurde 1747 gefaßt und in Mannheim abgeurteilt. Nach damaligem Rechtsbrauch wurden ihre Mitglieder gebrandmarkt, gestäupt, zu „Todesängsten" verurteilt oder hingerichtet.[29]

Der Wegzug des Hofes nach München 1778 warf die Stadt auf lange Zeit in ihrer Entwicklung zurück. Der allgemeine Bevölkerungsschwund betraf auch die Juden; um 1800 lebten noch etwa 940 jüdische Personen in Mannheim.[30] Der Wandel vom Feudalismus zum aufgeklärten Wohlfahrtsstaat dagegen verbesserte die gesellschaftliche Lage der Juden. Anzeichen für eine veränderte Einstellung des Staates ihnen gegenüber zeigten sich schon Ende des 18. Jahrhunderts; 1787 erhielt Joseph Lallement als wohl erster Mannheimer Jude die christlich bürgerlichen Rechte.[31] Für die Mehrzahl der Juden blieb das Ortsbürgerrecht noch lange in weiter Ferne. Die Regierung des letzten pfälzisch-bayerischen Kurfürsten Max Joseph forderte indessen 1801 die Mannheimer Judenschaft auf, Vorschläge zu ihrer eigenen „Veredelung" zu machen.

Die Assimilation stieß nicht nur auf Begeisterung. Glaubenstreue Juden wie Oberrabbiner Michael Scheuer befürchteten die Abkehr vom Judentum: *„In unserer Zeit aber lehren sie die kleinen Kinder schon fremde Sprachen, Französisch, Latein, Geographie usw.; und von der Thora wollen sie nichts mehr wissen"*. Auch häufiger Theaterbesuch war dem Rabbiner ein Dorn im Auge, da der zunehmende Verkehr mit Nichtjuden die jungen Leute dem Judentum entfremde. Der Hang der Pfälzer zum Genuß habe auch auf die Juden starken Einfluß. Viele junge Männer hatten sich den Bart und die Schläfenlocken abgeschnitten, kleideten sich nach nichtjüdischer Art und trugen den Zopf. Wie Scheuer befürchtete, taten sie das, um den nichtjüdischen Frauen zu gefallen. Er beklagte die *„so unsinnig als grenzenlos eingerissene Modesucht"* der Frauen, die Ausgelassenheit der jüdischen Dienstboten, *„die mit Juden und Nichtjuden zum Tanz gehen"*, und das Schwinden der jüdischen Sittlichkeit.[32]

Die Emanzipation der badischen Juden wurde auf gesetzlicher Ebene mit dem 9. Konstitutionsedikt von 1809, dem sogenannten Judenedikt, eingeleitet. Der Staat strebte die Assimilation der Juden und ihre Erziehung zu „nützlichen" Bürgern an. Die jüdischen Kinder wurden zum Schulbesuch verpflichtet, die jüdischen Gemeinden in die Rechtslage von Kirchengemeinden überführt. An die Spitze der badischen Judenschaft, der „Landessynagoge", trat der Großherzogliche Oberrat der Israeliten Badens in Karlsruhe.[33]

Die Maßnahmen des Staates waren hierbei bestimmt von einem tiefwurzelnden Mißtrauen gegenüber dem Talmud. Im Festhalten an den talmudischen Vorschriften glaubte man den Grund für den vermeintlichen zivilisatorischen Rückstand der Juden zu erkennen; der „talmudische Jude" sollte dem „Mosaisten" Platz machen.

Eine der Bestimmungen des Judenedikts sah die Pflicht zum Führen eines Nachnamens vor. Etwa 60 % der jüdischen Familien in Mannheim behielten ihre alte Benennung bei, die meist aus Ortsnamen als Herkunftsbezeichnungen, ferner aus Berufs- und Hausnamen sowie aus Namen hebräischen Ursprungs bestanden. Die Namensänderung gab vielen Familien Gelegenheit zu weiterer Anpassung, so verschwanden die hebräischen Namen fast völlig.[34]

Die Reformen des Großherzogs Karl Friedrich von Baden erhoben den Schutzjuden zum „erbfreien Staatsbürger", der unter bestimmten Voraussetzungen Gemeindebürger werden konnte. Wer es sich leisten konnte, machte von dieser Möglichkeit Gebrauch; 1812 hatten bereits 25 jüdische Großkaufleute und Handwerker in Mannheim das städtische Bürgerrecht erworben.[35]

Wie viele Menschen, die unter den Notzeiten und fehlgeschlagenen Revolutionen des 19. Jahrhunderts zu leiden hatten, hofften auch unter den Juden manche auf ein besseres Leben in Amerika, wählten die Auswanderung.[36] Die meisten jüdischen Mannheimer erstrebten jedoch die Anpassung und kämpften mit besonderem Einsatz um die politische Gleichberechtigung. Der Jurist und spätere Gemeindevorsitzende Dr. Leopold Ladenburg verfaßte 1832/33 zwei vielbeachtete Schriften für die Gleichberechtigung der Juden [37]. Die jüdische Gemeinde sandte 1835 an die 2. Kammer der Ständeversammlung in Karlsruhe eine Petition, in der es hieß: *„Worin liegt der Grund, daß wir in einem Staat, in dem wir schon seit vielen Jahren alle Pflichten als Bürger erfüllen, noch länger der vollen Bürgerrechte entbehren sollen? Unsere Religionsbücher lehren nichts, was den Staatsgesetzen zuwider ist, im Gegenteil sie befehlen die Beobachtung derselben der Religion sowie die Ausübung aller Pflichten der Nächstenliebe ohne Rücksicht auf Glaubensverschiedenheit"*.[38] Noch fast 30 Jahre ließ die Erfüllung dieser Forderung auf sich warten.

Die Mannheimer Juden nahmen in verantwortlichen Positionen am politischen Leben teil, sobald die Gesetze schrittweise ihre Wählbarkeit zuließen. Hermann Ladenburg wurde 1837 als erster Jude in den Kleinen Bürgerausschuß, der Advokat Elias Eller 1848 als erster Jude in den Gemeinderat gewählt. 1871 zog Eller als Abgeordneter der Demokraten in den badischen Landtag ein. Er war Mitglied im Synagogenrat wie im Vorstand des Turnvereins von 1846 und regte 1870 einen Verein zur Abschaffung der Todesstrafe an.[39]

Der Einsatz für ihre Heimat und die Assimilation der Mannheimer Juden trug mit dazu bei, daß die gesetzliche Gleichstellung der Juden in Baden bereits 1862 erreicht war, acht Jahre früher als im gesamten Deutschen Reich. In der Wilhelminischen Ära waren Mannheimer Juden mit etwa 10 % überproportional hoch im Bürgerausschuß und im Stadtrat vertreten, und dies sowohl bei den Nationalliberalen als auch in der SPD.[40]

Nach dem Beitritt Badens zum Zollverein 1835, mit dem Bau der ersten Eisenbahn und der Hafenanlagen ab 1840 stieg Mannheim dank jüdischer Kaufleute zu einem bedeutenden Handelsplatz empor. Im Getreide-, Tabak-, Hopfen-, Leder-, Metall- und Holzhandel nahmen jüdische Firmen führende Stellungen ein. Jüdische Banken, allen voran die Bankhäuser Ladenburg und Hohenemser, förderten durch großzügige Kreditpolitik die Entwicklung von Handel und Industrie. Die 1862 erfolgte Gründung der Produkten- und Effektenbörse ging in starkem Maß auf jüdische Initiative zurück. Jüdische Unternehmer gründeten nach 1871 Fabriken der Lebensmittel-, Möbel-, Schuh-, Chemie- und Textilbranche, beispielsweise die 1873 von den Brüdern Bensinger ins Leben gerufene Rheinische Hartgummifabrik. Der bereits 1838 gegründete Verlag von Jakob Bensheimer, später von dessen Sohn Julius weitergeführt, trug den Namen Mannheims als Verlagsort in die Welt hinaus; auch die bewußt demokratische „Neue Badische Landeszeitung“ wurde von Bensheimer herausgegeben.[41] Die großen Kaufhäuser Kander in T 1, Rothschild in K 1, Wronker in E 1 und Schmoller in P 1 entstanden um die Jahrhundertwende.

Auch nach Erreichen der gesetzlichen Gleichberechtigung, die den Juden den Zugang zu allen Berufen eröffnet hatte, blieben traditionsgemäß die kaufmännischen Bereiche vorherrschend. Über die Hälfte der jüdischen Erwerbstätigen arbeitete um 1900 selbständig. Viele gehörten zur Oberschicht; 1910 waren in der Oststadt 15,4 % der Einwohner jüdisch, während sich der jüdische Anteil der Gesamtstadt auf 3,4 % belief. Viele Begüterte riefen Stiftungen ins Leben, die sowohl der jüdischen als auch der Gesamtbevölkerung zugute kamen. Von den 47 weltlichen Ortsstiftungen im Wert von etwa acht Millionen Mark im Jahr 1913 stammten etwa die Hälfte von jüdischen Bürgern. Die herausragendsten waren das Herschelbad in U 3, die Bernhard-Kahn-Lesehalle in der Mittelstraße, das Neckargemünder Kindererholungsheim Viktor-Lenel-Stift und das Grundkapital zur Kunsthalle, das von dem Ehepaar Julius und Henriette Aberle gestiftet wurde.

Neben den einheimischen Juden lebten jüdische Flüchtlinge aus den osteuropäischen Ländern in Mannheim. Vorwiegend aus dem zaristischen Rußland kommend, oft auf der Flucht vor Pogromen, setzte um 1880 eine Zuwanderung sogenannter Ostjuden ein, die kurz vor und nach dem Ersten Weltkrieg ihren Höhepunkt erreichte. Die Ostjuden unterschieden sich von den alteingesessenen jüdischen Familien durch ihre jiddische Sprache, fremde Mentalität, eigene kulturelle und religiöse Bräuche und meist große Armut. Manche traten eigenen Religionsvereinen bei, andere integrierten sich ins bestehende Gemeindeleben. Viele der ostjüdischen Kinder traten den zionistischen Jugendbünden bei, während der Zionismus bei den deutschen Gemeindemitgliedern vor 1933 überwiegend abgelehnt wurde. Der Einfluß des östlichen Judentums zeigte sich nicht zuletzt in einer Rückbesinnung der deutschen Juden auf ihre Religion, die sich als „jüdische Renaissance“ in den 20er Jahren bemerkbar machte. Nach der Machtübernahme der Nationalsozialisten waren die Ostjuden die ersten, die antijüdische Gesetze zu spüren bekamen.

Bereits vor 1933 entwickelte sich die jüdische Bevölkerung rückläufig. Die Zahl von 6972 Mannheimer Juden im Jahr 1925 ging bis 1933 auf 6402 zurück. Zu den Gründen zählen die meist ostjüdische Auswanderung nach Palästina und den USA, der Geburtenrückgang in den überwiegend zur Mittel- und Oberschicht gehörenden deutsch-jüdischen Kreisen und die Mischehen. Die aus ihnen hervorgegangenen Kinder wurden meist nichtjüdisch erzogen.[42]

Die Berufsstruktur der jüdischen Bevölkerung hatte sich seit der Ära der Emanzipation von kaufmännischen zu akademischen Berufen hin verschoben. Die Kinder der Unternehmer zeigten oft schöngeistiges oder wissenschaftliches Interesse, studierten und traten in akademische Berufe ein. 1933 gab es in Mannheim 13 Richter jüdischer Herkunft, ca. ein Drittel der Ärzte, ein Fünftel der Zahnärzte und etwa die Hälfte der Rechtsanwälte, zahlreiche Lehrer und Beamte waren jüdischer Abstammung. Der Anteil der jüdischen Schüler an den höheren Schulen war drei- bis viermal so hoch wie der jüdische Bevölkerungsanteil Mannheims, der bei etwa 3 % lag.[43]

Die erste Phase der Verfolgung 1933 – 1940 veranlaßte zu Auswanderung und Flucht. Die Gemeinde verlor in wachsendem Maß ihre Mitglieder; andererseits wuchs sie ab 1938 um diejenigen an, die aus dem badisch-pfälzischen Umland nach Mannheim geflüchtet waren, die sich im Schutz der Großgemeinde Beistand und Hilfe versprachen. Die Deportation von fast 2000 in Mannheim lebenden Juden am 22./23.10.1940 nach Gurs in Südfrankreich versetzte der Gemeinde den Todesstoß. Nur die wenigsten überlebten.

Knapp 50 Mannheimer Juden kehrten 1945 aus Theresienstadt nach Mannheim zurück. Zusammen mit wenigen Juden, die in der Stadt überlebt hatten, und einigen „displaced persons“ gründeten sie im Oktober 1945 die neue Gemeinde. Der Besitz der ehemaligen Gemeinde ging in die Hände der „Jewish Restitution Sucessor Organization“ (JRSO) über und wurde von ihr veräußert. Die meisten der Vermögenswerte gingen der Nachkriegsgemeinde verloren; ihr Aufbau mußte auch in materieller Sicht von vorn beginnen.

Bis 1952 wuchs die Gemeinde auf 149 eingeschriebene Mitglieder an, bis 1990 erhöhte sich ihre Zahl auf etwa 400.[44] Erfreulicherweise ist sie weiter im Ansteigen. Die Entwicklung der Mannheimer jüdischen Gemeinde nach dem Zweiten Weltkrieg spiegelt sich in den Synagogengebäuden wider, die vom Provisorium in R 7, 24 über den schlichten Bau in der Oststadt bis zum repräsentativen Gemeindezentrum im Herzen der Innenstadt aufeinander folgten.

Das Interesse der Bevölkerung am Judentum, am jüdischen Gemeindeleben und an der Synagoge hat in den letzten Jahren deutlich zugenommen. Die Eröffnung des neuen Gemeindezentrums in F 3 am 13.9.1987 war begleitet von großer öffentlicher Anteilnahme. Inzwischen ist F 3 nicht nur zum neuen religiösen Mittelpunkt der Gemeinde, sondern auch zu einem kulturellen Zentrum Mannheims geworden. Obwohl die heute rund 600 [45] eingetragene Mitglieder zählende Gemeinde zahlenmäßig nicht mit der Großgemeinde der Vorkriegszeit vergleichbar ist, hat sie sich erneut zu einem bedeutenden kulturellen Faktor der Stadt entwickelt.

Siehe Abbildungen 1 – 5 in „Bilder vom jüdischen Leben in Mannheim"

Anmerkungen

1 Wilhelm Ludwig Holland (Hrsg.): Briefe der Herzogin Elisabeth Charlotte von Orléans aus dem Jahre 1720, Tübingen 1879, S. 164 *f*, Brief vom 2.6.1720; der Nachweis des Zitats ist Herrn Berger, StA HD zu danken.

2 Johann Friedrich v. Uffenbach: Kleine Reis=Beschreibung einer Spazierfahrt durch die Pfalz. Anno 1731 abgeleget. Teilediert von Max Arnim, in MGB 1928, Sp. 125 – 141. Ein anderer Verfasser des 18. Jahrhunderts nennt die Stadt scherzhaft „Neu-Jerusalem": David Franz Wunderlich: Amusements des eaux de Schwalbach, Lüttich 1739, zit. nach Lewin 1909, S. 57; siehe dazu auch R. Sillib: Der Verfasser der Amusements des eaux de Schwalbach, in MGB 4 – 1904, Sp. 89/90. Frau Dr. G. Arnscheidt/Reiß-Museum Mannheim ist der Hinweis zu danken, daß der Scherzname „Neu-Jerusalem" u.U. auch als Kritik gegen die damals in Mannheim stark vertretenen Jesuiten aufzufassen ist.

3 Karl Ignaz Geiger: Reise eines Engelländers durch Mannheim, Baiern und Oesterreich nach Wien, Amsterdam 1790, Vorrede, zit. nach Gudrun Loster-Schneider: Mannheim in Reisebeschreibungen des 18. Jahrhunderts, Mannheim 1987, S. 25

4 Walter 1907 Band I, S. 171

5 Abgedruckt in Löwenstein S. 76 – 79; gekürzt und kommentiert in Rosenthal 1927, S. 102 – 103

6 Bayer S. 32

7 Es bestand für die portugiesischen Juden keine Baupflicht und kein Taschengeleitzwang, Rosenthal 1927 S. 103. Zu den Rechtsverhältnissen der portugiesischen Juden siehe: Geschichte Sp. 262. Die Portugiesen hatten, im Gegensatz zu den deutschen Juden, Heiratsgenehmigungen vom Mannheimer Stadtrat einzuholen. Vgl. auch Kirchgässner S. 35 und Bayer S. 32 *f*

8 Rosenthal 1927 S. 102; vgl. Löwenstein S. 80

9 Vgl. Bayer S. 39

10 W. L. Holland (Hrsg.): Briefe der Herzogin Elisabeth Charlotte von Orléans aus den Jahren 1707 – 1715, Tübingen 1871, S. 537 *f*, Brief vom 2.4.1715; Nachweis Herr Berger, StA HD

11 Siehe Graphiken der Herkunftsorte der Mannheimer Juden in Bayer S. 35/36

12 Rosenthal Synagogen

13 Teutsch S. 17

14 Vgl. Watzinger S. 16

15 Konzessionen von 1691 und 1717 abgedruckt in Löwenstein S. 111 – 125; Konzession 1722 S. 185 *f*; Konzession 1744 S. 218 *f*

16 Kirchgässner S. 36; der Autor geht von einer für das Ancien régime typischen Art der Bestechungspraxis aus.

17 Vgl. Rosenthal 1933; Hirsch Hoffaktoren

18 Göller; siehe auch IGB 3 – 1924, darin zum 200. Todestag Beiträge und Ansprachen zu den Gedenkfeiern

19 Zu den Beziehungen von Jud Süß zu Mannheim siehe Rosenthal 1929

20 Löwenstein S. 217 *f*

21 Hirsch Hoffaktoren, Sp. 7 *f*, 35 *f*

22 Teutsch S. 21

23 Löwenstein S. 218 *f*

24 Abgebildet in Hans Huth: Nicht ausgeführte Architektur im 17. – 1. Hälfte 19. Jahrhundert, in: Badische Heimat 1978, Heft 1, S. 27*f*; vgl. Löwenstein S. 245

25 Vgl. Teutsch S. 24 *f*

26 Felsenthal 1929; Rosenthal 1933

27 Watzinger S. 20

28 Vorschriften für das Haar gemäß 3. Moses 19, 27

29 Feder Bd. 1, S. 287; Rosenthal 1927 S. 120

30 Löwenstein S. 268. Eine Schilderung der Lebensbedingungen der Juden in Mannheim 1790 mit anhängender Namensliste gibt Hirsch Judenschaft, Sp. 178 *f*

31 Teutsch S. 26; vgl. Robert Heuser: Die Bedeutung des Ortsbürgerrechts für die Emanzipation der Juden in Baden 1807 – 1831, Dissertation Juristische Fakultät Heidelberg 1971; vgl. Rosenthal Gleichberechtigung

32 Unna 1929; vgl dazu Rosenthal Miszelle, S. 72 – 75, der die von Scheuer als Folge der Aufklärung dargestellten Zustände zumindest für Mannheim auch in früheren Jahrhunderten nachweist. Vgl. Unnas Erwiderung im selben Jahrgang der Zeitschrift S. 277 – 278

33 Vgl. Oberrat 1934; Jael Paulus: Geschichte der Juden Badens – Ein Überblick, in Oberrat 1984

34 Erwin Dreifuss: Die Namensänderungen der Mannheimer Juden zu Anfang des 19. Jahrhunderts, in MGB 1925, Sp. 88/89

35 Rosenthal 1936

36 Vgl. Auswanderungsbriefe aus Charleston 1832, StA MA, Kleine Erwerbungen 231. Die Transkription der auf deutsch, doch in hebräischer Schreibschrift verfaßten Briefe durch Nathan P. Levinson in: Emuna, Horizonte, Jg. 6 (1971) Nr. 5, S. 357 – 360. Der aus Mannheim stammende Großvater von Henry Morgenthau (Mitarbeiter von US-Präsident Roosevelt 1944 und Urheber des nach ihm benannten Plans) wanderte 1865 mit elf Kindern nach den USA aus, siehe MM 10.7.90

37 Watzinger S. 112 *f*

38 Watzinger S. 26

39 Vgl. Watzinger S. 86 *f*; Teutsch S. 30 *f*

40 Watzinger S. 43

41 Watzinger S. 42, 79 *f*

42 Zum Thema Mischehen in Mannheim siehe detaillierte Ausführungen in IGB 5 – 1929

43 Watzinger S. 50

44 Vgl. Mitgliederstatistik in: Oberrat 1987, S. 104 *f*,

45 Stand am 31.12.1994: 596 Mitglieder

eine artige
wollgebawete sinagogue

Liselotte von der Pfalz

Frühe Synagogen

Eine „Schul", d.h. eine Synagoge in Mannheim, nennt bereits die Konzession von 1660: *„Sollen sie ihren eigenen Rabbi, Vorsänger und Schulmeister zu ihrer Schul halten…"* Vermutlich bestand diese Synagoge aus einem schlichten Raum in einem Privathaus. An der Finanzierung der Synagoge und weiterer Einrichtungen wie Bad und Friedhof, für die zunächst die 13 Familien aus der deutschen und die zwei aus der portugiesischen Gemeinde aufzukommen hatten, mußten sich Neuzuziehende durch ein Einkaufsgeld beteiligen. Die Höhe dieses Einstandes gab indessen häufig Anlaß zu Streitigkeiten, die 1664 auch den Stadtrat beschäftigten.[1] Abwechselnd hielten in dieser ersten Mannheimer Synagoge die deutschen und die portugiesischen Juden Gottesdienste nach aschkenasischem bzw. nach sefardischem Ritus ab.[2]

1670 wird erstmals eine „neue" Synagoge erwähnt; für diesen Neubau bezog die Gemeinde Material vom kurfürstlichen Bauamt in der Friedrichsburg. Wie ein Brief Liselottes von der Pfalz, die sich wohl 1683 zum letzten Mal in ihrer Heimat aufhielt, überliefert, war die Synagoge eine der wenigen Sakralgebäude der Stadt: *„Zu meiner zeit war kein lutherische* *kirch zu Manheim, noch keine catholische, aber woll eine artige wollgebawete sinagogue.*“ [3] Das Gebäude stand bereits auf der Stelle der späteren Hauptsynagoge im heutigen Quadrat F 2.

Auf diesem Grundstück erbaute die Judenschaft auch ein Gemeindehaus, ein Spital und Armenhaus. Der von den Juden gewünschte Bau eines Gemeindeofens zum Warmhalten der Speisen am Sabbat wurde nicht genehmigt, da raucherzeugende Einrichtungen in den Hauptstraßen amtlich nicht zugelassen waren. Die Juden sollten den „Setzofen“ auf ihrem Friedhof erbauen.

Auch diese neue Synagoge hatte nicht lange Bestand. Im Pfälzisch-Orléanschen Erbfolgekrieg zerstörten die Franzosen 1689 die Stadt und vertrieben die Einwohner. Eine Rückkehr war erst kurz vor der Jahrhundertwende möglich. Um 1700 entstand eine neue Synagoge, die 6000 Gulden kostete. Das war ein für damalige Verhältnisse hoher Betrag, den die wiedererstarkte Gemeinde jedoch aufbringen konnte. Diese Synagoge und ihre Nebengebäude nahmen etwa den Platz der heutigen Grundstücke F 2, 13 – 15 ein. Sie wurden mehrmals durch Umbauten verändert. So ist seit 1767 neben der alten auch von einer neuen Frauenschul die Rede, 1771 wird eine „obere Männerschul“ erwähnt.

Die Plätze in der Synagoge waren überwiegend Privateigentum. Über Kauf, Verkauf und Verpfändung führte die Gemeinde ein Kataster. Für einen „Schulsessel“ betrug der Preis in den Jahren um 1750 stattliche 500 Gulden. Für die Gemeinde war der Verkauf der Plätze eine wichtige Einnahmequelle; die Obrigkeit machte den Besitz eines Synagogenplatzes zur Vorbedingung für den Erwerb des Schutzbürgerrechts. Während die Synagoge für die Juden ein Ort des Gebets war, bildete sie für die Regierung eine bequeme Möglichkeit, behördliche Anordnungen vom Almemor herab verkünden zu lassen. Auch die Kanzeln christlicher Kirchen dienten diesem Zweck.

Nach altem Brauch wurde in der Synagoge zu verschiedenen Anlässen dem Landesherrn gehuldigt. So fand im Jahr 1747 ein Festgottesdienst mit Gesang, Musik und Böllerschüssen zu Ehren

Ansicht des Quadrats F 2, Ausschnitt aus dem Kupferstich von J. A. Baertels, 1758. Rechts oben die Synagoge mit Vorhof.

des aus Düsseldorf zurückgekehrten Kurfürsten Karl Theodor in der Synagoge statt. Die Anfangsbuchstaben sowohl der hebräischen als auch der deutschen Strophen des „Unterthänigsten Glückwunsch- und Lobgesangs" ergaben je zweimal den Namen des Herrschers.[4]

Leider sind keine Abbildungen der Synagoge des 18. Jahrhunderts überliefert; lediglich im Stadtplan von Josef Anton Baertels 1758 ist ein Gebäude zu erkennen, das der Beschreibung aus dem Jahr 1824 in etwa entspricht: *„Gegen die Straße schließt eine Mauer mit einem Geländer den dazu gehörigen Vorhof ein. Im Hintergrunde steht das Gebäude in einfachem Style aufgeführt, mit einigen hebräischen Inschriften. In ihrem Innern erblickt man die, den jüdischen Gesetzen entsprechende, Einrichtung. In der Mitte stehen die Stühle der Vorsänger mit Verzierungen. Die Weiber haben ihre eigene Schule; aus welcher vergitterte Fenster in die Hauptschule gehen, um sie den Männerblicken zu entziehen, und damit kein Theil den andern in der Andacht störe."* [5]

Die Zunahme der jüdischen Einwohner in badischer Zeit machte die Enge des alten Synagogengebäudes immer mehr spürbar. Dazu kam das Bedürfnis nach Reformen des Gottesdienstes, so daß ein Neubau bereits in den 1830er Jahren wünschenswert erschien. Die Entscheidung hierzu mußte indessen noch bis zur Jahrhundertmitte reifen. Der langjährige Stadtrabbiner Hirsch Traub, dessen orthodoxe Haltung Neuerungen in größerem Umfang nicht aufkommen ließ, starb 1849. Die Unzulänglichkeiten des alten Gebäudes in jener Zeit erwähnt ein Schreiben des Synagogenrats, dessen Vorsitz seit 1849 Dr. Leopold Ladenburg führte: *„Die gegenwärtige Männer-Synagoge ist nemlich zu klein, so daß seit etwa 16 Jahren keine Plätze für die neu zugehenden Gemeinde-Mitglieder vorhanden sind. Nur die älteren Gemeinde-Mitglieder haben feste Plätze, welche nach deren Absterben in der Familie vererbt werden, und es ist daher auch keine Aussicht für jüngere Gemeinde-Mitglieder vorhanden, etwa später Plätze erwerben zu können. Die Frauensynagoge ist nach rituellem Gebrauch von der Männer-Synagoge getrennt; die Räume derselben stehen nur durch kleine Löcher in Verbindung mit dieser... Da der Gottesdienst lediglich in der Männer-Synagoge stattfindet, so sind die Frauen von diesem beinahe gänzlich abgeschlossen. Zudem sind die Frauensynagogen dunkel und kalt, wie überhaupt das ganze Gebäude sehr alt ist und einer durchgängigen Reparatur bedarf.*

Es ist auch schon vielfach laut gewordener Wunsch des größeren Theils der hiesigen israelitischen Gemeinde, den Gottesdienst selbst einer Verbesserung zu unterwerfen. Dazu bedarf es aber zunächst einer Veränderung der inneren Einrichtung der Synagoge.

Vorzüglich störend sind die beweglichen Stände, ohne deren Entfernung ein ruhiger und würdiger Gottesdienst gar nicht denkbar ist, weshalb für die neue Synagoge feste Bänke projektiert sind."

Der Neubau sollte auf dem Platz der alten Synagoge errichtet, der Vorhof und *„der Raum des an der Straße stehenden Gebäudes"*, welches das Sitzungszimmer, die Registratur und die Dienerwohnung enthielt, sollten überbaut werden.[6]

Die Gebäude wurden im Jahr 1851 abgerissen. Ein schmiedeeisernes Oberlichtgitter aus der alten Synagoge mit einer Darstellung der Kundschafter Josua und Kaleb blieb bis heute erhalten. Es wurde nach dem Abbruch der Synagoge im Privathaus des Israel Aberle in F 3, 13 eingebaut, 1919 kam es in den Besitz des städtischen Museums. 1926 bis 1933 war es im „Zunftsaal" des Schloßmuseums ausgestellt; nach der „Säuberung" der städtischen Sammlungen durch die Nazis wurde es eingelagert. Genau 50 Jahre später fand man die Blechfiguren aus der alten Synagoge im Magazin des Reiß-Museums wieder.[7] Dort befindet sich heute das inzwischen restaurierte Original, während zwei ergänzte Kopien im Jahr 1987 in die Bogenfelder über den beiden Eingängen zum neuen jüdischen Gemeindezentrum in F 3 eingefügt wurden.

Siehe Abbildungen 6 und 7 in „Bilder vom jüdischen Leben in Mannheim"

Anmerkungen

1 Zum gesamten Kapitel siehe ROSENTHAL Synagogen
2 BAYER S. 48
3 WILHELM LUDWIG HOLLAND (Hrsg.): Briefe der Herzogin Elisabeth Charlotte von Orléans aus den Jahren 1707 – 1715, Tübingen 1871, S. 124 *f*, Brief vom 7.9.1709; Nachweis Herr Berger, StA HD
4 Abgedruckt in LÖWENSTEIN S. 315 *f*
5 RIEGER S. 297
6 Bericht des Synagogen-Raths Mannheim an die Großherzogliche Bezirks Bau Inspektion Mannheim, den Neubau einer Synagoge dahier betreffend, 27.4.1851 (GLA 362/1345)
7 Vgl. MM 2.3.1983

Das ist
das Tor des Herrn,
die Gerechten werden
dort einziehen

Psalm 118, 20

Die Hauptsynagoge in F 2, 13

In der ersten Hälfte des 19. Jahrhunderts ließen die wachsende Zahl der Gemeindemitglieder und der Wunsch nach einer Reform des Gottesdienstes den Neubau einer Synagoge immer dringlicher erscheinen. Nach einem Wechsel im Synagogenrat, der seit 1849 unter dem Vorsitz Dr. Leopold Ladenburgs stand, trieb der Gemeindevorstand den Neubau der Hauptsynagoge voran. Um die Finanzierung zu sichern, wurden die Gemeindemitglieder am 1.3.1850 befragt, ob sie dem Neubau einer Synagoge und der erforderlichen Kapitalaufnahme von 18000 Gulden zustimmten. Von den stimmberechtigten 237 männlichen Mitgliedern beteiligten sich 169 an der Befragung; 162 erklärten ihr Einverständnis mit dem Projekt und damit auch ihre Bereitschaft, das kostspielige Gebäude zu finanzieren. Eine zweite Umfrage am 14.4.1851 brachte ein ähnliches Ergebnis. Ein großer Teil der Baukosten war aus dem Erlös vom Verkauf der Synagogenplätze zu erwarten.

In der Frage nach dem geeigneten Standort riet das Großherzogliche Stadtamt von dem beengten und vom Straßenlärm beeinträchtigten Platz der alten Synagoge ab und schlug vor, einen großzügigen Bauplatz in ruhiger Lage zu suchen. Der Synagogenrat teilte zwar diese Bedenken, entschied sich jedoch aus Kosten- und auch aus Traditionsgründen für den alten Standort F 2, 13. Damit nahm er die Beengtheit des alten Grundstücks in Kauf, obwohl das neue Gebäude wegen der Lichtverhältnisse und aus Feuersicherheitsgründen allseitig frei stehen und erheblich größer als sein Vorgängerbau werden sollte.[1]

Die Gemeinde betraute den Heidelberger Architekten und Bauinspektor Ludwig Lendorff (1808 – 1853) mit der Erstellung der Pläne. Nachdem die alte Synagoge abgebrochen war, konnte im Juni 1851 mit dem Neubau begonnen werden. Lendorff, der die Bauaufsicht führte, erlebte noch die Fertigstellung des Rohbaus im November 1852. Im Februar 1853 starb er. Sein Nachfolger, Professor Friedrich Eisenlohr (1805 – 1854), der am Polytechnikum in Karlsruhe lehrte, war einer der führenden Architekten in Baden und Erbauer zahlreicher evangelischer Kirchen. Eisenlohr erarbeitete die Pläne für den Toraschrein und die Bildhauerarbeiten in der Hauptsynagoge. Sein Schüler, Baupraktikant Heinrich Lang (1824 – 1893), entwarf verschiedene Teile der plastischen Verzierungen und fertigte die Zeichnungen für die Tore und andere Details. Als im Sommer 1853 auch Baurat Eisenlohr ausschied, übernahm Lang die Aufsicht der Bauarbeiten ganz. Im Januar 1854

Programm zur Einweihungsfeier der Hauptsynagoge am 29.6.1855.

wurde die Heilige Lade aufgestellt, die innere Ausstattung der Synagoge war bis Oktober 1854 im wesentlichen vollendet. Die Wände und Emporen waren mit vergoldeten, arabeskenhaften Fresken im maurischen Stil verziert. Dazu hatte die Gemeinde den Münchner Maler Josef Schwarzmann gewonnen, der kurz zuvor im Auftrag König Ludwigs I. von Bayern die ornamentale Ausmalung im Speyerer Dom vorgenommen hatte. Auch der bekannte Mannheimer Theatermaschinist und -dekorateur Josef Mühldorfer war an der Planung und Bauausführung der Synagoge beratend tätig. Architekten und Künstler gehörten zu den bekanntesten im ganzen süddeutschen Raum.[2]

Während der Bauzeit fanden sich unter den vom Neubau begeisterten Gemeindemitgliedern viele großzügige Spender. So konnten, abweichend von den ursprünglichen Plänen, mehrere Verbesserungen und Verschönerungen ausgeführt werden. Die letzten Endes erreichten Baukosten lagen mit 85 179 Gulden bei weitem über der veranschlagten Summe von 50 000 Gulden.[3]

Zum feierlichen Einweihungsgottesdienst an Erev Schabbat, dem 29. Juni 1855, versammelten sich etwa 5 000 Menschen: *„Der Synagogenrat hatte Einladungen an sämtliche Geistliche, die höheren Zivil- und Militärbeamten der Stadt usw. ergehen lassen, so daß die christlichen Behörden, ja die ganze Stadt, an dem festlichen Ereignis der jüdischen Gemeinde teilnahm. Um 6 Uhr abends nahmen die Mitglieder des aus neunzig freiwilligen Kräften bestehenden Chors, die Damen in festlicher Kleidung, ihre Plätze ein. Weißgekleidete Mädchen mit Kränzen bildeten Spalier vom Portal bis zur Heiligen Lade. Am Portal wurde der festliche Zug der Rabbiner aus ganz Baden, die die herrlich geschmückten Thorarollen trugen, der zahlreich erschienenen Rabbiner aus den benachbarten Gemeinden, und viele auswärtige Gemeindevorstände, vom gesamten Synagogenrat empfangen und die Thorarollen unter Orgelklängen und dem Gesang einer von Rabbiner Leopold Stein-Frankfurt/M. zur Einweihung gedichteten und von dem damals fünfzehnjährigen Hermann Levi, dem späteren berühmten Wagner-Dirigenten in München, komponierten Kantate, in die Heilige Lade eingestellt. Die Kantate wurde von dem Kapellmeister am Mannheimer Hoftheater, Vinzenz Lachner, dem bekannten Komponisten der Scheffelschen Lieder, dirigiert [...] Die Festpredigt am Abend hielt Präger über den Text: 'wie schön sind deine Zelte, Jakob'“*.[4]

Danach wurden gegen acht Uhr die Gaskandelaber angezündet, *„und im Glanze von 220 Flammen strahlte nun der neue Tempel“*.[5]

Ein abendliches Festmahl bei Rabbiner Moses Präger, der Sabbatmorgen-Gottesdienst mit der Toralesung und einer Festpredigt von Rabbiner Lippmann Lindmann, ein darauf folgendes Frühstück beim Gemeindevorstand Dr. Leopold Ladenburg gehörten ebenso zu den Einweihungsfestlichkeiten wie das Samstagabend-Festessen für 300 Personen im Badener Hof. Ein Teilnehmer berichtet: *„kalte Küche, aber durch die Mannheimer Gastfreundschaft viel feuriger Champagner; auch die Rabbinen, deren etliche und zwanzig anwesend waren, ließen sich den Franzwein munden, ihre redefertigen Zungen brachten Toaste auf Toaste und der poetische Stein von Frankfurt ließ sogar seine gesangfertige Kehle ertönen. Aub und Stein, Ben Israel und Levisohn, Adler, Fürst und Friedberg, Wassermann und Altmann und noch manche Rabbinen, Gelehrte und Viele aus dem Hause Israel waren fröhlich und guter Dinge, als ob sie beim Mahle des Leviathan säßen.“*[6]

Die Architektur und der künstlerische Schmuck der Hauptsynagoge fanden begeisterte Aufnahme in der Öffentlichkeit. Sowohl die Mannheimer als auch die jüdische Presse fanden überschwengliche Worte: *„Da ist gewiß keiner, den diese Zierde der hiesigen Stadt nicht mit Bewunderung erfüllt, auf den die Harmonie in den Verhältnissen und die Konsequenz des Stils nicht den wohltuendsten und erhebendsten Eindruck [...] gemacht“*.[7]

Das Gebäude hatte die Form einer dreischiffigen Pseudobasilika. Die Straßenfassade gliederte sich, der Innenaufteilung entsprechend, in drei Teile; schmale Lisenen trennten den Mittelteil von den Seitenrisaliten, die den Eindruck von Turmstümpfen erweckten. Die Fassade und der Innenraum waren im sogenannten „byzantinischen Stil“ oder „Rundbogenstil“ gestaltet. Dieser Stil wurde im Synagogenbau des 19. Jahrhunderts bevorzugt, er sollte an die *„gemeinsame Bautradition von Juden und Christen“* erinnern, sollte die Integration der Juden in die christliche Umwelt auch architektonisch verwirklichen. Erstmals hatte der „Rundbogenstil“ an der 1836 – 1839 erbauten Synagoge in Kassel Verwendung gefunden.[8]

Beim Eintreten gelangte man zunächst in eine offene Vorhalle, die durch ein niederes Gitter von der Straße getrennt war. Das bogenförmige Tympanon über dem Portal zum Innenraum wies eine hebräische Inschrift auf. In den Eckrisaliten führten Wendeltreppen zu den Emporen. Der Synagogenraum war von einer Holzdecke abgeschlossen. Zwei gleiche Kuppeln überwölbten das zweijochige Mittelschiff, die Decken der Seitenschiffe folgten der Dachneigung.[9]

Die Plätze für männliche Gottesdienstbesucher befanden sich im Erdgeschoß des Mittelschiffs, die Frauensitze unter und auf den seitlichen Galerien. Die in zwei Ebenen angeordneten Westemporen an der Eingangsseite dienten der Aufstellung des Synagogenchors. Dort befand sich auch die Orgel, die, um die Fensterrosette der Hauptfassade nicht zu verdecken, zweiteilig konstruiert war. Eine zweite Rosette befand sich an der Ostseite über der Heiligen Lade. Von den Seiten fiel Tageslicht durch buntverglaste Rundbogenfenster in den Innenraum.

Die Synagoge war orientiert, d.h. nach Südosten, nach Jerusalem ausgerichtet. In der Blickrichtung stand die reichverzierte Heilige Lade, der Aron Hakodesch. Dieser Schrein, in dem die Torarollen verwahrt wurden, war von Säulen flankiert, sein Giebelaufsatz von zwei marmornen Gesetzestafeln bekrönt. Davor hing das Ewige Licht, der Ner Tamid, der sich, der katholischen Tradition vergleichbar, vom Ewigen Licht im Jerusalemer Tempel ableitet. Der Ner Tamid war eine Stiftung der Familie Hohenemser.[10]

Auf einer Estrade vor dem Toraschrein stand der Schulchan, der Tisch zum Vorlesen der Tora. Diese Anordnung entsprach nicht dem traditionellen synagogalen Raumprogramm, das den Vorlesetisch auf einem eigenen Podest, dem Almemor, in der Mitte des Gesamtraumes vorsieht. Die traditionelle Anlage des zentralen Almemors war in der Emanzipationszeit aufgegeben worden. Der Schulchan nahm in den liberal-religiösen Synagogen des 19. Jahrhunderts den Ort und das Aussehen eines christlichen Altars an. Der Almemor verschwand, gleichsam als Zugeständnis an die christliche Umwelt, als Ausdruck des Willens zur Assimilation. Auch die Predigtkanzel, ein Geschenk der Familie Ladenburg [11], und die Orgel waren dem Raumprogramm protestantischer Kirchen entnommen.

Die Synagogenorgel war eine sehr umstrittene Neuerung; es war die erste Einrichtung dieser Art in Baden. Ihr gingen heftige und sehr kontrovers geführte Auseinandersetzungen innerhalb der Gemeinde und im Oberrat der Israeliten in Karlsruhe voraus. Die Orthodoxen sahen mit dem Orgelspiel die Eigenart des jüdischen Gottesdienstes gefährdet, während die Liberalen es zur *„Weckung und Hebung der Andacht“* forderten. Der Oberrat, der die Einführung der Orgel genehmigen mußte, teilte dem Mannheimer Synagogenrat mit, *„daß man vom religionsgesetzlichen Standpunkt aus gegen die beabsichtigte Einführung der Orgel nichts zu erinnern habe, daß man jedoch wünschen müsse, daß von dieser neuen Einrichtung nur ein solcher Gebrauch gemacht werde, daß hierdurch ein etwaiger Zwiespalt unter den dortigen israelitischen Gemeindemitgliedern vermieden werde.“* [12]

Mit der Einweihung der Hauptsynagoge trat die neue liberale Gebetsordnung in Kraft, und ein aus Männern und Frauen bestehender Synagogenchor begleitete von nun an die Gottesdienste. *„Die Tempelweihe wurde zur Geburtsstunde des religiösen Liberalismus in Mannheim.“* [13] Andere badische Gemeinden ahmten in der Folge das Mannheimer Vorbild nach; die meisten Gemeinden des Landes führten nach und nach die Orgel im Gottesdienst ein.

Die Mannheimer Neuerungen blieben nicht ohne Kritik. So bemängelte der aus Württemberg stammende Korrespondent der ansonsten liberalen Allgemeinen Zeitung des Judenthums: *„nichtjüdisch erschien uns, daß der 'heilige Gottesname' unter*

Nach dem Gottesdienst in der Hauptsynagoge F 2, 13, um 1930.

einer Sonne über der heiligen Lade steht; überhaupt erschien mir, daß die jüdische Theologie bei dem Bau nicht zu Rathe gezogen worden; denn die Kreuzesform am Giebel außen und an dem Getäfel der Galerie sind Reminiscencen christlicher Architektur [...] Der ganze Tempel ist ein Prachtbau, zu prachtvoll, zu katholisch geschmückt für den reinen Jehova-Cultus. Immerhin ein schönes Zeugnis für die Opferbereitschaft der Mannheimer Gemeinde.“ [14]
In den nächsten Jahrzehnten wurde wenig an dem Gebäude geändert. Bei der um die Jahrhundertwende erfolgten Elektrifizierung und im Verlauf mehrfacher Renovierungen wurde „der Bau- und Stimmungscharakter“ beibehalten.[15] Die alte Orgel ersetzte im Jahr 1899 ein neues Instrument mit 31 Registern, ein Werk der Orgelbauanstalt Walcker in Ludwigsburg. Aus Anlaß der Einweihung der neuen Orgel fand am 26.2.1899 eine festliche Aufführung des Synagogenchors mit Werken von Lewandowski, Mendelssohn, Händel, Mozart u.a. in der Hauptsynagoge statt.[16] Das 50jährige Jubiläum des Bethauses beging die Gemeinde am 1.7.1905 durch einen Festgottesdienst, den der Synagogenchor musikalisch ausgestaltete. Rabbiner Dr. Steckelmacher hielt die Festpredigt.[17]

Bis in die 20er Jahre stieg die Zahl der Gemeindemitglieder auf mehr als das Dreifache an; damit erhöhte sich auch die Anzahl der Gottesdienstbesucher. Besonders zu den Hohen Feiertagen war das Gebäude, das rund 700 Plätze aufwies, so überfüllt, daß die Nutzung zusätzlicher Räume, sogenannter „Nebensynagogen“, notwendig wurde. Im Garten des 1925 neu erworbenen Gemeindehauses plante der Synagogenrat eine zusätzliche Bethalle mit 800 Sitzplätzen, doch das Projekt kam nie zustande. Wahrscheinlich hatte es zu wenig Resonanz in der Gemeinde gefunden.[18]

Zum 75. Jubiläum der Hauptsynagoge im Jahr 1930 glaubte der Synagogenratsvorsitzende Dr. Julius Moses noch vorhersagen zu können: „*Wenn die schweren Zeiten wirtschaftlicher Krisen, in denen wir stecken, beendet und die Gemeindefinanzen entlastet sein werden von den großen Anforderungen, die heute Not und Verelendung vieler ihrer Mitglieder stellen, wird zu der jetzigen Synagoge eine neue treten müssen.*“ [19] Die Machtübernahme der Nationalsozialisten sollte diese Zuversicht bald zerstören.

Bereits 1933 wurde die Hauptsynagoge zum ersten Mal von SA-Männern heimgesucht und auch beschädigt. Die Gestapo überwachte die Gottesdienste, eine freie Predigt war nicht mehr möglich. Gebete zum Wohl der Regierung und Gedenkfeiern zu politischen Ereignissen, seit alters her fester Bestandteil der Gottesdienste, wurden ad absurdum geführt. Als wohl letzte Ehrung eines deutschen Politikers fand die Gedächtnisfeier für den 1934 verstorbenen Reichspräsidenten Hindenburg in der Hauptsynagoge statt.[20]

In der Pogromnacht vom 10.11.1938, um sechs Uhr morgens, begannen SA-Leute ihr Zerstörungswerk. Sie verschafften sich gewaltsam Eintritt in das Gotteshaus, legten Sprengstoff und zündeten. Die Flammen griffen ihrer Auffassung nach zu zögernd um sich. Ein SA-Mann versuchte, einen Kronleuchter herunterzuschießen. Einst hatte man die Synagoge freistehend erbaut, um sie „*vor Feuersgefahr zu sichern*“; dieser Umstand erleichterte den Schergen nun ihr schmutziges Handwerk. Sie konnten das Gebäude in Brand setzen, ohne „arische“ Nachbarhäuser zu gefährden. Die hinzugeholte Feuerwehr beschränkte sich darauf, die Ausdehnung des Brandes auf die umgebenden Grundstücke zu verhindern. Was vom Feuer verschont blieb, wurde im Lauf des Tages zerschlagen. Einer der Täter sagte 1946 vor Gericht aus: „*wurde ich morgens gegen 6 Uhr von dem SA-Sturmführer W. geweckt. Er sagte zu mir: 'Alla raus [...] Wir wurden teilweise mit Werkzeugen, die wir in der Synagoge fanden, darunter auch ein Pickel, ausgerüstet. Dann bekamen wir von W. den Befehl, alles, was in der Synagoge war, kurz und klein zu schlagen. Ich möchte noch bemerken, daß wir nicht alles allein zu zerstören brauchten, da die Bevölkerung kam, teils mit Beilen und Äxten bewaffnet, um Teile der Inneneinrichtung für Brennzwecke nach Hause zu fahren. Ich beteiligte mich am Zusammenschlagen der Bänke und Einrichtungsgegenstände und ging nachdem mit F. auf den Speicherboden und sah zu, wie meine anderen Kameraden Bücher und Talare, die in der Synagoge waren, vor die Synagoge warfen und verbrannten [...] Ich tat einige Schläge gegen den Giebel des Daches, wobei ich einen Pickel verwendet habe, überlegte mir dies aber noch einmal, weil ich dachte, ich könnte mir aus der Synagoge eine Wohnung für meine Familie machen. Für uns war die Aktion an der Synagoge beendet, während die Bevölkerung, nachdem wir weggegangen waren, weiter die Einrichtungsgegenstände nach Hause trugen.*“ [21]

Im Lauf des nächsten Tages wurden Silbergegenstände und anderes aus dem Gebäude gestohlen und mit einem LKW abtransportiert.[22] Passanten und Schulklassen konnten die ausgebrannte Synagoge besichtigen. Ein besonderer Zynismus war es, daß hierbei mit Sammelbüchsen für das „Winterhilfswerk“ gesammelt wurde.

Die Gemeinde, die sich noch im Besitz der Ruine befand, benutzte sie etwa ab März 1939 zum Unterstellen von gespendeten Möbeln. Etwa 10-15 Gemeindemitglieder arbeiteten auf dem Gelände, indem sie u.a. im Auftrag der Gemeinde Brennholz zerkleinerten. Ab Mai begann die Stadtverwaltung mit den „Verkaufsverhandlungen“. Die Synagoge und die angrenzenden Häuser der Gemeinde, die Grundstücke F 2, 13 – 15 gingen im Spätsommer 1939 für 34 000 Reichsmark in den Besitz der Stadt über.[23] Die Synagogenruine erlitt im Verlauf des Krieges weitere Zerstörungen.

1945 übernahm sie, wie alle ehemals in jüdischem Besitz befindlichen Liegenschaften, die „Jewish Restitution Successor Organization" (JRSO).

Die ausgebrannten Mauern überdauerten 17 Jahre. Auf Initiative von Oberbürgermeister Dr. Heimerich entstanden 1952 Pläne des städtischen Hochbauamts für einen Wiederaufbau der Hauptsynagoge: *„Danach könnte der Innenraum der von der JRSO der Gemeinde wieder zur Verfügung gestellten Synagoge in F 2 enttrümmert und nach einem freien Vorraum dort ein einstöckiger Betsaal im Ausmaß von etwa 9 x 9 m für die Gemeinde errichtet werden. Das erhaltene Mauerwerk an der Nordseite würde zur Einrichtung einiger kleiner Nebenräume und eines Büros genutzt, über dem noch eine kleine Wohnung für den Geschäftsführer der Gemeinde unterzubringen wäre. Sie wäre durch eine im Turm der (zu überdachenden!) Fassade vorhandenen Treppe erreichbar."* [24] Dieser Plan scheiterte, nicht zuletzt, weil die Gemeinde einen Neubau an anderer Stelle vorzog. Auch ein vom Staat erwarteter Zuschuß blieb aus. Der für den Wiederaufbau aus städtischen Mitteln bereitgestellte Betrag von 35 000 DM wurde daraufhin zur Wiederherstellung der Eingangsfront des jüdischen Friedhofs verwendet.

Auch der Versuch, die Ruine als Gedenkstätte zu erhalten, zerschlug sich. Pläne des städtischen Hochbauamts, 1954 angefertigt, wurden nie verwirklicht. Die baufällige Fassade wurde dennoch Ende 1954 eingerüstet und gegen Einsturz gesichert. Die Gemeinnützige Trümmerverwertungsgesellschaft räumte das Innere auf und befreite die Gesimskrone von losen Steinen. Noch am 100. Jahrestag ihrer Einweihung als Synagoge im Sommer 1955 war das Schicksal der Ruine ungewiß. Doch schon Anfang Dezember 1955 umgaben erneut Gerüste den Bau, dieses Mal, um ihn abzutragen.[25]

Einige Steine, vor dem Abriß als Erinnerungsstücke geborgen, sind erhalten. Einen weißen Marmorstein mit Vergoldungen ließ sich Rabbiner Dr. Gruenewald in die amerikanische Stadt Millburn in New Jersey bringen. Er wurde in die Erinnerungswand der Synagoge eingebaut, an der Dr. Gruenewald lange Jahre wirkte. Einen weiteren Stein verwahrt heute das Archiv des United Jewish Appeal in New York. Die marmornen Gesetzestafeln vom Aron Hakodesch der Hauptsynagoge krönten ab 1946 wieder die Heilige Lade in R 7, 24 und ab 1957 den Aron Hakodesch in der Maximilianstr. 6. Beim Bau des Gemeindezentrums F 3 fanden sie keine Verwendung mehr. Einzelne Werksteine der Fassade von F 2, 13 wurden kurz nach dem Abbruch zum Bau einer Gartenmauer in der Käfertaler Rebenstr. 11 genutzt. Ein Teil von ihnen befindet sich heute im Foyer des Gemeindezentrums F 3.

Nach dem Abriß der Synagoge diente F 2, 13 als Autoverkaufsgelände. Nach dem Verkauf des Grundstücks durch die JRSO entstand hier ein Wohn- und Geschäftshaus; die massiven Sandsteinfundamente der Synagoge mußten gesprengt werden.[26] Im Eingangsbereich des in F 2, 13 erbauten Wohnhauses erinnert heute eine Gedenktafel an die jahrhundertealte jüdische Tradition dieses Ortes.

Siehe Abbildungen 8 – 36 in „Bilder vom jüdischen Leben in Mannheim"

Anmerkungen

1 Bericht des Synagogen-Raths Mannheim an die Großherzogliche Bezirks Bau Inspektion Mannheim, den Neubau einer Synagoge dahier betreffend, 27.4.1851 (GLA 362/1345)
2 Zum gesamten Kapitel siehe Rosenthal Synagogen; Keller 1982
3 Walter 1907 Bd. II, S. 475 nennt Baukosten in Höhe von 104 799 Gulden
4 Cäsar Seligmann: Vor fünfundsiebzig Jahren, in IGB 6 – 1930, freie Zitate nach AZJ 1855, S. 466/467
5 AZJ 1855, S. 467
6 AZJ 1855 S.477 – 479
7 Bereits während der Bauzeit berichtete das Mannheimer Journal am 17.12.1853 eingehend, abgedruckt in MGB 1928, Sp. 71/72. Nach der Einweihung wurde der Text nochmals veröffentlicht in: Mannheimer Unterhaltungsblatt Nr. 163, 11.7.1855 und in AZJ 1855, S. 463 – 467
8 Hammer-Schenk
9 Zum Gebäude siehe Unterrheinischer S. 131 *f*
10 IGB 3 – 1928
11 IGB 3 – 1928
12 Rosenthal 1927, S. 362 *f*
13 Julius Moses: Zum 75-jährigen Bestehen der Hauptsynagoge in Mannheim, in IGB 6 – 1930
14 AZJ 1855, S. 477 – 479
15 NMZ 27.6.1930
16 Generalanzeiger 18.2.1899, 28.2.1899
17 Generalanzeiger 28.6.1905, 29.6.1905
18 Aufrufe in IGB 11 – 1925 und Folgenummern
19 Julius Moses: Zum 75-jährigen Bestehen der Hauptsynagoge in Mannheim, in IGB 6 – 1930
20 IGB 14 – 1934
21 Fliedner Quelle Nr. 223
22 JD 16/1967 Nr. 53, 54
23 Fliedner Quelle Nr. 142
24 AZ 13.1.1953
25 Sammlung von Zeitungsberichten StA MA S 2/596
26 Auskunft Architekt W. Hasenfus, Mannheim 1980

...damit es nicht
zugehen mag,
wie mit Schafen
ohne Hirten

Testament des
Lemle Moses Reinganum

Die Klaussynagoge in F 1, 11

Neben der Gemeindesynagoge existierten in Mannheim Synagogen, die von privaten Stiftungen unterhalten wurden. Diese mit einem Lehrhaus verbundenen Klausen dienten dem intensiven Tora- und Talmudstudium. Das Wort Klaus kommt vom lateinischen clusa, abgeschlossener Raum. Hier war der Ort für die intensive Beschäftigung mit der Tora, ein für glaubenstreue Juden verpflichtendes Gebot. Seit dem 18. Jahrhundert gab es in Mannheim drei Klausen, die Lemle-Moses-Klaus, die Michael May'sche und die Elias Hayum'sche Klaus. Von ihnen war vor allem die Klaus des Lemle Moses, die größte der drei Stiftungen, von überragender Bedeutung für die Mannheimer Gemeinde.

Der Oberhof- und Milizfaktor sowie Gemeindevorsteher Michael May (gest. 1737) erhielt 1717 in Innsbruck ein Privileg zur Errichtung einer Klaus mit sechs bis zehn Rabbinern in Mannheim. Die „*Lehr- und Schulexercitien, wie solche in Frankfurt und dergleichen Orten gebräuchlich*", sollten „*frei und ungehindert*" gehalten werden und die Familien der Rabbiner nicht zu den 200 zugelassenen Judenfamilien zählen.[1] 1761 wirkten in der Michael May'schen Klaus zwölf Rabbiner. Die Einrichtung hatte bis 1765 Bestand. Vermutlich befand sie sich in einem der Privathäuser von Michael May in F 3, 7 oder F 3, 13.[2]

Um 1742 kam Elias Hayum (gest. 1766) nach Mannheim. Er hatte als Hoffaktor am württembergischen Hof eng mit Josef Süß Oppenheimer zusammengearbeitet, der als „Jud Süß" literarische Bekanntheit erlangte. Nach dessen Hinrichtung 1738 mußte Elias Hayum Stuttgart verlassen.[3] Die von ihm 1758 in Mannheim gegründete Klaus hieß, nach Hayums Herkunft, „Stuttgarter Schul". Im Jahr 1761 wirkten in ihr zwölf Rabbiner. Testamentarisch verfügte Elias Hayum die Weiterführung seiner Stuttgarter Schul, die im Jahr seines Todes dennoch aufgelöst wurde. In umgewandelter Form bestand sie jedoch bis zum 12.2.1880 fort und wurde, nach dem Namen seines Sohnes, auch „Maierschul" genannt. Sie befand sich bis 1845 im Wohnhaus der Stifterfamilie in G 2, 19/20 und später, nach dem Verkauf des Hauses Nr. 20, nur noch in G 2, 19. Das Anwesen wurde 1880 versteigert, der Gottesdienst in die Hauptsynagoge verlegt und die Silbergeräte zugunsten des Stiftungsfonds verkauft.[4]

Die von Elias Hayum und Michael May ins Leben gerufenen Brautausstattungsstiftungen bestanden bis zur Zerschlagung der Gemeinde durch die Nationalsozialisten.

Wenn im 20. Jahrhundert die Rede von der „Klaus" war, meinte man die Lemle-Moses-Klausstiftung in F 1, 11.[5] In ihrem Vorsteher Lemle Moses Reinganum (um 1666 – 1724) besaß die Gemeinde einen finanziell mächtigen Gönner und politisch einflußreichen Fürsprecher, einen „Schtadlan". Reinganum,dessen Name sich von seinem Geburtsort Rheingönheim ableitet, war kurpfälzischer „Hof- und Obermilizfaktor". Durch viele erfolgreiche Finanzoperationen, u.a. als Pächter des kurpfälzischen Salzmonopols, war er ungewöhnlich reich geworden. Seine wirtschaftliche Kraft ermöglichte ihm die Gründung eines religiösen Zentrums in Mannheim. Er stiftete ein Lehrhaus mit Synagoge, ein Bet Hamidrasch.[6]

Hierzu erhielt Lemle Moses am 31.1.1706 die Konzession von Kurfürst Johann Wilhelm. Es wurde darin, wie in der später erteilten Konzession für die Michael May'sche Klaus auch, festgelegt, daß in der auf eigene Kosten zu erbauenden Klaus die „Lehr- und Schulexerzitien" frei und ungehindert gehalten werden und daß der Rabbiner und die Gemeinde darüber nichts zu „disponieren und anzulegen" haben sollten. Die Ein- und Absetzung der Klausrabbiner sollte dem Gründer und seinen Nachfolgern vorbehalten bleiben, und die in der Klaus wohnenden sechs bis zehn Rabbinerfamilien sollten nicht unter die in Mannheim zugelassenen 200 Judenfamilien gezählt werden.[7] Die Klausgebäude wurden auf dem Grundstück Lemles an der Breiten Straße mit den späteren Bezeichnungen F 1, 2 und F 1, 11 errichtet; die feierliche Einweihung fand im September 1708, am Sabbat Ki Tawo des Jahres 5468 statt.

Strenge Vorschriften regelten bis in letzte Einzelheiten das Leben der Bewohner, der Rabbiner, Lehrer und Schüler. Gemäß der Forderung aus Josua 1, 8: *„Du sollst über die Lehre nachsinnen Tag und Nacht"*, war dem Studium alle Aufmerksamkeit gewidmet; das Verlassen des Lehrhauses war, außer zu den Mahlzeiten, nur in dringenden Ausnahmefällen zugelassen. Zur Zeit der Gründung lernten sechs Studierende, die „Bachurim", und sechs jüngere Schüler, die „Behelfer", an der Klaus. Die Aufsicht führte der „Knellgabai", eine Art Hausmeister, der u.a. bei Prüfungen mit einem Lederriemen bereitstand, um säumige Schüler auf Geheiß des Lehrers zu bestrafen.

Lemle Moses Reinganum wachte zu Lebzeiten streng über die Einhaltung der Bestimmungen. Er rief bedeutende Gelehrte an seine Klaus, deren Ruf zahlreiche Schüler nach Mannheim zog. Lemle Moses erweiterte später seine Klaus um eine Elementarschule, in der angestellte „Präzeptoren" kleinere Kinder in das Lesen hebräischer Texte und in die Tora einführten.

Nach seinem Tod im Jahr 1724 hinterließ Lemle Moses testamentarisch die außergewöhnlich hohe Summe von 100 000 Gulden zur Unterhaltung und Sicherung des von ihm gegründeten Lehrhauses auf ewige Zeiten.[8] Dennoch war der Fortbestand seiner Klaus oftmals bedroht. Die Stiftungsgelder, die man im 18.Jahrhundert bei der Darmstädtischen Rentkammer angelegt hatte, unterstanden dem Einfluß des Landgrafen von Hessen. Nicht zuletzt durch sein selbstherrlich-absolutistisches Gebaren waren sie häufig in Gefahr, die Zinszahlungen unsicher. 1758 konnte der finanzielle Zusammenbruch der Klaus nur abgewendet werden, weil Elias Hayum für ihre Schulden aufkam. Auch die Verwalter der Klaus handelten nicht immer im Sinne des Gründers. Die Höhen und Tiefen in der Geschichte der Klaus, von Rabbiner Dr. Unna 1908/1909 in einer Denkschrift zusammengefaßt, muten zuweilen abenteuerlich an. Durch den ideellen und materiellen Einsatz Mannheimer Juden konnte der Erhalt dieser einzigartigen Einrichtung dennoch mehr als zwei Jahrhunderte hindurch gesichert werden.

Im Jahr 1799 wurden die Stiftungsgebäude erneuert; ein Schlußstein, der über einem Torbogen angebracht war, trug neben dem Wappen von Lemle Moses die Aufschrift „Renov. 1799". Über das Aussehen der Klaus um 1860 sind wir von Helwine Jakobine Lindmann, Tochter des Klausrabbiners Liebmann Lindmann, unterrichtet. Nach ihren 1911 verfaßten Erinnerungen befand sich im Hof ein dreistöckiges Gebäude, in dessen unterem Bereich die Synagoge war. „*Oben wohnten mehrere Familien. Zu den oberen Stockwerken führte eine riesige steinerne Freitreppe, die auf zwei gewölbten Bogen ruhte. Hinter diesem Gewölbe gähnten drei große, dunkle Kelleröffnungen, die so unheimlich waren, daß man sich kaum in Begleitung Erwachsener hineingetraute, besonders da sich in dem einen Gelaß noch eine breite, vergitterte Falltüre befand, die den Gedanken an Räuber, Mörder oder wenigstens Ratten in einem aufkommen ließ. Die Synagoge war ein großer, halbdunkler Saal, zu dem man zwei Stufen hinabsteigen mußte; denn es steht geschrieben: aus der Tiefe rufe ich zu Dir (Psalm 130, 1). Die vielen Fenster, welche alle mit schweren Eisenstäben vergittert waren, hätten schon Licht hineingelassen, wenn sie nicht auf düstere Höfe gegangen wären [...] Die Wände der Synagoge waren weiß gekalkt, das uralte hölzerne Gestühle war gelb gestrichen. Jeder Sitz hatte oben auf der Rückenlehne ein aufstellbares Brett, um das Buch darauf zu legen. Den Sitz konnte man aufdecken und in den darunter befindlichen Kasten das Tallis legen. Unter jedem Sitz befand sich ein eingelassener blecherner Leuchter für eine Kerze. Der Almemor war von Holz, die hölzernen Säulchen waren marmoriert. Die einzigen Kultgegenstände des Raumes waren die Messing-Hängeleuchter, die aber durch Ruß und Alter geschwärzt und unscheinbar waren. Durch eine Mauer von der Männersynagoge getrennt und mit einem ganz abgesonderten Eingang unter der erwähnten Freitreppe, lag die Frauensynagoge, kurz Frauenschul genannt. Sie war klein und hatte ähnliche Sitze wie die Männerschul. Über jedem Sitz klebte ein weißes Papier mit dem Namen der Inhaberin. An der Mauer, die beide Synagogen voneinander trennte, waren hoch oben 2 länglich runde, vergitterte Fenster, sogenannte Oeils de boeuf, die man öffnete, um besser die Stimme des Vorbeters zu hören. Hindurchsehen hätte man nur gekonnt, wenn man eine Leiter genommen hätte. Ich habe nie einen kahleren, nüchterneren Raum gesehen. Er glich viel eher einem Gefängnis als einem Orte der Andacht.*“ [9]

Ansicht des Quadrats F 1, Ausschnitt aus dem Kupferstich von J. A. Baertels, 1758. Zur Klaus gehörten die Gebäude oben Mitte und das zweite Haus oben links. Das dreistöckige Gebäude im Hof enthielt die Synagoge.

Die Klaus diente zu jener Zeit nicht mehr hauptsächlich als Lehrhaus, wie es ihr Stifter bestimmt hatte. Aus dem Bet Hamidrasch war ein Bet Haknesset geworden, die Klaus diente inzwischen überwiegend als Synagoge. Seit der Einweihung der Hauptsynagoge mit Orgel im Juni 1855 war sie zum Sammelpunkt der orthodoxen Gemeindemitglieder geworden, die den reformierten Gottesdienst ablehnten. Die Klaus bot den Orthodoxen die Möglichkeit des observanten Kultus und entlastete damit die Gesamtgemeinde, die sich mancher Verpflichtung gegenüber dem orthodoxen Gemeindeteil entledigt sah. Die Klaus trug somit zur Einheit der jüdischen Gemeinschaft bei und verhinderte langfristig eine Abspaltung des orthodoxen Gemeindeteils, wie sie in anderen Städten erfolgte.

In den 80er Jahren des 19. Jahrhunderts übernahm der Synagogenrat die Verwaltung der Stiftung. Eine aus seinen Reihen gebildete „Klauskommission" beriet mit dem Karlsruher Oberrat, was mit den Gebäuden geschehen solle. Der Vorschlag aus Karlsruhe, die Häuser zu verkaufen, wurde von der Mannheimer Gemeinde empört abgelehnt. Man entschloß sich zu einem vollkommenen Neubau der Synagoge und der anderen Gebäude zu einem Kostenvoranschlag von 100 000 Mark.

Der Mannheimer Architekt Wilhelm Manchot (1844 – 1912) entwarf die Pläne für die neuen Gebäude im sogenannten „maurischen", d.h. neuislamischen Stil. Diese Stilform, seit den 1850er Jahren im deutschen Synagogenbau eingeführt, sollte typisch jüdische Elemente mit repräsentativen Formen vereinigen, an die orientalische Herkunft des Judentums erinnern und einen Kontrast zur christlichen, meist neugotischen Sakralarchitektur bilden.

Der feierlichen Grundsteinlegung für die Klausgebäude am 11.8.1887 [10] folgte eine Bauzeit von 15 Monaten. Die neue Synagoge entstand an der Stelle ihres Vorgängerbaus im hinteren Teil des Grundstücks. Sie wies im Erdgeschoß etwa 130 Sitze für Männer und auf der Empore rund 100 Frauenplätze auf. Die orientalischen Architekturformen, das farbige Licht der Fenster und die Bemalung der Wände verliehen dem Synagogenraum eine fast mystische Stimmung. Das Vorderhaus F 1, 11 enthielt nach dem Umbau Wohnungen und Geschäftsräume, das Hinterhaus die hebräische Schule, Kontore und eine Hausmeisterwohnung. Viele Räumlichkeiten wurden vermietet. Als Synagoge war die Stiftung äußerlich nicht zu erkennen, obwohl die Fassade in F 1, 11, in der „Akademiestraße", durch ihre stattlich-pompösen, in ihrer Umgebung leicht fremdartig wirkenden Formen auffiel.

Am 29.11.1888, dem ersten Chanukka-Abend des Jahres 5649, fand die feierliche Einweihung der neuen Klaussynagoge statt.[11] Ein Posaunenchor mit einem Stück aus den „Meistersingern" und ein Choral des Synagogenchors eröffnet die Feier. Das Festprogramm läßt erkennen, wie weit man sich auch in der Klaus weltlicher Kultur geöffnet bzw. von eigenen Traditionen entfernt hatte. Rabbiner Wagner übergab das neue Haus mit einem Weihespruch seiner Bestimmung, Stadtrabbiner Dr. Appel hielt die Festpredigt, Rabbiner Dr. Fürst sprach den Segen über die neuerbaute Synagoge. Unter den anwesenden Vertretern der staatlichen und städtischen Behörden befand sich auch Oberbürgermeister Moll.

Die „maurische" Synagoge diente 40 Jahre ihrer Bestimmung. In der Amtszeit von Rabbiner Dr. Unna mehrten sich die Stimmen für einen erneuten Umbau. Die angewachsene Zahl der Gottesdienstbesucher erforderte mehr Platz, bessere Zugänge, Treppen und sanitäre Einrichtungen. Die Ausstattung entsprach nicht mehr dem Zeitgeschmack und auch nicht mehr den strengeren religiösen Anforderungen. Im Frühjahr 1929 beschloß der Synagogenrat den Umbau der Klaussynagoge nach den Plänen des Architekten Siegfried Seidemann (1879 – 1956), der ein Neffe des Mannheimer Synagogenratsmitgliedes Heinrich Freiberg war. Die Ausführung der Baumaßnahmen übernahm die Mannheimer Baufirma F. & A. Ludwig. Im Sommer 1929 begannen die Abbrucharbeiten. Während des bis März 1930 andauernden Umbaus fand der Gottesdienst im Saal des Logenrestaurants in C 4, 12 statt.

Der auf 125 000 Mark geschätzte Umbau der Klaussynagoge schuf ein modernes, geräumiges Gotteshaus im Stil der Neuen Sachlichkeit. Die Straßenfassade blieb annähernd unverändert, während der Betraum auf 12 mal 20,5 Meter vergrößert wurde. Er konnte nun über 500 Personen aufnehmen. Das Erdgeschoß enthielt 250 Plätze für Männer, 36 Plätze für den Synagogenchor und 40 Kindersitze. Die Frauenempore umfaßte 196 „amphitheatralisch" erhöhte Plätze. Die Einrichtung bestand aus hochwertigen Materialien; der Aron Hakodesch war aus grünblauem griechischem Marmor, der Almemor aus graublauem Marmor. Die gelbgetönten Wände waren mit Goldornamenten bemalt; das warme Licht schuf eine lichte, freundliche Atmosphäre. Am Aufgang zu den Emporen hingen Tafeln, die in hebräischen und deutschen Texten den Stifter Lemle Moses Reinganum ehrten. Zahlreiche Stiftungen trugen zur Verschönerung des Raumes bei, u.a. ein von den Frauen der Klaus gespendeter grüner Teppich auf der Bima, der Marmorstein des Toraschreins und mehrere prachtvolle Toravorhänge.

Für den orthodoxen Ritus war entscheidend, daß die Raumanlage in stärkerem Maß den religiösen

Die umgebaute Klaussynagoge um 1930.

Vorschriften entsprach als der Vorgängerbau von 1888, dessen Einrichtung von der Reformbewegung des 19. Jahrhunderts geprägt war. Traditionsgemäß nahm der Almemor wieder die Mitte des Raumes ein; die neue Klaussynagoge, eine Synthese aus Längs- und Zentralbau, knüpfte damit an das traditionelle synagogale Raumprogramm an. Ein weiteres Anliegen der Orthodoxie war das Gitter an der Frauenempore, das den Blickkontakt zwischen Frauen und Männern zwar nicht verhindern konnte, den Raum zwischen Männern und Frauen aber zumindest symbolisch abtrennte.

Die Wiedereinweihung der Klaussynagoge erfolgte am 6.3.1930. Rabbiner Dr. Unna hielt die Festpredigt, und anstelle des erkrankten Gemeindevorsitzenden Dr. Moses sprach Stadtrabbiner Dr. Oppenheim. Dessen Rede mutete wie eine Vorahnung des kommenden Unheils an; er empfahl das neue Gebäude dem „*Schutz der öffentlichen Gewalt*", „*dessen unsere jüdischen Mitbürger in dieser Zeit böswilliger Verhetzung besonders bedürfen*".[12]

Schon 1933 wurden die Stiftungsgebäude von den Nazis nach Waffen durchsucht. Die Ereignisse des 10.11.1938 schilderte Rabbiner Dr. Lauer in einem erschütternden Bericht: „*Um 6 Uhr morgens des 10. Novembers, als ich gerade im Begriffe war, mich anzukleiden, ertönten 3 Kanonenschüsse zum Zeichen des Aufbruchs [...] Unser Simon [Sohn] wie auch unser jüdisches Mädchen kamen erschreckt herein. Wir beruhigten sie. Im gleichen Moment hörten wir ein kräftiges Schlagen und Einbrechen an der Haustür und der Synagoge, ein Sprengen und Krachen im Gotteshause, wo alles kurz und klein zerschlagen wurde, selbst die Marmorplatten vor dem 'Aron Kodesch' wurden gesprengt. Die Thorarollen herausgeschleift und verbrannt. Menschen (diese Bezeichnung ist falsch) gingen vorbei und lachten. Ich telefonierte an meinen Konsul, er versprach mir Hilfe, die kam nicht. Telefonierte mehrmals an die Polizei, die ebenfalls Hilfe versprach, aber vergebens. Endlich antwortete mir die Polizei, sie könne mich nicht schützen, sie habe nicht Leute genug, und ich müsse das Schicksal der anderen teilen. Unten im Hof waren die Einbrecher in Uniform. Wir konnten nicht aus dem Haus. Die Synagoge, das Schulzimmer etc. waren verwüstet. Auf der Straße sahen wir vor dem Laden des Herrn Oppenheimer Bücher und Thorarollen verbrennen. Die Leute in unserem Haus versammelten sich bei uns. Die Mutter von Marx hatte Herzbeschwerden. Meine Frau ließ ein Auto kommen, [ich] expedierte sie und mit ihr alle anderen Leute ins Krankenhaus. So kamen alle anderen aus dem Hause. Wir blieben mit einigen Jeschiwa-Bachorim noch gefangen. Wir waren auf alles gefaßt und sagten 'Schma', unser Kind mit uns. Gegen 10 Uhr begann das Plündern und Zerstören im ganzen Hause.*" Der Bericht schildert weiter, wie die grölende Schar in die einzelnen Wohnungen eindrang, bis man schließlich die Rabbinerfamilie in den Hof führte, wo man Rabbiner Dr. Lauer unter Geschrei verhaften wollte. Dieser konnte sich jedoch als Schweizer Staatsbürger ausweisen, was lautstark bedauert wurde. Er schildert: „*Es entstand ein Tumult, ich riß mich los und tauchte in der Menge unter und entkam mit Frau, Kind, Mädchen und drei Jeschiwa-Bachurim; einer wurde inzwischen verhaftet. Auf der Straße wurde ich vom Pöbel insultiert. Ein älterer Herr rief mir zu: Du Mörder, Blutsauger, Wucherer etc. [...]*" Dr. Lauer konnte sich ins Konsulat retten, von wo aus er noch am selben Tag mit seiner Familie nach Biel in der Schweiz ausreiste. Sein ausführlicher Bericht schildert weiter die Zerstörungen der Nazis in seiner Wohnung. Die Bibliothek der Klaus wurde gerettet, weil der Sekretär des Konsulats im richtigen Moment seinen Schutzbrief vorwies. Doch nahmen die Plünderer die Torarolle und Megilla von Rabbiner Dr. Lauer mit.[13]

Sowohl die Haupt- als auch die Klaussynagoge waren zerstört. Als behelfsmäßigen Gottesdienstraum richtete die Gemeinde nach einigen Wochen zwei Klassenzimmer der Klaus her. Im Gegensatz zur Hauptsynagoge waren die Klausgebäude nicht völlig zerstört. Die notdürftige Instandsetzung der Klaussynagoge dauerte bis Pessach 1939. Von diesem Zeitpunkt bis Oktober 1940 fand hier der Gottesdienst der Gesamtgemeinde statt. Die bedrückende Situation im Juli 1939 beschrieb Sigmund Hoffmann, der von der Deportation nach Polen im Jahr 1938 auf kurze Zeit zurückkam:„*[...] fand ich eine vollkommen veränderte Situation vor: fast keine Bekannten und Freunde mehr. Die nicht sehr zahlreichen Gottesdienstbesucher waren fast ausschließlich Leute aus benachbarten badisch/pfälzischen Kleingemeinden. Der Gottesdienst verlief schnell und ich möchte fast sagen, in einer traurigen und trostlosen Atmosphäre. Wir konnten dann gruppenweise in Abständen über den Hof durch den Torausgang, unter sorgfältiger 'Aufsicht' des Hauswarts Eisenmann das Gebäude verlassen. Der marmorne Aron Hakodesch und andere Stellen im Synagogenraum wiesen Spaltrisse auf. Die Bestuhlung war durch Bänke, die teilweise aus der Hauptsynagoge stammten, ergänzt worden.*"

In den Jahren 1939/40 konzentrierte sich das Gemeindeleben überwiegend auf die Räume der Klaus. Als die Stadtverwaltung im Mai 1939 den jüdischen Klassen das Schulhaus in K 2 entzog, wurde die jüdische Schule in die drei Lehrräume der Klaus verlegt. In der ehemaligen Wohnung von Rabbiner Dr. Lauer arbeiteten ab Frühjahr 1939 die Gemeindeverwaltung, die Wohlfahrtsstelle und das Rabbinat, eine Treppe tiefer das Palästinaamt und der Hilfsverein der Juden in Deutschland. Die bisherigen Geschäftsräume der Gemeinde in E 7, 28 waren gekündigt worden. Es herrschte eine Atmosphäre des Abschieds und der Angst. Um den freudlosen Alltag aufzuhellen, hatte der Friedhofswärter Heilbrunn den Auftrag, jeden Tag Blumen zu besorgen.[14]

Am 22.10.1940, dem Tag der Deportation nach Gurs, hörte das jüdische Leben in der Klaus für immer auf. An diesem Tag verließ Dr. Eugen Neter als letzter das Haus: „*Wo sonst das große, im maurischen Stil gebaute Haus ein lebhaftes Kommen und Gehen sah, herrschte an diesem Morgen eine Grabesstille. Keine menschliche Seele mehr in dem vielstöckigen Gebäude. Einsam saß ich in meinem Arbeitszimmer und ordnete das Notwendigste. Es kamen später noch einige Gemeindemitglieder (Ausländer), um sich Rat zu holen. Ich freute mich, jedem einen ungewohnten, hohen Geldbe-*

trag mitgeben zu können (aus dem restlichen Gemeindevermögen). Gegen ein Uhr verließ ich die mir in Freud und Leid liebgewordenen Räume. So wie ich, in Vorahnung meines Schicksales, manchmal gedacht hatte: wenn wir einmal fort müssen, schließt du als Präsident (als Parnes) die Tür hinter dem Letzten der Gemeinde, so erfüllte [es] sich in dieser Stunde. [...] Alle waren sie bereits verhaftet und auf dem Wege des Abtransportes. Ich schloß als letzter die Türe.“ [15]

Die nunmehr leerstehende Klaussynagoge wurde in der Folgezeit von einer benachbarten Firma für Saatgut angemietet und als Lagerraum benutzt, im Vorderhaus hatte das Finanzamt Büros eingerichtet.

Während des Krieges fielen auch auf F 1 Bomben. 1945 stand vom Vorderhaus der Klaus nur noch das Erdgeschoß. Rechts vom Hofeingang hatte ein altes Ehepaar eine Fahrradwache und einen Wohnraum eingerichtet. Die Wände des Synagogenraums ragten noch in die Höhe, doch waren das Dach und die Gebäude über den Frauenemporen eingestürzt. Die alte Einrichtung war nicht mehr vorhanden. Da der Saal immer noch als Lagerraum diente, wurden Notdächer darüber errichtet.

Ein Stein vom Portal der Klaus gelangte in die amerikanische Stadt Millburn in New Jersey. Der in Heidelberg stationierte Armeerabbiner Henry Tavel sandte ihn an Rabbiner Dr. Gruenewald. Die Steine befinden sich heute in der „Memorial“-Wand der Jüdischen Gemeinde in Millburn.[16]

Die „Jewish Restitution Successor Organization“ (JRSO), die nach Kriegsende die Grundstücke und Gebäudereste der ehemaligen jüdischen Gemeinden in der amerikanischen Besatzungszone verwaltete, verkaufte das Anwesen an das Land Baden-Württemberg; im Jahr 1954 ging das Grundstück in den Besitz der Firma „Süddeutsches Samenhaus Constantin & Löffler“ über. Im Juli 1951 brachte eine Firma den Ruinenschutt aus F 1, 11 und F 1, 2 zur Abladestelle Friesenheimer Insel, und im März 1953 wurde die Straßenfassade von F 1, 11 ganz abgebrochen, der Schutt zum Bau des OEG-Damms bei Seckenheim verwendet.[17] Danach entfernte der neue Besitzer die letzten Gebäudereste.

Mit zurückversetzter Straßenfassade und veränderten Grundstücksgrenzen entstanden hier Wohn- und Geschäftshäuser im Stil der 50er Jahre. Nichts mehr, auch keine Gedenktafel, erinnert heute an dieser Stelle an das traditionsreiche Gotteshaus der orthodoxen Juden Mannheims. Selbst die Hausnummer F 1, 11 ist verschwunden.

Die Jeschiwa

Die Klausstiftung in F 1, 11 war mehrmals Sitz einer Talmudhochschule, einer Jeschiwa. Eine solche leitete der Ober- und Klausrabbiner Jakob Ettlinger, der 1825 nach Mannheim an die Klaus kam. Der hervorragende Gelehrte war einer der ersten Rabbiner Deutschlands, die neben der religiösen auch eine akademische Ausbildung absolviert hatten. Sein Ruf zog viele Schüler nach Mannheim, darunter Samson Raphael Hirsch, den späteren Rabbiner in Frankfurt. Hirsch gilt als Begründer und Wegbereiter der Neuorthodoxie in Deutschland. Jakob Ettlinger verfaßte grundlegende religiöse Werke, darunter bedeutende Talmudkommentare. Er verließ Mannheim 1836, um die Stelle des Oberrabbiners in Altona anzunehmen.[18]

Fast genau 100 Jahre nach dem Weggang Ettlingers konnte die Jeschiwa durch die Spende eines anonymen Geldgebers erneuert werden. Die wachsende Bedrohung jüdischer Menschen führte viele zu den Wurzeln ihrer Religion zurück. In der Klaus wurde zum Sommersemester 1935 unter der Leitung von Rabbiner Dr.Lauer und Rabbiner Dr. Roth eine Jeschiwa eröffnet, die zunächst von vier Schülern besucht wurde. Die meisten beabsichtigten, nach dem Besuch der Jeschiwa Chaluzim in Palästina zu werden.

In verschiedenen Gruppen wurden Talmud, Chumasch, Raschi, Mischnajot und Kizur Schulchan Aruch gelehrt. Rabbiner Dr. Lauer übernahm den Unterricht in Ketuvim und jüdischer Literaturgeschichte. Im Wintersemester 1935/36 besuchten sieben Bachurim aus Mannheim-Ludwigshafen und fünf auswärtige die Jeschiwa, im Sommersemester waren es bereits zwölf. Als neuen Dozenten gewann man Rabbiner A. Straßberg.[19]

Durch Auswanderung und Deportation kam die Tätigkeit der Jeschiwa bald wieder zum Erliegen. In einem in Israel erschienenen Gedenkbuch für Rabbiner Dr. Unna wird die Mannheimer Jeschiwa bildhaft mit einem schwerkranken Menschen verglichen, der kurz vor seinem Tod erwacht und noch für eine Stunde gesund und fruchtbar aussieht.[20]

Siehe Abbildungen 37 – 57 in „Bilder vom jüdischen Leben in Mannheim"

Anmerkungen

1 Löwenstein S. 170, 174/175;
vgl. Hirsch Hoffaktoren, Sp. 7 *f*, 35*f*
2 Vgl. Teutsch in Oberrat 1987, S. 21
3 Löwenstein 217 *f*, 236 *f*; vgl. Hirsch 1922 Sp. 7 *f*, 35 *f*
4 Hirsch Hoffaktoren, Sp. 10
5 Zum gesamten Kapitel siehe das grundlegende Werk von Unna 1908/1909; für die Zeit nach 1908 vgl. Keller 1984
6 Zur Person des Lemle Moses siehe IGB 3 – 1924, darin zum 200. Todestag Beiträge und Ansprachen zu den Gedenkfeiern;
Göller; Watzinger S. 128 *f*
7 Unna 1908, S. 9
8 Das 32 Seiten umfassende Original des Testaments in hebräischer Sprache befindet sich im Leo Baeck Institute New York AR 270/57. Eine um 1753 angefertigte deutsche Übersetzung des Testaments in GLA 213/1167, Kopie in StA Kleine Erwerbungen 808.
Siehe auch Georg Landauer: Eine Nachricht über Lemle Moses Testament, in IGB 10 – 1933
9 Lindmann S. 60 *f*. Herbe Kritik am Zustand der Klaus übte 1855 ein Korrespondent der AZJ, der die Stiftung als „reiche Pfründe" bezeichnet, AZJ 1855, S. 478
10 Der Israelit Nr. 63/1887
11 AZJ 1888, S. 795, Generalanzeiger Mannheimer Journal 30.11.1888
12 Zur Einweihung der umgebauten Klaussynagoge siehe Sonderheft des IGB 3 – 1930; NMZ 6.3.1930;
Der Israelit 13.3.1930;
Israelitisches Familienblatt 13.3.1930
13 Brief, etwa Mitte Dezember 1938 von Rabbiner Dr. Chaim Lauer geschrieben, in Fliedner Quelle Nr. 229
14 Neter
15 Bericht von Eugen Neter, 1946, in Fliedner Quelle Nr. 38
16 Mitteilung Dr. Max Gruenewald, New Jersey
17 StA MA Akten Städtische Trümmerverwertungsgesellschaft, Zugang 35/1973, Nr. 183
18 Unna 1909, S. 39 – 41, 67; Judith Bleich: Jacob Ettlinger, his life and works: the emergence of modern orthodoxy in Germany, New York University, Ph.D., 1974; Judith Bleich: The Emergence of an Orthodox Press in Nineteenth-Century Germany, in: Jewish Social Studies 42 (1980), S. 323 – 344
19 Siehe IGB 7 – 1937, IGB 24 – 1937
20 Unna 1975

Überall,
wo ich meines Namens
gedenken lasse,
werde ich zu dir kommen
und dich segnen

2. Moses 20

Die Betstübel

Außer in den beiden großen Synagogen betete eine Anzahl der Juden Mannheims in den sogenannten Betstübel, den kleinen Synagogen der „Ostjuden". Viele der aus Osteuropa stammenden Menschen hatten sich vor den Pogromen im zaristischen Rußland in den Westen gerettet. Die Zuwanderung jüdischer Flüchtlinge setzte gegen Ende des 19. Jahrhunderts ein und erreichte kurz nach dem Ersten Weltkrieg ihren Höhepunkt. Viele wanderten nach Amerika aus, manche wagten in Deutschland die Gründung einer neuen Existenz. Auch nach Mannheim kamen zahlreiche russische, polnische, österreichische und ungarische Juden, die neben ihrer jiddischen Sprache und eigenen, oft von strenger Religiosität geprägten Bräuchen oft große Armut mitbrachten. Ein Teil von ihnen integrierte sich ins Gemeindeleben und besuchte die Klaus- oder die Hauptsynagoge, andere lebten areligiös. Viele blieben jedoch der religiösen Tradition ihrer Heimat treu und hielten weiterhin ihren Gottesdienst nach dem gewohnten Ritus ab. Zu diesem Zweck entstanden mehrere Vereine in Mannheim.

Das Vereinsregister nennt seit 1907 den Verein „Ahawas Schulem", Friedensliebe, seit 1912 den „Sfard-Verein Schomre Schabbos", Hüter des Sabbat, und seit 1919 die „Vereinigung der Ostjuden in Mannheim". Die Ahawas-Schulem-Mitglieder unterhielten vor dem Ersten Weltkrieg in F 3, 13a einen größeren Saal als Betstübel. Dieses wurde zu Beginn der 20er Jahre vom Verein „Linas Hazedeck", Stätte der Gerechtigkeit, weitergeführt.

Die „Vereinigung der Ostjuden" weihte an Erev Pessach, dem 31.3.1923 in F 7, 11 ein Betstübel ein. *„Der hinreichend geräumige Betsaal, der ganz in Weiß gehalten ist, wird durch eine Wand in die Frauen- und Männerschule geteilt. Durch mehrere elektrische Hängelampen erhält der Raum eine angenehme und feierliche Beleuchtung."* [1]

1920 erwarb die Vereinigung der Ostjuden in F 7, 16 ein Haus, in welchem Ahawas Schulem ein Betstübel eröffnete. Im Sommer und Herbst 1929 fanden hier zwei feierliche Toraweihen statt, bei denen auch die Rabbiner Dr. Unna und Dr. Gruenewald sowie die Kantoren Epstein und Lewi mitwirkten.[2] Bereits im Jahr 1934 mußte Felix Fränkel, der Vorsitzende von Ahawas Scholom in F 7, 16, auf Druck der Nazis den Verein auflösen.

In G 7, 30 hatte Schomre Schabbos ab 1929 die Erdgeschoßräume angemietet und ein Betstübel eingerichtet. Die selben Räume des Hauses dienten übrigens über 50 Jahre später türkischen Moslems als Moschee. Ende 1932 verlegte Schomre Schabos sein Betstübel ins Hinterhaus von F 3, 13. Auch diese neue Synagoge bestand aus zwei Zimmern, in denen Männer und Frauen getrennt am Gottesdienst teilnahmen. Die schlichte Einrichtung bestand aus langen Tischen mit Tischdecken und Bänken; als Almemor diente eine Kommode mit Samtdecke, als Aron Hakodesch ein Schrank mit beschriftetem Samtvorhang. Selbstverständlich wurde auch hier zweimal am Tag gebetet, am Sabbat und an den Feiertagen herrschte hier immer dichtes Gedränge. Die Gottesdienste hielten die Vorbeter Aronsfrau und Kanner.[3] Die Vereinssatzung von Schomre Schabos nannte als Ziel des Vereins, jüdisches Wissen durch *„belehrende Vorträge und Erörterungen über praktische und religiöse Fragen"* zu fördern, die Geselligkeit zu pflegen und Gottesdienste nach orthodoxer Art abzuhalten. Den Vorsitz des Vereins hatte E. Kanner inne; durch seine Gelehrtheit hatte sich das Mitglied B. Bornfreund einen Namen gemacht.

Auf Außenstehende machte die leidenschaftlich und tief empfundene Atmosphäre der Gottesdienste in den Betstübel großen Eindruck. Besonders an Simchat Tora gingen die Kinder der Gemeinde gerne zu den Freudenfeiern der Ostjuden, um die temperamentvollen Tänze zu erleben, aber auch um sich beschenken zu lassen. In Erinnerung sind auch die gemeinsam eingenommenen Mahlzeiten am Sabbatnachmittag, Schalosch Seudot. Diese „Dritte Sabbatmahlzeit" war meist ein Heringsessen, bei dem zuweilen auch dem Wodka zugesprochen wurde. Man verbrachte die Feier im Betstübel mit frommen Sabbatliedern, gelehrten Disputen und Tanz. Fromme Bräuche und weltliche Freuden ergänzten sich. Schalosch Seudot wurde, um die Sabbatfreude zu verlängern, oft bis in die Nacht ausgedehnt.[4]

Ungarische Juden sollen in U 1 ein Betstübel betrieben haben.[5]

1933 waren die Ostjuden die ersten, auf die sich der Haß der neuen Machthaber entlud. Ihre Vereine mußten sie auf Druck des Polizeipräsidiums Ende 1933 bzw. Anfang 1934 auflösen.[6] Auf privater Basis konnten manche der Betstübel noch einige Zeit betrieben werden. Die wenigen noch bestehenden Betstübel wurden am 10.11.1938 brutal zerschlagen. Im Hof von F 3, 13 verbrannten Nazis die Einrichtungsgegenstände und Torarollen des Betstübels. Ein SA-Mann der Standarte 171 nahm die dort aufgestellte Sammelbüchse mit den Worten an sich: *„So, jetzt könne mer enner saufe gehe."* [7]

Siehe Abbildungen 181 – 184 in „Bilder vom jüdischen Leben in Mannheim"

Anmerkungen

1 IGB 4 – 1923
2 IGB 7 – 1929 und IGB 10 – 1929; ISRAELITISCHES FAMILIENBLATT 1.8.1929 und 10.10.1929
3 Mitteilung Bernhard Lustmann, Tel Aviv 1987
4 Erinnerung Viktor Friedmann, Mannheim 1987
5 Mitteilung Mauricio Frankel, Sao Paulo 1985 und Bernard Matzner, New York 1987
6 Zur Auflösung siehe FLIEDNER S. 38; JD 16/1967 Nr. 39
7 Erinnerung Paul Rath, Mannheim 1987

Max Keller

Das Gemeindezentrum in R 7, 24

Die Befreiung Mannheims durch die Amerikaner Ende März 1945 ermöglichte einen zaghaften Neubeginn jüdischen Lebens in der Stadt. Die Befreier *„erlösten das kleine Häuflein der 60 in Mannheim verbliebenen 'Nichtarier'.“* [1] Ende Juni erfolgte die Rückkehr von etwa 50 jüdischen Überlebenden aus Theresienstadt, die noch am 14.2.1945 nach dort verschleppt worden waren.[2] In den folgenden Monaten fanden an verschiedenen Orten Mannheims jüdische Gottesdienste statt, u.a. im zerstörten Gebäude der Handelskammer in L 1, 2. Auch in der von den Besatzungstruppen eingerichteten Synagoge in Heidelberg, dem „synagogue center“ in der Klingenteichstr. 4, trafen sich Mannheimer Gemeindemitglieder. Ein in Mannheim von den Militärbehörden beschlagnahmtes Haus, Maximilianstr. 9, war als Gemeindezentrum vorgesehen; Anfang 1946 war die Israelitische Gemeinde in der Viktoriastr. 3 gemeldet.[3]

Im März 1946 bezog sie das ehemalige jüdische Waisenhaus in R 7, 24. Das Gebäude war 1941 an die Stadt „verkauft“ worden; nach Kriegsende hatte es die JRSO übernommen, die es der Gemeinde wieder zur Verfügung stellte. Der damalige

Kantor Alfred Spiro, Synagoge R 7, 24, Hohe Feiertage 1956.

Gemeindevorsitzende Max Keller berichtet 1947 über die ersten zwei Jahre: „*Mit großer Mühe und Fleiß ging der Umbau vonstatten. Ein neuer Tempel – 200 Personen fassend – war erstanden, und als im März 1946 [3.März] die Einweihung dieses Hauses stattfand – in Gegenwart des amerikanischen Majors Lewis, [Vertretern von] Staat, Städtischen Behörden, Prälat Bauer und dem Dekan der evangelischen Kirche [Joest] – , da fühlte ein jeder, daß er die feierliche Stunde nie vergessen wird [...] Aber unser Gemeindehaus steht auch anderen Zwecken zur Verfügung. Räume für Übernachtungen sind vorhanden, und so können wir in unserer 80 Prozent zerstörten Stadt den durchreisenden Juden eine Unterkunft bieten. Zu diesem Zwecke stehen 20 Betten bereit, jeder bekommt Frühstück und auf Wunsch Mittag- und Abendessen, so wie es in unseren Kräften steht. Monatlich haben wir ca. 250 Übernachtungen, und es ist uns eine große Genugtuung, den meist armen Menschen – aus dem Osten kommend – dienen zu können. Bade- und Waschraum stehen bereit, und bei der Abreise sprechen alle unserem Hausvater Spiro für alles Gebotene herzlichen Dank. Eine Bibliothek, die im Keller der früheren Klaus-Synagoge gelagert war, tausende Bücher, stellen wir nunmehr unserer 170 Köpfen starken Gemeinde [...] zur Verfügung. In zwei weiteren Räumen haben wir öfters gesellige Zusammenkunft, um bei Musik und Tanz etwas Erholung vom grauen Alltag zu finden. Unseren 12 Kindern, die während der Leidenszeit keine Gelegenheit hatten, Schulen zu besuchen, lassen wir in Hebräisch und in anderen Fächern Nachhilfestunden geben. Unseren Friedhof – dessen Leichenhaus von der Hitlerbande auch gesprengt war – lassen wir durch Gärtner in eigener Regie wieder in Ordnung bringen.*“ [4]

Die hohen Unterhaltungskosten für das Gebäude zwangen die Gemeinde, einen Teil der Räume an die Stadt zu vermieten; auch konnten die vielen Zimmer nicht alle von ihr ausgenutzt werden. In den oberen Etagen zog das Städtische Wohlfahrtsamt ein. Der Publikumsverkehr des Amtes führte bald zu Störungen; besonders an den Feiertagsgottesdiensten kam es immer wieder zu Beeinträchtigungen.[5] Auch der im Erdgeschoß eingerichtete Betraum, mehr ein bescheidenes Provisorium als ein würdiger Rahmen für Gottesdienste, wurde als ungenügend empfunden. 1954 beklagte sich die „Jüdische Kultusgemeinde“ in einem Leserbrief über die ungerechte Verteilung von Staatsgeldern, die zum Wiederaufbau von Kirchengebäuden bestimmt waren: „... *Wir haben wohl einen Betraum und sind der Meinung, daß man auch unter den primitivsten Verhältnissen zu seinem Gott beten kann. Wir sehen aber eine Nichtachtung, wenn nicht gar eine Mißachtung darin, daß man uns nicht die geringsten Mittel für den Bau eines würdigen Gotteshauses zur Verfügung stellt. Für den Landtag scheint die vor etwa tausend Jahren begonnene 'Lösung der Judenfrage' in Deutschland bereits beendet zu sein.*“ [6]

Die erhofften Landesmittel blieben aus. Die Gemeinde verkaufte das ehemalige Waisenhaus schließlich an die Stadt, die das Gebäude als Städtische Musikschule nutzte. 1957 zog sie in die neuerbaute Synagoge in der Oststadt um. In R 7, 24 ist seit 1991 die Freie Kunstschule Rhein-Neckar ansässig.

Siehe Abbildungen 58 – 62 in „Bilder vom jüdischen Leben in Mannheim“

Anmerkungen

1 Fliedner Quelle 21
2 Vgl. Fliedner Quelle 52
3 Zu den Vorgängen unmittelbar nach Kriegsende siehe Nachlaß Cahn-Garnier, StA MA Zugang 33/1968; Reklamebüro (Hrsg.): Mannheimer Wegweiser 1946, 1. Ausgabe nach dem Stand vom 1.2.1946
4 Abgedruckt in: AJW 26.2.1988
5 AZ 24.9.1954
6 ungenannte Zeitung vom 25.8.54

Dieses Haus
soll ein Heiligtum sein

Landesrabbiner Fritz Bloch

Das Gemeindezentrum Maximilianstraße 6

In den 50er Jahren verhandelte die Stadtverwaltung mit der Gemeinde über den Neubau einer Synagoge. Das Vorhaben von Oberbürgermeister Dr. Heimerich, die zerstörte Hauptsynagoge vereinfacht wiederaufzubauen, kam nicht zur Ausführung, u.a., weil die Gemeinde einen Neubau auf einem Grundstück in der Oststadt vorzog. Es waren überwiegend praktische Erwägungen, wie bequeme Anfahrt mit dem PKW, ausreichender Parkraum und angenehme Lage, die zu dieser Entscheidung führten.

Die finanziellen Mittel für das Bauprojekt in der Maximilianstr. 6 setzten sich aus den Erträgen vom Verkauf des Hauses R 7, 24, aus Zuschüssen des Oberrates und der JRSO und einem städtischen Zuschuß zusammen.[1] Das Richtfest wurde am 2.10.1956 im Beisein von Bürgermeister Leopold Graf gefeiert.[2]

Die Einweihung der neuen Synagoge fand am 19.5.1957, an Lag Baomer des Jahres 5717, statt. Der Festgottesdienst wurde vom Streichquartett der Musikhochschule Mannheim mit Sätzen von Josef Haydn musikalisch untermalt, der Karlsruher Kantor Wolf Faerber sang das Ma Towu. Der Gemeindevorsitzende Fritz Mayer dankte vor allem

Einweihung Synagoge Maximilianstr. 6, 19.5.1957, Einzug der Torarollen.

V.l.n.r.: Rositta Oppenheimer (1. Vorsitzende der Gemeinde Heidelberg) Fritz Mayer (1. Vorsitzender der Gemeinde Mannheim), Fritz Bloch (Landesrabbiner von Württemberg).

dem inzwischen nicht mehr amtierenden Oberbürgermeister Dr. Heimerich für seinen unermüdlichen Einsatz: *„Er hat als unser Freund gehandelt. Mit diesem Haus hat er sich selbst ein Denkmal gesetzt."* Der Präsident des Oberrats, Otto Nachmann, überreichte ein Toragehänge aus Gold und Silber als Geschenk des Oberrats und zwei Toramäntelchen als Geschenk der Gemeinde Karlsruhe, die Vorsitzende der Gemeinde Heidelberg, Rositta Oppenheimer, überbrachte einen Kidduschbecher. Oberbürgermeister Dr. Reschke bekräftigte in seiner Festansprache: *„Wir richten die flehentliche Bitte an den Allmächtigen, daß der Haß schwinden möge und nie mehr ein Ziel in einem Gotteshaus finde."* Seine Wünsche galten der Synagoge als der *„Stätte des wahren und festen Glaubens."* [3]

Hermann Maas, der Heidelberger Prälat der Evangelischen Landeskirche erinnerte sich an die Schreckensjahre: *„Beten war die einzige gültige Waffe gegen die Teufelei in der Welt... Mich bedrückt es, daß wir damals nicht mit unseren Kirchenglocken Sturm geläutet haben gegen dieses ungeheure Verbrechen der Gotteslästerung. Die Zerstörung unserer Kirchen im Krieg war ein furchtbares Gottesgericht."* [4]

Nach dem von Kantor Faerber vorgetragenen Psalm 30 erfolgte die feierliche Einhebung der drei Torarollen. Der Landesrabbiner von Württemberg, Fritz Bloch, sprach Gebete für Israel, für die Gemeinde und für die Bundesrepublik. Er gedachte der Ermordeten und der Verstorbenen und entzündete schließlich das Ewige Licht. In seiner Weihepredigt betonte er, daß die geringe Zahl des jüdischen Volkes nie eine Rolle gespielt habe. Ihn bedrücke nur die fehlende Substanz. *„Hier können wir sie erwerben,"* rief er aus. *„Dieses Haus soll ein Heiligtum sein."* [5]

Architekt Wilhelm Schlechte hatte dem Gebäude eine einfache rechteckige Form gegeben. Durch den Vorraum mit einem Handwaschbecken betrat man den 140 Quadratmeter großen Betsaal. Die Bankreihen links waren für die Frauen, rechts für die Männer bestimmt. Der hölzerne Almemor stand, von Bänken umgeben, im vorderen Drittel des Raumes, der Aron Hakodesch war in die Ostwand eingelassen. Sein glutroter Samtvorhang wies eine Goldstickerei auf: Zwei Löwen halten die Krone der Tora. Darüber waren die steinernen Gesetzestafeln in die Wand eingelassen, die bereits die Heilige Lade der Hauptsynagoge in F 2, 13 sowie auch die des Betraums in R 7, 24 bekrönt hatten. Der einfache Raum wurde von elektrischer Kerzenbeleuchtung an den Wänden erhellt; von der Decke hingen tütenförmige Lampen, die später durch Kristalleuchter ersetzt wurden.

Gemeindemitglied Alfred Simon am rituellen Handwaschbecken.

Beide Abbildungen Synagoge Maximilianstr. 6, 1957.

Neben dem Synagogenraum befanden sich im Erdgeschoß Bürozimmer, im Keller waren Clubräume und Zimmer für den Religionsunterricht untergebracht. Ein in den Jahren 1964/65 im Garten des Gemeindezentrums erstellter Anbau schuf einen großen Veranstaltungssaal. In dem zwischen diesem Saal und der Synagoge entstandenen Hofraum mit Pergolaüberdachung wurde alljährlich die Sukka gebaut und das Laubhüttenfest gefeiert.

30 Jahre erfüllte das Gebäude als Synagoge und Gemeindezentrum seinen Zweck. Erst 1987 kehrte die Gemeinde in die Innenstadt zurück. Den letzten Gottesdienst in der Maximilianstraße feierte sie am Sabbat, dem 11./12.9.1987, mit Rabbiner Dr. Gruenewald.

Siehe Abbildungen 63 – 71 in „Bilder vom jüdischen Leben in Mannheim"

Anmerkungen

1 MM 20.5.1957
2 MOIB 11 – 1956
3 MOIB 6 – 1957
4 MOIB 6 – 1957
5 MM 20.5.1957; MOIB 6 – 1957

Denn mein Haus
wird ein Bethaus heißen
für alle Völker

Jesaja 56, 7

Das Gemeindezentrum in F 3

Seit den 70er Jahren strebte die Stadtverwaltung eine Rückkehr der jüdischen Gemeinde ins Zentrum der Stadt an, um wenigstens städtebaulich eine Art Wiedergutmachung zu leisten. Die Stadtplaner sahen das Quadrat F 3 als Bauplatz für eine Synagoge vor. Das im Zweiten Weltkrieg größtenteils zerstörte Quadrat diente nach der Entfernung der baulichen Reste lange als Parkplatz.

Der Oberrat beauftragte im Jahr 1980 einen Karlsruher Architekten, Pläne für eine Mannheimer Synagoge zu erstellen. Nach diesem ersten Anlauf erhielt 1982 die Mannheimer Gesellschaft für Wohnungs- und Städtebau mbH (MWS) von der Jüdischen Gemeinde den Auftrag für die Baubetreuung. Diese wiederum übertrug im Januar 1983 dem Mannheimer Architekturbüro Karl Schmucker den Planungsauftrag.

Das Votum der Jüdischen Gemeindeversammlung im Juni 1984 und der Gemeinderatsbeschluß der Stadt vom Dezember 1984 schufen die Voraussetzungen für den Baubeginn im Mai 1985.[1] Die Stadt Mannheim überließ der Gemeinde eine 3400 Quadratmeter große Teilfläche von F 3 und übernahm die Bürgschaft und den Schuldendienst für 7,85 Millionen DM.[2]

Am 17.10.1986, kurz vor Beginn des Laubhüttenfestes, fand das Richtfest mit Festreden von Rabbiner Dr. Levinson, dem Gemeindevorsitzenden Stern, Oberbürgermeister Widder und Polier Oberländer im überfüllten, noch im Rohbau befindlichen großen Saal des Gemeindezentrums statt. Der anschließende Richtschmaus vereinte die Mitglieder der Gemeinde, die am Bau Beteiligten, die Gäste aus den politischen Gremien, der Stadtverwaltung, den Kirchen und der Nachbarschaft bis in den Nachmittag in geselliger Runde.[3]

Ein besonders festliches Ereignis bildete die Einweihung der Synagoge und des Gemeindezentrums am Sonntag, dem 13.9.1987 – 19. Elul 5747. Zahlreiche ehemalige Mitglieder der Gemeinde waren aus aller Welt gekommen, darunter Rabbiner Dr. Gruenewald. Zur Feierstunde fand nur ein Teil der Gäste in der neuen Synagoge Platz, andere verfolgten die Festlichkeiten vom Gemeindesaal aus per Fernsehaufzeichnung. Um elf Uhr begann der feierliche Einzug der neun Torarollen, während auf der Empore ein Chor das Ma towu sang. Die von Kantor Polani vorgetragenen Gesänge wurden begleitet durch dessen Sohn Daniele an der Orgel und vom Seckenheimer Singkreis unter der Leitung von Theo Schmitt. Nach dem Schma Israel entzündete Seew Heinrich, ein Gemeindemitglied der jungen Generation, das Ewige Licht. Nun wurde die neu erworbene Torarolle, eine Spende der Jüdischen Erinnerungsstiftung, aufgerollt. Einem alten Brauch zufolge war das letzte Wort der fünf Bücher Moses noch ungeschrieben. Die letzten Buchstaben einzufügen war nun verdienten Persönlichkeiten, allen voran Generalsekretär Alexander Ginsburg, vorbehalten unter Aufsicht des New Yorker Toraschreibers. Anschließend wurden die Torarollen in den Aron Hakodesch eingehoben. Die Reihe der Festpredigten eröffnete Rabbiner Dr. Gruenewald: *„Wir bauen unseren Altar mit gebrochenem Herzen."* Den Festreden der Rabbiner Dr. Levinson, Macner und Dr. Roth folgte das El male rachamim, das Gebet für die Verstorbenen. Dann sprachen der Gemeindevorsitzende Stern, Oberbürgermeister Widder, Minister Weiser, MWS-Direktor Holler, Architekt Schmucker, Stadtdekan Schroff sowie der Präsident des Oberrates und Vorsitzende des Direktoriums des Zentralrates der Juden in Deutschland, Werner Nachmann. Die lange Reihe der nichtjüdischen Festredner machte deutlich, daß die Gemeinde nicht alleine die Verantwortung tragen müsse; sie zeigte, daß auch das Land Baden-Württemberg, die Stadt Mannheim und die Kirchen sich zu denen gehörig fühlten, die Judentum und Juden wieder in ihrer Mitte wünschten.

Die Medien nahmen starken Anteil an dem Ereignis. Mit ausführlichen Berichten informierten Presse, Rundfunk und Fernsehen über die Einweihung der Synagoge, dokumentierten den Werdegang des Baus und griffen Aspekte der jüdischen Geschichte Mannheims auf.[4] Die von der Gemeinde herausgegebene Festschrift fand große Beachtung, und auch die bis heute starke Nachfrage nach Synagogenführungen zeigt das große Interesse der Öffentlichkeit an dem Gebäude und darüber hinaus am Leben der Gemeinde.

Der fünfgeschossige Baukomplex, der die Synagoge hufeisenförmig umschließt, enthält in den Obergeschossen 92 Mietwohnungen. Bei der Auswahl der Mieter wurde Wert darauf gelegt, daß nicht nur Juden, sondern möglichst Angehörige aller Religionen einzogen. Dafür sorgt auch der städtische Kindergarten „Miriam", der vom katholischen

Gemeindezentrum F 3.

Caritas-Verband unterhalten wird. Im Erdgeschoß sind ferner drei vermietete Ladengeschäfte untergebracht. Die beiden Untergeschosse bergen Kellerräume und die Tiefgarage.

Der vor der Synagoge angelegte Platz, seit 1993 Rabbiner-Gruenewald-Platz genannt, mit gärtnerisch gepflegten Grünflächen, schattenspendenden Baumreihen, stilvollen Leuchtpfeilern und gepflasterten Wegen, ist zu einem stimmungsvollen Ruhepunkt der geschäftig-belebten Unterstadt geworden. An seiner Nordseite stehen Parkplätze zur Verfügung, ein Zugeständnis an die Markthändler, die vor Erbauung des Gemeindezentrums das gesamte Quadrat als Parkplatz nutzten.

Vom Rabbiner-Gruenewald-Platz aus betritt der Besucher den Synagogenbereich durch einen der beiden Rundbogeneingänge, die das Gotteshaus flankieren. Hebräische Inschriften aus versilberten Buchstaben wurden 1990 angebracht. Die linke lautet übersetzt: *Das ist das Tor des Herrn, die Gerechten werden dort einziehen*[5]; die rechte: *Denn mein Haus wird ein Bethaus heißen für alle Völker*[6]. Die Eingänge ähneln den rundbogigen Hoftoren der alten Hauptsynagoge; die biblischen Kundschafter Josua und Kaleb in den Bogengittern sind Kopien einer aus der Synagoge vor 1851 stammenden Blecharbeit.

Das geräumige Foyer umschließt die Synagoge von drei Seiten. Ein unterteilbarer Clubraum, ein Gymnastiksaal, ein pergolaüberdachter Hof für die Laubhütte, Nebenräume und der Gemeindesaal sind von hier aus zu erreichen. Die Westseite des Foyers enthält das Erinnerungsmal an die Verfolgung und Zerstörung der Gemeinde im Nationalsozialismus. Es besteht aus Steinen der 1938 gesprengten Hauptsynagoge und einer von Frank Meisler gestalteten Gedenktafel mit Worten des Propheten Jeremia 8, 23 in hebräischer und deutscher Sprache:
»Tag und Nacht beweine ich
die Märtyrer meines Volkes«,
ferner die Inschrift:
»Wehmütig gedenken wir aller jüdischen Menschen, die in den Jahren des nationalsozialistischen Terrors 1933 – 45 unschuldig verfolgt, gedemütigt und ermordet wurden.«[7]

Im Zentrum des gesamten Baukomplexes liegt der große Gemeindesaal, der für die verschiedensten Aktivitäten genutzt wird. Er bildet den Mittelpunkt des geselligen Gemeindelebens, wird aber auch, als Begegnungsstätte für alle Bürger, an die verschiedensten Gruppen vermietet.

Der Küchentrakt enthält, den Vorschriften entsprechend, getrennte Räume für fleischige und milchige Speisen. Die Mikwe liegt im Osttrakt. Ihre beiden Tauchbecken stehen in Verbindung mit der Zisterne, die koscheres Wasser enthält. Im ersten Obergeschoß stehen der Gemeinde ein Klassenraum für den Religionsunterricht der Grundschüler, das Gemeindebüro und ein Sitzungssaal, in dem die Gemeindebibliothek untergebracht ist, zur Verfügung. Sehr viel kosteten die Sicherheitsmaßnahmen, z.B. Panzerglasscheiben und die Kameraüberwachung.

Kochgruppe „Internationale koschere Küche" bei der Zubereitung von Kreplech (gefüllte Teigtaschen) in der Küche F 3, 1993.

V.l.n.r.: Elisabeth Heinrich, Yvonne Friedmann, Irene Rajz, Marlies Studniberg, Orna Marhöfer, Brigitte Vergin, Frau Feigenbaum.

Das Kernstück des Gebäudekomplexes bildet die Synagoge, ein Zentralbau mit quadratischem Grundriß. In der Planungsphase hatte sich der Architekt zunächst an der jüdischen Bautradition im deutschen Raum des 19. Jahrhunderts orientiert und einen Längsbau mit dreischiffiger Überdachung entworfen. Später erkannte er, daß diese Anlage der christlich-kirchlichen Bautradition entnommen war. Studien der Synagogenarchitektur in Israel und der neueren Entwicklung in Europa zeigten, daß ein Zentralbau der jüdischen Liturgie und Tradition mehr entspricht als ein Längsbau. Der ausgeführte Entwurf, ein Raum mit quadratischer Grundrißform und zentralem Almemor, lehnt sich an diese Bautradition an.[8]

Der kubische Gottesdienstraum hat eine Grundfläche von 360 Quadratmetern; seine umlaufende Empore mit 98 Plätzen wird während der Gottesdienste oft von Gästen benutzt. Im Erdgeschoß haben 228 Besucher Platz, unter den seitlichen Emporen sind 64 Frauen-, in der Mitte und unter der Westempore 164 Männerplätze.

Vier mächtige Pfeiler stützen die balkengegliederte Decke und die Emporen. Ein sechzehnteiliges Strahlenrippengewölbe spannt die flachgewölbte Kuppel auf. Die sie auskleidende blauweiße Tapisserie, von den Brüdern Peter und Paul Stasek aus Mannheim entworfen und ausgeführt, symbolisiert den Himmel über Jerusalem. Eine kreisrunde Öffnung im Scheitelpunkt enthält ein weißes Bleiglasfenster mit einem blauen Davidstern.

Der in der Kuppel aufgehängte Radleuchter mit einem Durchmesser von 4,20 Metern ist mit 16 doppelten Lichtern bestückt. Darunter nimmt die zweistufige Bima mit der hölzernen Einfassung aus grauem Vogelahornfurnier die Mitte des Raumes ein. Der Aron Hakodesch, ein Werk des Tel Aviver Künstlers Frank Meisler, stellt eine besondere Kostbarkeit dar. Er ist bekrönt von zwei aus Jerusalemer Stein gearbeiteten Gesetzestafeln. Auf dem Bogen über dem Schrein steht in goldenen hebräischen Buchstaben der Spruch aus Jesaja 2, 3 und Micha 4, 2, der übersetzt lautet: *Von Zion wird ausgehen die Lehre und das Wort des Ewigen von Jerusalem.* Im darüberliegenden Bogenfeld zeigt ein Relief die Mauern, Tore, Kuppeln und Berge von Jerusalem. Die Schiebetüren des Schreins aus silbergrau lasiertem Vogelahornholz wiederholen die Form der Gesetzestafeln. Die aufgelegte Schrift der zehn Gebote besteht aus Peutronmetall, Bronze, beschichtet mit Gold und Silber. Darüber deuten zwei mit Granatäpfeln geschmückte Hände den Kohanimsegen an. Die Herstellung der Reliefteile erfolgte im Atelier Frank Meislers nach der Methode der „Verlorenen Form“: Die aus Styropor geformten Modelle gingen beim Ausgießen der um sie herum angelegten Sandform mit flüssigem Metall in Rauch auf. Es folgten Schliff und Politur, Silber- und Goldauflagen sowie die Montage in Handarbeit.

Das Ewige Licht, ebenfalls von Frank Meisler, ähnelt stilistisch dem Toraschrein. An der Spitze des Lichtes sitzt eine mit Gold und Silber beschlagene Metallkrone; die hebräische Inschrift aus 2. Mose 25, 8 lautet übersetzt: *Und sie sollen mir machen ein Heiligtum, daß ich wohne in ihrer Mitte.*[9]

Von starker Ausdruckskraft sind die zwölf großen und acht kleinen Bleiglasfenster der Synagoge. Sie wurden nach Entwürfen von Karlheinz Trauth von der Firma Derix Glasgestaltung in Rottweil und Taunusstein angefertigt. Die Fenster enthalten überwiegend kalte Farbtöne: Blau, Blaßgrün, Weiß, Grau und wenig Gelb. Die nach oben dunkler werdenden Blautöne der Fenster kontrastieren zusammen mit dem Blau der Kuppel und der Pfeiler mit den Rottönen des Granitfußbodens und anderer Architekturteile. Die Synagogenfenster wurden von Privatleuten, Firmen und den beiden Kirchen gestiftet. Eine Spende der Jüdischen Erinnerungsstiftung in Höhe von 50 000 DM ermöglichte den Einbau des rituellen Handwaschbeckens im Foyer, die Ausgestaltung des Mahnmals sowie den Kauf der neuen, in New York geschriebenen Torarolle.[10]

Das gleiche Material, das für die Innenwände der Synagoge Verwendung fand, verkleidet auch die Außenfassaden: Betonwerkstein mit Granitoberfläche. Die Fassade am Wohnkomplex weist dagegen auch Putzflächen auf.

Bemerkenswerterweise wurde der vorgegebene und eng bemessene Kostenrahmen von 27,6 Millionen DM nicht überschritten; er macht nur etwa zwei Drittel der üblichen Herstellungskosten für ein vergleichbares Bauwerk aus. Nach den Worten des Architekten wurde dies durch viele Firmen ermöglicht, *„die sich begeistert ihrer Aufgabe stellten, auch wenn die Auftragsbücher dafür nur relativ kleine Zahlen aufwiesen.“*[11]

Das Bauwerk und seine anspruchsvolle Architektur ist eine Bereicherung für Mannheim. Die Synagoge von Karl Schmucker war 1992/1993 auf der Biennale in Venedig dokumentiert.[12] Städtebaulich wertet das Gemeindezentrum und der Rabbiner-Gruenewald-Platz das Gebiet der gesamten westlichen Unterstadt auf.

Die Einweihung des Hauses stellte aber auch ein Meilenstein in der Geschichte Mannheims dar. Nach den Schreckensjahren der NS-Herrschaft kehrt, nach den Worten des Oberbürgermeisters, die jüdische Gemeinde wieder *„ins Herz der Stadt“* zurück. Damit nimmt sie auch äußerlich den Platz wieder ein, der ihrer Bedeutung in der Stadt schon immer entsprach. Das jüdische Gemeindezentrum Mannheim entwickelte sich zu einem geistigen Mittelpunkt, sowohl für die jüdischen Einwohner Mannheims und der Umgebung als auch für nichtjüdische Kreise. Bei ihren Veranstaltungen verschiedenster Art kann die Gemeinde meist ein volles Haus begrüßen. Darüber hinaus werden der Festsaal, der kleine Saal und das Foyer als Tagungs- und Veranstaltungszentrum allen Interessenten angeboten. Die Kunstausstellungen finden vielfache Beachtung. Interessierten Gruppen bietet die Gemeinde Synagogenführungen an. Die Ausstrahlung des jüdischen Gemeindezentrums F 3 ist nicht auf Mannheim begrenzt, sondern wirkt überregional im gesamten kurpfälzischen Raum.

Siehe Abbildungen 72 – 88 in „Bilder vom jüdischen Leben in Mannheim"

Anmerkungen

1 Vgl. MM 15./16.5.1985, MM 24.5.1985
2 Zu diesem Kapitel siehe Karl Schmucker: Das neue jüdische Gemeindezentrum in F 3, in OBERRAT 1987, S. 107 – 113; vgl. auch VOLKER KELLER: Das jüdische Gemeindezentrum in Mannheim, F 3, in: ENTWURF – Religionspädagogische Mitteilungen 3/88, hrsg. von der Fachgemeinschaft evangelischer Religionslehrer in Württemberg e.V. und vom Fachverband evangelischer Religionslehrer in Baden e.V., S. 39 – 42
3 MM 18./19.10.1986, RNZ 18./19.10.1986
4 Siehe u.a MM 28.8.1987, MM 4.9.1987, MM 9.9.1987, MM 11.9.1987, MM 12./13.19.1987, MM 14.9.1987, MM 26.9.1987, AJW 18.9.1987, AJW 25.9.1987, MANNHEIMER STADTILLUSTRIERTE August 1987 und September 1987, RNZ 13.4.1987, RNZ 28.8.1987, RNZ 1.9.1987, RNZ 14.9.1987, RNZ 16.9.987, Rhpf 8.9.1987, Rhpf 14.9.1987, STUTTGARTER ZEITUNG 14.9.1987; ENDRES
5 Psalm 118, 20
6 Jesaja 56, 7
7 FRANK MEISLER: Meine Werke im jüdischen Gemeindezentrum Mannheim, in OBERRAT 1987, S. 114; MM 9.9.1987
8 Zur Informationsreise einer Mannheimer Delegation durch Israel siehe AJW 25.2.1983
9 FRANK MEISLER: Meine Werke im jüdischen Gemeindezentrum Mannheim, in OBERRAT 1987, S. 114
10 MM und RNZ 28.8.1987
11 OBERRAT 1987, S. 108
12 Siehe Ausstellungskatalog ARCHITETTURA E SPAZIO SACRO NELLA MODERNITÀ, Milano 1992, S. 98, 312 – 313, 338

Alles was Odem hat,
lobe den Herrn!

Psalm 150

Der Gottesdienst

Der Gottesdienst vereinigt die Gemeinde im Gebet und bildet den festen Rahmen des Gemeindelebens. Dem Sabbat und den Feiertagen kommt hierbei besondere Bedeutung zu. Die Verehrung Gottes und das Lernen der Tora sind die wesentlichen Elemente im jüdischen Gottesdienst. Die Gebete werden auf Hebräisch und überwiegend in Gesangsform vorgetragen. Zentraler Bestandteil ist zu bestimmten Gottesdiensten die Lesung der Tora in Verbindung mit Prophetenabschnitten. Der jeweilige Sabbat wird nach dem Toraabschnitt benannt, der zur Lesung vorgesehen ist.

Auch wochentags sind Gemeindegebete zu den drei täglichen Gebetszeiten festgesetzt: in Synagogen großer Gemeinden versammelt man sich zum Morgen-, Mittags- und Abendgebet. Aus Rücksicht auf das Berufsleben legt man die beiden letzteren, Mincha und Maariv, in den späten Nachmittagsstunden zusammen. So fanden in der Haupt- und in der Klaussynagoge an Werktagen zweimal täglich Gottesdienste statt. Ihre Anfangszeiten richteten sich nach dem Sonnenstand.[1] Die nach der Schoa wesentlich kleinere Gemeinde hält nur die Hauptgottesdienste am Sabbat und an anderen Festtagen.

Zu einem Gottesdienst ist eine Mindestzahl von zehn männlichen Betern, ein Minjan, notwendig.

Überlieferung und regionales Brauchtum prägten feste Formen des Gottesdienstes. Die aschkenasische und die sefardische Tradition des Judentums bilden die beiden Hauptrichtungen auch in ritueller Hinsicht. Die sogenannten portugiesischen Juden, die im 17. Jahrhundert in Mannheim lebten, hielten ihren Gottesdienst nach sefardischer Art ab, während die deutsche Gemeinde nach der aschkenasischen Tradition betete. Später ging die kleinere portugiesische Gruppe in der deutsch-jüdischen Gemeinde auf.

Die assimilatorischen Bestrebungen des 19. Jahrhunderts hatten weitreichende Veränderungen der gottesdienstlichen Formen zur Folge. Der Staat und die Mehrheit in den jüdischen Gemeinden strebten eine „Veredelung" der Gottesdienstfeiern an. Die Reformbewegung übte an den überlieferten Formen Kritik und versuchte, neue, ihrer Meinung nach zeitgemäße Ausdrucksformen zu finden. Der Reformeifer der liberal eingestellten Mehrheit der Mannheimer Juden spitzte sich gelegentlich zu offener Konfrontation zu; so verbot der Synagogenrat die Versammlung zum Neumondgebet auf offener Straße und ging entschieden gegen Privatgottesdienste vor.[2] Für eine liberale Reform nach dem Vorbild des Hamburger Tempels setzte sich die 1829 gegründete Ressource-Gesellschaft ein.

Von staatlicher Seite wurde versucht, den jüdischen Gottesdienst dem Muster der evangelischen Kirche anzugleichen. 1824 verfügte das badische Staatsministerium die Einführung *„passender, dem Geist der Gesänge entsprechender Melodien"* und die Mitwirkung eines Knabenchors unter Anführung der Vorsänger. In Mannheim leiteten Kantor Ephraim Guthmann und später sein Nachfolger Seligmann Gallenberg einen solchen Knabenchor.[3] Die Rabbinatskandidaten Abraham Rosenfeld und Lippmann Lindmann predigten seit den 20er Jahren in deutscher Sprache. Der seit 1825 amtierende Stadtrabbiner Hirsch Traub gehörte im wesentlichen der orthodoxen Richtung an, schloß sich aber dennoch zeitgemäßen Neuerungen im Kultus an, was er in der 1845 in Mannheim tagenden badischen Rabbinerversammlung bekannte.[4]

Jubelfeiern für den Landesherrn bildeten den Anlaß für aufwendige Chorgesänge, bei denen Musikinstrumente zum Einsatz kamen. Zur Geburtstagsfeier des Großherzogs am 29. August 1834 wurde eine Komposition von Musikdirektor Josef Eschborn mit einem aus Frauen und Männern bestehenden Chor und Streichorchester in der Synagoge aufgeführt.[5] Solche Huldigungsfeiern mit Chorgesängen bahnten die Entwicklung zum choralen Gottesdienst an.

Der Neubau der Hauptsynagoge wurde zum Anlaß für Innovationen in größerem Umfang. Der neu berufene Rabbiner Präger führte auf Wunsch der Gemeindemehrheit eine neue Gebetsordnung ein, insbesondere nahm er zahlreiche Gebete in deutscher Sprache auf. Das von ihm herausgegebene „Mannheimer Gebetbuch" fand in Baden weite Verbreitung.[6] Die Reformbewegung bekämpfte die Überladenheit der Liturgie sowie zahlreiche als unzeitgemäß empfundene Gebetstexte. Zur Hebung der Andacht sollte auch die neu eingeführte Orgel dienen, die erste Synagogenorgel Badens. Durch sie nahm die Hauptsynagoge in besonderem Maß den Charakter einer Kirche an. Der Gemeindevorstand erließ 1853 einen Aufruf zur Formierung eines Chors. Die erste Aufgabe des hieraus entstandenen, aus 50 Frauen und 35 Männern zusammengesetzten Synagogenchors war die Mitwirkung bei der Einweihung der Hauptsynagoge am 29.6.1855. Bezeichnenderweise war schon der erste Dirigent des Synagogenchors, Eberhard Kuhn, ein evangelischer Kirchenmusiker. Seit 1880 spielte fast 30 Jahre der Organist der Trinitatiskirche, Albrecht Hänlein, die Orgel in der Hauptsynagoge und dirigierte auch den Synagogenchor. Im Jahr 1905 beging der Chor festlich sein 50jähriges[7] und 1930 sein 75jähriges Jubiläum[8].

Die Ausgestaltung der Gottesdienste nach christlichem Vorbild veranlaßte die Orthodoxen, die Hauptsynagoge zu meiden. Sie benutzten nun die Klaussynagoge. Auch die Verdrängung des Gemeindegesangs und die nur noch passive Beteiligung der Gottesdienstbesucher durch den Einsatz des Synagogenchors riefen die Kritik der Orthodoxen hervor, zumal durch den gemischten Chor traditionswidrig auch Frauen eine tragende Rolle im Gottesdienst einnahmen.

Im 20. Jahrhundert fanden auch Liberale wie Rabbiner Dr. Gruenewald zu einer kritischeren Einstellung zur Orgel zurück: *„Aber je größer das Verständnis des hebräischen Gebetes wird, desto enger wird der 'Spielraum' der Orgel. Es gibt eine große Anzahl von Gebeten, deren Inhalt und deren Rhythmus die Begleitung der Orgel unmöglich machen. Aber daraus eine Angelegenheit auf Leben oder Tod zu machen, überlassen wir dem vergangenen Jahrhundert."*[9]

Auch in der Klaus, dem Zentrum der glaubenstreuen Juden, vertraten die Rabbiner nicht immer die streng orthodoxe Richtung. Auch die Klausstiftung erfuhr Neuerungen; der Umbau ihrer Synagoge von 1888 beseitigte die Sichtblende zwischen Männern und Frauen sowie den zentralen Almemor. Seitdem begleitete auch in der Klaussynagoge ein im Gegensatz zur Hauptsynagoge nur aus Männern bestehender Synagogenchor den Gottesdienst. Er feierte 1928 unter der Leitung Theo Bodenheims sein 40jähriges Bestehen.

Kinder-Synagogenchor vor der August-Lamey-Loge, Zeughausplatz, um 1932.

Beide Synagogen waren an den Hohen Feiertagen überfüllt. Sowohl die Klaus als auch die Hauptsynagoge veranstaltete zusätzliche Nebengottesdienste. Hierfür wurden bis 1933 Räume im Casino in R 1, 1 oder im Ballhaus hinter dem Schloß angemietet; in der Nazizeit fanden die Nebengottesdienste der Hauptsynagoge im jüdischen Altersheim am Neckar, in der Loge C 4, 12 und ab 1935 in Q 2, 16 statt. Die orthodoxen Nebengottesdienste wurden zeitweise in der Loge oder im Casino abgehalten.[10]

1. Reihe u.a.
Ruth Liebermensch (später Knox)
Walter Salomon
Max Silberstein
Paul Rath
Hans Salomon
Helmut Spanier
hintere Reihen
Hanna Liebermensch (später Lewin)
Max Silbermann
Arthur Maier.

Erwachsene v.l.
Arthur Liebermensch
Dr. Samuel Billigheimer
Herr Nagel (der christliche Leiter und Organist).

Im September 1922 führten die Rabbiner Dr. Oppenheim und Dr. Zlocisti den Jugendgottesdienst ein. In diesem dem kindlichen Verständnis angepaßten Gottesdienst hielten der Rabbiner oder ein Lehrer eine Ansprache. Er fand mit Rücksicht auf die Schulpflicht am Samstagnachmittag statt und wurde von meist jugendlichen Vorsängern geleitet. Man benutzte ein eigenes Gebetbuch; die Orgel oder ein Harmonium begleitete den Gesang des Kinderchors. Als die 1934 neugeschaffene jüdische Schule den Sabbat zum schulfreien Tag machte, wurde der Jugendgottesdienst auf Sabbatmorgen im Anschluß an den Hauptgottesdienst verlegt. Nach der Pogromnacht 1938 hörte die gern und vielbesuchte Einrichtung des Jugendgottesdienstes zu bestehen auf.[11]

Wie zuweilen die Form des Gottesdienstes in der Gemeinde diskutiert wurde, zeigen zahlreiche Leserbriefe im Gemeindeblatt. Hier lassen sich Kontroversen über die Form der Seelenfeier, des Jiskor [12], oder das Verhältnis von Chor und Gemeindegesang [13] nachlesen. Die Beiträge haben ihre Parallelen in heutigen Diskussionen über Gottesdienstformen, die von Zeit zu Zeit in der jüdischen Presse anklingen.[14]

Kurz vor und nach dem Ersten Weltkrieg entstanden die „Betstübel" der aus dem Osten eingewanderten Juden. Es waren kleine, doch stark frequentierte Synagogen in Wohnhäusern. Hier wurde der Gottesdienst ganz in der überlieferten Form der früheren Heimat abgehalten. Die Chassidim hatten den sefardischen Ritus übernommen, der eine einfachere Liturgie hat. Der Name ihres Vereins „Sfard-Verein Schomre Schabos" weist darauf hin.

Die beiden großen Synagogen wurden seit 1933 von der Gestapo überwacht. Rabbiner Dr. Gruenewald reagierte: „*Und da der Rabbiner nicht mehr frei sprechen konnte, führte ich die sogenannten Nachbarabende ein. Das heißt, Leute aus demselben Viertel kamen zu einer Bibellesung in einer Wohnung zusammen. Das hatte den Vorteil, daß außer der Bibelauslegung jenen Mut zugesprochen werden konnte, die sich sehr verängstigt fühlten.*" [15]

Nach der Zerstörung der Synagogen am 10.11.1938 fanden Gottesdienste nur noch in den Räumen der Klaus statt. Rabbiner Dr. Richter, der diesen Einheitsgottesdienst zunächst noch mit den Kantoren Hugo Adler und Erwin Hirsch leitete, erinnerte sich: „*Der Gottesdienst war traditionell-konservativ, weder streng orthodox noch liberal, da wir keine Orgel und keinen Chor mehr hatten.*" [16] Nachdem 1940 auch die Klaus geschlossen worden war, fand der Gottesdienst der wenigen Zurückgebliebenen im Altersheim am Neckar und in einem Zimmer von B 7, 3 statt, bis 1942 auch diese Möglichkeiten genommen wurden.

Johanna und Berthold Rosenthal mit ihren Kindern Lotte (links) und Ruth (rechts) beim Gang zur Hauptsynagoge, Rosch Haschana 1927.

Bis in die 30er Jahre war das Tragen eines Zylinders beim Gottesdienst üblich.

Heute sind in der Gemeinde alle religiösen Richtungen zusammengeschlossen. Die Gebetsordnung folgt dem traditionell aschkenasischen Ritus, die Gebetssprache ist Hebräisch. Der Rabbiner predigt auf Deutsch. Es werden keine Musikinstrumente benutzt; lediglich bei Trauungszeremonien ist Musikbegleitung erlaubt. Seit alters her ist der Schofar das einzige Musikinstrument im jüdischen Gottesdienst.

Gottesdienst Synagoge Maximilianstr. 6, um 1960.

Siehe Abbildungen 89 – 91 in „Bilder vom jüdischen Leben in Mannheim"

Anmerkungen

1 Vgl. die Übersichten über Gottesdienste in den Ausgaben des IGB
2 LEWIN S. 261 *f*; ROSENTHAL 1927, S. 348
3 ADLER 1924; SYNAGOGENRAT: Ehre, dem Ehre gebührt! (Schrift zum 50jährigen Bestehen des Synagogenchors 1905)
4 ROSENTHAL 1927, S. 336
5 ADLER 1924
6 ISRAELITISCHES GEBETBUCH für die öffentliche und häusliche Andacht, zunächst für die israelitische Gemeinde in Mannheim, 3. Auflage, Mannheim 1881; siehe PNINA NAVÉ LEVINSON: Aus dem religiösen Leben, in OBERRAT 1984
7 GENERALANZEIGER 22.5.1905
8 75JÄHRIGES JUBILÄUM DES SYNAGOGENCHORS MANNHEIM, in IGB 10 – 1930
9 Siehe MAX GRUENEWALD: Gottesdienstliche Fragen: Die Orgel, in IGB 11 – 1927; zur Kritik am liberalen Gottesdienst des 19. Jahrhunderts siehe AZJ 1855, 478 *f*
10 Zu einem Bericht von Jugendlichen über den Gottesdienst an den Hohen Feiertagen in den Mannheimer Synagogen siehe IGB Beilage Jugendgemeinde 10 – 1927
11 Mitteilung von Walter Salomon, New York, 1.2.1988; vgl. RABBINER DR. OPPENHEIM: Ein Wort zum Jugendgottesdienst, in IGB 2 – 1924
12 IGB 8 – 1927
13 IGB 9 – 1930 und 10 – 1930
14 Vgl. u.a. MICHAEL BRENNER: Judentum – erstarrt in Formalismus? AJW 14.7.1994
15 Interview mit Rabbiner Dr. Gruenewald in: ENDRES
16 Mitteilung von Rabbiner Dr. Richter, Sarasota, Florida, USA, 6.6.1983

Auf, mein Freund,
der Braut entgegen,
Königin Sabbat
wollen wir empfangen!

Sabbatlied Lecha Dodi

Feiertage und Feste

Der Sabbat ist nach Jom Kippur der höchste Feiertag im jüdischen Jahr. Er beginnt mit dem Einbruch der Dunkelheit am Freitagabend und endet mit der Dämmerung am Samstagabend. Die Heiligung des siebenten Tages als Ruhetag ist nach den Zehn Geboten verpflichtend, er soll frei von jeglicher Arbeit sein. Das Arbeitsverbot, das sich auf alle produktiven körperlichen Tätigkeiten bezieht, wird von strenggläubigen Juden sehr ernst genommen. Das enge Zusammenleben von Juden und Christen in Mannheim führte zuweilen zu beeindruckenden Fällen nachbarlicher Hilfe beim Befolgen der Sabbatvorschriften. Christen übernahmen bei orthodoxen Nachbarn Alltagstätigkeiten, die am Sabbat verboten sind, z.B. das Heizen, die Betätigung der Lichtschalter usw. Hilfsbereite christliche Mitschülerinnen der Hans-Thoma-Schule trugen orthodoxen jüdischen Schülerinnen am Samstag die Schulranzen zur Schule. Die Lehrer verzichteten in der Regel an diesem Tag darauf, jüdische Schüler schreiben zu lassen.[1] Natürlich brachte nicht jeder Lehrer so viel Toleranz auf, und nach 1933 wurden diese Gesten gegenseitigen Verständnisses zu immer selteneren Ausnahmen.

Die meisten jüdischen Geschäfte konnten es sich nicht leisten, am Samstag zu schließen; auch in anderen Berufen war die Einhaltung des Sabbats oft nicht möglich. Die liberale Mehrheit der Juden hielt sich nicht streng an die Sabbatruhe, sehr zum Mißfallen der orthodoxen Gemeindemitglieder. Diese waren bemüht, die Voraussetzungen für die Sabbatruhe zu schaffen; u.a. forderten sie den schulfreien Samstag. Die Mannheimer Zweigstelle des „Vereins zur Wahrung der Interessen des gesetzestreuen Judentums in Baden" richtete im Jahr 1929 in F 2, 15/16 eine „Vermittlungsstelle für sabbatfreie Vakanzen" ein, deren Leiter Karl Oppenheimer war.

Vor dem Beginn des Sabbats werden von der Hausfrau zwei Sabbatkerzen gezündet. Hierbei spricht sie den zugehörigen Segensspruch. Geflochtene mohnbestreute Weißbrote, Chalot oder Berches, und der Wein für den Kidduschsegen eröffnen die in der Regel reichliche Sabbatmahlzeit am Freitagabend. Sie findet nach dem Gottesdienstbesuch statt. Aus der Zeit um 1860 stammt die Schilderung eines Freitagabends in F 1: *„Auf dem frisch gedeckten Tisch stand eine große Lampe aus Kristall, über die ein rosa Schleier fiel, der aus lauter geschnittenen und ausgefransten Perkallstreifen bestand, einer damals sehr beliebten, billigen Handarbeit. Daneben waren zwei silberne Leuchter mit brennenden Kerzen aufgestellt, und zwei frischgebackene knusprige grosse Berges [Berches] lagen auf dem Teller mit einer frischen Serviette bedeckt."* [2]

Taschlich der Gemeinde am Neckarufer, Rosch Haschana 1989.

Im Sabbatmorgengottesdienst wird die Tora gelesen. Das Mittagsmahl besteht wegen des Kochverbots am Sabbat aus einer am Vortag vorbereiteten Speise; die jüdische Küche ist deshalb reich an Auflaufgerichten. Früher benutzte die gesamte Gemeinde einen „Schabbesofen", in dem die Speisen ab Freitagmittag warmgehalten wurden. Er stand in F 2 und wurde 1722 ins jüdische Hospital nach E 5, 9 verlegt.[3] Um 1860 hatte der Junggeselle Schmuel Schott in F 1 eine Hofwohnung; in ihr war *„ein eingemauerter Herd (ein Öfelchen), in welchem alle Hausgenossen das Recht hatten ihre Speisen von Freitag auf Samstag warm zu halten"* [4].

Der Sabbatnachmittag dient der Erholung oder der geistigen Betätigung. Nach dem Abendgebet und dem Einbruch der Nacht wird der Sabbat mit der Hawdala-Zeremonie verabschiedet. Über einer geflochtenen Kerze und dem gefüllten Weinbecher werden Segenssprüche gesprochen; ein mit Gewürzen gefüllter Behälter, die Besomim-Büchse, soll durch Wohlgerüche die Sabbatwonne verlängern. Danach ist wieder jegliche Arbeit erlaubt. Die Heiligung des Sabbats durch alle Juden war den Orthodoxen ein dringendes Anliegen. So setzte sich der Verein zur Wahrung der Interessen des gesetzestreuen Judentums u.a. für sabbatfreien Schulunterricht und für sabbatfreie Lehrstellen ein.[5]

Die Feiertage des jüdischen Jahres richten sich nach dem jüdischen Kalender, der auf dem Mond- und Sonnenzyklus beruht. Die Monate entsprechen den Mondphasen; um den Sonnenzyklus beizubehalten, werden Schaltmonate eingesetzt. Der jüdische Monat beginnt mit Rosch Chodesch, an dem die erste schmale Mondsichel nach dem Neumond am Himmel erscheint. Rosch Chodesch ist daher auch für die Bestimmung der nach dem jüdischen Kalender berechneten Festtage von Bedeutung.

Die Hohen Feiertage eröffnen das jüdische Jahr im Frühherbst. Diese Bußtage, zehn an der Zahl, beginnen mit Rosch Haschana, dem Neujahrsfest. An diesem festlichen Tag sind alle Behänge in der Synagoge weiß, der Toravorhang, die Toramäntelchen usw., die Männer tragen eine weiße Kippa und, zumindest Rabbiner und Kantor, beim Morgengottesdienst unter dem Tallit einen weißen Kittel, das Totenhemd. Diese Bekleidung dient der Besinnung auf das Vergängliche und als Ermahnung zur Buße. In der Synagoge wird der Schofar, das Widderhorn geblasen. Das Klausmitglied Dr. Salomon Levi besuchte an Rosch Haschana die jüdischen Insassen des Amtsgefängnisses am Schloß, um ihnen mit dem Klang des Schofars den Beginn des neuen Jahres anzuzeigen.[6] Nach einem alten Brauch wirft man am ersten Tag von Rosch Haschana die Sünden in die Fluten, Taschlich, das heißt *„Du wirst werfen"*. Indem man dreimal den Bibelvers Micha 7, 19 zitiert, wirft man Brotkrumen ins Wasser.

Jom Kippur, der Versöhnungstag zwischen Israel und Gott, aber auch der der Menschen untereinander, der heiligste Tag des Jahres, beschließt die Reihe der zehn Bußtage. Er ist der Buße und Sündenvergebung geweiht. Jom Kippur wird mit strengem Fasten und Gebet begangen, zum Abendgottesdienst werden Totenhemd und Tallit angelegt. Der

Kinder in der Sukka mit Jehoshua Heinrich, Gemeindezentrum F 3, Sukkot 1992.

Kantor trägt das feierliche Kol Nidre [7] mit einer ergreifenden Melodie vor. Es ist Nichtjuden durch die Vertonungen von Max Bruch und Arnold Schönberg bekannt. Vor 1933 besuchten häufig christliche Abiturienten diesen Gottesdienst, der sie stets beeindruckte. Am Ende von Jom Kippur wird nochmals der Schofar geblasen. Nach den Erinnerungen früherer Gemeindemitglieder war die Stimmung in der Klaussynagoge besonders feierlich. An den Hohen Feiertagen waren dort alle Bänke mit weißen Tüchern ausgekleidet.[8]

Nach dem Ausgang des Feiertages soll mit dem Bau der Laubhütte, der Sukka begonnen werden. Das Laubhüttenfest, Sukkot, beginnt fünf Tage nach Jom Kippur. Es ist ein biblisches Erntedankfest. Zur Erinnerung an die Zeit der Wüstenwanderung wird unter freiem Himmel eine Laubhütte errichtet. In Mannheim gab es einst in den Höfen der Synagogen, der Loge, des Waisenhauses und im Garten des Gemeindehauses M 6, 12 große Laubhütten, in vielen Privathäusern kleinere. Die Sukka der Klaus war die geräumigste und schönste der Gemeinde. Fast ausschließlich wurde sie von der Rabbinerfamilie Unna benutzt: *„Schon die Vorbereitungen beschäftigten uns tagelang vor dem Fest. Unter Mutters Anleitung, zuweilen auch aus eigener Initiative, bereiteten wir Kinder die Dinge vor, die zur Ausschmückung der Laubhütte dienten. Denn es genügte uns nicht, die Vorschriften peinlich genau zu erfüllen. Die Ausführung mußte ästhetisch vollendet sein und das Gemüt erfreuen. Zu den Vorbereitungen gehörte das Sammeln von Kastanien im Schloßgarten, die, auf Ketten gezogen, ein fester Bestandteil des Schmuckes waren. Die Mahlzeiten am Fest vereinigten dann die ganze Familie zu vergnüglichem Beisammensein."* [9] In der Synagoge Maximilianstraße diente der Hof zwischen dem Gemeindesaal und dem Hauptgebäude zum Einrichten der Sukka; das neue Gemeindezentrum in F 3 besitzt hierfür einen eigenen Innenhof mit einer Pergola.

Sukkot dauert neun Tage und endet mit dem Fest der Gesetzesfreude, Simchat Tora, da an diesem Tag der jährliche Zyklus der Toralesung beendet ist und gleichzeitig der neue beginnt. In der Synagoge finden Umzüge mit den Torarollen statt, die von Gesang und Tanz begleitet sind. Für die Kinder gibt es an diesem Tag Süßigkeiten.

Häusliche Chanukkafeier 1958, Icek (rechts) und Manfred Erlich.

Im November bzw. Dezember wird Chanukka, das Lichterfest gefeiert. Es erinnert an die Wiedereinweihung des Tempels im Jahr 165 v.d.Zt; sein Symbol ist der achtarmige Chanukkaleuchter. Er besitzt meistens ein neuntes, oft herausnehmbares Licht zum Anzünden der übrigen; es ist der Schammes, der „Diener". Die Beschenkung der Kinder an Chanukka wurde erst im 19. Jahrhundert als Anpassung an die deutsche Weihnachtsfeier üblich. Vor 1938 riefen im Gemeindeblatt alljährlich der Israelitische Waisenverein und die Jüdische Frauenbewegung zu Spenden für Chanukkageschenke zugunsten der Kinder des Waisenhauses und der Kinderstube auf.

Chanukkafeier im Gemeindezentrum F 3, 1991. Die Kinder stellen die Lichter des Chanukkaleuchters dar.

Das Purim-Fest entspricht zeitlich dem Karneval. Es erinnert an die Esther-Geschichte, die von der wundersamen Errettung der Juden in Persien durch den Einfluß der Königin Esther auf den König Ahasveros und von der Niederlage des Widersachers Haman erzählt. Am Purim-Abendgottesdienst ist es den Kindern erlaubt, bei jeder Nennung des Bösewichts Haman Lärm zu schlagen; dazu dienen die hölzernen „Haman-Ratschen". Ein alter Brauch ist es, sich an Purim zu kostümieren; es werden Purim-Bälle und humoristische Darbietungen veranstaltet. Das fröhliche Fest erschien nicht immer angebracht; kurz vor Purim 1934 warnte das Gemeindeblatt: *„Das Stadtrabbinat richtet an die Verbände und Vereine die Bitte, Purimveranstaltungen nach Möglichkeit einzuschränken. Soweit solche Veranstaltungen doch stattfinden, wolle man in ihrer Durchführung auf die Zeitlage Rücksicht nehmen."*

Purimspiel im Gemeindezentrum F 3, Purim 1986. Königin Esther: Genia Studniberg, Mordechai: Michael Haas.

Das achttägige Pessachfest ist dem Andenken an die Befreiung von der Knechtschaft in Ägypten und an den Exodus gewidmet. Das christliche Osterfest fällt in diese Zeit. Die Pessachtage erfordern eine aufwendige Vorbereitung. Das Haus wird gründlich gereinigt, wobei alle gesäuerten Lebensmittel, Chamez, entfernt werden. Als Chamez gelten vor allem Brot und Teigwaren. Dagegen ist der Genuß von Mazzen, ungesäuertem Brot, vorgeschrieben Die Speisen müssen besonders koscher, „pessachkoscher" sein. Am Vorabend des ersten Pessachtages findet der feierliche Sederabend statt. Zur Anordnung der vorgeschriebenen symbolischen Speisen werden meist spezielle Sedergeschirre und Sedergestelle verwendet. Der Hausherr leitet das Sedermahl, das mit der Lesung der Hagada verbunden ist. Die Hagada ist eine Sammlung volkstümlicher Pessach-Erzählungen, die den Auszug aus Ägypten thematisieren. Die heutige Gemeinde bietet ihren Mitgliedern vor den Feiertagen importierte Mazzebrote zum Kauf an. An Erev Pessach veranstaltet sie stets einen öffentlichen Sederabend, den meist der Rabbiner oder der Kantor leitet. Der Gemeindeseder kann alternativ zu privaten Sederfeiern besucht werden.

Zwischen dem ersten Pessachtag und Schawuot, dem Wochenfest, liegen sieben Wochen, dem entspricht die Zeit zwischen Ostern und Pfingsten. Die Omerzeit, eine Trauerperiode, die an die Grausamkeiten der Römer gegen die Juden nach dem im Jahr 135 n.d.Z. gescheiterten Bar Kochba-Aufstand, aber auch an das Sterben der Schüler des Rabbi Akiba erinnert, wird durch Lag Baomer am 33. Tag des Omerzählens unterbrochen.

An Schawuot wird der Offenbarung am Berge Sinai gedacht, der Übergabe der Tora an Moses. Zugleich ist Schawuot das Erntedankfest für die Erstlingsfrüchte. An Pessach, Schawuot und Sukkot, den drei Erntefesten, brachte man einst Opfergaben im Jerusalemer Tempel dar. Sie heißen daher auch Wallfahrtsfeste. In der Diaspora werden sie, ursprünglich wegen der unsicheren Weiterleitung der in Jerusalem verkündeten Nachricht vom Erscheinen der Mondsichel, um je einen Tag verlängert, ebenso wie Rosch Haschana. So wurden seit jeher in Mannheim diese Feste einen Tag länger gefeiert, obwohl die Reformer des 19. Jahrhunderts diesen Brauch abschaffen wollten.

Außer an den jährlichen Feiertagen trifft sich die Gemeinde auch an den persönlichen Festtagen ihrer Mitglieder. Am achten Tag nach der Geburt erfolgt bei Knaben die Beschneidung, Brit Mila. Sie ist ein Zeichen der Zugehörigkeit zu Abrahams Nachkommen und ein Siegel des Bundes zwischen Gott und dem jüdischen Volk. Der Mohel, der Beschneider, muß medizinisch geschult sein und streng religiös leben. Der Großherzoglich Badische Oberrat veröffentlichte 1897 Dienstvorschriften für Mohelim, die auch für den Mannheimer Mohel galten.[10] Viele Jahrzehnte versah der Toraschreiber Salomon Oppenheimer dieses Amt. Er war Mannheims letzter Mohel. Seither muß ein Mohel bei Bedarf von auswärts anreisen.

Beschneidung von David Studniberg, 11.7.1985.

Der Sandak („Pate") Dr. Michael Rosenberg hält den Säugling, dessen Lippen mit gezuckertem Rotwein genetzt werden.

Beschneidung von David Studniberg, 11.7.1985: Lucian Studniberg, der Vater des Kindes, und Mohel Wolf aus Luxemburg, der die Bracha spricht.

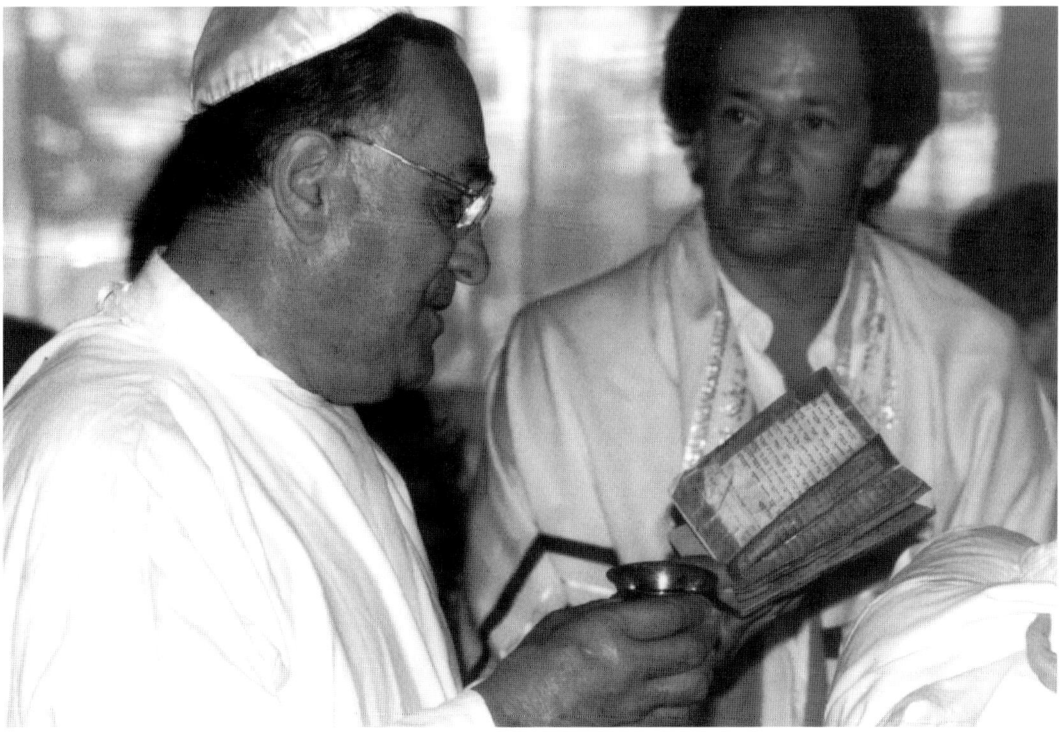

Bei Mädchen erfolgt die Namensgebung durch die Feier des „Holekreisch". Der hebräische Name des Kindes wird in einem Gebet genannt. Dann fassen ältere Kinder das Neugeborene, heben es in die Höhe und rufen seinen Namen. Die Bezeichnung dieses Brauches stammt aus dem Französischen „haut la crêche".

Die religiöse Volljährigkeit tritt bei Knaben mit dem dreizehnten, bei Mädchen schon mit dem zwölften Geburtstag ein. Der Junge wird als Bar Mizwa, Sohn der Pflicht, im Morgengottesdienst des ersten Sabbats nach seinem dreizehnten Geburtstag zur Toralesung aufgerufen. Ferner kann er mit dem Vortragen der Haftara geehrt werden. Nach dem Gottesdienst veranstaltet die Familie einen Kiddusch mit Bewirtung der Gäste. In der Assimilationszeit des 19. Jahrhunderts wurde die Bar-Mizwa-Feier im liberalen Gemeindeteil weitgehend der Form der protestantischen Konfirmation angeglichen. Unter Stadtrabbiner Hirsch Traub begannen Versuche, in der Hauptsynagoge eine Konfirmationsfeier nach protestantischem Vorbild einzuführen. Sie fand für den gesamten Jahrgang kollektiv am Ende des Schuljahres zu Ostern statt. 1848 bestand diese Feier bereits nicht mehr. Erst 1885 griff Stadtrabbiner Dr. Steckelmacher die Konfirmationsfeier wieder auf, so war 1886 in der Presse die Anzeige zu lesen: *„Der israelitische Konfirmationsunterricht beginnt Anfang Februar und bittet um Anmeldung. Dr. Steckelmacher"* [11]. Die Konfirmation konnte sich jedoch nicht durchsetzen. Bald kehrte man wieder zur traditionellen Bar Mizwa zurück.

Ebenfalls in der Hauptsynagoge wurde nach dem Ersten Weltkrieg eine vergleichbare Feier für Mädchen, Bat Mizwa, eingeführt. Die Bat-Mizwa-Feiern fanden alljährlich für den ganzen Jahrgang an Schawuot statt, doch fanden sie, auch im liberalen Gemeindeteil, nicht immer Beachtung.[12] In der orthodoxen Klaus wäre eine solche Mädchensegnung nicht denkbar gewesen. In der heutigen Gemeinde machen die meisten Familien von der Möglichkeit der Bat Mizwa Gebrauch. Sie findet an einem Sabbat nach dem 12. Geburtstag statt.

Bat Mizwa von Genia Studniberg, Segnung durch Rabbiner Dr. Levinson, 5.3.1993, Synagoge F 3.

Die Gepflogenheiten der Partnerfindung und der Eheschließung machten wie überall starke Wandlungen mit. Traditionell sorgte in der Regel der Schadchan, der Heiratsvermittler, für das Zustandekommen einer Ehe, die von den Eltern der Partner beschlossen wurde. Der Verlobung folgt die Eheschließung, die durch die Ketuba, den Ehevertrag in aramäischer Sprache, besiegelt wird. Bei der Trauungszeremonie steht das Brautpaar unter der Chuppa, dem von vier Stangen gehaltenen „Trauhimmel". Der Rabbiner vollzieht die Trauung. Zum Andenken an den zerstörten Tempel wird ein Glas zertreten, denn auch in der Stunde des Glücks soll die Trauer um Jerusalem nicht vergessen werden. Eine in der Klaussynagoge um die Mitte des 19. Jahrhunderts abgehaltene Hochzeit schildert Helwine Lindmann, die Tochter des Klausrabbiners Liebmann Lindmann: *„Als Lene [Tante von Helwine] siebzehn Jahre alt war, brachte ihr Vater an einem Freitag abend einen Gast nach Hause. Es galt nämlich als besonders Gottgefällig, wenn man an diesem Abend einen armen Reisenden (vulgo Schnorrer) bei sich bewirtete, und die Bettler versammelten sich vor der Synagogentür und warteten auf die Einladung."* Solche Gäste berichteten meist bereitwillig von den Verhältnissen anderer Familien und sorgten nicht selten für die Vermittlung von Ehepartnern. So auch im Fall von Lene Lindmann. Der Gast bahnte den Kontakt zu Kain Kremnitz an, *„ein hübscher, schwarzbärtiger Mann, schön gekleidet, mit großer, goldener Kette, mit Ringen und Berloquen [Schmuckanhänger an der Uhrkette] [...] und die gehorsame Lene war plötzlich Braut. Im Herbst war die Hochzeit. Die Trauung fand unter einem Baldachin im Klaushof vor der Synagoge statt. Der Bräutigam hatte zur Bedingung gemacht, daß die Braut ihr eigenes Haar weiter trage und nicht einen falschen Scheitel aufsetze, wie es bei den verheirateten jüdischen Frauen Brauch war. Doch kamen, nach dem Herkommen, am Morgen die Frauen der Bekanntschaft, flochten das Haar der Braut in Zöpfe und steckten es unter eine weißbebänderte Haube. Dann zog man ihr über das schwarzseidene Brautkleid ein neues Sterbekleid aus weißem Leinen an. In diesem wurde sie getraut."* [13] Daß aber auch damals schon Frauen aktiv ihr Schicksal in die Hand nahmen, zeigt die ebenfalls von Helwine Lindmann überlieferte Geschichte von Lenchen Bensbach, die dem Klausrabbiner Abraham Rosenfeld zugeneigt war: *„Da habe sie, resolut, an einem Samstag Nachmittag als sie gemeinsam über die Kettenbrücke spazieren gingen, zu dem zögernden Freier gesagt: 'Nun Rosenfeld, jetzt hast du mich über die Brücke geführt; willst du mich auch durch's Leben führen?' Ein erleichtertes 'Ja' war die Antwort."* [14]

Siehe Abbildungen 92 – 116 in „Bilder vom jüdischen Leben in Mannheim"

Anmerkungen

1 Mitteilung Ruth Katz, geb. Levi, Ramat Chen, 1982
2 LINDMANN S. 72
3 ROSENTHAL Synagogen
4 LINDMANN S. 73/74
5 IGB 2-1930
6 Erinnerung von Lena Baum, geb. Levi, London, 1995
7 aramäisch „Alle Gelübde"
8 Erinnerung von Esther Ariav, geb. Goldmann, Hibat-Zion, 1987
9 VIKTOR UNNA: Jahre der Geborgenheit in F 1, 11, in JÜDISCHE RUNDSCHAU MACCABI, Basel, 22.1.1981 und in MM 10./11.9.1987
10 OBERRAT 1897
11 GENERALANZEIGER/VOLKSZEITUNG 17.1.1886 ; ähnliche Anzeigen auch Jahrzehnte später, z.B. GENERALANZEIGER 25.11.1905
12 Siehe IGB 9 – 1922, IGB 9.9.1936
13 LINDMANN S. 11/12
14 LINDMANN S. 47/48

In einem können wir
unserem Beruf
recht dankbar sein:
Er verpflichtet uns
dem Allgemeinen,
hebt unser Persönliches
im Allgemeinen auf,
unseren eigenen Weg
in dem der Gesamtheit.

Dr. Max Gruenewald [1]

Die Rabbiner

Der Rabbiner ist der geistige Betreuer der Gemeinde. Die Bezeichnung kommt vom hebräischen Wort „Rabbi", „mein Meister", und war ursprünglich ein Titel für einen hervorragenden Gelehrten, etwa den Vorstand eines Lehrhauses. Zu den vielfältigen Aufgaben des Rabbis gehörten, je nach Zeitanschauung und religiöser Ausrichtung, Studium und religiöse Belehrung, Überwachung und Beratung im Kaschrutwesen, richterliche Funktionen im Zivil-, Ehe- und Erbrecht innerhalb der Gemeinde, Verwaltungs- und Repräsentationsaufgaben, die Mitgestaltung des Gottesdienstes und vieles mehr.

Der moderne Staat des 19. Jahrhunderts setzte dem Rabbineramt neue Schwerpunkte. Die Gerichtsbarkeit ging an staatliche Behörden über. Die Ausbildung zum Rabbiner, nun unter staatlicher Kontrolle, wurde um weltliche Fächer erweitert und in den akademischen Rang erhoben. Das im Jahr 1854 in Breslau eröffnete Jüdisch-Theologische Seminar war das erste Rabbinerseminar in Deutschland und Vorbild für weitere Einrichtungen dieser Art. Das Amt des Rabbiners entwickelte sich erneut zum geistlichen Mittelpunkt der Gemeinde; es umfaßte nun Predigt, Durchführung von Trauungen, Beerdigungen, Scheidungen, Erteilen und Überwachen des Religionsunterrichts, Begutachtung in religionsgesetzlichen Fragen, Mitarbeit im Wohlfahrtswesen der Gemeinde, Seelsorge und Jugendarbeit.

Der Großherzogliche Oberrat der Israeliten Badens rief 1826 eine Konferenz für Religionsangelegenheiten ins Leben, die aus den Mitgliedern des Oberrats und drei Rabbinern bestand. Die Religionskonferenz war *„mit der in dem Großherzogtum Baden allein geltenden Autorität bekleidet, verbindliche Vorschriften in Religionsangelegenheiten zu erteilen"*, allerdings behielt sich der Staat das Vetorecht vor. Zu den ersten drei Konferenzrabbinern gehörten zwei Mannheimer: Der Stadtrabbiner Hirsch Traub und der Klausprimator Jakob Aron Ettlinger. Die Assimilation machte sich auch im äußeren Erscheinungsbild der Rabbiner bemerkbar. Im Mai 1843 führte der Oberrat eine neue Amtstracht ein, die der eines protestantischen Pfarrers ähnelte; der Rabbiner trug im Gottesdienst nun Talar und Bäffchen.

Bereits in den ersten Jahren der noch jungen Mannheimer Gemeinde im 17. Jahrhundert amtierten Rabbiner in der Stadt. Die Konzession Karl Ludwigs von 1660 billigte den Mannheimer Juden ausdrücklich einen eigenen Rabbi zu. In den Jahren vorher hatte die Gemeinde dem Rabbinat in Worms unterstanden. Die lange Reihe der Mannheimer Rabbiner [2] eröffnete vermutlich Naftali Herz. Ihm folgte Isaak Brilin, der für geistvolle Ausführungen bekannt war und auch beim Kurfürsten großen Eindruck hinterlassen hatte. Karl Ludwig beklagte sich bei ihm einmal über die Bestechung der staatlichen Richter, eine Unsitte, die vor allem bei Juden verbreitet sei. Brilin erwiderte, er selbst habe davon gehört und sei entschieden dagegen aufgetreten. Es widerstrebe ihm allerdings, nichtjüdischen Richtern Bestechlichkeit zu unterstellen. Seine Glaubensgenossen entschuldige er damit, daß auch die Gegenseite die Richter besteche und diese tatsächlich teilweise Vorurteile gegen Juden hätten. Die Bestechung bezwecke somit nicht ein ungerechtes, sondern ein gerechtes Urteil. Gleichwohl verurteile er Bestechung als irreligiöse und unsittliche Handlung. Der Kurfürst soll gelacht und gesagt haben. *„Du hast recht, obwohl man, wahr oder unwahr, Einwendungen hiergegen machen könnte."* [3] Brilins Grabstein steht am Sammelgrab des neuen jüdischen Friedhofs.[4]

Seit der Gründung der Klaus 1708 wirkten dort bis zu zehn Rabbiner gleichzeitig. Samuel Helmann machte sich als entschiedener Streiter gegen den Sabbatianismus einen Namen. Der Religionsstreit um den falschen Messias Sabbatai Zwi erschütterte damals die jüdische Welt. In Mannheim agitierten polnische Juden für den Sabbatianismus.[5] Die Talmudschule von Rabbiner Helmann in der Mannheimer Klaus zog viele Schüler nach Mannheim, z.B. Simon von Geldern, den Großonkel von Heinrich Heine. Er, den Heine den *„Morgenländer"* nannte, inspirierte die Phantasie des jungen Dichters. Simon berichtete: *„Als ich zehn Jahre alt war [1730], reiste ich mit Rabbi Abraham Frank nach Mannheim, um in der Religionsschule des großen Rabbiners Helmann zu studieren, blieb dort zwei Jahre..."* [6]

Einige Mannheimer Rabbiner betreuten als Oberlandrabbiner auch die pfälzische Landjudenschaft. Seit 1800 versah Michael Scheuer die beiden Ämter des Stadt- und Oberlandrabbiners. In der beginnenden Anpassung der Juden an die deutsche Kultur sah er eine große Gefahr; zeitlebens kämpfte er gegen die Ideen der Aufklärung und gegen den Einfluß der *„fremden Wissenschaften"*. Michael Scheuer unterhielt eine Jeschiwa mit zehn Toraschülern.

Zu den ersten akademisch gebildeten Rabbinern in Deutschland gehörte Jacob Aron Ettlinger, Klausprimator von 1825 bis 1836. Unter seiner Leitung blühte die Klausstiftung zu einer bedeutenden Jeschiwa auf. Er verfaßte wichtige Talmudkommentare. Viele seiner Schüler waren später ausgezeichnete Rabbiner und Gelehrte, so Samson Raphael Hirsch, der nach seinem Studium in Mannheim in Frankfurt wirkte. Hirsch gilt als Begründer und Wegbereiter der Neuorthodoxie in Deutschland.

Ettlingers Nachfolger, der Stadt-, Konferenz- und Bezirksrabbiner Hirsch Traub, war noch weitgehend traditionell-religiös eingestellt. Dennoch hielt er bereits Predigten in deutscher Sprache. Er bezeichnete sich u.a. als „Gefängnisrabbiner" und predigte im Zuchthaus im Quadrat Q 6. Im Jahr 1825 erschienen einige seiner dort gehaltenen Reden im Druck, die aus heutiger Sicht vielleicht befremdend wirken. Er begann seine Ansprachen mit *„Meine bedauernswerten Zuhörer"*, denen er versicherte, daß er sie nicht verdammen werde, obwohl durchaus Grund dafür bestünde. Traubs Amtskollege an der Klaus, Lippmann Lindmann, verfaßte eine Denkschrift, in der er den Gebrauch der Orgel im Gottesdienst für zulässig erklärte. Die 1911 niedergeschriebenen Erinnerungen seiner Tochter Helwine Jakobine sind ein eindrucksvolles Zeugnis jüdischen Alltags im Mannheim der Mitte des 19. Jahrhunderts. Die Gemeinde übernahm 1928 von den Nachfahren Traubs und Lindmanns Gemäldeportraits beider Rabbiner für den Aufbau eines jüdischen Museums.[7]

Einschneidende Reformen des Gottesdienstes wurden auf Wunsch der Gemeinde von Stadtrabbiner Moses Präger durchgeführt, dessen Anstellung mit der Einweihung der Hauptsynagoge 1855 zusammenfiel. Durch Prägers Gebetbuchreform kam es zu schweren Auseinandersetzungen mit dem Oberrat; dennoch fand das von ihm erarbeitete „Mannheimer Gebetbuch" in Baden weite Verbreitung. Präger genoß in der Gemeinde ein ungewöhnlich hohes Ansehen. Nach seinem frühen Tod 1861 ließ sie ihm ein Ehrengrab errichten, das zu den stattlichsten und schönsten auf dem jüdischen Friedhof zählt.

An den Reformbestrebungen des 19. Jahrhunderts beteiligten sich z.T. auch die Klausrabbiner. Hayum Wagner gab in jungen Jahren 1846 die Zeitung „Die Reform im Judentum" mit heraus; später rückte er von seinem anfangs radikalen Standpunkt ab. Seine umfangreiche Privatbibliothek wurde zum Grundstock der Sammlungen der Klausbibliothek.

Klausrabbiner Dr. Julius Fürst neigte ebenso der Reformrichtung zu. Daneben war er als Verfasser des griechisch-hebräischen Wörterbuchs „Glossarium Graeco-Hebraum oder der griechische Wörterschatz in den jüdischen Midraschwerken" wissenschaftlich tätig. Einige seiner Abhandlungen erschienen in der „Revue des études juives".[8]

40 Jahre versah Dr. Moritz Steckelmacher sein Amt als Rabbiner der Hauptsynagoge. Er war ein begnadeter Kanzelredner; seine geistvollen Predigten erschienen mehrmals in gedruckter Form. Dr. Steckelmacher geriet im alten Kampf zwischen Liberalismus und Orthodoxie zwischen die Fronten, als der Oberrat 1905 eine von ihm redigierte und erneuerte Auflage des Mannheimer Gebetbuchs von Moses Präger plante. Im ganzen deutschsprachigen Raum erregte das Vorhaben des badischen Oberrats den Widerspruch der Orthodoxen. Eine Fülle von Streitschriften und Aufsätzen für und wider den Steckelmacherschen Gebetbuchentwurf war die Folge; sie spiegelte *„die tiefschürfenden, auf beiden Seiten gelehrten und ehrlichen Gedanken der Orthodoxie und des liberalen Judentums wider. Die Liberalen suchten und fanden eine Synthese von Wissenschaft, Philosophie und Glauben. Die Orthodoxen bestanden unverrückbar auf dem Vorrang der Offenbarung vor aller menschlichen Erkenntnis."* [9] In anderen Veröffentlichungen trat Dr. Steckelmacher auch als Religionsphilosoph hervor.

Dr. Gustav Oppenheim diente dem liberalen Gemeindeteil 39 Jahre als Seelsorger. 1933 trat er in den Ruhestand. Seine Menschlichkeit, sein bescheidenes Wesen und seine Gewissenhaftigkeit machten ihn zu einer anerkannten religiösen Autorität. Dr. Oppenheim war in besonderem Maß in der Sozialfürsorge und in der Gemeindearbeit tätig.

Fast zur gleichen Zeit, ebenfalls fast vier Jahrzehnte, amtierte an der Klaussynagoge Dr. Isak Unna. Seine Leistung bestand in der Erneuerung und Aufwertung der Orthodoxie in der Mannheimer Gemeinde. Er vertrat die Ansicht, daß orthodoxe Juden innerhalb einer mehrheitlich liberalen Gemeinde verbleiben sollten, wenn ihnen diese die Einrichtungen für observantes Leben bereitstellt. Ganz in der Tradition seines Vorfahren Seligmann Bär Bamberger widersprach Dr. Unna den Verfechtern der orthodoxen „Austrittsgemeinden", wie sie der Frankfurter Rabbiner Samson Raphael Hirsch gefordert hatte. Im Jahr 1920 wurden die Rabbinatsverhältnisse in Mannheim neu geregelt. Dr. Unna wurde die dritte Rabbinatsstelle Mannheims übertragen, wodurch *„es jedem Gemeindemitglied ermöglicht wurde, sich den Rabbiner seines Vertrauens zu wählen."* [10]

Dr. Unnas schriftstellerische Tätigkeit, u.a. seine vielbeachteten Responsen, und sein entschiedenes Eintreten für orthodoxe Belange machten ihn zum geistigen Führer der Gemeindeorthodoxie in Deutschland. Er vertrat nicht den politischen Zionismus, sondern die Auffassung, daß ein Jude nicht nur im Heiligen Land die Gebote befolgen könne. Unter dem Eindruck der Ereignisse in Nazideutschland folgte er jedoch 1935 seinen bereits nach Palästina ausgewanderten Kindern. In Jerusalem gründete Dr. Unna die noch heute bestehende Synagoge Binjan Zion und betätigte sich u.a. bei der Neuordnung des Beerdigungswesens in der heiligen Stadt. Er starb 1948, inmitten der Belagerungskämpfe, vier Tage nach der von ihm innig herbeigesehnten Staatsgründung von Israel.

Dr. Max Gruenewald prägte nachhaltig den liberalen Gemeindeteil. Nach seiner Ausbildung im Breslauer Jüdisch-Theologischen Seminar kam er 1925 nach Mannheim. Noch im selben Jahr gründete er die Jugendgemeinde und war an der Konzeption des 1926 ins Leben gerufenen Wohlfahrts- und Jugendamts maßgeblich beteiligt. Dr. Gruenewald, der häufig in Martin Bubers Haus in Heppenheim verkehrte, initiierte 1929 die Gründung des Mannheimer Lehrhauses. Ab 1933, in der Zeit zunehmenden Antisemitismus auch in den Schulen, betrieb er die Einrichtung jüdischer Schulklassen. Das Vertrauen, das ihm die Gemeinde entgegenbrachte, zeigte sich durch seine Wahl zum Gemeindevorsitzenden im Jahr 1934. Die Ernennung eines Rabbiners zum Vorstand der Gemeinde war in Deutschland bisher einmalig. Am 1.4.1938 ging Dr. Gruenewald nach Berlin, wo er im Präsidialausschuß der Juden in Deutschland die Hachschara-Auswanderung deutscher Juden vorbereitete. Noch im August 1938 wanderte er selbst nach Palästina aus und traf ein Jahr später in New York ein. 1944 wurde er Rabbiner der Gemeinde B'nai Israel in Millburn, New Jersey. Im kulturellen Leben der deutschen Juden in den USA war Dr. Gruenewald die treibende Kraft; viele Jahre war er Präsident des Leo-Baeck-Instituts, der American Federation of Jews from Central Europe und der Gustav-Würzweiler-Stiftung. Als er Ende 1992 im Alter von 93 Jahren starb, widmeten ihm in

Rabbiner Dr. Gruenewald (rechts) mit Ehefrau und Familie Thalheimer, um 1930.

den USA ehemalige Mannheimer, die, „*deren Leben er so tief berührt hat*", in den „Mannemer Newsletters" ergreifende Nachrufe. 1993 gab die Stadt Mannheim zu seinem Andenken dem Platz in F 3 den Namen Rabbiner-Gruenewald-Platz. Im Frühjahr 1995 wurde eine von ehemaligen Mannheimern gestiftete Erinnerungstafel für Rabbiner Dr. Gruenewald im Foyer des Gemeindezentrums in F 3 enthüllt.

Als letzter Klausrabbiner amtierte Dr. Chaim Lauer. Seine Rabbinatsautorisation erlangte er als Jeschiwaschüler im ungarischen Bonhyád. Später siedelte er in die Schweiz über, wo er 1916 das Rabbinat der Gemeinde Biel übernahm. Im Jahr 1925 wurde er als Direktor der Klausschule nach Mannheim berufen. Hier mußte er 1938 die Pogromnacht erleben, konnte sich jedoch als Schweizer Staatsbürger der Verhaftung entziehen und reiste noch am selben Tag in die Schweiz zurück, wo er seitdem wieder seine Gemeinde in Biel betreute. Zu seinem Tod im Jahr 1945 schrieb eine schweizerische Zeitung: „*Dr. Lauers Bedeutung lag vor allem in seiner souveränen Beherrschung des jüdischen Schrifttums. In den talmudischen Schriften und der weitverästelten Responsenliteratur aller Jahrhunderte war er zu Hause wie kaum ein anderer...*"

An der Hauptsynagoge trat am 1.2.1938 Dr. Karl Richter die Nachfolge Dr. Gruenewalds an. Die Ausschreitungen des 10.11.1938 überlebte er in Mannheim, von den Schwestern des jüdischen Krankenhauses versteckt. Danach versuchte er, das Gemeindeleben so gut wie möglich zu organisieren. Dr. Richter lebt heute in Florida, USA.

Als letzter Mannheimer Rabbiner der alten Gemeinde wanderte Dr. Frank Rosenthal im März 1940 aus. In dieser Zeit wirkte auch der Lehrer und Kantor Samuel Liebermensch als Rabbiner. Noch nach der Verschleppung in das Lager Gurs hielt er dort Gottesdienste, bis er 1942 mit seiner Gemeinde nach Auschwitz deportiert und dort zu einem unbekannten Zeitpunkt zwischen 1942 und 1944 umgebracht wurde.

Nach dem Ende des Krieges hatte die kleine wiedergegründete Gemeinde Kontakte zu verschiedenen Armeerabbinern der amerikanischen Besatzungstruppen. Der Reformrabbiner Henry Tavel, der als Chaplain in Heidelberg stationiert war, glaubte nicht an einen jüdischen Neubeginn in Deutschland. Er veranlaßte den Transport großer Teile der wertvollen Klausbibliothek ins Seminar der Reformrabbiner in Cincinnati, Ohio, USA, die es heute noch besitzt. Im Jahr 1952 übernahm Dr. Robert Raphael Geis die Stelle des Landesrabbiners von Baden. Bereits 1934 – 37, in einer Zeit, die ihm seltsam fern erscheinen mußte, hatte er als Jugendrabbiner in Mannheim amtiert. Vom amerikanischen Feldrabbiner Dr. Vida und dessen französischem Kollegen Asra aus Baden-Baden wurde die Mannheimer Gemeinde in den Jahren 1959 – 1961 betreut.

Ihnen folgte Dr. Nathan Peter Levinson, der 1961 sein Amt antrat, zunächst als Mannheimer Gemeinderabbiner. Unter Leo Baeck hatte der gebürtige Berliner noch bis 1941 an der Lehranstalt für die Wissenschaft des Judentums in Berlin studiert. Nach

Landesrabbiner Benjamin David Soussan, 1995.

schweren Jahren konnte er 1948 am Hebrew Union College in Cincinnati sein Studium abschließen. Leo Baeck holte ihn in den 50er Jahren nach Berlin zurück; als Militärrabbiner amtierte er später in verschiedenen Orten der Bundesrepublik. Das besondere Anliegen Dr. Levinsons war stets die Verständigung zwischen Juden und Christen. Seit 1965 wirkte er im Vorstand des Deutschen Koordinierungsrats der Gesellschaften für Christlich-Jüdische Zusammenarbeit; von 1976 an war er Präsident bzw. Vizepräsident des Internationalen Rates der Christen und Juden. Auf seinen Einfluß geht die Verlegung dieser Organisation von ihrem bisherigen Sitz in London ins Heppenheimer Martin-Buber-Haus zurück. Auch die Gründung der Hochschule für Jüdische Studien Ende der 70er Jahre in Heidelberg ist der Initiative Dr. Levinsons zu verdanken. Er unterrichtete dort Midrasch und Homiletik sowie Religionspädagogik. Seine zahlreichen Buch-, Zeitschriften- und Zeitungsveröffentlichungen, seine im Rundfunk gesendeten Sabbat- und Feiertagspredigten machten und machen nicht nur Juden mit den uralten Werten und Überlieferungen des Judentums vertraut, die er mit den Gegebenheiten des modernen Lebens in der westlichen Welt in Einklang bringt. Als Landesrabbiner von Baden seit 1986 im Ruhestand, ernannte ihn die Gemeinde 1994 zum Stadtrabbiner von Mannheim ehrenhalber. Verheiratet ist Dr. Levinson mit Frau Dr. Pnina Navè Levinson, Professorin der Judaistik und bekannte Autorin theologischer und literaturhistorischer Werke.

Seit 1991 ist Benjamin David Soussan Landesrabbiner von Baden. Sein Amtssitz ist Freiburg. In Fes/Marokko geboren, studierte er am Law of Truth Talmudical College in London. Nach Lehrtätigkeiten an Schulen in London, Dublin und Paris sowie Tätigkeiten in der freien Marktwirtschaft wurde er 1989 am Jew's College in London zum Rabbiner ordiniert. Ferner besitzt er die Ordination als Schochet und als Mohel. Rabbiner Soussan ist Mitglied der Rabbinerkonferenz Deutschland, der Europäischen Rabbinerkonferenz und des Bet Din Deutschlands.

Ernennung von Professor Dr. Levinson zum Stadtrabbiner von Mannheim ehrenhalber, Verleihung der Ehrenurkunde durch Manfred Erlich und Orna Marhöfer, Gemeindezentrum F 3, 23.1.1994.

Siehe Abbildungen 126 – 142 in „Bilder vom jüdischen Leben in Mannheim"

Anmerkungen

1 Brief an Rabbiner Dr. Oppenheim in IGB 7 – 1933
2 Anmerkungen zu den Rabbinern siehe nachfolgende Liste
3 Löwenstein S. 81 *f*
4 Huth S. 1403
5 Löwenstein S. 200, Walter 1907 Band I, S. 493
6 Joachim Hemmerle: Was Heine mit Mannheim verbindet, MM 5./6.1.1982
7 IGB 1 – 1928
8 IGB 11 – 1926
9 Pnina Navè Levinson: Aus dem religiösen Leben. Orthodoxie und Liberalismus, in Oberrat 1984
10 Zur Erinnerung an Max Goldschmidt, in IGB 28.1.1935

Mannheimer Rabbiner

Simon [1]	1664 genannt	
Naftali Herz [2]	1657 – 1671	
Isaak Brilin [3]	1671 – 1678	auch Rabbiner der Pfalz; gest. 1678, Sammelgrab Jüdischer Friedhof Mannheim
Elieser Lipmann [4]	1678 – 1680	gest. 1680
Moses Grotwohl [5]	1679 – 1682	gest. 1682 in Frankfurt
Isack Aron Worms aus Metz [6]	1685 – 1693	danach Metz, dort gest. 1722
Josef David Ulf [7]	1706 – 1719	Stadt- und Klausrabbiner; gest. 1719
Matisjahu Ahrweiler (Rabbiner Matthes) [8]	ab 1708	Klausrabbiner, dann Landesrabbiner mit Sitz in Heidelberg; dort gest. 1728
Leser aus Kanitz (Leser Kuniz) [9]	ab 1708	Oberrabbiner und Lehrer an der Klaus; gest. 1729 in Wien
Jizchak (ben Jakob) aus Worms [10]	ab 1708	Rabbiner und Lehrer an der Klaus; gest. 1730 in Worms
Menachem Menle (Man) Oni (Onil, Unna) [11]	ab 1708	Rabbiner und Lehrer an der Klaus; gest. 1722 in Worms

Wolf, Sohn des Vorstehers Aron aus Mannheim [12]	ab 1708	Rabbiner und Lehrer an der Klaus
Falk, Sohn des Rabbiners Nesanel [13]	ab 1708	Rabbiner und Lehrer an der Klaus
Nesanel [14]	ab 1708	Rabbiner und Lehrer an der Klaus
Elia (Elias) Ascher, Sohn des Rabbinatsassessors Ascher aus Frankfurt [15]	nach 1708	Klausrabbiner und Rabbinatsassessor; gest. 1760
Hillel Minz aus der Gelehrtenfamilie Minz-Katzenellenbogen [16]	ab 1710 bis 1726	Klausrabbiner, Oberrabbiner an der Klaus, interimistisch Stadtrabbiner; gest. 1731; Sammelgrab Jüdischer Friedhof Mannheim
Samuel Wolf aus Krakau (Krakauer) [17]	ca. 1710 – 1740	Klausrabbiner
Chajim [18]		Klausrabbiner, davor Rabbiner in Hildesheim; gest. 1729
Akiba Lehren [19]		Klausrabbiner; gest. 1732; Sammelgrab Jüdischer Friedhof Mannheim
Nathan Neta ben Jehuda Löb Hachenburg [20]		Klausrabbiner; gest. 1743
Samuel Helmann [21]	1726 – 1751	Klausrabbiner, Ober- und Stadtrabbiner; 1751 nach Metz; dort gest. 1764
Isaak Lehren [22]	1746 genannt	Klausrabbiner
Liebmann Hannover [23]		Klausrabbiner; gest. 1748
Simcha Nehm Bensheim [24]		Klausrabbiner; gest. 1750
Menachem Mendel (Emanuel) Jankau [25]	seit ca. 1720	Klausrabbiner und Oberrabbiner an der Klaus; gest. 1755
David Isack Levi [26]	 1744	stammt aus Worms, als Rabbiner an der Michael May'schen Klaus angestellt
Samuel Halle [27]	1755	als Rabbiner an der Michael May'schen Klaus aufgenommen; gest. 1786
Tewele (David) Heß [28]	1751 – 1767 seit 1761	Oberrabbiner der Klaus, später Interims-Stadtrabbiner, Ober- und Stadtrabbiner; gest. 1767
Abraham Mosche aus Zülz [29]	um 1770	Klausrabbiner
Benjamin Gerber [30]	18. Jahrhundert	Klausrabbiner
Maier Amschel [31]	18. Jahrhundert	Klausrabbiner
Jacob Hamburg [32]	1774	als Klausrabbiner genannt
Juda Lema Grünbaum [33]	seit 1751	Klausrabbiner; gest. 1775

Samuel Lazarus Darmstadt [34]	ab 1738	Vorsänger in der Klaus, später Rabbinatsassessor; gest. 1782
Abraham ben Löb Oppenheim [35]		Klausrabbiner; gest. 1785 in Hannover
Samuel Fürth [36]	ab 1735	Klausrabbiner; gest. 1786
Akiba Lehren, Sohn des Hirsch Lehren [37]	ab 1776	Klausrabbiner; gest. 1788
 **Lemle Süßkind** [38]	ab 1760	Klausrabbiner; gest. 1789
Hajum Löb (ben Simcha) Bensheim [39]	ab 1772	Klausrabbiner; gest. 1790
Jehuda ben Jakob Insbruck aus Hamburg [40]	ab 1745	Klausrabbiner, Rabbinatsassessor; gest. 1794
Moses Samuel Herzfeld [41]	ab 1750	Klausrabbiner; gest. 1796
Samuel Kohen Schotten aus Frankfurt [42]	ab 1749	Klausrabbiner; gest. 1796
Isack Kallmann, Sohn des Elias Ascher [43]	zweite Hälfte 18. Jahrhundert	Klausrabbiner
Naftali Hirsch Moses Katzenellenbogen (Hirsch Moyses) [44]	1768 – 1800 1763 – 1800	Oberrabbiner der Klaus, Oberrabbiner der pfälzischen Landjudenschaft; gest. 1800
Henle (Elchanan, Elkan) Fürth [45]	ab 1776	Klausrabbiner; gest. 1802
Isaak Moses Reinganum [46]	1751 – 1803	Klausrabbiner; gest. 1803
Löb Herz Richen [47]	um 1800	Lehrer an der Elias Hayum'schen Klaus; gest. 1815 in Heidelberg
Nathan Alexander Elsässer [48]	 ab 1762	geb. 1729; Lehrer an der Klaus, Rabbiner in Aldingen, Hochberg und Freudental; gest. 1816
Mayer Franck [49]	 ab 1796	Klauspräzeptor, Klausrabbiner
Hirschel Lewin (Hirsch Löb) [50]	 1770 – 1773	geb. 1721; Stadtrabbiner, dann Berlin; gest. 1800
Michael Scheuer [51]	 1782 – 1809 ab 1800	geb. 1739; Stadtrabbiner, Oberrabbiner der Landjudenschaft; gest. 1809 in Karlsruhe
Löb Offenbach [52]	nach 1800	Rabbinatsassessor; gest. 1821
Jakob Samuel Fürth [53]		Klausrabbiner; gest. 1817
Löw Neugass [54]	ab 1802	Rabbinatsassessor; gest. 1818
Elieser (Lase Hamburg) [55]	ab 1803	Klausrabbiner; gest. 1821

Moses Reinganum [56]	ab ca. 1793	Klausrabbiner; gest. 1833
Hillel Samuel Schotten [57]	 1807	geb. 1751; Rabbinatsassessor, Klausrabbiner, gest. 1823
Salomon Herzfeld [58]	Anfang 19. Jh.	Rabbinatsassessor
Mayer Koblenz [59]	Anfang 19. Jh.	Rabbinatsassessor
Mayer Alexander Traub [60]	Anfang 19. Jh.	Rabbinatsassessor; gest. 1815
Löb Bodenheim [61]	Anfang 19. Jh.	Rabbinatsassessor; gest. 1841
Gottschalk Abraham Alsenz **(Getschlik Alsenz)** [62]	 ab 1800 ab 1809	Rabbinatsassessor, Schiedsrichter (Dajan), Oberrabbiner der Klaus, schließlich Oberlandrabbiner, Stadtrabbiner; gest. 1824
Salomon Herzthal [63]	erstes Drittel 19. Jahrhundert	Klausrabbiner; Rabbiner der Beerdigungsbruderschaft
Neta Ellingen [64]	seit 1789 ab 1809	Klausrabbiner, Oberhaupt der Talmudschule in Hamburg, später Rabbiner in Bingen; gest. 1839
Simcha Bensbach **ben Hajum Löb** [65]	 ab 1797	geb. 1774; Klausrabbiner; gest. 1845
Moses Friedmann **(Moses Fürth, Fürther)** [66]	ab 1805	Klausrabbiner; gest. 1848
Jakob Aron Ettlinger [67]	 1825 – 1836 ab 1827	geb. 1798; Klausrabbiner, Primator der Klaus, Konferenzrabbiner; gest. 1871 in Altona
Hirsch Traub [68]	 1825 – 1849 ab 1827 ab 1838	geb. 1791; Stadtrabbiner, auch „Gefängnisrabbiner", Konferenzrabbiner, Bezirksrabbiner; gest. 1849. Grab A I, 6 b, 27, Jüdischer Friedhof Mannheim
Lemle Sichel [69]		Klausrabbiner; gest. 1854
Abraham Rosenfeld [70]	ab 1837	Klausrabbiner, Primator der Klaus; gest. 1867. Grab A II, 7, 14, Jüdischer Friedhof Mannheim
Lippmann (Liebmann) **Lindmann** [71]	 ab ca. 1830 ab ca. 1840	geb. 1808; Rabbinatsverweser, Stadt- und Klausrabbiner; gest. 1877. Grab B II, 8b, 1, Jüdischer Friedhof Mannheim
Moses Elias Präger [72]	 1855 – 1861	geb. 1817; Stadtrabbiner; gest. 1861. Grab Eckplatz A II, Jüdischer Friedhof Mannheim
Löw Ettlinger [73]	 ab 1838	geb. 1803; Klausrabbiner; gest. 1883. Grab B I, 7a, 1/2, Jüdischer Friedhof Mannheim

Hayum Wagner [74]		geb. 1831;
	ab 1848	Klausrabbiner; gest. 1892.
		Grab C I, 7b, 1, Jüdischer Friedhof Mannheim
Dr. Bernhard Friedmann [75]		geb. 1820;
	ab 1861	Stadtrabbiner,
	1869 – 1879	Konferenzrabbiner; gest. 1886.
		Grab B I, 5b, 17, Jüdischer Friedhof Mannheim
Dr. Isaak Blumenstein [76]		Rabbinatskandidat in Mannheim;
	1870/71	einer der beiden jüdischen Feldgeistlichen der deutschen Armee,
	1870	Vorbeter bei der Jom-Kippur-Feier vor Metz;
	1871 – 1903	Landesrabbiner von Luxemburg
Dr. Julius Fürst [77]		geb. 1826;
	1880 – 1899	Klausrabbiner; gest. 1899.
		Grab C II, 7c, 14/15 Jüdischer Friedhof Mannheim
Dr. Maier Appel [78]		geb. 1851;
	1886 – 1894	Stadtrabbiner, danach Stadtrabbiner in Karlsruhe und Konferenzrabbiner;
		gest. 1919. Grab Jüdischer Friedhof Karlsruhe
Dr. Ludwig Rosenthal [79]		geb. 1870;
	1895 – 1897	Klausrabbiner, danach Rabbiner in Köln;
		gest. 1938 in Köln
Dr. Moritz Steckelmacher [80]		geb. 1851;
	1880 – 1920	Stadtrabbiner,
	ab 1889	Konferenzrabbiner; gest. 1920.
		Grab E II, 7a, 1/2, Jüdischer Friedhof Mannheim
Dr. Gustav Oppenheim [81]		geb. 1862;
	1894 – 1933	Stadtrabbiner,
	seit 1923	Konferenzrabbiner; gest. 1940 in Australien
Dr. Isak Unna [82]		geb. 1872;
	1898 – 1935	Klausrabbiner,
	ab 1920	Status des Stadtrabbiners,
	ab 1924	Konferenzrabbiner, Auswanderung 1935;
		gest. 1948 in Jerusalem
Dr. Isidor Zlocisti [83]		geb. 1878;
	1920 – 1925	Stadtrabbiner, dann Bezirksrabbiner in Offenburg
Dr. Max Gruenewald [84]		geb. 1899;
	1925 – 1938	Stadtrabbiner,
	ab 1935	Konferenzrabbiner;
		1938 Berlin, dann Palästina, später Millburn, New Jersey, USA; dort gest. 1992
Dr. Chaim Lauer [85]		geb. 1880;
	1925 – 1938	Klausrabbiner,
	ab 1935	Konferenzrabbiner;
		1938 Auswanderung nach Biel (Schweiz);
		dort gest. 1948

Dr. Siegfried Ucko [86]		geb. 1905;
	1930 – 1931	Jugendrabbiner, dann Bezirksrabbiner in Offenburg und Bühl; später Palästina; gest. 1976
Dr. Heinrich (Henrice) Lemle [87]		geb. 1909;
	1933 – 1934	Jugendrabbiner, dann Frankfurt, England, Brasilien; gest. 1978 in Rio de Janeiro
Dr. Robert Raphael Geis [88]		geb. 1906;
	1934 – 1937	Jugendrabbiner, dann Kassel, KZ Buchenwald, Israel;
	1952 – 1956	Landesrabbiner von Baden; gest. 1972 in Baden-Baden
Dr. Alexander Roth [89]	30er Jahre	Rabbiner an der Klaus-Jeschiwa
Dr. Karl Richter [90]		geb. 1910;
	1938 – 1939	Stadtrabbiner, dann USA; lebt in Sarasota, Florida, USA
Dr. Frank (Franz) Rosenthal [91]		geb. 1911;
	1939 – März 1940	Stadtrabbiner; dann USA; dort gest. 1979
Dr. Vida [92]		Chaplain bei der US-Army in Heidelberg,
	1959 – 1961	betreute er die Mannheimer Gemeinde
Asra [93]		Armeerabbiner der französischen Garnison in Baden-Baden
Professor Dr.		geb. 1921;
Nathan Peter Levinson [94]	1961 – 1964	Stadtrabbiner,
	1964 – 1986	Landesrabbiner von Baden,
	seit 1994	Stadtrabbiner von Mannheim ehrenhalber; lebt in Jerusalem und auf Mallorca
Samuel Macner [95]	1987 – 1988	Landesrabbiner von Baden
Benjamin David Soussan [96]		geb. 1939;
	seit 1991	Landesrabbiner von Baden, lebt in Freiburg

Anmerkungen

1 Teutsch S. 19, Bayer S. 40
2 Felsenthal 1931; Löwenstein S. 81;
wird von Rosenthal 1932 bezweifelt; Bayer S. 40
3 Rosenthal 1932; Löwenstein S. 81 *f*, 88; Bayer S. 40
4 Löwenstein S. 83/85
5 Löwenstein S. 86; Bayer S. 40
6 Löwenstein S. 99
7 Löwenstein S. 137 *f*, 171; Unna 1908 S. 9
8 Löwenstein 157 *f*, 191; Unna 1908 S. 9
9 Löwenstein S. 171; Unna 1908 S. 9 *f*
10 Löwenstein S. 171; Unna 1908 S. 10
11 Löwenstein S. 171; Unna 1908 S. 10
12 Löwenstein S. 171; Unna 1908 S. 10
13 Löwenstein S. 171; Unna 1908 S. 10
14 Löwenstein S. 171; Unna 1908 S. 10
15 Löwenstein S. 171; Unna 1908 S. 10, 33
16 Löwenstein S. 139, 193; Unna 1908 S. 13 *f*, 52
17 Löwenstein S. 138; Unna 1908 S. 14
18 Löwenstein S. 199/200; Unna 1908 S. 15
19 Löwenstein S. 137 *f*; Unna 1908 S. 15
20 Löwenstein S. 138; Unna 1908 S. 14 *f*, S. 53
21 Löwenstein S. 198 *f*, S. 224, S. 226; Unna 1908 S. 22;
vgl. auch Horovitz S. 115, 136, 141, 142, 144, 306
22 Unna 1908 S. 27
23 Unna 1908 S. 33
24 Löwenstein S. 84; Unna 1908 S. 33, S. 54
25 Löwenstein S. 191 *f*; Unna 1908 S. 33
26 Löwenstein S. 173
27 Löwenstein S. 218
28 Löwenstein S. 226 *f*; Unna 1908 S. 33; Unna 1909 S. 11;
Horovitz S. 172 *f*
29 Löwenstein S. 228
30 Löwenstein S. 218
31 Löwenstein S. 228
32 Unna 1909 S. 6
33 Löwenstein S. 228; Unna 1909 S. 13
34 Löwenstein S. 228; Unna 1909 S. 13 *f*, 63
35 Löwenstein S. 173, S. 227
36 Unna 1909 S. 6, S. 12; Teutsch S. 21
37 Löwenstein S. 138; Unna 1909 S. 14
38 Löwenstein S. 229; Unna 1909 S. 6, 13
39 Löwenstein S. 84; Unna 1909 S. 14, 63 *f*
40 Löwenstein S. 228; Unna 1909 S. 12
41 Löwenstein S. 229; Unna 1909 S. 13, 61
42 Löwenstein S. 228; Unna 1909 S. 13, 61
43 Löwenstein S. 229; Unna 1909 S. 13
44 Löwenstein S. 201, S. 240 *f*; Unna 1909 S. 6, 11 *f*, 59
45 Unna 1909 S. 14, 25, 65
46 Unna 1909 S. 13 *f*, 20, 63
47 Löwenstein S. 223
48 Löwenstein S. 313
49 Unna 1909 S. 20
50 Löwenstein S. 255
51 Löwenstein S. 264 *f*; Unna 1929;
vgl. dazu die Erwiderung Rosenthal Miszelle;
Unnas Erwiderung erfolgte im selben Jahrgang der Zeitschrift S. 277 – 278
52 Hahn S. 587
53 Unna 1909 S. 12, 60
54 Löwenstein S. 266; Unna 1909 S. 25 *f*
55 Löwenstein S. 228; Unna 1909 S. 26, 65 *f*
56 Unna 1909 S. 39
57 Löwenstein S. 266; Unna 1909 S. 38 *f*
58 Löwenstein S. 267
59 Löwenstein S. 267
60 Löwenstein S. 266
61 Löwenstein S. 266
62 Löwenstein S. 272, Lewin S. 115; Unna 1909 S. 20 *f*, 64 *f*
63 Unna 1909 S. 39
64 Hahn S. 580
65 Unna 1909 S. 44, S. 68; Lindmann S. 38 – 45
66 Löwenstein S. 220 *f*; Unna 1909 S. 26, 45
67 Lewin S. 228/229; Unna 1909 S. 39 *ff*;
Judith Bleich: Jacob Ettlinger, his life and works: the emergence of modern orthodoxy in Germany, New York University, Ph.D., 1974;
Judith Bleich: The Emergence of an Orthodox Press in Nineteenth-Century Germany, in: Jewish Social Studies 42 (1980), S. 323 – 344
68 Löwenstein S. 267;
Vier Reden gehalten von Hirsch Traub Rabbinats-Candidat zu Mannheim, Mannheim 1825 (Bibliothek RM Mh 638)
69 Unna 1909 S. 45
70 Lindmann erwähnt Rosenfeld S. 47 *f*, S. 69 *f*
71 Vgl. Lindmann; Unna 1909 S. 45
72 Siehe u.a. Rosenthal 1927 S. 364 *f*
73 Der Israelit, Beilage zu Nr. 3/1884, S. 42;
Der Israelit, Beilage zu Nr. 5/1884;
Löwenstein S. 252; Unna 1909 S. 42, 44; Lindmann S. 67 *f*
74 Unna 1909 S. 42/43; Lindmann S. 66 *f*
75 Rosenthal 1927 S. 368, 374, 378;
76 Rosenthal 1927 S. 377
77 Unna 1909 S. 52; IGB 11 – 1926
78 Mitteilungen von Rudy Appel (Enkel), New York, 1984 und 1988
79 Unna 1909 S. 52
80 Mitteilungen von Shlomo Marish (Enkel), Ramat Hashavim Israel, 1990 und Walter Steckelmacher (Enkel), Brighton Großbritannien, 1990. Biographie erscheint in:
Badische Biographien Neue Folge, Band IV, Stuttgart.
81 IGB 8 – 1932; IGB 7 – 1933
82 Unna 1975;
Viktor Unna: Jahre der Geborgenheit in F 1, 11,
in: Jüdische Rundschau Maccabi, Basel, 22.1.1981
und in MM 10./11.9.1987;
Rav Avigdor (Viktor) Unna:
Die letzten Tage von Rabbiner Dr. Isak Unna s.A.,
in: Jüdische Rundschau Maccabi, Basel, 27.5.1982;
Keller 1987 (darin Bibliographie mit 253 Titeln)
83 IGB 3 – 1925;
Mitteilung Stadtverwaltung Offenburg, 30.9.1987
84 IGB 7 – 1938; Watzinger S. 93/94;
Nachruf von Rabbiner Dr. Karl Richter in:
Mannemer Newsletters Nr. 6, San Francisco 1993
85 Israelitisches Wochenblatt Zürich, August 1945;
Mitteilung Dr. Simon Lauer (Sohn), Juli 1982

86 IGB 10 – 1929; IGB 5.2.1935

87 IGB 4 – 1933; IGB 14.6.1934

88 Siehe Bibliographie von Dietrich Goldschmidt (Hrsg.): Leiden an der Unerlöstheit der Welt Robert Raphael Geis 1906 – 1972 Briefe, Reden, Aufsätze, München 1984; IGB 8 – 1937

89 IGB 7 – 1936; IGB 18 – 1936

90 IGB 24.3.1938; Mitteilungen von Rabbiner Dr. Richter, Sarasota, Florida USA, 1983

91 MM 11.9.1979; Israelitisches Wochenblatt Zürich Nr. 38, 1982

92 Oberrat 1987 S. 88

93 Mitteilung von Gemeindemitgliedern

94 Siehe u.a.: Nathan Peter Levinson: Ein Rabbiner in Deutschland Aufzeichnungen zu Religion und Politik, Gerlingen 1987; Schoeps 1992 (darin Biographisches und Bibliographien beider Jubilare); Jüdische Gemeinde Mannheim (Hrsg.): Dokumentation zur Ernennung von Herrn Rabbiner Professor Doktor Nathan Peter Levinson zum Mannheimer Stadtrabbiner ehrenhalber, Mannheim 1994

95 Oberrat 1987 S. 88

96 vgl. MOIB ab 1991

Sein Gesang
war tief beseelt,
getragen von dem
einfühlenden Verständnis
für den Inhalt
der Gebete und der
gründlichen Kenntnis
der ideellen Gehalte
des Judentums.

Israelitisches Gemeindeblatt 1933
über Wolf Lewi [1]

Die Kantoren

Der Kantor ist für rituelle Aufgaben in der Gemeinde verantwortlich. Der Vorsänger bzw. Vorbeter, hebräisch Chasan, „Aufseher“, leitet den synagogalen Gottesdienst. Daneben erfüllt er oft auch die Aufgaben eines Lehrers. Je nach Eignung vereinigt der Chasan noch weitere Ämter in seiner Person; er ist zuweilen auch als Mohel oder als Schochet tätig.

Das Amt des Vorsängers kann im Grund jeder männliche Jude versehen, der hierzu die Fähigkeiten besitzt. Die Ansprüche an die Musikalität des Vorbeters führten im 19. Jahrhundert jedoch dazu, daß sich zahlreiche Gemeinden einen fest angestellten Chasan mit einer sowohl religiösen als auch stimmlichen Ausbildung leisteten. Die traditionellen synagogalen Gesänge wurden reformiert, verfeinert und z.T. neu komponiert; als Vorbild wirkten die Arbeiten des Berliner Kantors und Komponisten Louis Lewandowski oder seines Wiener Kollegen Salomon Sulzer.

Die Mannheimer Gemeinde hielt sich schon früh einen eigenen Chasan. Die Konzession von 1660 gestattete ihr, neben einem Rabbiner auch „*einen Vorsänger und Schulmeister zu ihrer Schul*“ zu halten.

Beide waren vom Schutzgeld befreit. Auch im 18. Jahrhundert wird immer wieder ein Vorbeter genannt, meist jedoch ohne Namen und nähere Angaben. Vermutlich amtierten die Vorbeter überwiegend nebenberuflich. Im 19. Jahrhundert verordnete der badische Staat, um eine „Veredlung" des religiösen Kultes in den Synagogen bemüht, eine einheitliche Amtstracht der Vorsänger. Die Tracht, ab 1843 vom Großherzoglichen Oberrat der Israeliten vorgeschrieben, erinnerte durch den sogenannten „Chorrock" an die Aufmachung eines katholischen Priesters.[2]

In jener Zeit wirkte an der Hauptsynagoge der Kantor Ephraim Guthmann, der den Gottesdienst fast ein halbes Jahrhundert hindurch prägte. Sein Enkel, Generalkonsul Karl Simon, vermachte 1928 der Gemeinde ein Gemälde seines Großvaters für ein jüdisches Museum.[3]

Guthmanns Nachfolger Seligmann Gallenberg leitete den von der Regierung zur Verbesserung des Gottesdienstes gewünschten Knabenchor. Er sammelte traditionelle Gottesdienstmelodien und komponierte sie neu. Einige seiner handschriftlichen Partituren waren in den 1920er Jahren noch vorhanden. Gallenberg gestaltete die Einweihungsfeier der Hauptsynagoge 1855 mit und unterrichtete an der Israelitischen Volksschule. Auch von ihm gelangte 1928 ein Bildnis als Grundstock für ein jüdisches Museum in den Besitz der Gemeinde. Als zweiter Kantor stand ihm Liebmann Kern zur Seite, der ebenfalls ein bei den Schülern sehr beliebter Lehrer der Israelitischen Volksschule war.

Robert Salomon Hirsch, vorher an der Karlsruher Hofoper tätig, trat 1875 seinen Dienst als Kantor an der Hauptsynagoge an, den er bis 1921 versah. Als 90jähriger Greis wird er im Gemeindeblatt als einer der volkstümlichsten Gestalten Mannheims beschrieben.[4]

Ein halbes Jahrhundert wirkte Oberkantor Theodor Nettler an der Hauptsynagoge. Zu seinem 75. Geburtstag 1926 widmete ihm Julius Moses im Gemeindeblatt die Worte: „*Jugendlich frisch und sieghaft schön durchdringt des greisen Mannes Stimme heute wie ehedem die weite Halle unseres Tempels. Ob Nettler am Freitag abend frohlockend den Einzug der Sabbatbraut begrüßt, ob die feierlich vorgetragenen Weihegesänge der hohen Feiertage seinem Munde entströmen, immer steht die Gemeinde hinter ihm, ergriffen in Andacht, fortgerissen in Begeisterung.*" Auch dem Liederkranz gehörte Nettler 50 Jahre an.[5]

Seine Nachfolge trat 1927 Wolf Lewi an, ein lyrischer Tenor, zu dessen Abschied im August 1933 im Gemeindeblatt zu lesen war: „*Sein Gesang war tief beseelt, getragen von dem einfühlenden Verständnis für den Inhalt der Gebete und der gründlichen Kenntnis der ideellen Gehalte des Judentums. So zwang er mit seiner eigenen Begeisterung die Gemeinde in den Bann seiner andächtigen Versunkenheit [...] Er stand am Altar als ein wahrer Schliach Zibbur, als ein frommer Mittler und beredter Künstler.*" Von Wolf Lewi, der eine Stelle in Birmingham in England antrat, entstand in den 30er Jahren eine Schallplatte mit den Gesängen Birches Kolsanim und Sim Scholom nach der Komposition von Professor S. Alman.[6]

In entscheidender Weise beeinflußte Hugo Adler das musikalische Leben der Gemeinde. Neben seinem Dienst als Kantor betätigte sich Adler als Komponist, Dirigent und Autor von musikgeschichtlichen und -didaktischen Beiträgen. Er forderte neue Wege in der jüdischen Musik. Eines seiner Hauptwerke war die 1930 im Rosengarten uraufgeführte Lehrkantate „Licht und Volk", der großer Erfolg beschieden war.[7] Auch in der Emigration setzte sich Adlers musikalisches Werk fort. „*Mehr als jeder andere Komponist des europäischen Judentums war es Adler, der den Versuch unternahm, seine musikalischen Ideen mittels der Tätigkeiten des 'Weltzentrums für jüdische Musik in Palästina' durchzusetzen, das 1936 von deutsch-jüdischen Einwanderern in Jerusalem gegründet wurde. So war die erste wichtige Aufführung des Weltzentrums Adlers 'Balak und Bilam', ein Oratorium, das in hohem Ansehen stand und in der Mitte der 30er Jahre oft aufgeführt wurde, so auch in Mannheim im Mai 1934.*"[8] Nach dem Novemberpogrom 1938 emigrierte Adler nach den USA und wirkte bis zu seinem Tod in Worcester, Massachusetts.

Kurz vor dem Untergang der Gemeinde trat Erwin Hirsch seinen Dienst an. Er erinnerte sich: „*Nach Absolvierung meines Studiums in der Israelitischen Lehrerbildungsanstalt Würzburg wurde ich als Kantor und Lehrer der Jüdischen Gemeinde in Mannheim verpflichtet. Mein Probegottesdienst fand bereits während des Laubhüttenfestes 1936 statt, und der Vorsitzende der Gemeinde, Herr Rabbiner Dr. Max Grünewald, engagierte mich noch am gleichen Tage. Mein Amtsantritt in der Hauptsynagoge erfolgte während des Pessachfestes im April 1937 [...] In beiden Funktionen wirkte ich dann während der Jahre 1937 und 1938 bis zum 10. November, an welchem Tag ich in das Konzentrationslager Dachau verschleppt wurde. Nach der Befreiung [von dort] betrieb ich meine Auswanderung und verließ Mannheim im Mai 1939.*"[9] Erwin Hirsch lebt in New York.

Einen engagierten Vermittler des Glaubens fand die sich nach dem Krieg wieder konsolidierte Gemeinde in dem jungen Kantor Gérald Rosenfeld. Der gebürtige Straßburger hatte als jüngster Kantor Frankreichs in den Gemeinden Hagondange und Thionville gearbeitet, kam 1970 nach Karlsruhe und bald darauf als Oberkantor nach Mannheim. Neben seinem Amt als Kantor wirkte er als Lehrer und in der Jugendarbeit. Er war Mitbegründer des

Turn- und Sportvereins Makkabi. Rosenfeld engagierte sich für das gegenseitige Verstehen von Christen und Juden und bei Aktionen gegen den wiedererstarkenden Nazismus. Er beteiligte sich häufig bei Veranstaltungen der Gesellschaft für Christlich-Jüdische Zusammenarbeit und führte häufig nichtjüdische Gäste durch die Synagoge in der Maximilianstraße. Mit dem Chor des Mannheimer Elisabethgymnasiums nahm er eine Schallplatte, mit der Evangelischen Singgemeinde an der Lukas- und Markuskirche Weinheim eine Musikkassette auf.[10] Rosenfeld bekleidet heute im lothringischen Thionville das Amt des Kantors.

Die Leitung der Gottesdienste übernahm 1984 zunächst Jehoshua Heinrich, der auch später den hauptamtlichen Kantor vertrat. Seine Religiosität, seine grundlegenden Kenntnisse *„spiegelten sich in der Leitung der Gottesdienste, im Umgang mit der Jugend, in der Unterweisung und Belehrung in Glaubensfragen.“* [11]

1985 trat Raffaele Polani seinen Dienst als Kantor an. Er amtierte vorher als Kantor der jüdischen Gemeinde in Mainz. Der aus Tel Aviv stammende Tenor- und Baritonsänger war Mitglied der israelischen Nationaloper. Polani trat an zahlreichen europäischen Opernbühnen auf und ist mehrfacher Preisträger; in Italien errang er einen der ersten Preise für Verdistimmen. Die Mannheimer Gemeinde ließ eine Schallplatte mit ausgewählten, von Raffaele Polani vorgetragenen synagogalen Gesängen prägen.

Siehe Abbildungen 143 – 153 in „Bilder vom jüdischen Leben in Mannheim“

Anmerkungen

1 Dem Hauptkantor Wolf Lewi zum Abschied, IGB 9 – 1933. Anmerkungen zu einzelnen Kantoren siehe nachstehende Liste.

2 Begleitbuch zu Oberrat 1984, S. 35

3 IGB 1 – 1928

4 IGB 11 – 1933

5 IGB 2 – 1926

6 IGB 11 – 1933

7 IGB 12 – 1930

8 Bohlmann S.117

9 Mitteilung von Erwin Hirsch 11.3.1987

10 MM 11.3.1982, MM 26.3.1984

11 MM 19.5.1994

Mannheimer Kantoren

Machol [1]	1679 genannt	Vorsänger
Matthis [2]	1786 genannt	Vorbeter
Salmon Samuel Darmstadt [3]	1790 genannt	Vorsinger in der Lemle-Moses-Klaus
Isaac Salmon Edenkoben [4]	1790 genannt	Vorsänger der Elias Hayum'schen Stiftung
Ephraim Guthmann [5]	1804 – 1853	Kantor
Löb Brandeis [6]	ab 1854	Vorbeter und Lehrer, unterhielt bis in die 70er Jahre eine Kleinkinderschule
Seligmann Gallenberg [7]	1853 – 1868	1. Kantor
Sigmund Schlösinger [8]	Februar-November 1856	2. Kantor
Liebmann Kern [9]	1856 – 1895	geb. 1823; Hauptlehrer und 2. Kantor der Hauptsynagoge; gest. 1895; Grab C II, 2 b, 13/14, Jüdischer Friedhof Mannheim
Götz Hirsch [10]	1861 genannt	Chasan; gest. 1874; Grab B II, 6 a, Jüdischer Friedhof Mannheim
Maier Wolff	1868 – 1874	Kantor an der Hauptsynagoge

Wolf Schuster [11]		geb. 1834; Lehrer und Kantor; gest. 1914; Grab C I, 2 c, 6/7, Jüdischer Friedhof Mannheim
Theodor Nettler [12]	1877 – 1927	geb. 1851; Oberkantor; gest. 1927; Grab F I, 7 a, 13/14, Jüdischer Friedhof Mannheim (IGBl 25.2.1926)
Robert Salomon Hirsch [13]	1875 – 1921	geb. 1843; Kantor, an den Hohen Feiertagen bis 1935; gest. 1935; Grab C I, 3 a, 9/10, Jüdischer Friedhof Mannheim
Hermann Rieder [14]	ca. 1900 – 1930	geb. 1858; Klauskantor; gest. 1930 in Gunzenhausen
Hermann Epstein [15]	1920 – 1937	Klauskantor, auch Geflügelschächter
Salo de Jong [16]	1927 – 1929	geb. 1897; Oberkantor an der Klaus, dann Amsterdam; 1945 deportiert nach Bergen-Belsen, Hungertod in Troebitz 1945
Hugo Adler [17]	1924 – 1939	geb. 1894; Kantor; gest. 1955 in Worcester, Massachusetts, USA
Isak Jakob Hoffmann [18]		geb. 1884; Vorbeter in Nebengottesdiensten an den Hohen Feiertagen, 1938 nach Polen ausgewiesen; Hungertod im Getto Lodz 1942
Wolf Lewi [19]	1927 – 1933	Oberkantor; ausgewandert nach Birmingham, Großbritannien; gest.
Max Schiff [20]	1904 – 1934	geb. 1864; Lehrer und Kantor; gest. 1954 in New York
Arthur Kohn [21]	30er Jahre	Lehrer und Kantor an der Klaus
Samuel Liebermensch [22]	1923 – 1938	geb. 1887; Kantor und Religionslehrer, amtierte ab 1938 auch als Rabbiner; 1940 nach Gurs deportiert, gest. zwischen 1942 und 1944 in Auschwitz
Erwin Hirsch [23]	1937 – 1939	geb. 1914, Kantor und Lehrer; lebt in New York
Walter Salomon [24]	1933 – 1938	geb. 1920; Kantor in Jugendgottesdiensten in der Loge; lebt in New York
Meyer Gisser [25]	1946 – 1951	Kantor; ausgewandert nach Kanada
Alfred Spiro [26]	1951 – 1957	geb. 1891; Kantor und Gemeindesekretär; gest. 1962; Neugräberfeld links 1, 7, Jüdischer Friedhof Mannheim
Herr Olstein [27]	1955 – 1956	zeitweise Kantor

Ernst Stein [28]	1957 – 1958	Kantor und Religionslehrer; heute Rabbiner in Berlin
Moritz Friedmann [29]	 1959 – 1966	geb. 1906; Mitwirkung als Kantor, auch Religionslehrer; gest. 1978; Neugräberfeld links 1, 15, Jüdischer Friedhof Mannheim
Seew Goldfischer [30]	1967 – 1970	Kantor und Religionslehrer; heute Rabbiner in den USA
Gérald Rosenfeld [31]	 1970 – 1984	geb. 1947; Oberkantor und Religionslehrer; heute in Thionville, Frankreich
Jehoshua Heinrich [32]	 1984/85	geb. 1929; Kantor, dann stellvertretender Kantor; gest. 1994
Raffaele Polani	seit 1985	Oberkantor

Anmerkungen

1 BAYER S. 42
2 ROSENTHAL Wohlfahrtspflege
3 Namenliste der Mannheimer Judengemeinde 1790 in MGB 1922, Sp. 183 *ff*
4 Wie Anm. 3
5 ADLER 1924; ROSENTHAL 1931
6 ZWERGER S. 311
7 ADLER 1924; AZJ 1855, S. 467
8 ADLER 1924
9 ROSENTHAL 1926; ADLER 1924
10 IGB 3-1930
11 Mitteilung R. Lamkowski 1987
12 ROSENTHAL 1927, S. 364; IGB 2 – 1926; IGB 5 – 1927; IGB 7 – 1927
13 IGB 1 – 1936
14 IGB 3 – 1930, Mitteilung Zwi Rieder, Brühl
15 IGB 24 – 1937
16 IGB 10 – 1929; Mitteilung der Tochter Mirjam Bier-de Jong, Ramat Gan Israel, 1988
17 Mitteilung Walter Salomon, New York USA, 1988
18 Mitteilung des Sohnes Sigmund Hoffmann, Milano Italien, 1987/88
19 IGB 9 – 1933; IGB 11 – 1933; Mitteilung des Sohnes David Lewi, Großbritannien, 1994
20 BARBARA BECKER: Der Kantor Max Schiff, in: JÖRG SCHADT/MICHAEL CAROLI: Mannheim im Zweiten Weltkrieg, Mannheim 1993
21 IGB 10 – 1929
22 Mitteilungen der Tochter Hanna Lewin, New York, 1987/1988
23 Mitteilung Erwin Hirsch 11.3.1987
24 Mitteilungen Walter Salomon, New York, 1987/1988
25 ALTHAUSEN u.a. in OBERRAT 1987
26 ALTHAUSEN u.a. in OBERRAT 1987
27 ALTHAUSEN u.a. in OBERRAT 1987
28 ALTHAUSEN u.a. in OBERRAT 1987
29 ALTHAUSEN u.a. in OBERRAT 1987
30 ALTHAUSEN u.a. in OBERRAT 1987
31 MM 11.3.1982; MM 26.3.1984
32 MM 19.5.1994; MOIB 2 – 1994

Was in der Gemeinde geschieht, muß durch sie geschehen.

Dr. Max Gruenewald [1]

Gemeindeämter

Weniger im Licht der Öffentlichkeit als Rabbiner und Kantor stehen Menschen, welche die verschiedensten Ämter innerhalb der Gemeinde bekleiden. Ihre Aufgabenbereiche, die sich z.T. überschneiden, sind abhängig vom jeweiligen Bedarf der Gemeinde sowie der Bereitschaft und den Fähigkeiten Einzelner. Parnas, Schammes, Mohel, Toraschreiber, Gabbaj, Badefrau und Schochet waren und sind feste Institutionen.

Der Parnas, der Vorsteher der jüdischen Gemeinde, oder ein Kollegium von Parnassim bildet die Verwaltungsspitze. Die Klaussynagoge, eine ursprünglich von der Gemeinde unabhängige Stiftung, wurde von einem eigenen Parnas, dem Klausdirektor geführt. Die Bezeichnung Parnas ging später auf den Vorsitzenden der Klauskommission der Gemeindeverwaltung über.

Dem Schammes, von hebräisch Schammasch, Synagogendiener, oblag die Überwachung und Instandhaltung des Synagogengebäudes sowie die Vorbereitung und Hilfestellung beim Gottesdienst. Er war Bote, Gemeindediener und zuweilen auch Mohel, Chasan, Lehrer und Schächter. Früher besorgte er

Dr. Salomon Levi, Parnas der Klaus, bei der Lektüre in seiner Wohnung B 7, 8, um 1932. Dr. Levi, der keinen Tag ohne das Studium eines heiligen Buches zu Ende gehen ließ, war ein ausgezeichneter Redner und Humorist. Zu Rosch Haschana blies er für die jüdischen Insassen des Gefängnisses den Schofar.

das merkwürdige Amt des „Schulklopfens", wobei er an Freitagabenden mit einem Holzhammer an den Haus- und Ladentüren den Beginn des Sabbats anzeigte und zum Synagogengang rief. Ein „Schulklöpfer" wird erstmals 1665 erwähnt. 1700 erwarben Juden ein Haus in der Drappiergasse für den „Schulklepper", der auch „Schulmeister" genannt wurde.[2] Der Schammes war auch für die Kleidung des Rabbiners zuständig. Wie um 1860 der Klausrabbiner Abraham Rosenfeld zum Gottesdienst präpariert wurde, führt uns dessen Nichte anschaulich vor Augen: *„Besonders bestaunte ich ihn an Freitag Abenden, wenn er zur Synagoge ging. Da kam der Schammes Herzmann zu ihm und band ihm zwei lange, breite schwarzseidene Bänder um den Hals, dass sie ihm hinten wie Flügel über den schwarzen Leibrock herabhingen. Vornhin band er ihm ein Par weisse Bäffchen unter das Kinn, und setzte ihm eine runde, schwarzsammtene Tellermütze auf den Kopf. Dazu nahm mein Onkel ein dickes Gebetbuch mit rotem Schnitt in den Arm und schritt elastisch über den Hof zur Synagoge, hinterher der Schammes, der dreimal mit lauthallender Stimme 'Schu-u-ule' rief; und 'Scho-o-ole' äfften ihn die vor der Tür versammelten Jungen nach; eilten aber dicht hinter ihm drein, denn sobald mein Onkel in die Synagoge getreten war, begann der Gottesdienst."* [3]

Im 20. Jahrhundert versah Salomon Oppenheimer die Ämter des Schammes in der Klaus, des Mohels und des Logenwarts in der August-Lamey-Loge. Er war Toraschreiber, führte die Memorbücher, verwaltete die Kultgegenstände und war Mitglied der Chewra Kadischa. Salomon Oppenheimer genoß in der Gemeinde als Schammes der Klaus und als Experte in allen rituellen und gottesdienstlichen Fragen unumschränkte Autorität.[4] Im Oktober 1940 wurde der Fünfundsiebzigjährige nach Südfrankreich deportiert, wo er 1942 in Noé verstarb.

Zu Beginn des 18. Jahrhunderts amtierte in der Lemle-Moses-Klaus ein sogenannter „Knellgabai", eine Art Hausmeister, der in der Synagoge und im Lehrhaus für Ordnung sorgte. Zugleich beaufsichtigte er die Schüler, die ihm Folge leisten mußten. Bei Prüfungen hatte er einen Lederriemen bereit zu halten, um auf Anordnung des Lehrers Schuldige zu bestrafen.[5]

Eine wichtige Funktion übt der Gabbaj aus. Das Wort stammt vom hebräischen Gawa (=einkassieren); der Gabbaj oder der „Gabbe" ist der Almosen- oder Steuereintreiber der Gemeinde. Seine Hauptaufgabe besteht im Sammeln von Spenden für die Bedürftigen; über sein Verhalten hierbei gibt bereits der Talmud Aufschluß. Zu seinen vielfältigen Tätigkeiten zählt die Auswahl der Personen, denen im Gottesdienst eine Ehre zuteil wird, etwa die Aufforderung zur Toralesung.[6] Männer mit dem ehrenvollen Amt eines Gabbaj sorgen seit jeher für die Notleidenden der Gemeinde. Diese Funktion erfüllten auch die Verwalter der zahlreichen Wohltätigkeitsstiftungen. Als solche werden Ende des 18. Jahrhunderts Aberle Löb Levi und David Kaua als Diener der Krankenverpflegungsbruderschaft genannt.[7]

Die Gemeinde der Gegenwart ist in besonderem Maß angewiesen auf die Mitarbeit ehrenamtlicher Helfer und Funktionsträger. Engagierte Menschen, in denen Kompetenz, Glaubensstärke und Menschlichkeit vereint sind, gehören zu den tragenden Säulen des Gemeindelebens. Der Tod Jehoschua Heinrichs 1994 hinterließ eine besonders schmerzliche Lücke. In seinem Nachruf würdigte ihn die Gemeinde als „*Gabbai der Synagoge, der den Gemeindemitgliedern den richtigen Weg zum Beten zeigte, als Vorbeter an den Feiertagen, als Lehrer, der die Jungen und Mädchen für ihre Bar- oder Batmizwa vorbereitete, als Experte, der in Fragen des Judentums, des Ritus und der Bräuche aufklären und belehren konnte und als einer derjenigen, der stets die Trauernden tröstete, die Verstorbenen, in seiner Eigenschaft als Mitglied der Chewra Kadischa auf den letzten Weg begleitete und für die Minjanim sorgte.*"[8]

Siehe Abbildung 119 in „Bilder vom jüdischen Leben in Mannheim"

Anmerkungen

1 IGB 17 – 1936
2 Bayer S. 42, 46; Feder S. 342; Löwenstein S. 136/137
3 Lindmann S. 71
4 Erinnerungen des Sohnes Friedrich Oppenheimer, Petach Tiqua 1982, und anderer ehemaliger Mannheimer
5 Unna 1908, S. 13
6 Eine lebendige Beschreibung des Amtes eines Gabbaj liefert János Paál: Mein Großvater, der Gabbe. Zur Gruppendynamik jüdischen Gemeindelebens, in: Schoeps S. 212 – 216
7 Rosenthal 1931; vgl. Rosenthal Dinkelspiel
8 Nachruf des Gemeindevorsitzenden Manfred Erlich auf Jehoschua Heinrich, in MOIB 2 – 1994

Die Verwaltung dient einer vielgestaltigen Arbeit, die sich nicht in Zahlen und Ordnungsziffern ausdrücken läßt und gehorcht lebendigen Antrieben, die der komplizierten und immer schwieriger sich gestaltenden Wirklichkeit gerecht zu werden versuchen.

Otto Simon 1936 [1]

Die Gemeinde-verwaltung

Jüdische Gemeinden wurden seit jeher von gewählten „Vorstehern" verwaltet, den Parnassim. Im Mannheim des 17. und 18. Jahrhunderts bewegte sich ihre Zahl zwischen fünf und acht. In den ersten zwei Jahrzehnten der Existenz der Mannheimer Gemeinde spielte namentlich Daniel Mosis als Vorsteher eine herausragende Rolle.[2]

Bei der Wahl der Vorsteher kam es, zumindest in der Anfangszeit, zwischen den aschkenasischen und den sefardischen Juden zu heftigen Auseinandersetzungen. Als sich 1665 die deutschen Juden beschwerten, daß man ihre Vorsteher abgeschafft und portugiesische gewählt habe, entgegneten die Portugiesen mit dem Vorwurf, die deutschen Vorsteher hätten Gemeindegelder veruntreut. Der Rat der Stadt schlug einen neuen Wahlmodus vor. Alle deutschen Juden sollten Zettel in eine Urne werfen; ein jüdisches Kind solle dann so viele ziehen, bis die Namen von sieben nicht miteinander verwandten Personen feststehen. Diese sollten dann die Vorsteher sein.[3] Von 1672 an traten dauerhaft auch sefardische Juden als Vorsteher auf.[4]

Neben ihren eigentlichen Aufgaben in der Gemeindeverwaltung hatten die Vorsteher vom Staat verordnete Aufträge zu erfüllen. Sie mußten für ihn Steuern eintreiben und behördliche Anordnungen wie Fronarbeiten, Eisbrechen, Hygienemaßnahmen usw. bekanntmachen. Die Vorsteher hatten die Ausführung der obrigkeitlichen Auflagen zu überwachen und dem Stadtrat die geforderten Informationen zu liefern.[5] Im 18. Jahrhundert gehörten in der Regel die Hoffaktoren zu den Gemeindevorstehern. Sie konnten in Gefahrensituationen beim Rat oder der pfälzischen Regierung politisch Einfluß nehmen. Sie erfüllten die Aufgaben eines Schtadlan (hebräisch Fürsprecher). Ihre oft große wirtschaftliche Macht kam dem jüdischen Leben in Mannheim zugute; so waren die drei Klausen letztlich Stiftungen von Hoffaktoren, die auch die Gemeinde leiteten.

Nach dem Übergang Mannheims an Baden zu Beginn des 19. Jahrhunderts wurde die organisatorische Neuregelung der jüdischen Gemeinschaften durch den Staat in die Wege geleitet. Das napoleonisch geprägte neue Land Baden, das sich als aufgeklärter Wohlfahrtsstaat verstand, versuchte durch eine straffe Organisation wirtschaftlich, ethisch und pädagogisch einzuwirken. Man wollte Juden durch Integration, aber auch durch Überwachung, zu „nützlichen" Staatsbürgern erziehen; ihr Judentum sollte bewahrt, jedoch auch staatlicher Kontrolle zugänglich gemacht werden.

Das „Judenedikt" des Großherzogs Karl Friedrich vom 13.1.1809 schuf die Einrichtung des Großherzoglichen Oberrates der Israeliten Badens mit Sitz in Karlsruhe. Dieser bildete die Aufsichtsbehörde über die jüdischen Gemeinden. Die Verwaltung der örtlichen Gemeinden lag in den Händen der Rabbiner und der „Ortsältesten", die, ebenso wie die Oberratsmitglieder, zunächst von staatlichen Beamten eingesetzt bzw. bestätigt wurden.

Dr. Eugen Neter nach seiner Auswanderung im Kibbuz Degania, 50er Jahre.

Die Entwicklung zur Selbstverwaltung wurde 1833 durch die Schaffung des örtlichen Synagogenrats vorangetrieben. Zu den Aufgaben dieses Gremiums, das von den selbständigen Gemeindemitgliedern gewählt wurde, gehörte die Anstellung der Gemeindebeamten, die Aufbringung der Mittel für die Gemeindebedürfnisse, die Verwaltung des Armenwesens, der örtlichen Stiftungen und Anstalten, die Überwachung der Synagogenordnung und der Vollzug von Behördenanordnungen.[6] Die in Mannheim eingeführte Anzahl der Synagogenräte von sieben wurde 1883 auf neun erhöht. Der Synagogenrat wählte den Synagogenratsvorsteher, den verwaltungsmäßigen Leiter der Gemeinde. 1884 wurde, ähnlich wie der Bürgerausschuß in der kommunalen Gemeindeordnung, zusätzlich eine Gemeindevertretung eingeführt, die den Synagogenrat kontrollierte. Sie bestand neben den neun Synagogenräten aus einer viermal so großen Zahl von gewählten Gemeindevertretern.[7] Frauen wurde das aktive Wahlrecht erst 1926 zugebilligt.[8] Eine Neuordnung des Gemeindewahlrechts im Jahr 1927 erhöhte die Zahl der Synagogenräte auf 10 und die der Gemeindevertreter damit auf 40; im Jahr 1930 auf 11 bzw. 44 [9]. Um den vielschichtigen und speziellen Aufgaben der Gemeinde gerecht zu werden, bildete die Gemeindevertretung zahlreiche Kommissionen, die den Synagogenrat unterstützten.[10]

In der Nazizeit wurde die Verwaltung trotz Auswanderung und Deportation so lange wie möglich aufrecht erhalten, 1939 schrieb Dr. Eugen Neter: *„Der Synagogenrat hatte mit der Auswanderung von Herrn Billigheimer sein letztes 'legales' Mitglied verloren; er ergänzte sich selber [...] Synode und Gemeinde-Vertretung hielten ein stilles Begräbnis.*" [11] Nach der Deportation am 22.10.1940 wurde die in der Stadt verbliebene Restgemeinde provisorisch von Hermann Hauser und Dr. Fritz Cahn-Garnier verwaltet. Ab 1942 hörte jedes offizielle jüdische Leben in Mannheim auf.

Aus den Anfängen der jüdischen Gemeinde nach 1945 bildete sich im Jahr 1954 wieder ein Verwaltungsgremium, das in den 50er und 60er Jahren aus den beiden ersten Vorsitzenden und einem fünfköpfigen Verwaltungsausschuß bestand. Seit 1969 setzt sich der Vorstand aus dem ersten und zweiten Vorsitzenden und drei Verwaltungsausschußmitgliedern zusammen.[12] Seit der Vorstandswahl im Januar 1995 stehen Manfred Erlich als erster Vorsitzender und Orna Marhöfer als zweite Vorsitzende weitere drei Jahre an der Spitze der Gemeindeverwaltung. Den Verwaltungsausschuß bilden Elisabeth Heinrich, Marlies Studniberg und David Kessler.

Siehe Abbildungen 154-175 in „Bilder vom jüdischen Leben in Mannheim"

Vorsitzende der Gemeinde seit der Neuregelung 1833

Wolf Hayum Ladenburg [13]		geb. 1766; „*viele Jahre Vorsteher*"; gest. 1851; Familiengrab 13, linker Mauerweg, Jüdischer Friedhof Mannheim
Josef Hohenemser [14]	1838 – 1848	geb. 1794; gest. 1875; Familiengrab 6, linker Mauerweg, Jüdischer Friedhof Mannheim
Dr. Leopold Ladenburg [15]	1849 – 1884	geb. 1809; Oberrat bis 1889; gest. 1889, Familiengrab 2, linker Mauerweg, Jüdischer Friedhof Mannheim
David Aberle [16]	1884 – 1891	geb. 1817; Oberrat 1889 – 1894; gest. 1894, Grab A II, 9, Jüdischer Friedhof Mannheim
Samuel Jonas Darmstädter [17]	1891 – 1892	geb. 1822; gest. 1892, Grab C I, 5 b, 1/2, Jüdischer Friedhof Mannheim
Simon Bensheim [18]	1892 – 1898	geb. 1844; Oberrat 1894 – 1898; gest. 1898, Familiengrab 3, rechter Mauerweg, Jüdischer Friedhof Mannheim
David Kahn [19]	1898 – 1900	geb. 1833; Oberrat 1898 – 1900; gest. 1916, Familiengrab 4, rechter Mauerweg, Jüdischer Friedhof Mannheim
Max Stockheim [20]	1900 – 1908	geb. 1835; Oberrat 1900 – 1908; gest. 1908, Grab D I, 4 b, 1/2, Jüdischer Friedhof Mannheim

Dr. Abraham Staadecker [21]	1909 – 1910	geb. 1846; Oberrat 1894 – 1904; gest. 1910, Familiengrab 32, linker Mauerweg, Jüdischer Friedhof Mannheim
August Oppenheim [22]	1910 – 1911	geb. 1842; gest. 1911, Familiengrab 28, rechter Mauerweg, Jüdischer Friedhof Mannheim
Sally Reiss [23]	1911 – 1914	geb. 1847; gest. 1914, Familiengrab 24, linker Mauerweg, Jüdischer Friedhof Mannheim
Max Goldschmidt [24]	1914 – 1923	geb. 1865; Oberrat 1915 – 1926; gest. 1926, Grab C I, Eckplatz, Jüdischer Friedhof Mannheim
Dr. Julius Moses [25]	1923 – 1934	geb. 1869; Oberrat 1920 – 1934; gest. 1945 in Tel Aviv
Dr. Max Gruenewald [26]	1934 – 1938	geb. 1899; gest. 1992 in Millburn, New Jersey, USA
Karl Stiefel [27]	April 1938 – Anfang 1939	geb. 1881; gest. 1947 in Palästina
Dr. Eugen Neter [28]	November 1938 – 22.10.1940	geb. 1876; gest. 1966 in Israel
Hermann Hauser [29]	22.10.1940 – 1942	geb. 1900; gest. 1966, Grab G I, 1 b, 5/6, Jüdischer Friedhof Mannheim
Max Keller [30]	1945 – 1946	geb. 1875; gest. 1952, Neugräber linker Mauerweg Reihe 1, Grab 3, Jüdischer Friedhof Mannheim
Alfred Frey [31]	1945 – um 1947	geb. 1883; gest. 1960, Neugräber linker Mauerweg Reihe 2, Grab 4, Jüdischer Friedhof Mannheim
Fritz Mayer [32]	um 1947 – 1965	geb. 1900; Oberrat 1954 – 1965; gest. 1983, Grab E I, 10 a, 1/2, Jüdischer Friedhof Mannheim
Heinrich Goldstein [33]	1966 – 1980	geb. 1893; Oberrat 1964 – 1980; gest. 1983, Grab B II, 7 c, Eckplatz, Jüdischer Friedhof Mannheim
Oskar Althausen [34]	1968 – 1989	geb. 1919; stellvertretender Vorsitzender, Oberrat seit 1968
Georges Stern [35]	1980 – 1992	geb. 1944; Oberrat 1980-1992
Manfred Erlich [36]	seit 1992	geb. 1951; Oberrat seit 1988

Anmerkungen

1 IGB 17 – 1936
2 Bayer S. 38: Übersicht der Vorsteher 1663 – 1680
3 Feder S. 119
4 Bayer S. 38 *f*
5 Bayer S. 40
6 Lewin S. 260 *f*
7 Goldberg S. 23 *f*
8 Rosenthal 1927, S. 450
9 IGB 11 – 1930
10 Vgl. Graphik in IGB 17 – 1936, S. 9
11 Neter
12 Althausen u.a. in Oberrat 1987
13 Watzinger 1984, S. 109 *f*
14 Watzinger 1984, S. 107
15 Watzinger 1984, S. 112 *f*
16 Lewin, S. 414, 422; Rosenthal 1927, S. 397
17 Zeitgenöss. Adreßbuch
18 Rosenthal 1927, S. 397, 405; Lewin S. 423
19 Zeitgenöss. Adreßbuch; Rosenthal S. 405
20 Rosenthal 1927, S. 405, 415
21 IGB 17 – 1936; Rosenthal 1927, S. 397, 407, 408, 412
22 IGB 17 – 1936; Rosenthal 1927, S. 416, 418
23 IGB 17 – 1936
24 IGB 1 – 1924; IGB 28.1.1935; IGB 17 – 1936
25 IGB 27.3.1934; IGB 17 – 1936; Watzinger 1984, S. 127 *f*
26 Watzinger 1984, S. 93 *f*
27 Mitteilungen der Tochter Luise Metzger, Ramat Gan Israel, 1986-88
28 Watzinger 1984, S. 131 *f*
29 Watzinger 1984, S. 74
30 Vgl. die Erinnerungen Max Kellers in AJW 26.2.88
31 Oberrat 1987, S. 89
32 MM 1./2.6.1983
33 MM 15./16.9.1979; MM 4./5.6.1983; MM 15.6.1983
34 MM 2.10.1984; MM 26.9.1989; Beschluß-Vorlage des Oberbürgermeisters an den Gemeinderat Nr. 596/94, AJW 9.3.1995
35 Vgl. MM 23.6.1993
36 Siehe MM 23.6.1992; Rhpf 23.1.1993

...was uns geschenkt
wurde in guten Zeiten

Karl Darmstädter

Die Kultgegenstände

Die Mannheimer Synagogen besaßen wertvolle, z.T. seit Jahrhunderten angesammelte Kultgegenstände.[1] Die traditionsreiche Klaus war besonders reich an synagogalen Geräten. Kaum etwas von diesen kostbaren Sammlungen ist jedoch noch vorhanden. Was nicht zerstört wurde, befindet sich heute verstreut in Museen vieler Länder.

Vor dem Toraschrein hängt ein Vorhang, Parochet. Er besteht in der Regel aus kostbaren Materialien und trägt Aufschriften und ornamental verzierte Symbole und Bildmotive. Je nach Anlaß benutzt man bestimmte Vorhänge. Weiße Vorhänge zeigen die Zeit zwischen Rosch Haschana und Jom Kippur an; den Trauertag Tischa Be'aw kennzeichnet ein schwarzer Parochet. In der Klaus zeigte ein grell gelber Vorhang das Rosch Chodesch-Benschen an.

Ein besonders schöner Toravorhang von 1716 im Besitz der früheren Gemeinde aus dunkelrotem Samt mit Applikationen und Stickereien in Gold und farbiger Seide enthielt zahlreiche biblische Bildmotive. Die hebräischen Inschriften wiesen die Namen der Stifter aus.[2] Um 1800 stiftete Simchele

Schotten, die Frau des Klausrabbiners Samuel Kohen Schotten, zwölf selbstgefertigte Vorhänge, die ebenfalls zum Bestand der Gemeinde gehörten.[3] Zu den Hohen Feiertagen 1928 übergab Ernst Bodenheimer anläßlich seines 50. Geburtstages und der bevorstehenden Barmizwafeier seiner Zwillingssöhne einen weißen Vorhang mit weißen Toramäntelchen.[4]

Die Torarolle ist mit einem „Mäntelchen" bekleidet. Es besteht meist aus dem Kopfstück mit Öffnungen zum Durchstecken der Rollenstäbe und aus dem eigentlichen Mantel. Material, Farbe und Motive sind mit denen des Toravorhangs vergleichbar. Zuweilen sind die gestifteten Mäntelchen aus mehreren Stoffen zusammengesetzt. Gerne wurden das Brautkleid der Frau oder im 17. und 18. Jahrhundert Stoffe aus Kleidungsstücken berühmter Persönlichkeiten verarbeitet. Beispielsweise besaß die Gemeinde ein Mäntelchen, das aus der Schlittendecke des Kurfürsten Karl Theodor herausgeschnitten war. Der zugehörige Schlitten war bis zum Zweiten Weltkrieg im Schloßmuseum ausgestellt.[5] Von den zahlreichen Toramäntelchen der Gemeinde trugen einige aus schwerem Material hergestellte Stücke das Zeichen des Lemle Moses Reinganum, das Lamm, und die Jahreszahl 1708, das Einweihungsjahr der Klaus. Ein erhaltener Mantel befindet sich heute im Jewish Museum in New York. Er wurde 1723 von Frau Blümle gestiftet, der Gattin des Gemeindevorstehers Koppel Levi.[6]

Der ganze Stolz einer Gemeinde sind ihre Torarollen, meist fromme Stiftungen. Die Tora beinhaltet die fünf Bücher Moses. Das aus den handgeschriebenen Pergamentfolien zusammengenähte Band ist auf zwei Stäbe aufgerollt. Die zahlreichen Torarollen der alten Gemeinde wurden am 10.11.1938 vor den Synagogen verbrannt. Salomon Oppenheimer, der letzte Mannheimer Toraschreiber, wurde im Oktober 1940 im Alter von 75 Jahren nach Südfrankreich deportiert. Die Nachkriegsgemeinde kam meist durch Spenden erst nach und nach wieder zu einem kleinen Bestand von Torarollen.[7] Heute besitzt die Gemeinde zehn Torarollen, die neueste, eine Stiftung eines Gemeindemitglieds zum Andenken an seine Familie, wurde am 20.2.1994 eingeweiht.[8]

Bei der Toralesung, Synagoge F 3, 1994.

Jakob Friedmann mit der von ihm zum Andenken an seine in Treblinka ermordete Familie gestiftete Torarolle, Februar 1994.

Inschrift: Zum Andenken an die Eltern Abraham und Perl Friedmann und die Kinder Rachel, Jossel, Sarah und Izhak, umgekommen in der Schoah. Gestiftet von Jakob Friedmann.

Die Torarolle ist fest von einem Band umwickelt. Dieser „Torawimpel“ wird, zumindest in der westdeutschen Tradition, aus den Beschneidungswindeln des neugeborenen Knaben geschnitten. Auf den Wimpel sind in hebräischer Schrift Name, Geburtsdatum, ein Segensspruch und auch Bildschmuck gestickt oder gemalt. Wimpel sind neben ihrem kulturhistorischen Wert unersetzliche Dokumente für die Familienforschung. In den Bränden des 10.11.1938 sind sie in Mannheim für immer verloren gegangen.

Außer mit dem Mäntelchen und dem Wimpel ist die Tora geschmückt mit einer silbernen oder goldenen Torakrone oder „Granatäpfeln“, den Rimonim, die auf die Rollenstäbe aufgesteckt werden. Beim Tragen der Tora erklingen die an den Rimonim angebrachten Glöckchen. Die Gemeinde besaß kostbare kelch- und turmförmige Toraaufstecker; der älteste war von 1610.[9]

Das meist silberne Toraschild, Tass, hängt an einer Kette an der zusammengerollten Tora. Es trägt eine auswechselbare Platte mit dem Namen des jeweiligen Festtags. In der Form erinnert das Toraschild an die Brustplatte der Hohenpriester im Jerusalemer Tempel. Ein filigran gearbeitetes Mannheimer Toraschild stammte von 1610; es gehörte zu den Rimonim aus derselben Zeit. Andere Schilder aus dem 18. Jahrhundert zeigten dekorative Bildmotive: Lamm, Pelikane, Kandelaber, Krone, Voluten und Pflanzenornamente.[10] Bei der Auflösung der Elias Hayumschen Klaus im Jahr 1880 wurden zahlreiche Silbergeräte zu Gunsten des Stiftungsfonds verkauft.[11]

Um die Tora beim Lesen nicht berühren zu müssen, wird ein Zeiger in Form einer deutenden Hand verwendet, hebräisch Jad. Der meist kunstvoll verzierte Zeigestab ist an einer Kette befestigt und wird der eingerollten Tora umgehängt. Eine wertvolle Jad Mannheimer Ursprungs aus dem Jahr 1750 bot vor wenigen Jahren das New Yorker Auktionshaus Sotheby's in einem Katalog für 1500 bis 2000 Dollar an.[12]

Der symbolischen Handwaschung beim Priestersegen dient ein Waschgerät, meist eine Kanne mit dem zugehörigen Becken. Die Mannheimer Gemeinde besaß unter anderem eine ovale, mit Herzen verzierte Schale aus vergoldetem Silber, zu der eine Kanne gehörte. Das Gerät stammte aus der Zeit um 1740.[13]

Beim Kiddusch, dem Segen über den Wein, verwendet man oft kunstvoll verzierte Becher. Ein besonders wertvoller Kidduschbecher aus dem Vermächtnis des Elias Hayum, des Gründers der „Stuttgarter Schul" in G 2, 19/20, befindet sich heute im Jewish Museum in New York.[14] Er zeigt drei Kartuschen mit biblischen Motiven, verziert mit Bandelwerk, Akanthusranken und Vögeln: Moses mit der ehernen Schlange, der auf der Eselin reitende Bileam mit dem Engel, die Kundschafter Josua und Kaleb mit der Riesentraube. Der aus dem frühen 18. Jahrhundert stammende Becher trägt die Meistersignatur „J.C.G.", vermutlich Johann Christian Girschner, und auf der Unterseite die Stifternamen: Max Meyer, J.L. Meyer, Regierungsrat Cohen, Sarah Ladenburg, Elias Meyer, Amalie Meyer, Robert Frankel in Erinnerung an ihre Vorfahren Gotschalk Meyer (Vater) und Elias Meyer (Großvater). Eine hebräische Eingravierung lautet übersetzt: *„Die Krone der Alten, das sind Kindeskinder, der Ruhm der Kinder sind ihre Väter"*.[15]

Die häusliche Hawdalafeier erfordert einen Leuchter für die speziell geformte Hawdalakerze. Sie besteht aus mehreren geflochtenen Dochten. Wohlriechendes Gewürz, Besomim, wird bei der Feier in einer verzierten Dose mit durchbrochenen Wänden aufgestellt. Die sich ausbreitenden Wohlgerüche sollen dem Betenden die „Sabbatwonne" verlängern. Die häufigste Form der oft phantasievoll verzierten Besomimbüchsen ist der Turm.

Das an den Exodus erinnernde Pessachfest wird mit der Sederfeier am Vorabend eingeleitet. Die symbolischen Speisen der Mahlzeit, nach einer ganz bestimmten Ordnung, dem Seder, eingenommen, bestehen u.a. aus Bitterkraut, Latwerge, Ei und Lammknochen. Sie werden auf einem besonderen Teller gereicht. Ein solcher Sederteller Mannheimer Herkunft befindet sich im Mainfrän-

Die von Jakob Friedmann gestiftete Torarolle unter der aus einem Gebetschal gebildeten Chuppa, Februar 1994.

V.l.n.r.: Jakob Friedmann, Jehoshua Heinrich, Siegmund Pluznik, Bernd Marhöfer.

kischen Museum in Würzburg. Der Zinnteller, dessen Meistermarke Georg Wilhelm Otto und das Herstellungsjahr 1840 nennt, ist als jüdischer Kultgegenstand aus der Hand eines Mannheimer Meisters von lokalgeschichtlicher Bedeutung.

In den 20er Jahren beabsichtigte der Mannheimer Synagogenrat, ein jüdisches Museum einzurichten, etwa nach den Vorbildern in Worms, Mainz, Kassel und Würzburg. Im Haushaltsplan der jüdischen Gemeinde war schon ein eigener Posten dafür vorgesehen; die Gemeindemitglieder hatten bereits Gegenstände gespendet oder Leihgaben zur Verfügung gestellt.[16] Das Projekt wurde durch die Entwicklung ab 1933 zerschlagen; Resignation spricht aus den 1936 verfaßten Worten Karl Darmstädters: *„Wir werden kein Museum mehr errichten. Aber wir werden den Versuch machen müssen, irgendwo – und wenn es nur für kurze Zeit ist – einen Raum einzurichten, in dem unsere Alten und unsere Jungen, wir alle, noch einmal vorübergehen an all dem, was uns geschenkt wurde in guten Zeiten.“* [17]

Selbst hierzu war es schon zu spät. Fast alles, was die Gemeinde an transportablen Gegenständen besaß, verschwand an den Pogromtagen im November 1938. Vor den Synagogen brannten am 10.11.1938 die Bücher und Torarollen; am Tag danach transportierten die Nazis unverhohlen „Silbersachen“ und andere Gegenstände aus der ausgebrannten Hauptsynagoge. Ein LKW war zu diesem Zwecke den ganzen Tag im Einsatz.[18]

Die Kultgegenstände der Klaus konnten zunächst gerettet werden. Noch Mitte Dezember 1938 berichtete Rabbiner Dr. Lauer aus der Schweiz: *„Das Memorbuch und der größte Teil der heiligen Geräte sind gerettet.“* [19] Wo die Geräte verblieben sind, ist unbekannt; vieles dürfte in die Hände der Nazis gefallen sein. Beschlagnahmungen von Auswanderungsgütern waren allgemein üblich.

Siehe Abbildungen 116 – 125 in „Bilder vom jüdischen Leben in Mannheim“

Anmerkungen

1 Vgl. Karl Darmstädter: Die Kultgeräte, in IGB 17 – 1936; über die Ausstattung der Hauptsynagoge und Stiftungen anläßlich ihrer Einweihung siehe AZJ 1855, S. 466
2 Abbildung in: Moses S.20; vgl. Hirsch Hoffaktoren Sp. 10
3 Löwenstein 1895, S. 229
4 IGB 10 – 1928
5 IGB 7 – 1931
6 Huth S. 655*f*
7 Nathan Peter Levinson: Festpredigt anläßlich der Einweihung einer neuen Thorarolle am 12. Mai 1963, in MH 1963/3, S. 34; MM 13.5.1963
8 Anke Philipp: Das Buch, das aus der Rolle fällt, MM 19./20.2.1994
9 Landesdenkmalamt Karlsruhe, Foto Repro 1197/44, in Huth S. 657
10 Huth S. 656/657
11 Hirsch Hoffaktoren, Sp. 10
12 Auktionskatalog Sotheby's Fine Judaica: Printed Books, Manuscripts and Works of Art, New York 1982, Kat.Nr. 348
13 Landesdenkmalamt Karlsruhe, Foto Repro 946/51, in Huth S. 656
14 Siehe AZJ 1855, 466; Moses 1931, S. 167 *f*; Huth 1982, S. 657; Abbildung auch in Rosenthal 1927, S. 120/121; Hirsch Hoffaktoren Sp. 10. Die Frankfurter Israelitische Gemeinde besaß ein dem Mannheimer Becher sehr ähnliches Exemplar, heute im Israel Museum in Jerusalem, siehe dazu Eugen Mayer: Historische Pokale der Frankfurter Juden, in: Archiv für Frankfurts Geschichte und Kunst 53, 1973, S. 61 *f*. Eine Replik des Frankfurter Bechers heute im Jüdischen Museum Frankfurt.
15 Sprüche Salomos 17, 6
16 IGB 7 – 1931
17 Karl Darmstädter: Die Kultgeräte, in IGB 17 – 1936
18 Aussage Eugen Meier, JD 16/1967 Nr. 53, 54
19 Brief von Rabbiner Dr. Lauer, etwa Mitte Dezember 1938, in Fliedner Quelle 229

Ich schloß als letzter die Tür

Dr. Eugen Neter

Die Gemeindehäuser

Die vielfältigen Aufgaben der Gemeinde erfordern entsprechende Räumlichkeiten. Benachbart zur Hauptsynagoge in F 2 befanden sich seit jeher mehrere Nebengebäude. Vermutlich enthielten diese Häuser Schulzimmer und Unterkünfte für Amtsträger in der Synagoge. In einem Häuschen vor der Synagoge war das „Bollenten-Amt", wo Durchwanderer freitags in die Familien eingewiesen wurden.[1] Im Hof des südlich an die Synagoge angrenzenden Hauses stand ein Schabbesofen, den man 1722 in das Judenspital verlegte.[2] 1851 werden in dem *„an der Straße stehenden Gebäude"* das Sitzungszimmer, die Registratur und die Dienerwohnung genannt.[3] Mehrere der Gebäude mußten 1851 dem Neubau der Hauptsynagoge weichen.

Der Gemeinde gehörten die beiden Nachbarhäuser der Hauptsynagoge, das Eckhaus F 2, 14 und F 2, 15. Das um 1825 erbaute zweistöckige Eckhaus war ursprünglich Eigentum der Erben des Michael May, bis es 1885 aus ihrem Besitz in den der Gemeinde überging. Zu Anfang des 20. Jahrhunderts bis 1929 wohnte hier Max Schiff, der das Amt des Lehrers, Kantors und Schammes in der Hauptsynagoge bekleidete.[4] Im Jahr 1930 nahm das „Schiffhaus" die Passantenkasse (Wanderfürsorge) und Kurse des Lehrhauses auf. Im oberen Stockwerk trafen sich die Gruppen der Jugendgemeinde, die dem Gebäude die neue Bezeichnung Jugendheim gaben. Nach der Pogromnacht 1938 hatte die Wanderfürsorge noch wenige Monate im Haus F 2, 14 Bestand, in den Räumen der früheren Jugendgemeinde fanden Pflegebedürftige Unterkunft, auch eine auf ihre Auswanderungserlaubnis wartende Familie wohnte hier noch einige Zeit. In F 2, 15 plünderten Nazis am 10.11.1938 die Ladengeschäfte im Erdgeschoß. Später richtete die Gemeinde in den verwüsteten Räumen eine Kleiderkammer ein, um Bedürftige zu versorgen.[5] Im Spätsommer 1939 brachte sich die Stadtverwaltung in den Besitz der beiden Gebäude zusammen mit der benachbarten Synagogenruine. Die Wohnhäuser überdauerten den 1955 erfolgten Abriß der ausgebrannten Synagoge. Sie fielen erst 1962 der Verbreiterung der zwischen den E- und F-Quadraten verlaufenden Straße zum Opfer.

Im Jahr 1925 erwarb die Gemeinde eine herrschaftliche Villa mit Garten in M 6, 12. Die Nutzung der repräsentativen Unterkunft als Verwaltungsgebäude war ihr allerdings nur wenige Jahre vergönnt. Infolge der zunehmenden sozialen Aufgaben der Gemeindeverwaltung nach dem Ersten Weltkrieg war ihr Raumbedürfnis rasch angestiegen. Das Schiffhaus drohte aus allen Nähten zu platzen, und so mußten zusätzliche Räumlichkeiten angemietet werden, die im Stadtgebiet verstreut lagen. In dieser Situation entschloß sich der Synagogenrat zum Kauf der Villa in M 6 und ließ sie nach den Plänen des jüdischen Architekten Siegfried Seidemann umbauen und renovieren. Die reich gegliederten Außenfassaden in hellem Sandstein blieben dabei unverändert. Am 1.7.1925 weihte Rabbiner Dr. Oppenheim unter dem Leitwort „*Wie schön sind Deine Zelte, o Jakob, Deine Wohnungen, o Israel!*" das neue Gemeindehaus ein. Im repräsentativen Sitzungssaal traten seitdem der Synagogenrat und die Gemeindevertretung zusammen. Der Raum war seit 1927 geschmückt von dem monumentalen Gemälde „Segen Jakobs", ein Werk des katholischen Kirchenmalers Willy Oeser aus Mannheim.[6] Das Haus bot Räume für das 1926 eingerichtete Wohlfahrts- und Jugendamt und für die Gemeindeverwaltung. Man verfügte hier über einen Archivraum, einen Raum für die Gemeindebibliothek, Büros und Arbeitszimmer, Säle für Vorträge, Räume für Vereine und eine Hausmeisterwohnung. Hier fanden die Kurse und Vorträge des 1929 gegründeten Lehrhauses statt. Für wenige Jahre wurde M 6, 12 zu einem Zentrum des geistigen und sozialen Gemeindelebens.[7]

Die nationalsozialistische Stadtverwaltung brachte sich 1936 in den Besitz des Gebäudes. Die Gemeindeverwaltung und das Wohlfahrts- und Jugendamt mußten ein Jahr später ausziehen, in der Villa installierte sich die „*NSDAP Ortsgruppe Strohmarkt*". Der Verbleib des Gemäldes von Oeser, dessen Werke als „entartete Kunst" gebrandmarkt waren, ist unbekannt.

Die Gemeinde zog mit ihren Ämtern nach E 7, 28, wo Räume im zweiten und dritten Stockwerk angemietet worden waren. Auch der Hilfsverein der Juden in Deutschland fand dort Unterkunft. Nach dem Novemberpogrom 1938 kündigte der Hausbesitzer, und die jüdischen Dienststellen zogen sich im Mai/Juni 1939 in die Gebäude der Klausstiftung in F 1, 11 zurück.[8]

Am Tag der Deportation der Juden nach Gurs, dem 22.10.1940, war auch das Ende des Gemeindehauses in der Klaus gekommen. Dr. Eugen Neter erinnerte sich: „*Gegen ein Uhr verließ ich die mir in Freud und Leid liebgewordenen Räume. So wie ich, in Vorahnung meines Schicksales, manchmal gedacht hatte: wenn wir einmal fort müssen, schließt du als Präsident (als Parnes) die Tür hinter dem Letzten der Gemeinde, so erfüllte sich in dieser Stunde mein Traum. Alle waren sie bereits verhaftet und auf dem Wege des Abtransportes. Ich schloß als letzter die Tür.*"[9]

Das Leben der kleinen Restgemeinde, die aus etwa 200 Menschen bestand, spielte sich bis Ende 1942 in den Häusern B 7, 3 und B 7, 2 ab.[10]

In den Jahren 1946 – 1957 befanden sich die Räumlichkeiten der Gemeinde in R 7, 24 und danach bis 1987 in der Maximilianstraße. Mit der Rückkehr der Gemeinde nach F 3 hat sie nicht nur ihre zentrale Lage, sondern auch ausreichende Räumlichkeiten wiedergewonnen, die ein blühendes Gemeindeleben möglich machen.

Siehe Abbildungen 176 – 180 in „Bilder vom jüdischen Leben in Mannheim"

Anmerkungen

1 Hirsch Judenschaft Sp.180
2 Rosenthal Synagogen
3 Bericht des Synagogen-Raths Mannheim an die Großherzogliche Bezirks Bau Inspection Mannheim, 27.4.1851; GLA 362 No. 1345
4 Barbara Becker: Der Kantor Max Schiff, in: Jörg Schadt/Michael Caroli: Mannheim im Zweiten Weltkrieg, Mannheim 1993
5 Neter
6 Zu Oesers Gemälde siehe IGB 5 – 1927
7 Zum Gebäude und zur Einweihung des Gemeindehauses siehe IGB 7 – 1925
8 Neter 1939 wie Anm. 5
9 Fliedner Quelle Nr. 38
10 Keller 1992

Die Weisen aber
werden leuchten
wie des Himmels Glanz,
und die Viele zur
Gerechtigkeit führen,
wie die Sterne
immer und ewiglich

Daniel 12, 3

Jüdisches Schulwesen vor 1870

Für jüdische Kinder gab es bis zum Übergang Mannheims an Baden keine staatlich geregelte Schulpflicht, das Schulwesen des 17. und 18. Jahrhunderts lag in Händen der Religionsgemeinschaften. Profanes Wissen gehörte für jüdische Heranwachsende zu den Ausnahmen, es stand im Ermessen der Eltern, ihre Kinder in weltlichen Fächern belehren zu lassen. Um 1750 gab es jüdische Schreiblehrer, die Unterricht im Lesen und Schreiben der deutschen Sprache erteilten. Ein solcher war der „Judenschreibmeister“ Cosmann Löw, der 1765 erwähnt wird. Ein Lehrer der Michael May'schen Klaus nannte sich „Teutsch-informator“, Moses Bacharach widmete sich der „*Instrumentierung der Rechenkunst*“ [1]

Die wohl erste Privatschule Mannheims mit interkonfessionellem Charakter war das 1782 „*für männliche Zöglinge aller Religionen und Religionsparteien*“ gegründete Privaterziehungsinstitut des Johann Jakob Winterwerber, seit 1794 in H 2, 2 ansässig. Mit ihm war erstmals jüdischen Schülern offiziell eine weltliche Schule zugänglich.[2] Andere jüdische Kinder blieben auf sich gestellt, Helwine Lindmann schrieb über ihren 1808 in Mannheim geborenen Vater Liebmann Lindmann: „*Mein Vater war ein sehr begabtes Kind, obgleich er schwer auswendig lernte. Mit vier Jahren lernte er aus der Zeitung deutsch lesen. Regelmäßigen Unterricht hatte er nur im Schönschreiben und natürlich im Hebräischen."* [3]

Anders verhielt es sich in der religiösen Erziehung. Es gehört zu den ausdrücklichen Pflichten, Kinder in jüdischem Wissen zu unterrichten. Begüterte Familien hielten sich einen Hauslehrer, oft einen reisenden Talmudstudenten. Die meisten aber schickten ihre Kinder in den Cheder, z.B. in die Elementarschule der Klaus. Dort unterrichteten „Präzeptoren" in hebräischem Lesen mit dem Ziel, die Gebete sprechen zu können. Auch das Erlernen der hebräischen Schreibschrift, die Übersetzung der Tora und das Beschäftigen mit dem Raschikommentar gehörten zum Pensum der Elementarschule. In den Cheder schickte man Jungen bereits im Alter von vier Jahren. Die Mädchen wurden, innerhalb der häuslichen Erziehung, im Lesen der Gebete und der in sogenannten jüdisch-deutschen Buchstaben gedruckten Übersetzungen und Erbauungsbücher unterrichtet. Tiefere Kenntnisse der deutschen Sprache und weltliches Wissen gehörten im Normalfall nicht zu den Inhalten der jüdischen Erziehung.[4]

Dies änderte sich im Laufe des 19. Jahrhunderts. Das „Judenedikt" Karl Friedrichs von Baden ordnete 1809 die Gründung jüdischer Schulen an und bestimmte, daß jüdische Kinder bis zur Ausbildung jüdischer Lehrer die christlichen Ortsschulen besuchen sollten. Sie hatten die gleichen Pflichten zu erfüllen und das gleiche Schulgeld zu zahlen; es dürfe ihnen weder von den Christenkindern noch vom Lehrer eine geringschätzige Behandlung widerfahren. Aus gesellschafts- und wirtschaftspolitischen Erwägungen heraus strebte das junge Land Baden eine staatlich kontrollierte jüdische Schule an. Dieser Idee entsprachen jüdische Forderungen im Geist des Berliner Aufklärers Moses Mendelssohn (1729 – 1786), die Juden aus der Enge des geistigen Gettos herauszuführen.

Dagegen regte sich bei traditionellgläubigen Familien Widerstand; sie befürchteten eine Verweltlichung der Erziehung in den staatlichen Schulen. Helene Lindmann dagegen wurde bis 1817 in die katholische Volksschule in L 1 geschickt. Mit dem zehnten Lebensjahr hörte ihr Schulunterricht auf.[5]

Die Gemeinde Mannheim war im Schulwesen wegbereitend. Im Jahr 1816 gründeten die Philologen Dr. Simon Wolff und E. Straßburger ein Institut, das ursprünglich als höhere Erziehungs- und Lehranstalt geplant war. Auf Antrag der Gemeinde und per Erlaß des Ministeriums des Innern wurde die Anstalt 1821 in eine jüdische Elementarschule umgewandelt. Sie war die erste Einrichtung dieser Art in Baden. Ihr Gründer, der aus Hechingen stammende Dr. Simon Wolff (1789 – 1860), war eine *„in der Mannheimer Lehrerschaft hochangesehene, verdienstvolle Persönlichkeit"*. Er brachte die von ihm gegründete Volksschule zur Blüte und bildete viele Lehrer aus.[6] Die Schulpflicht umfaßte sechs bis sieben Jahre. Für Jungen ging sie vom sechsten, für Mädchen vom siebten bis zum 13. Lebensjahr. Vier jüdische Lehrer unterrichteten anfangs etwa 100 Schüler in *„Religion, biblische Geschichte mit Sittenlehre, deutsche, hebräische Sprache, Schönschrift, einiges von der Geografie, Verstandes- und Gedächtnis-Übungen"*.[7] Den Religionsunterricht bezeichnete man weiterhin als „Cheder".

Die israelitische Volksschule befand sich in den an der heutigen Breiten Straße gelegenen Räumen der Klausstiftung in F 1, 2. Ein ehemaliger Schüler, der die israelitische Volksschule in den 1860er Jahren besuchte, erinnerte sich: *„Natürlich hatten wir samstags frei, dagegen sonntags vormittag 3 Stunden Unterricht. Es bestanden 3 Klassen; in jeder Klasse Knaben und Mädchen; die Bänke der letzeren auf einer Seite des Schulzimmers. Streng wurde beobachtet, daß alle Schüler und Schülerinnen den Gottesdienst besuchten. In der Schule wurden die Antworten des Freitagabends 'Mismor' richtig gesungen und eingeübt."* [8]

Bereits in den 1830er Jahren strebte man in Mannheim die Simultanschule an, in der die Schüler aller Konfessionen gemeinsam unterrichtet werden sollten. Die in Mannheim erscheinende Reformzeitung „Der Israelit des 19. Jahrhunderts" warb für sie 1847 mit folgenden Worten: *„Von der Einführung der vereinigten Schulen hofft man auf einen Einfluß auf das Land, was natürlich ein großer Schritt vorwärts in den Interessen der Zeit wäre, deren ganzes Streben dahin gehen muß, das Reich des Verstandes und nicht des Vorurtheils zu begründen. Dieser Weg führt direct zur Emancipation der Juden […]; dadurch, daß man in neuerer Zeit weniger von dem einzig Wahren hört, ist der Schritt gethan, welcher einer wahrhaft humanen Religion die Gemüther öffnet."* [9]

Das badische Schulgesetz ermöglichte erst ab 1869 die Bildung einer Gemeinschaftsschule. Das Ende der israelitischen Volksschule war besiegelt, als mit dem neuen Schuljahr zu Ostern 1870 in Mannheim die Simultanschule eingeführt wurde. Die jüdischen Schüler und ihre Lehrer Kern, Rothschild und Weil traten in die Gemeinschaftsschule über. Jahrzehnte später erinnerte sich einer der Schüler: *„Wir wurden nach L 1 (ins Nonnenkloster, wie es damals hieß) versetzt. Obschon die jüdischen Schüler im Wissen den anderen weit voraus waren, befanden wir uns anfangs in der neuen Umgebung recht unbehaglich."* [10]

Der Verschmelzung der Konfessionsschulen zur Simultanschule in Mannheim folgte 1876 die durch das badische Schulgesetz angeordnete Simultanisierung der Volksschulen im ganzen Land.

Siehe Abbildung 203 in „Bilder vom jüdischen Leben in Mannheim“

Anmerkungen

1 ROSENTHAL Miszelle S. 71;
ROSENTHAL Dinkelspiel, Sp. 207 *f*

2 WALTER 654 *f*

3 LINDMANN S. 5

4 HIRSCH Judenschaft, Sp. 178 *f*

5 LINDMANN S. 8

6 ROSENTHAL 1926; ROSENTHAL 1927, S.330 *f*,
WATZINGER S. 145 *f*.
Wolffs Grabstein auf dem jüdischen Friedhof war in den 1980er Jahren bis zur Unleserlichkeit verwittert. Eine Spende des späteren SPD-Bundestagsabgeordneten Siegfried Vergin ermöglichte die Rekonstruktion des Grabmals in der alten Form und die Wiederaufstellung zum 200. Geburtstag des Schulgründers im Jahr 1989, siehe MM 28.9.1989

7 RIEGER S. 348, 349

8 DIE MANNHEIMER JUDEN VOR 60 JAHREN – Erinnerungen eines Alt-Mannheimers, in IBG 3 – 1928

9 „DER ISRAELIT DES 19. JAHRHUNDERTS“, Mannheim, 21.11.1847, Nr. 47

10 DIE MANNHEIMER JUDEN VOR 60 JAHREN – Erinnerungen eines Alt-Mannheimers, in IGB 3 – 1928

*Denn wenn auch
der öffentliche Unterricht
ein Minimum an
hebräischen Kenntnissen
übermittelt,
so ist es eben doch nur
ein Minimum*

*Israelitisches Gemeindeblatt
11 – 1925*

Religionsunterricht 1870 – 1938

Nach der Einführung der Simultanschule im Jahr 1870 waren christliche und jüdische Schüler nur noch im Religionsunterricht getrennt. Ihn erteilten Religionslehrer bzw. die Rabbiner. An Vorortschulen, an denen sich nicht genügend jüdische Schüler für eine Religionsklasse zusammenfanden, mußten sie für den Religionsunterricht eine zentral gelegene Schule besuchen.[1] Zwei Stunden Religionsunterricht in der Woche entsprachen nur den Mindestanforderungen. Um Hebräisch zu lernen, waren sie zu wenig. In der Hauptsynagoge erteilte beispielsweise Rabbiner Dr. Steckelmacher den „Konfirmationsunterricht“ zur Vorbereitung auf die Bar Mizwa.[2] Der 1878 gegründete „Verein zur Förderung des Religionsunterrichts“ suchte mit eigenem Unterrichtsangebot den Ansprüchen der Orthodoxen zu genügen. Auch die Klaus bot zusätzlichen Religionsunterricht auf freiwilliger Basis. Nach dem Umbau der Stiftungsgebäude standen für die „Klausschule“ ab 1888 drei Klassenzimmer im Hinterhaus zur Verfügung. In den 1920er Jahren fusionierte der Verein mit der von Rabbiner Dr. Unna ausgebauten Klausschule. Seit 1925 stand mit Rabbiner Dr. Lauer als Direktor der Klausschule auch eine eigene rabbinische Lehrkraft zur Verfügung. Neben ihm lehrten Rabbiner Dr. Unna und Karl Billigheimer, später auch Manfred Kälbermann und Arthur Kohn an der Klausschule. 1925 nahmen etwa 100 Kinder in sieben Klassen das zusätzliche Unterrichtsangebot der Klaus wahr.[3]

Die Knaben Raphael Levi und David Gruenewald, der Sohn von Rabbiner Dr. Gruenewald, im Cheder mit Lehrer Arthur Kohn, 30er Jahre.

Zu den jüdischen Religionslehrern in den allgemeinen Schulen gehörte neben vielen anderen auch Karl Stiefel, der 1938 Gemeindevorsitzender war. Stiefel betrieb auch eine staatlich anerkannte Privatschule in L 13, 4. Die Religionslehrerin Gertrude Morgenthal, die u.a. an der Pestalozzischule lehrte, wurde am 22.10.1940 deportiert und vermutlich in Auschwitz umgebracht.

Seit dem Jahr 1934, als die Möglichkeit des Überwechselns in jüdische Schulklassen bestand, verließen immer mehr jüdische Schüler die allgemeinen Schulen. 1936 wurde dort der jüdische Religionsunterricht eingestellt, und nach der Pogromnacht 1938 mußten die letzten jüdischen Schüler die „deutschen" Schulen verlassen. Die meisten aber waren unter den gegebenen Umständen bereits aus eigener Entscheidung in die jüdischen Klassen übergewechselt. Der Religionsunterricht fand dort in erweiterter Form statt, so daß die Klausschule als ergänzendes Angebot in den Hintergrund trat. Ab 1936 gingen die vier unteren Klassen der Klausschule im Religionsunterricht der jüdischen Schule auf.

Siehe Abbildungen 204 – 212 in „Bilder vom jüdischen Leben in Mannheim"

Anmerkungen

1 Übersichten über den jüdischen Religionsunterricht in Mannheim u.a. in IGB 4 – 1930 und 3 – 1931

2 Vgl. Anzeige im Generalanzeiger/Volkszeitung 17.1.1886

3 Die Unterrichtstätigkeit an der Klausschule, in IGB 11 – 1925

Es haben bei uns
keine Führer Platz,
sondern
nur Hinführer

Heinrich Lemle 1933 [1]

Die jüdischen Klassen 1934 – 1942

Seit 1933 sahen sich jüdische Schüler zunehmend mit antijüdischen Unterrichtsinhalten und Ablehnung von Lehrern und Mitschülern konfrontiert. Unter der Initiative von Rabbiner Dr. Gruenewald reagierte die Gemeinde, indem sie die Einrichtung einer eigenen jüdischen Schule anstrebte. Im Namen des Oberrats beantragte sie beim badischen Kultusministerium die Schaffung einer jüdischen Schule in Mannheim. Das Ministerium stimmte zu, nicht aus Entgegenkommen, sondern „*aus völkischen Gründen*". Die Absonderung der jüdischen Schüler lag im Interesse des nationalsozialistischen Staates. Mit der Trennung der jüdischen Klassen kam die Mannheimer Gemeinde der allgemeinen Entwicklung zuvor.[2]

Die erste Klasse der jüdischen Schule trat mit Beginn des Schuljahres an Ostern 1934 im Gebäude der Luisenschule, der heutigen Max-Hachenburg-Schule, zusammen. Obwohl kein unmittelbarer Zwang ausgeübt wurde, machten fast alle Eltern der jüdischen Schulanfänger von dieser „Möglichkeit der Sonderbeschulung" Gebrauch. An Ostern und im Herbst 1935 kam je eine neue Klasse hinzu; zum Schuljahresanfang 1936 wurde die nunmehr dreiklassige Volksschule in eine achtklassige umgewandelt. Die jüdischen Schüler Mannheims gingen nun, bis auf wenige Ausnahmen, in die jüdische Schule. Ihre ersten beiden Klassen waren in der Luisenschule, die höheren in dem 1873/74 erbauten Schulhaus der Stadt in K 2, 6 bzw. in den Räumen der Klausstiftung untergebracht. Damit kehrte die wiedergegründete jüdische Volksschule in die Räume zurück, wo ihre Vorgängerin einst mit großen Zukunftshoffnungen entstanden war.

Die jüdische Volksschule bildete eine Art „Gesamtschule“, denn auch Schüler der höheren Schulen wechselten in sie über. Der Lehrstoff war gegenüber den allgemeinen Volksschulen um Englisch erweitert; an Lehrbüchern wurden weitgehend Bestände aus der Weimarer Zeit benutzt. Die Fächer standen in Beziehung zum Judentum und zu jüdischen Themen und bereiteten auf das spätere Leben in den Auswanderungsländern vor.[3]

1936 führte die Gemeinde das neunte Aufbauschuljahr ein. Unter der Leitung des Lehrers Kurt Norbert Berg bereitete es intensiv auf Beruf und Auswanderung vor. Zur Einrichtung eines zehnten Schuljahres kam es in Mannheim nicht, denn die Kurse des Lehrhauses boten ausreichende Weiterbildungsmöglichkeiten.[4]

In der zeitweise über 300 Schüler fassenden jüdischen Schule unterrichteten unter der Leitung von Berthold Baruch Stahl Lehrer, die aus „rassischen“ Gründen aus dem öffentlichen Schuldienst ausscheiden mußten. Juden galten nicht als „Reichsbürger“, sondern als „Staatsangehörige“. Da sie als solche bis 1938 Anspruch auf Beschulung ihrer Kinder hatten, trug die jüdische Schule halbstaatlichen Charakter. Die Regierung bezahlte sieben Lehrer, die Gemeinde alle weiteren. Die Behörden nutzten jedoch jeden Vorwand, staatliche Mittel zu entziehen. Die Gemeinde hatte immer mehr Aufwendungen zu übernehmen, die vorher der Staat getragen hatte. So sah sie sich 1936 gezwungen, ein Schulgeld zu erheben.[5]

Da in den Auswanderungsländern handwerkliche Berufe besonders gefragt waren, mußte die Gemeinde entsprechende Ausbildungsmöglichkeiten anbieten oder vermitteln. Hierfür kamen nur noch „nichtarische“ Handwerksbetriebe in Frage, die jedoch durch den seit 1933 anhaltenden Boykott kaum mehr zur Lehrlingsausbildung in der Lage waren. Dem Oberrat und der Gemeinde gelang es, im April 1936 in Mannheim-Neckarau die jüdische Anlernwerkstätte für eine Schlosser- und Schreinerausbildung zu eröffnen.[6] Das Gemeindemitglied Sigmund Keller stellte in der Friedrichsstraße 47 ein Fabrikgebäude und einen Großteil der Einrichtung zur Verfügung. Die Schreinerei und den theoretischen Unterricht leitete Lehrer Georg Brauer, die Leitung der Schlosserei und Schmiede übernahm Jakob Safran, der als ehemaliger Vorarbeiter in der Werkzeugabteilung der Firma Heinrich Lanz Erfahrungen mitbrachte. Das Vorderhaus der Anlernwerkstätte enthielt die Klassenzimmer, in den beiden Hallen waren Schlosserei, Schmiede und Schreinerei eingerichtet. Der theoretische Unterricht umfaßte neuere jüdische Geschichte, Hebräisch, Englisch, Schlosser- und Schreinerfachkunde sowie Handelsfächer. Der erste Kurs begann mit 35 Schülern, von denen 14 aus Mannheim, die anderen aus Baden, der Pfalz, Hessen und dem Saarland kamen.

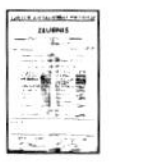

Nur ein einziger Lehrkurs konnte zum Abschluß geführt werden. Die erste Schülergruppe wurde nach zweieinhalbjähriger Ausbildung am 21.9.1938 mit einer Feier entlassen; diesen Schülern gelang es noch, im Ausland eine Stelle in ihrem Fach zu finden und ihre Familien auf diese Weise zu unterstützen.[7] Am 10.11.1938 wurde die Anlernwerkstätte geplündert und vollständig zerschlagen, die Schulbücher auf der Straße verbrannt, die 140 Schüler wurden in Lastwagen abtransportiert und in „Schutzhaft“ nach Dachau gebracht.[8] Später verkauften Mitglieder der NSDAP-Ortsgruppe Neckarau Süd dreist die gestohlenen Gegenstände der Werkstatteinrichtung. Die zerstörte Werkstatt nahm ihren Betrieb nicht wieder auf, doch gelang es dem Gemeindevorsitzenden Dr. Eugen Neter, kleinere Werkstätten zu gründen, in denen einige der zahlreichen Jugendlichen erste Berufsgrundlagen erwerben konnten.

Die „Hachschara“, Tauglichmachung, war eine weitere Chance für auswanderungswillige Jugendliche. Seit den 20er Jahren wurden von der jüdischen Chaluzbewegung (Pionierbewegung) Deutschlands und anderer europäischer Länder landwirtschaftliche Lehrgüter unterhalten. Die Hachscharaausbildung hatte die Vorbereitung auf das Leben in Palästina zum Ziel.[9] Eine der Ausbildungsstätten der Hachschara befand sich in Birkenau bei Weinheim.[10]

In den jüdischen Klassenräumen des Schulhauses K 2, 6 wurde im Novemberpogrom 1938 nichts zerstört. Das Stadtschulamt hatte rechtzeitig darauf hingewiesen, daß die Lernmittel der Stadt gehörten und damit „Volkseigentum“ seien.[11] Der Unterricht fiel dort am 10. und 11.11.1938 natürlich aus. Ein Erlaß des Reichsministers ordnete am 15.11.1938 die „*Entfernung aller jüdischen Kinder aus den deutschen Schulen*“ an.

Die jüdische Schule nahm nun alle als Juden verfolgten Schüler auf. Da die Stadt ihr im Mai 1939 das Gebäude K 2, 6 entzog, wurde der gesamte Unterricht in die drei Klassenräume der Klaus verlegt. Die Zusammensetzung der Klassen war in ständigem Wechsel begriffen, denn fast jeden Tag wanderten Familien aus bzw. flüchteten aus dem

Umland nach Mannheim. Die jüdische Schule unterhielt engen Kontakt zum Lehrhaus, dessen Kurse das Schulangebot ergänzten.

Die jüdische Schule in der Klaus stellte für immer ihren Betrieb ein, als am 22.10.1940 Schüler wie Lehrer nach Gurs verschleppt wurden. Kein jüdischer Lehrer blieb in Mannheim zurück. Für etwa 30 Kinder, die aus „Mischehen" stammten oder Ausländer waren und daher nicht auf den Deportationslisten standen, organisierte der kommissarische Leiter der Restgemeinde, Hermann Hauser, Unterricht im Haus B 7, 2. Die Lehrer Arthur Auerbach aus Weinheim und Herta Mansbacher aus Worms [12] kamen täglich von auswärts. Nach der Deportation auch dieser Lehrer und vieler der Schüler übernahmen Hermann Hauser, der Arzt Dr. Kurt Weigert und Dr. Fritz Cahn-Garnier, der spätere Oberbürgermeister der Stadt, den Unterricht. Doch auch die provisorische jüdische Schule in B 7, 2 erlitt ein gewaltsames Ende. Ein Erlaß des Reichsministers des Innern ordnete ihre Schließung am 30.6.1942 an.

Siehe Abbildungen 209 – 227 in „Bilder vom jüdischen Leben in Mannheim"

Anmerkungen

1 In IGB 6 – 1933

2 Zu diesem Kapitel siehe FLIEDNER Quellen Nr. 56 – 79

3 Siehe IGB 12 – 1937

4 FLIEDNER S. 82

5 IGB 10 – 1936

6 Eröffnung siehe IGB 9 – 1936

7 FLIEDNER Quelle Nr. 32 (IGB 21.10.1938)

8 Bericht von Julius Keller, Sohn von Sigmund Keller, San Antonio, Texas USA, 1988

9 Liste von Hachschara-Stellen in FLIEDNER Quelle Nr. 31 (IGB 12 – 1933)

10 Mitteilung von Edith Hoffmann Lewy, geb. Flattau, Nahariya, Israel 1993. Ihre Schwester Marga Flattau erlernte in Birkenau landwirtschaftliche Tätigkeiten.

11 FLIEDNER S. 79

12 Zu Herta Mansbacher, der in Worms als Märtyrerin gedacht wird, siehe: HENRY R. HÜTTENBACH: Herta Mansbacher Porträt einer jüdischen Lehrerin, Heldin und Märtyrerin (1885 – 1942), DER WORMSGAU, Beiheft 27, 1981

Nazi-Schritt rückgängig gemacht

Mannheimer Morgen 1983

Religionsunterricht nach 1945

Nach Kriegsende besaß die Gemeinde zunächst keinen fest angestellten Religionslehrer. Der Oberrat entsandte seinen Sekretär Heinrich Freund als Lehrer für die Kinder im Gemeindezentrum R 7, 24, später übernahm der Karlsruher Kantor Färber diese Aufgabe. Mit der Einweihung der Synagoge Maximilianstraße im Jahr 1957 eröffnete Ernst Stein die Reihe der Mannheimer Religionslehrer. Ihm folgten Moritz Friedmann, Rabbiner Dr. Levinson, Herr Mandelbaum, Josi Kohn, Wolf Lewinski, Seew Goldfischer, Hermann Zwi Eigermann, Gérald Rosenfeld, Dr. Jael Paulus sowie Jaffa und Raffaele Polani.[1]

Im Mai 1983 traten nach über 40jähriger Unterbrechung erstmals wieder jüdische Religionsklassen im Karl-Friedrich-Gymnasium zusammen. Die damals 17 Gymnasiasten aus verschiedenen Schulen wurden in zwei Klassen eingeteilt und von Gérald Rosenfeld mit insgesamt vier Wochenstunden unterrichtet.[2] Seit 1984 lehrten Dr. Jael Paulus, seit 1992 Henry Soussan am Karl-Friedrich-Gymnasium die Schüler der weiterführenden Schulen aus Mannheim und der Umgebung. Den Religionsunterricht der Grundschule erteilt Raffaele Polani in den Räumen der Gemeinde in F 3.

Siehe Abbildung 151 in „Bilder vom jüdischen Leben in Mannheim"

Anmerkungen

1 Oberrat 1987, S. 88

2 MM 18.5.1983

...und schafft Recht
den Waisen und Witwen

5. Moses 10, 18

Das Waisenhaus

Das Waisenhaus in R 7, 24, dessen Gebäude sich bis heute erhalten hat, war das Werk des Israelitischen Waisenvereins.[1] Dieser wurde 1859 auf eine Anregung des Rabbiners Moses Präger mit dem Ziel gegründet, den jüdischen Waisen der Stadt und des Umlands ein neues Zuhause zu schaffen.[2]

Die dem Waisenverein anvertrauten Kinder wurden in den ersten Jahren der Vereinstätigkeit im Haus des Hauptlehrers Liebmann Kern, die Mädchen ab 1861 in der neugegründeten Fortbildungsschule von Lisette Wallerstein erzogen. In den Folgejahren ermöglichten größere Stiftungen von Gemeindemitgliedern einen Ausbau der Aktivitäten. Im Vorstand des Waisenvereins waren stets Frauen und Männer tätig, die zu den prominenten Persönlichkeiten der Gemeinde zählten, meist waren die Gemeindevorsitzenden und ihre Ehefrauen darunter.

Ein erster Beitrag für den Bau eines Waisenhauses war das Vermächtnis der Henriette Lion. Andere Spender folgten ihrem Beispiel. Die Stiftung Samuel Noethers und seiner Geschwister sicherten endgültig die Finanzierung des Gebäudes, und so konnte man mit dem Bau des Waisenhauses beginnen.

Die feierliche Einweihung des neuen Hauses fand am 6.5.1893 statt. Jüdische Waisen aus der weiten Umgebung Mannheims fanden hier ein neues Heim. Der im Jahr 1888 gegründete Landesverein zur Erziehung israelitischer Waisen in Baden besaß dagegen kein eigenes Waisenhaus, sondern beschränkte sich auf die Vermittlung von Pflegestellen.[3]

Im Ersten Weltkrieg übernahm der Mannheimer Israelitische Waisenverein die Speisung von je sechs armen Kindern jüdischen und christlichen Glaubens sowie die Verpflegung von sechs genesenden Soldaten. Zudem stellte er der Stadtverwaltung Wertpapiere in Höhe von 5000 Mark zur Verfügung, aus deren Erlös Kinder gefallener Soldaten ohne Ansehen der Religion unterstützt werden sollten. In der Inflationszeit zerfielen die Vermögenswerte des Vereins, doch erhielt er gerade in dieser Zeit neuen Auftrieb durch die Vermächtnisse mehrerer ehemaliger Zöglinge, die der Anstalt dankbar verbunden blieben. Neben vielen anderen hinterließ der in Amerika gestorbene Max Heß seinem früheren Zuhause ein reiches Erbe.

Die Kontinuität der Erziehung war viele Jahre durch Karl Billigheimer gesichert, der 1910-1928 als Leiter des Waisenhauses jeweils etwa 25 Kindern das Elternhaus ersetzte. Sein Sohn Samuel erinnerte sich: *„Eine intensive Internatserziehung setzte ein, die die Überwachung der Schulaufgaben und die Gesamterziehung der Zöglinge mitinbegriff. Die besuchten die städtische Volksschule, ausnahmsweise begabte auch die höhere Schule. Sie konnten so lange in der Anstalt bleiben, bis sie beruflich auf eigenen Füßen stehen konnten. Während der täglichen Schulzeit unterrichtete mein Vater Religion an der Elisabeth- und Liselotte-Schule zu dem Unterricht [...] (an den Instituten Schwarz und Stammel). Die Internatsarbeit teilten sich meine Mutter und ihre Schwester, Fräulein S. Hess. Daß die Zöglinge sich als Glieder einer großen Familie auf dem Boden der jüdischen Tradition mit ihren Festlichkeiten und damit verbundenen sittlich religiösen Pflichten wissen sollten – die regelmäßigen Besuche der öffentlichen Gottesdienste bzw. Jugendgottesdienste in der Hauptsynagoge eingeschlossen –, war mit dem Blick auf ihre gesamte Lebensertüchtigung im Dienste der bürgerlichen Gemeinschaft das höchste Anliegen meines Vaters."*[4]

Als Nachfolger von Karl Billigheimer stellte die Gemeinde den Lehrer Karl Leopold ein, der vorher in Frankfurt tätig war. Zusammen mit seiner Frau führte er das Waisenhaus von Juli 1928 bis Ende 1938. Die Erinnerungen ehemaliger Zöglinge an diese Zeit sind von gemischten Gefühlen begleitet. Leopold soll ein strenges Regiment geführt und auch geschlagen haben. Das im Haus arbeitende Dienstmädchen dagegen sei menschlich und hilfsbereit gewesen.[5] Das Gebäude wurde 1928 von Architekt Siegfried Seidemann nach modernen Anforderungen umgebaut. Die ärztliche Fürsorge für die Waisen lag viele Jahre in den Händen von Dr. Isidor Lindmann und Dr. Simon Felsenthal.

Nach der Auswanderung der Familie Leopold in die USA führte das Ehepaar Margarete und Moritz Oppenheimer ab Januar 1939 die Anstalt. Ihr menschlicher und demokratischer Erziehungsstil blieb den damaligen Zöglingen in guter Erinnerung.[6] Die kurze Zeit scheinbarer Geborgenheit fand mit der Deportation am 22.10.1940 ein brutales Ende, auch die Oppenheimers mußten mit zwei ihrer eigenen Kinder und etwa 15 Waisenkindern die Fahrt nach Gurs antreten. Margarete und Moritz Oppenheimer wurden 1942 in Auschwitz umgebracht; einige der Kinder konnten dagegen nach langem Leidensweg durch französische und schweizerische Hilfsorganisationen gerettet werden.[7]

Das Gebäude nahm nach dem Krieg die neugegründete Gemeinde wieder auf. Bis 1957 nutzte diese die Räumlichkeiten als Synagoge und Gemeindezentrum, danach zogen hier städtische Behörden und später die Städtische Musikschule ein. Seit 1991 ist die Freie Kunstschule Rhein-Neckar in R 7, 24 ansässig.

Zum 100. Jahrestag der Einweihung des jüdischen Waisenhauses veranstaltete die Freie Kunstschule am 5.6.1993 eine Gedenkveranstaltung, in der die ehemaligen Bewohner Michel Oppenheimer und Viktor Friedmann in einer Gesprächsrunde mit Siegfried Vergin über ihre Erinnerungen berichteten.[8]

Siehe Abbildungen 238 – 240 in „Bilder vom jüdischen Leben in Mannheim"

Anmerkungen

1 Vgl. Goldberg S. 68 *f*
2 Siehe: 70 Jahre israelitischer Waisenverein in Mannheim, in IGB 4 – 1929
3 IGB 5 – 1928
4 Billigheimer S. 38 *ff*
5 Erinnerung von Walter Stras, Cansas City, USA 1994 und Viktor Friedmann, Mannheim 1993
6 Erinnerung von Viktor Friedmann 1993. Herr Friedmann verstarb 1994.
7 Mitteilung der Tochter Ruth Finch, geb. Oppenheimer, heute David, Mai 1987
8 MM 12.5.1993

Sie gehörte zu jenen seltenen Erziehern, die einfach durch ihr Dasein und Sosein wirkte und uns gar nicht zu sagen brauchte, „wie man's macht".

Mia Neter über Rosa Grünbaum

Das Kindergartenwesen

Über den Rahmen der Gemeinde hinaus gingen von jüdischen Bürgern entscheidende Impulse für das Kindergartenwesen und die Kleinkindererziehung in Mannheim aus. Die besondere Neigung zu Erziehungsfragen mag in der Betonung des Lernens begründet sein, das in der jüdischen Erziehung in einer sehr frühen Lebensphase beginnt. In der Emanzipationszeit wurden die alten Erziehungsmethoden und -ziele mit neuen Inhalten versehen, *„die alte Cheder-Methode, das Lernen zu lernen, einfach auf weltliche Fächer übertragen."* [1]

Der Vorbeter und Lehrer Löb Brandeis unterhielt 1854 – 71 in E 5, 10 eine Kleinkinderschule, die er 1872 nach E 4, 4 verlegte.[2] Rachel Cono, die Witwe eines „Schutz- und Handelsjuden", die 1853 starb, betrieb eine ähnliche Schule, die sich ab 1849 in E 3, 6 befand.[3]

Eine Gruppe bürgerlicher Mannheimer, darunter überwiegend Juden, gründete 1869 den „Verein für Kinderpflege", dessen Zweck die Betreuung von Kindern armer Familien war. Diese überkonfessionelle „Kleinkinderwartschule" versorgte die Kinder auch mit Schulmaterial und Kleidung. Im Gegensatz zu vergleichbaren Einrichtungen war die Anstalt ausschließlich bürgerlich und überkonfessionell geprägt. Von der zur gleichen Zeit gegründeten „Kleinkinderanstalt" setzte sich der Verein bewußt ab.[4] Er hatte 1886 bereits 379 Mitglieder. Ein eigenes Gebäude unterhielt er in der Neckarstädter Elfenstraße 7, wo bis zu 250 Vorschulkinder betreut wurden. Später hieß die Einrichtung „Volkskindergarten". Der Trägerverein wurde 1928 aufgelöst, das Gebäude zu einer „städtischen Kinderschule" umgebaut.[5]

Jüdische Kindergärtnerinnen leisteten Pionierarbeit im Erziehungswesen. Carolin Sonnenberg und Jenny Cohn versuchten seit 1879, den Erziehungsstil der Kleinkinderanstalt älteren Typs zu dem des Kindergartens moderner Prägung auszubauen. Bis 1880 befand sich ihr Kindergarten in L 4, 4 und zog dann in Räume der Klausstiftung F 1, 2 um.[6] Sie wurden ebenso von der jüdischen Gemeinde unterstützt wie der Kindergarten der Schwestern Rosa und Viktoria (Dora) Grünbaum (1881 – 1942 bzw. 1879 – 1940). Diese Pädagoginnen gründeten ihre Einrichtung im Jahr 1899 in den Räumen der Klausstiftung und leiteten sie nach den pädagogischen Prinzipien Friedrich Fröbels. Die hieraus entstandene „Bildungsanstalt" für Kindergärtnerinnen wurde 1920 von der Stadt übernommen, die Schwestern Grünbaum als städtische Beamtinnen eingesetzt, Rosa als Direktorin. Im März 1933 wurden die jüdischen Lehrer des Fröbelseminars, auch Rosa und Dora Grünbaum, vom Dienst suspendiert, die beiden Schwestern am 22.10.1940 nach Gurs deportiert. Dora starb kurze Zeit danach, Rosa wurde am 10.8.1942 nach Auschwitz verschleppt und dort umgebracht.[7]

Eine rein jüdische Einrichtung war die „Kinderstube", ein Werk der Jüdischen Frauenvereinigung.[8] Unter dem Vorsitz von Elise Gutmann [9] übernahm die Frauenvereinigung soziale Aufgaben, insbesondere bekämpfte sie die Not der ostjüdischen Zuwanderer. Die Kinderstube begann 1907 mit 23 Kindern in K 7, 12. Sie stammten meist aus armen ostjüdischen Familien, in denen beide Elternteile arbeiten mußten. In der Kinderstube wurden Kleinkinder vom zweiten bis zum sechsten Lebensjahr von Kindergärtnerinnen ganztägig betreut. Schulpflichtige Kinder besuchten nachmittags die Kinderstube, die ihnen auch als Hort diente. Vom zehnten Lebensjahr an stand ihnen der Jugendhort der August-Lamey-Loge zur Verfügung, der ebenfalls in den Räumen der Kinderstube untergebracht war. Dort wurden sie nach dem Mittagessen bei ihren Hausaufgaben überwacht, machten Handarbeiten und trieben Sport.[10]

Die Kinderstube zog 1911, als die Anzahl der Kinder auf 80 angestiegen war, von K 7, 12 in größere Räumlichkeiten nach G 7, 20/21 um. 1932 erfolgte die Verlegung in die Werftstr. 2. Die Einrichtung, hauptsächlich von der Jüdischen Frauenvereinigung getragen, arbeitete eng mit dem Wohlfahrts- und Jugendamt zusammen und wurde finanziell von der Gemeinde unterstützt. Für die Ausstattung der Kinder mit Kleidung und Wäsche sorgte der Nähzirkel, der sie jeweils an Pessach und Chanukka beschenkte.[11]

In der Pogromnacht 1938 machten Nazi-Horden selbst vor der Kinderstube nicht halt und hinterließen ein Bild der Verwüstung. Anwohner berichteten von Spielsachen, die aus dem Fenster auf die Straße flogen. Danach zog in die Räume ein Kindergarten der „Nationalsozialistischen Volkswohlfahrt" ein.

Siehe Abbildungen 228 – 237 in „Bilder vom jüdischen Leben in Mannheim"

Anmerkungen

1 Brigitte Zwerger: Bewahranstalt – Kleinkinderschule – Kindergarten. Aspekte nichtfamilialer Kleinkindererziehung in Deutschland im 19. Jahrhundert, Frankfurt/Main 1980, S. 310

2 Zwerger, Adressbücher

3 Nach den Adressbüchern bis 1846 in F 3, 17, 1847 in G 2, 14, 1848 in C 2, 11 und 1849 – 1853 in E 3, 6

4 Neue Badische Landeszeitung 4.1.1869, in Zwerger S. 315

5 GLA 235/18214; siehe Zwerger S. 303; Watzinger S. 36

6 Zwerger S. 152; Adressbücher

7 Mia Neter über ihre Lehrerin Rosa Grünbaum (1881 – 1942), in Fliedner Quelle Nr. 85; Watzinger S. 92 *f*

8 Satzungen der Jüdischen Frauen-Vereinigung und der Jüdischen Kinderstube Mannheim 1907, in LBI

9 Dr. Otto Simon: Zum Andenken an Elise Gutmann, in: IGB 1 – 1924; vgl. auch Watzinger S. 94 *f*

10 Goldberg S. 70 *f*

11 9-1926; Goldberg S. 57 *f*

Unsere Lehrer
wandeln
nicht in Strahlen

Siegbert Stahl[1]

Die Gemeindejugend

Im Alter von 12 Jahren gelten Mädchen, mit 13 Jahren Jungen als religiös volljährig und gehören damit zur Welt der Erwachsenen. Indem sich allgemein zu Beginn dieses Jahrhunderts ein neues Selbstverständnis der Jugend entwickelte, entstand eine weitgehend eigenständige Kultur auch der jüdischen Jugendlichen. Aus Opposition gegen die herrschende, erstarrt und unnatürlich empfundene Gesellschaft entstand um 1900 die deutsche Jugendbewegung, aus deren Wandergruppen der „Wandervogel" hervorging. Auch jüdische Jugendliche schlossen sich ihr an. Als die Bewegung jedoch vor dem Ersten Weltkrieg in eine deutsch-völkische Richtung geriet, spalteten sich jüdische Wandergruppen ab. Sie wiederum teilten sich, entgegen der ursprünglichen Zielsetzung der Wanderbewegung, in zionistische und deutsch-jüdische, religiös-liberale und orthodoxe Bünde sowie in Gruppen auf, die in unterschiedlichen Abstufungen sozialistisch bis kommunistisch eingestellt waren.[2] „*Zionismus und Kommunismus waren für die Juden dieser Generation die bereitstehenden Formen der Rebellion, wobei man in Rechnung stellen muß, daß die Generation der Väter die zionistische Rebellion oft bitterer verurteilte als die kommunistische.*"[3] Der erste zionistische Wanderbund war der 1912 in Berlin gegründete „Blau-Weiß".

Er bekam überwiegend Zulauf von aus Osteuropa stammenden Jugendlichen.[4] Die deutschen organisierten sich mehrheitlich in den deutsch-jüdischen Bünden wie etwa den „Kameraden", die 1919 in Schlesien erstmals zusammentraten. Alle Bünde veranstalteten Fahrten, Heimatabende, Vorträge, Diskussionen und pflegten das Lagerleben, Volkstanz und Volkslied.

Auch in Mannheim entstanden Bundesniederlassungen, zunächst noch als lose, informelle Zusammenkünfte. Das bündische Leben begann kurz vor dem Ersten Weltkrieg mit kleinen zionistischen Gruppen wie „Blau-Weiß". Auch die „Kameraden" spielten schon früh in Mannheim eine Rolle.[5] Die aus dem Krieg zurückgekehrten Soldaten brachten Eindrücke vom Leben der Juden im Osten Europas mit; der Einfluß der ostjüdischen Flüchtlinge wirkte sich ebenso auf die Entwicklung der Jugendbünde aus. Eine „Arbeitsgemeinschaft der jüdischen Jugend Mannheims" schloß sich im Juli 1922 zusammen, um durch Veranstaltungen jüdisches Wissen zu vertiefen und um aus jugendlicher Sicht am Gemeindeleben teilzunehmen. In ihr waren Gruppen von „Blau-Weiß", dem Frontsoldatenbund, dem jüdischen Jugendbund, dem jüdischen Turnverein, den „Kameraden" und der Verbindung an der Handelshochschule „Suevia" vertreten. Diese Arbeitsgemeinschaft blieb, trotz vielfachen Widerstands der Elterngeneration, bis in die 30er Jahre aktiv.[6]

Um eine Zersplitterung der Gemeindejugend zu vermeiden und um das jüdische Bewußtsein der Nichtorganisierten zu wecken, gründete Jugendrabbiner Dr. Max Gruenewald im Jahr seines Amtsantritts 1925 die „Jugendgemeinde", eine Einrichtung, die es in anderen Städten nicht gab. Als eine Art Dachorganisation der Jugendbünde sollte sie die Verbindung der Jugend zur offiziellen Gemeinde herstellen und einzelne Jugendliche oder Gruppen unterstützen. Eng zusammen arbeitete sie mit dem 1926 gegründeten Wohlfahrts- und Jugendamt der Gemeinde.[7] Seit Mai 1926 enthielten die Ausgaben des Israelitischen Gemeindeblatts eine Beilage „Die Jugendgemeinde", die ab 1928 in einer vom Gemeindeblatt unabhängigen Form erschien.[8] Das „Schiffhaus" F 2, 14 wurde 1929 zum Domizil der Jugendbünde und der Jugendgemeinde als „Jugendheim" ausgebaut. Waren die Räume des kleinen Hauses für größere Veranstaltungen zu eng, benutzte man die Klassenräume der Klaus, den Gewölbekeller der Hauptsynagoge, die Säle der Loge, Sportplätze u.a. Viele Eltern beobachteten die Jugendgemeinde wegen ihrer von Rabbiner Dr. Gruenewald unterstützten zionistischen Grundhaltung mit Mißtrauen oder lehnten sie gar völlig ab.

Der Bund „Blau-Weiß" erlitt 1926 ein Fiasko; im Gemeindeblatt hieß es: *„Der jüdische Jugendbund Blau-Weiß ist nicht mehr, seine Bünde sind aufgelöst, seine Werkstätten in Palästina sind in Liquidation."* [9] Heinz Stahl, der seit 1919 dem „Blau-Weiß" angehörte, erinnerte sich: *„Diese zionistische Bewegung erhielt einen schweren Schlag in der großen Krise... und die Blau-Weißer kamen zurück. Einige von der berühmten 'Tischler-Gruppe' kamen nach Mannheim, aber das schreckte uns nicht ab."* Nach dem Scheitern des „Blau-Weiß" wechselten seine Mitglieder in den „Jung-Jüdischen Wanderbund", J.J.W.B., über.[10]

Zu den aktivsten Führern der Jugendgemeinde zählten Siegbert Stahl und Marie Jacobi, die *„Hauptwortführer dieser entschieden bündischen Richtung"* [11]. Sie wanderten 1929 nach Palästina aus, durch eine landwirtschaftliche Ausbildung im Odenwald gut vorbereitet. Die beiden jungen Menschen wurden 1931 von arabischen Nomaden in den Sanddünen von Herzliah ermordet. Ihr Tod rief tiefe Bestürzung in der Gemeinde hervor und war ein schwerer Rückschlag für die zionistische Idee in Mannheim.[12]

1930 gab es etwa 450 organisierte jüdische Jugendliche in der Stadt. Zwischen den Bünden herrschten nicht selten Spannungen, erklärbar durch ungleiche soziale Herkunft, unterschiedliche politische und religiöse Haltungen, aber auch durch persönlichen Ehrgeiz, Vorlieben und Antipathien. J.J.W.B.-Mitglied Heinz Stahl erlebte dies so: *„Die Kameraden schlossen sich uns nicht an, trotzdem sie bei uns schon fast 'Werkleute' waren, d.h. sie waren Zionisten und Sozialisten. Sie gingen nicht mit dem J.J.W.B mit der Behauptung, daß er nicht sozialistisch genug sei. Das war aber eine Ausrede. Tatsächlich war es eine soziologische Trennung. Die Kameraden gingen alle in die Mittelschule. Sie waren Kinder von deutsch geborenen Juden. In den Sommerferien fuhren sie an die Nordsee, machten große Touren [...] Die Kinder des J.J.W.B. waren von Juden aus Osteuropa, gingen aus finanziellen Gründen in den nahen Kiefernwald [Käfertaler Wald] [...] Sie, die Kameraden, fühlten, daß wenn sie mit uns gingen, sie sich mit uns teilen müßten. Sie gingen auch nicht nach Erez Israel. Alle studierten. Keiner ging zur Landwirtschaft vor Hitler [...] Sie kamen erst in den Jahren 1935/36, als man alle Juden aus den Universitäten herauswarf. Ich fand es nicht richtig, den Kameraden anzugehören."* [13]

Die Kameraden, die zunächst dem Centralverein deutscher Staatsbürger jüdischen Glaubens nahestanden, schlossen sich später den „Werkleuten" an und gingen mit diesen 1935/36 im „Haschomer Hazair" auf. Die Werkleute verstanden sich als sozialistischer Jugendbund, als Baumeister, eben „Werkleute" einer besseren Gesellschaft. Sie waren stark von Martin Buber beeinflußt. Eine Enkelin von ihm war Mitglied der Mannheimer Mädchengruppe.Man las Bubers chassidische Geschichten und pflegte mystische und romantische Stimmungen.[14] Alfred Strauss, ein Mitglied der „Werkleute", erinnert sich: *„Am Sonntag gingen wir auf Fahrt, manch-*

mal im Sommer auf kurze Lager, mit Lagerfeuer und Fackeln und Ehrung mit blauen Kordeln [...] Vor 1934 waren die Werkleute nicht zionistisch [...] Ca. 1936 wurden die Werkleute vom Haschomer Hazair übernommen [...] Bei den Werkleuten war es sehr intensiv, intellektuell exklusiv und anstrengend für Elf- oder Zwölfjährige [...] Wir hatten mindestens ein Treffen in der Woche, meistens in Privatwohnungen, um die Aufsicht der Gestapo zu vermeiden, obwohl jüdische Jugendverbände noch legal waren. Auch war es nicht immer einfach, im Schiffhaus einen Raum zu kriegen [...] Bei gutem Wetter ging es auf Fahrt, in den Käfertaler Wald oder nach Heidelberg. Schwarze kurze Hosen, Koppel, weißes Hemd und blaues Halstuch, man hat gesungen, deutsche Lieder, später auch hebräisch und dann auch, als der zionistische Einfluß kam, mit der Mädchengruppe Horrah getanzt. Den bürgerlichen Gesellschaftstanz und die Tanzstunde hat man verpönt. Bei der Fahrt gingen alle belegten Brote auf einen Haufen und jeder Junge zog dann eines heraus, kindlicher Sozialismus, aber wir waren ja doch noch Kinder. In gewisser Weise war das auch eine Art von Widerstand gegen die Naziumwelt und auch eine Entdeckung des Judentums."
Trotz äußerlicher Parallelen zur HJ standen die jüdischen Jugendbünde im krassen Gegensatz zum Kult der nationalsozialistischen Jugend. Während diese an altes Germanentum anknüpfte und streng militaristisch orientiert war, entsprachen etwa die Werkleute und ihre Verbindung zu Buber einer betont antimilitaristischen Richtung.

Die bündische Organisation „Kadimah", „Vorwärts", entstand 1926 als zionistische Jugendbewegung mit deutsch-jüdischen Mitgliedern. Sie vereinigte sich 1933 mit dem J.J.P.D. zum größten chaluzischen Jugendbund Deutschlands. Der „Haschomer Hazair", zu deutsch „Der junge Wächter", war ein sozialistisch-zionistischer Jugendbund. Er war der größte zionistische Jugendbund Osteuropas, der zu Beginn der 30er Jahre in Deutschland Fuß faßte. Zahlreiche Jugendliche, die seinen Jungen- und Mädchengruppen angehörten, verdanken ihm die Vorbereitung auf ihre Aliah. Die Jugend des sozialdemokratischen Zionismus dagegen war im „Habonim", die Aufbauer, organisiert, der größten jüdischen Jugendbewegung. Sie entsprach der palästinensischen Arbeiterbewegung von David Ben Gurion. Auch sie bereitete junge Menschen auf das Leben im Kibbuz vor und organisierte die handwerkliche und landwirtschaftliche Hachscharaausbildung. Religiös orthodoxe Bünde wie „Esra", „Brith Hanoar" und „Benei Akiba", die u.a. von den Lehrern Arthur Kohn und Manfred Kälbermann geleitet wurden, verknüpften die Forderung nach einem Leben gemäß der Tora mit dem zionistischen Gedanken. Die Dachorganisation der älteren Mitglieder der orthodoxen Bünde, „Bachad", war die Entsprechung zum „Hechaluz", der Dachorganisation der älteren nichtreligiösen Chaluzbünde.[15]
Der Hechaluz faßte 1933 in Mannheim Fuß. Er setzte es sich zur Aufgabe, *„seine Menschen zum Zionismus und zur Haluziuth zu erziehen."* [16]

Aus einzelnen nichtzionistischen Gruppen entstand 1933 der „Ring, Bund Deutsch-Jüdischer Jugend", BDJJ. Ihm traten u.a. die in Mannheim 1930 entstandene C.V.-Jugend und der „JPD, Jüdische Pfadfinder Deutschlands" bei. Der Ortsgruppenführer im BDJJ 1933-1938 war Julius Keller, der vom JPD kam. Der JPD, der ursprünglich nicht ausgesprochen

Geschwister Levi in der Uniform des Esra-Jugendbundes,

v.l.n.r.: Ruth, Leo, Lena, um 1934.

Kinder- und Jugendgruppe Maximilianstr. 6, um 1957.

zionistisch ausgerichtet war, unterhielt in Pälästina den eigenen Kibbuz Maayan Zwi, wozu die Mannheimer Gruppe mit dem Erlös aus Theateraufführungen beisteuerte.[17]

Die aus der Jugendgemeinde entstandenen Bünde wurden zunehmend selbständiger. Mitte der 30er Jahre verlor die Jugendgemeinde an Bedeutung, da die zunehmende Polarisation der verschiedenen Richtungen keine Einigung mehr zuließ. Doch *„die Erfahrungen und zum Teil auch der Geist der Jugendgemeinde lebte in fast allen aus ihr hervorgegangenen Bünden fort"*.[18] So war der neuartige Mannheimer Versuch, in der Jugendgemeinde die Gemeindejugend zu vereinigen, nicht unfruchtbar geblieben.

Die Arbeit der Jugendbünde unterlag in der Nazizeit, wie alle Tätigkeiten jüdischer Gruppen, staatlicher Überwachung. Für die Sonntagsfahrten mußte die Genehmigung von der Gestapo, für größere Touren die Erlaubnis des Reichsleiters der HJ eingeholt werden.[19] Nach dem Novemberpogrom 1938 war jede offizielle bündische Arbeit ausgeschlossen. Im Jugendheim F 2, 14, wo *„meistens im 2. Stock die Jugend laut schäumte"*[20], trat bedrückende Stille ein.

Manche Jugendliche fanden sich noch nach 1938 zu informellen Gruppen zusammen. So organisierte in jener Zeit der 13jährige Helmut Kraemer eine private Pfadfindergruppe, die zu Ausflügen nach Heidelberg und wöchentlichen Bastel- und Singtreffs zusammenkam. Nach der Deportation 1940 fand sich ein Teil dieser Gruppe in den Lagern Gurs und Rivesaltes in Südfrankreich zusammen.[21]

Die Jugendarbeit der Nachkriegsgemeinde entwickelte sich aus kleinsten Anfängen heraus. Vor 1957 verfügte man in R 7, 24 über keinen eigenen Religionslehrer, mit dem Unterricht für die wenigen Kinder wurden vom Oberrat Karlsruher Lehrer beauftragt. Erst mit dem Einzug in die Maximilianstraße begann unter dem nun eigenen Religionslehrer auch eine reguläre Betreuung der Kinder und Jugendlichen, die unter seiner Anleitung ins Gemeindeleben integriert wurden. Die Zentralwohlfahrtsstelle der Juden in Deutschland (ZWST) und die Zionistische Jugend Deutschlands (ZJD) organisierte Machane-Jugendfreizeiten, letztere mit stark zionistischer Zielsetzung. Die aktive Mannheimer Jugendgruppe wurde ab 1968 von Manfred Erlich geleitet. Seit 1970 intensivierte Kantor Rosenfeld die Jugendarbeit.

Das neue Gemeindezentrum F 3 gab auch hier neue Impulse. 1989 riefen Orna Marhöfer und Marlies Studniberg drei altersmäßig gestaffelte Gruppen für Kinder und Jugendliche von 5–16 Jahren ins Leben, die von Sara Bajtel geleitet wurden. Seit 1994 existiert auch eine Kleinkindergruppe. Die vier Kinder- und Jugendgruppen werden heute von Marlies Studniberg und ihren Helfern betreut. Die Angebote sollen ein Gegengewicht zur christlich geprägten Umwelt bieten, die Schwerpunkte liegen in der Vermittlung von jüdischer Tradition. Die Gruppen gestalten die Feste, erarbeiten das Programm für die Purim- und Chanukkafeiern, schmükken die Sukka aus, unternehmen Jahresausflüge und halten Kontakte zu anderen Gemeinden. Sie treffen sich regelmäßig am Freitagnachmittag und feiern vor dem Gottesdienst Kabbalat Schabbat. 1995 ermöglichten Spenden, darunter ein namhafter Betrag aus dem Fond „Social Sponsoring" der Daimler-Benz AG, den Ausbau von Jugendräumen im Keller von F 3.[22] Sie waren in der ursprünglichen Planung des Gemeindezentrums nicht vorgesehen. Für die Zukunft ist ein weiterer Ausbau der Jugendarbeit notwendig. Die Gemeinde hat heute etwa 80 eingetragene Mitglieder unter 18 Jahren.

Siehe Abbildungen 308 – 326 in „Bilder vom jüdischen Leben in Mannheim"

Anmerkungen

1 Entgegnung von SIEGBERT STAHL im IGB 10 – 1929 auf den Beitrag „Autorität" von S. LEVI im IGB 9 – 1929, Anspielung auf 2. Moses 34, 29-35

2 Zur jüdischen Jugendbewegung vergleiche WALTER B. GODENSCHWEGER/FRITZ VILMAR: Die rettende Kraft der Utopie - Deutsche Juden gründen den Kibbuz Hasorea; Frankfurt/Main 1990; FRIEDRICH BRODNITZ (Hrsg.): Gemeinschaftsarbeit der Jüdischen Jugend 1933 – 1936 Aus der Arbeit des Reichsausschusses der jüdischen Jugendverbände, Berlin ? 1937; ELIYAHU (KUTTI) SALINGER: Die zionistische Caluz- (Pionier-) Jugendbewegung 1933 – 1943, Abschlußarbeit an der historischen Fakultät der Universität Jerusalem unter Anleitung von Dr. David Bankir, 1994

3 HANNAH ARENDT: Benjamin, Brecht. Zwei Essays, München 1971, S. 43

4 Vergleiche ISAK UNNA: Kritische Bemerkungen zu den Tendenzen des Blau-Weiß-Bundes, in: DIE JÜDISCHE PRESSE Nr. 28, 9.7.1920

5 IGB 12 – 1931

6 vgl. IGB 2 – 1927

7 MAX GRUENEWALD: Die Jugendgemeinde, in IGB 11 – 1930

8 Im Oktober 1928 entschloß sich die Redaktion unter Rabbiner Dr. Gruenewald, *„das Jugendblatt vom Hauptblatt bis auf weiteres loszulösen. Sie will für die nächste Zeit die Öffentlichkeit von der Jugend und die Jugend von der Öffentlichkeit befreien, von der Rücksicht auf die Öffentlichkeit und von der Rücksichtslosigkeit gegenüber der Öffentlichkeit."* IGB 10 – 1928

9 IGB 12 – 1926

10 HEINZ STAHL (1913 – 1985, Sohn des Lehrers Baruch Stahl): Jüdische Jugend in Mannheim bis 1933, Interview, gegeben 1978 im Kibbuz Givat Brenner

11 KURT BERG: Das Bündische Leben in Mannheim, in IGB 17 – 1936

12 Zum Tod M. Jacobis und S. Stahls erschien im Dezember 1931 ein Sonderheft des IGB, Siegbert Stahl zum Gedächtnis, das neben Nachrufen auch eine Dokumentation der damaligen Jugendbünde enthält: Arbeitsgemeinschaft Jüdischer Jugend, Bar Kochba, C.-V.-Jugend, Haneiros Halloluh, Brith - Haolim, Haschomer Hazair, Jüdischer Pfadfinderbund (J.P.D.), Weltunion jüdischer Pfadfinder, Kameraden, Jugendgemeinde

13 Interview mit Heinz Stahl (wie Anm. 10). Heinz Stahl war der Bruder von Siegbert Stahl

14 Alfred Strauss, Baltimore, Maryland USA, Mitteilung vom 25.2.1988

15 Eliyahu (Kutti) Salinger, Kfar Menachem, Israel 1994

16 IGB 10 – 1933 anläßlich einer Abschiedfeier der Snif (Ortsgruppe) Hechaluz für fünf nach Palästina auswandernde Chawerim

17 Mitteilung Julius Keller, San Antonio, Texas USA, 1988

18 KURT BERG: Das Bündische Leben in Mannheim, in IGB 17 – 1936

19 Mitteilung Julius Keller, San Antonio, Texas USA, 1988

20 NETER

21 Mitteilung Helmut Kraemer, Kiriat Ata, Israel 1987

22 MM 17.3.1995

Den Elenden
und Bedürftigen
verhelfet zu
ihrem Recht!

Psalm 82, 3

Soziale Fürsorge

Ein fester Bestandteil des Judentums ist die Wohlfahrtspflege, die Unterstützung Kranker, Alter und sozial Schwacher. Notleidenden zu helfen ist eine religiöse Pflicht, die nicht aus Mitleid ausgeübt wird, sondern das Ziel hat, die ausgleichende Gerechtigkeit, Zedaka, wiederherzustellen. Schon früh wurde die soziale Hilfe in Vereinen organisiert. Das vielfältige Geflecht von wohltätigen Initiativen der Mannheimer Juden kann hier nur in vereinfachter Form dargestellt werden.[1]

Die im Jahr 1694 gegründete Mannheimer Chewra Kadischa, die Beerdigungsbruderschaft, war der älteste jüdische Verein in Baden. Aus ihr ging um 1770 der Bikkur Cholim, die Krankenverpflegungs- und Brautausstattungsbruderschaft hervor. Sie gewährte den Kranken Geld- und Naturalunterstützung.[2] Weitere Krankenunterstützungsvereine wurden 1776, 1798 und 1816 gegründet. Sie schlossen sich 1879 zur „Vereinigten Verwaltung der Israelitischen Krankenunterstützungsvereine“ zusammen.[3] Diese Institution stellte ihren Mitgliedern im Erkrankungsfall eine Wärterin bzw. leistete die Vergütung für einen Pflegedienst. Um der wachsenden Nachfrage an Pflegepersonal gerecht zu werden, gründeten die Vereine im Oktober 1906 das „Israelitische Krankenschwesternheim", in dem zunächst eine Oberschwester mit zwei Schwestern angestellt waren.[4] Das Heim befand sich bis 1911 in B 7, 11; dann wurde es nach C 2, 19 verlegt. Dort wohnten seit November 1913 eine Oberschwester mit fünf weiteren Pflegeschwestern, die ihre Dienste auch Nichtjuden zur Verfügung stellten. 1931 bezogen die Schwestern das neuerbaute Altersheim am Neckar. Große Verdienste für die „Vereinigte Verwaltung" erwarb sich in den letzten Jahrzehnten ihres Bestehens Rabbiner Dr. Oppenheim als langjähriger Vorsitzender.

1727 wurde der Gevatterschaftsverein gegründet, der arme Wöchnerinnen unterstützte und einen Kostenbeitrag für Beschneidungsfeiern gewährte. Der 1907 erneuerte Verein [5] wirkte unter dem Vorsitz von Rabbiner Dr. Unna bis in die 1930er Jahre. 1787 wird der „Verein zur Beschaffung von Brennstoffen" erwähnt, der später auch „Israelitische Armenkasse" hieß. Er versorgte bis in die 1930er Jahre die Armen der Gemeinde mit Brennmaterial. Die Brautausstattung von Töchtern unvermögender Eltern war bereits im 18. Jahrhundert der Zweck mehrerer Stiftungen. Brautausstattungsstiftungen riefen Michael May 1731 und Elias Hayum 1766 ins Leben. Ein Nachfolger dieser Einrichtungen war der „Verein für Mädchenausstattung", der noch 1936 existierte.[6]

1906 entstand die „Jüdische Frauenvereinigung", die sich zahlreichen karitativen Aufgaben stellte. Ihr größtes Werk war die Jüdische Kinderstube und der Hort für schulpflichtige Kinder. Ferner unterhielt sie einen Nähzirkel, in dem Kleider hergestellt oder ausgebessert wurden, die an Hilfseinrichtungen oder bedürftige Personen gingen. Die Jüdische Frauenvereinigung schuf zahlreiche Beratungs- und Hilfseinrichtungen, die vor allem auch den neueingewanderten Ostjuden zugute kamen. Hier war die Not besonders groß. In der Satzung der Frauenvereinigung hieß es: *„Der Verein erstrebt den Zusammenschluß jüdischer Frauen und Mädchen, die sich bewußt als Jüdinnen fühlen und an der Regeneration des jüdischen Volkes tätig Anteil nehmen wollen."* [7] Die Nöte des Ersten Weltkrieges zwangen zur Gründung einer rituellen „Kriegsküche", die von der Jüdischen Frauenvereinigung und dem Verein zur Speisung ortsfremder israelitischer Armer unterhalten wurde. Nach dem Krieg wurde sie als rituelle Mittelstandsküche in G 5, 6 weitergeführt. 1917-1921 stand die Jüdische Frauenvereinigung unter der Leitung ihrer Gründerin Elise Guthmann; bis zur erzwungenen Auflösung der Vereinigung im Jahr 1938 leitete sie Johanna Goldschmidt.

1918 entstand auch ein ostjüdischer Frauenverein, der versuchte, die soziale Not der aus dem Osten zugezogenen Flüchtlinge zu lindern. 1920 wurde eine „jüdische Arbeiterfürsorgestelle" ins Leben gerufen, die ostjüdischen Flüchtlingen Arbeitsstellen vermittelte und für ihre Verpflegung sorgte.[8]

Die Hilfe für Durchreisende war für die Gemeinde stets eine selbstverständliche Pflicht. In kurfürstlicher Zeit war die Unterstützung armer Wanderer eine der schwersten sozialen Aufgaben. Das Wohnrecht der Schutzjuden in den verschiedenen Ländern war oft zeitlich begrenzt und erlosch für die Kinder ab einem bestimmten Alter. Die dann regelmäßig erfolgenden Ausweisungen hatten zur Folge, daß viele umherwandernde „Betteljuden" beherbergt werden mußten. Vor der Synagoge befand sich das „Bollenten-Amt", dessen Name von Billetten, Gutscheinen, kommt. Insbesondere freitags, rechtzeitig vor Sabbat, wurden hier Bettler in die Familien zur Kost eingewiesen.[9]

Auch im 19. Jahrhundert war der Durchzug von mittellosen Juden und der damit verbundene Hausbettel ein soziales Problem. Der um 1870 gegründete „Verein zur Unterstützung ortsfremder israelitischer Armen", der später „Israelitische Passantenkasse" hieß, unterstützte Erwerbslose, Handwerker, Händler und Hausierer. Über die Hälfte aller Durchreisenden waren Staatsangehörige östlicher Länder, die meist nach Amerika auswandern wollten. Die Passantenkasse war viele Jahre in F 5, 24/25 untergebracht, später in F 2, 14. Im Jahr 1927 ging aus ihr die „Zentralstelle für Jüdische Wanderfürsorge für Baden und Pfalz" hervor, deren langjähriger Leiter Dr. Otto Simon war.

Der 1893 ins Leben gerufene „Verein zur Speisung ortsfremder israelitischer Armen (Mesonos Orchim)" bezweckte, *„arme isr. Durchreisende an Sabbathen, isr. Feiertagen speisen, und soweit die Mittel ausreichen, isr. Soldaten der Mannheimer Garnison rituelle Kost verabreichen zu lassen [...] Die Armen [...] haben sich am Freitagabend bzw. dem Vorabende eines Feiertages, und am darauffolgenden Morgengottesdienste in der Klaussynagoge einzufinden und werden dort vom Vereinssekretär zu den betr. Mahlzeiten eingewiesen."* [10]

Die Unterstützung notleidender Juden aus Osteuropa setzte sich der 1901 in Berlin gegründete „Hilfsverein der deutschen Juden" zum Ziel, der bald seine Mannheimer Abteilung in D 3, 6 eröffnete. Ihr Vorsitzender war Julius Hartog. Nach 1933 richtete der inzwischen in „Hilfsverein der Juden in Deutschland" umbenannte Verein reichsweit örtliche Beratungsstellen für Auswanderungswillige ein.

Die materielle Not vieler Juden in den 20er Jahren machte die Koordination der wohltätigen Vereine und den Aufbau jüdischer Wohlfahrtsämter mit geschulten Kräften notwendig. Nach dem Beispiel anderer Großgemeinden schuf die Mannheimer Gemeinde das „Jüdische Wohlfahrts- und Jugendamt", das am 1.10.1926 mit zunächst drei beamteten Kräften und ehrenamtlichen Helfern seine Arbeit aufnahm. Die Leiterin des Amtes war die ausgebildete Jugendleiterin und Fürsorgerin Mia Neter (1893-1976), der Dr. Hedwig Eppstein (1903-1944) zur Seite stand.[11] Es arbeitete im wesentlichen auf den Gebieten der Wohlfahrtspflege, der Wirtschaftshilfe und der Jugendfürsorge. Die Vereine blieben weiterhin aktiv; ihre Aufwendungen beliefen sich 1931 mit 62 700 RM auf fast dieselbe Summe wie das Wohlfahrts- und Jugendamt mit 65 564 RM.[12] Ab 1933 nahmen die Berufsumschichtung und die Vorbereitung zur Auswanderung ein breites Feld der Gemeindefürsorge ein. Seit 1935 half die „Jüdische Winterhilfe" den notleidenden Gemeindemitgliedern durch die Organisation vielfältiger Spendenaktionen. Die Winterhilfe stand unter der Leitung von Viktoria Grünbaum und des Arztes Dr. Siegfried Bruchsaler.

Das Wohlfahrts- und Jugendamt, das 1926 im neuerworbenen Gemeindehaus in M 6, 12 seine Tätigkeit begann, zog 1937 in eine angemietete Wohnung nach E 7, 28 um. Auch diese mußte das Amt, nun „Wohlfahrtsstelle" genannt, wegen Kündigung bald wieder verlassen. Bis 1940 arbeitete es in der ehemaligen Rabbinerwohnung der Klaus.

Die Betreuung von Hilfsbedürftigen in Zeiten schlimmster Bedrängnis schilderte Walter Siesel, der im September 1939 in den Gemeindedienst trat: *„Ich übernahm die Winterhilfe, sammelte die gespendeten Sachen ein usw. Mein Arbeitsfeld wurde jeden Tag erweitert; ich wurde Einkäufer der Gemeinde, übernahm die Flüchtlingsbetreuung [...] Es kamen bei uns Menschen an, die wir privat nirgends unterbringen konnten [...] Zu diesem Zweck mietete ich in der Stadt verschiedene Räume und belegte sie mit diesen unglücklichen Menschen."* [13] Siesel begleitete seine Schützlinge 1940 in die Deportation, wo auch er umgebracht wurde. Zwischen Oktober 1940 und 1942 versorgten Helfer, die in Mannheim zurückgeblieben waren, in den beiden Häusern B 7, 3 und B 7, 2 hilfsbedürftige Personen, so gut es eben ging. Was in diesen Jahren an aufopfernder Hilfstätigkeit geleistet wurde, ist nirgends mehr vermerkt.

Es versteht sich von selbst, daß auch die neuentstandene Gemeinde nach dem Zweiten Weltkrieg ihren bedürftigen Mitgliedern durch Beratung und Unterstützung Hilfe gewährte. Die heutige Gemeinde arbeitet mit der Zentralwohlfahrtsstelle der Juden in Deutschland zusammen und ist Mitglied der Liga der freien Wohlfahrtsverbände. Sie sorgt, entsprechend der Vorschrift des Bikkur Cholim, für regelmäßige Besuche bei kranken und alten Menschen. Neueinwanderern, insbesondere aus den Ländern der GUS, hilft die Gemeinde bei der Integration in ihr neues Lebensumfeld.

Siehe Abbildungen 244 – 251 in „Bilder vom jüdischen Leben in Mannheim"

Anmerkungen

1 Vgl. Rosenthal Wohlfahrtspflege; Mia Neter: Sozialarbeit und Gemeinde, in IGB 17 – 1936; Goldberg S. 53 *ff*; Zentralwohlfahrtsstelle der deutschen Juden (Hsg.): Führer durch die jüdische Gemeindeverwaltung und Wohlfahrtspflege in Deutschland 1932 – 33, Berlin, S. 365 *f*

2 Rosenthal Wohlfahrtspflege erwähnt das Protokollbuch der Bikkur Cholim, teilweise Abschrift in LBI, A/1782

3 Statuten des isr. männlichen, des isr. weiblichen Kranken-Unterstützungs-Vereins der Verwaltungsbruderschaft. Mannheim 1887, in LBI, HV 3193 G4 V49 A15

4 Goldberg S. 64 *f*

5 Satzungen des Gevatterschaftsvereins zu Mannheim, Mannheim 1907, in LBI, HV 3193 G4 G4 A15

6 Goldmann S. 74 *f*, dort Verein zur Ausstattung von armen Mädchen israelitischer Konfession genannt; IGB 17 – 1936

7 Watzinger S. 45; Satzungen 1907 gedruckt in LBI HQ 1172 J83 A15

8 IGB 9 – 1922

9 Hirsch Judenschaft, Sp. 178 *f*

10 Statuten Verein zur Speisung ortsfremder isr. Armen (Mesonos Orchim), Mannheim 1909, in LBI

11 Hedwig Eppstein folgte 1934 ihrem Mann Paul Eppstein nach Berlin. Dort arbeitete sie in der *„Jüdischen Kinder- und Jugendhilfe"* und übernahm dann die Leitung der *„Jugendalliah"*. Ihre Freundin Luise Metzger erinnerte sich 1987: *„Obwohl Paul und Hedwig Eppstein die Möglichkeit zur eigenen Auswanderung hatten, beschlossen sie, mit den letzten Juden Deutschlands bis zur Deportation zu gehen, nach Theresienstadt, wo Paul Eppstein als 'Judenältester' erschossen wurde, und Hedwig dann in Auschwitz den Tod fand."*

12 Vgl. Sondernummer des IGB zur Wohlfahrtsarbeit IGB 4 – 1928

13 Briefe Walter Siesels an seine Tochter Alice, im Besitz Alice Alexander, London, Kopien in StA MA

Ein Hospital
für arme kranke Juden,
Für Menschenkinder,
welche dreifach elend,
Behaftet mit den
bösen drei Gebresten,
Mit Armut, Körperschmerz
und Judentume.

Heinrich Heine

Das Krankenhaus in E 5, 9

Die Hilfe und Fürsorge für Kranke ist ein wesentliches soziales Gebot; Krankenpflege und Krankenbesuch gelten als ausdrückliche Pflichten. Die Mannheimer Juden schufen aus diesem Auftrag heraus eine Einrichtung, die länger Bestand hatte als christliche Anstalten dieser Art. Mehr als 200 Jahre bot das 1711 gegründete Israelitische Kranken- und Pfründnerhaus in E 5, 9 Alten und Kranken Schutz, Pflege und Heilung.[1]

Vor dem Erwerb eines eigenen Hospitals hatte die Gemeinde pflegebedürftige Juden in gemieteten Häusern untergebracht, sofern sie nicht von ihren Familien versorgt wurden. Im Jahr 1711 kaufte sie in E 5, dem Quadrat, wo im 17. Jahrhundert das „Nieder Teutsche Ways und Alter Leuthe Haus" stand, das Haus zur Stadt Straßburg. Gegen den Hauskauf protestierten die christlichen Nachbarn, die „Viertelmeister und gemeine Bürgerschaft" in scharfer Weise; schließlich mußten die Juden zusichern, daß sie in das Haus *„zur Statt Strasburg genant niemandt anderst als ihr Brodgesind, wann solches krankh wurde, hineinthun"*.[2]

Das Gebäude diente der Gemeinde später als Herberge für Durchwanderer und zur Aufnahme und

Verpflegung kranker Juden. Zur Vergrößerung des Hauses waren 1722 und 1798 Grundstücksankäufe nötig. Die Erweiterung von 1722 ermöglichte auch die Aufstellung eines Schabbesofens und die Einrichtung der Schranne der jüdischen Metzger. Die Mieterträge aus Ofen und Schranne dienten zur Finanzierung des Hospitals, für das die Gemeinde außerdem ein Viertel der Gemeindesteuern und einen Teil der Einkaufsgelder einsetzen mußte.

Im Jahr 1831 beschloß die Gemeinde, daß das Haus künftig neben kranken Juden auch unvermögende und Pfründner aufnehmen sollte. Zu diesem Zweck waren zusätzliche Räume notwendig. Eine von der Gemeinde eingesetzte Verwaltungskommission erklärte dem *„wohllöblichen Vorstand der israelitischen Gemeinde"*, daß der Plan *„an der Beschränktheit des Lokals und an dem gänzlichen Mangel an irgendeiner Voreinrichtung zur Aufnahme von Pfründnern und zweckmäßigen Pflege der Kranken notwendig scheitern müsse."* Die Kommission schlug die Aufstockung um ein drittes Geschoß vor, doch beschränkte sich die Gemeinde schließlich auf die Herrichtung des *„ganz verfallenen 2. Stocks"*. Die Kosten hierfür kamen durch eine Kollekte zusammen, die so viel einbrachte, daß 1833 in einem Aushang zu lesen war: *„Den verehrlichen israelitischen Gemeindemitgliedern, welche sich bei der neulich stattgehabten Kollekte desmaßen wohltätig gezeigt, daß man ihnen mit Moses bei dem Bau der Stiftshütte die Versicherung erteilen kann: es ist genug und bleibt noch übrig, beehren wir uns den innigsten Dank im Namen derer abzustatten, denen dadurch ein neues kummerloses Leben bereitet wird."* Sieben Pfründner konnten neu aufgenommen werden, vier weitere sollten folgen. Das Gebäude erfüllte damit über seinen Zweck als Krankenhaus hinaus auch die Aufgaben eines Armenhauses und Altersheims.

Die bauliche Erweiterung um ein drittes Stockwerk und der Anbau von Nebenflügeln erfolgten 1843 – 1844. Nach diesem grundlegenden Umbau, bei dem die Metzgerschranne und der Gemeindebackofen entfernt wurden, enthielt das Gebäude im Erdgeschoß die Verwalterwohnung, ein Sitzungs- und Arztzimmer, die Küche und Funktionsräume und, anstelle der Schranne, den Speisesaal; im ersten Obergeschoß befanden sich sechs Kranken- und ein Totenzimmer sowie je ein Raum für den Wärter und die Wärterin; im zweiten Obergeschoß schließlich waren die Pfründnerwohnungen untergebracht. Der Hof wurde nach Entfernung des Schabbesofens als Garten hergerichtet.

Während der nächsten 50 Jahre änderte sich im wesentlichen nichts mehr am baulichen Zustand des Hauses; 1861 erfolgte der Anschluß an die Gasleitung, 1887 der an die Wasserleitung. Seit 1877 führte das Haus den Namen Israelitisches Kranken- und Pfründnerhaus. 1891 plante der Synagogenrat erneut eine Vergrößerung der Anstalt. Man erwog sowohl den Ankauf von Nachbargrundstücken als auch einen vollständigen Neubau am Rand der Stadt, einigte sich jedoch 1893 auf einen Umbau für 16 000 Mark. Zur Eröffnung am 16.10.1894 besuchte Großherzogin Luise von Baden das neu hergerichtete Gebäude.

Neben den Pfründnern fanden hier alle Kranken Aufnahme, die rituelle Kost beanspruchten und daher nicht in anderen Krankenhäusern behandelt werden wollten, aber auch unbemittelte Gemeindemitglieder. Ebenso wurden nichtjüdische Patienten aufgenommen, die von den seit dem Umbau 1893/94 verbesserten chirurgischen Leistungen oder der guten Verpflegung Gebrauch machen wollten. Zwischen 1910 und 1918 waren durchschnittlich etwa 30 % der Kranken Christen.[3] Die jährliche Gesamtanzahl der Patienten stieg von 124 im Jahr 1910 auf 428 im Jahr 1929. Im letzten Jahr seines Bestehens wurden im Haus E 5, 9 insgesamt 348 Menschen verpflegt.

Die städtebaulichen Maßnahmen des „westlichen Plankendurchbruchs" und der Abriß des gesamten Quadrats E 5 erzwangen 1936 den Umzug des Krankenhauses. Es wurde, unter der Leitung seiner Oberin Pauline Maier, in einen Teil des wenige Jahre zuvor erbauten jüdischen Altersheims am Neckar verlegt, das alte Kranken- und Pfründnerhaus abgebrochen. Auf E 5 erhob sich bald das technische Verwaltungsgebäude der Stadt, dessen kolossaler nationalsozialistischer Architekturstil seitdem das Quadrat beherrscht. Es ist heute das Rathaus der Stadt Mannheim.

Siehe Abbildungen 252 – 256 in „Bilder vom jüdischen Leben in Mannheim"

Anmerkungen

1 Zu diesem Kapitel siehe Felsenthal 1925

2 Kirchgässner S.38, 44

3 Goldberg S. 62

Den kommenden Geschlechtern soll es überliefern, daß eine neue Zeit, die über alles Leben hinwegschreitet, ehrend Halt macht vor dem Leben der Alten

Grundsteinurkunde

Das Altersheim und Krankenhaus Collinistraße

Nach dem Ersten Weltkrieg stellte die Altersfürsorge eines der dringendsten Probleme der Gemeinde dar. Die gesellschaftlichen Umbrüche, die Entwicklung zur Kleinfamilie hatten viele alte Menschen vereinsamen lassen. Sie waren nun auf die Hilfe der Gemeinde angewiesen, die bereits vor dem Ersten Weltkrieg Spendengelder für einen Neubau des Krankenhauses gesammelt hatte. In den 20er Jahren entschied sich der Synagogenrat, sie für das nun vordringlicher erscheinende Altersheim zu verwenden. Der Bau der Hauptsynagoge im Jahr 1855 war das bisher letzte Bauprojekt der jüdischen Gemeinde gewesen. Der 1930/31 erfolgte Neubau des Altersheimes war somit ihr seit langer Zeit erstes Bauvorhaben. Daß es auch, vor dem Untergang, das letzte sein würde, ging zu jener Zeit über alle Vorstellungskraft.

Das Haus war ursprünglich für den Mittelstand gedacht, und so wählte man ein „bevorzugtes Grundstück" zwischen Neckar und Luisenpark in dem Teil der Collinistraße, der heute Bassermannstraße heißt. Am 23.2.1930 fand die Feier der Grundsteinlegung, bereits am 19.5.1930 die des Richtfests statt.[1] Mit dem ersten Sederabend 1931 nahm das Altersheim seinen Betrieb auf, am 1.4.1931 zogen die ersten Heimbewohner ein. Eine großgeplante Einweihungsfeier, für die schon Programme und Einladungen gedruckt waren, mußte abgesagt werden. Wie die Neue Mannheimer Zeitung einige Monate später vorsichtig andeutete, waren die Ursache hierfür *„Mißhelligkeiten, die aus unserer Zeit heraus zu erklären sind"*. Vermutlich befürchtete man antisemitische Störaktionen.[2]

Das Gebäude, nach den Plänen des Frankfurter Regierungsbaumeisters Fritz Nathan mit Beteiligung Josef Zizlers im Stil der Neuen Sachlichkeit erbaut, bot rund 50 Bewohnern Platz. Die Aufenthaltsräume und der auch für gottesdienstliche Zwecke bestimmte Speisesaal lagen im Gartengeschoß, das sich in weiten Glastüren zum „Wohngarten" öffnete. Der Küchenbetrieb enthielt alle Einrichtungen einer modernen jüdisch-rituellen Großküche, mit Trennung von Milch- und Fleischzubereitung, mit Sabbatofen und einem gesonderten Raum für das Pessachgeschirr. Eine moderne Wäschereianlage, Ausrüstung wurde neu angeschafft, darunter die gesamte Röntgeneinrichtung. Es standen mehrere Ärzte und im Pflegebereich erfahrene Schwestern unter der Leitung der Oberin Pauline Maier zur Verfügung. Die Krankenzimmer, in drei Klassen eingeteilt, enthielten ein bis vier Betten.[3]

Das jüdische Krankenhaus in Mannheim wurde für viele zur einzigen lebensrettenden Einrichtung, da die allgemeinen Krankenhäuser jüdischen Patienten zunehmend die Behandlung verweigerten. Es war in Baden neben dem jüdischen Krankenhaus in Gailingen die einzige Einrichtung dieser Art. In der Pogromnacht 1938 wurde das Krankenhaus zum Sammelpunkt Hunderter von Verletzter und Hilfloser. Rabbiner Dr. Richter suchte es am 10.11.1938 mit seiner Familie auf, um zu helfen: *„Dort erwartete uns das Bild eines Feldspitals hinter den Frontlinien eines Kriegs. Verwundete wurden eingeliefert; mehrere Männer waren aus den Fenstern gesprungen, als die SS in ihre Häuser einbrach.*

Israelitisches Altersheim Collinistraße, Zeichnung 1930.

Aufzüge und weitere Funktionsräume und Anlagen wurden allen betriebstechnischen Ansprüchen gerecht. Die Wohnräume, nach der Sonne ausgerichtet, mit großen Fenstern und meist einem Balkon versehen, waren solid und sachlich als Einzelzimmer eingerichtet. Einige wenige Doppelzimmer waren für Ehepaare vorgesehen. Im obersten Stockwerk befand sich das Krankenschwesternheim.

Ungestört blieb der Betrieb der Einrichtung nur noch wenige Jahre. 1936 nahm das Altersheim das jüdische Krankenhaus aus E 5, 9 auf. Nach den Umbauplänen Fritz Nathans wurde das Altersheim in der Mitte geteilt; im östlichen Flügel fand das Krankenhaus mit annähernd 40 Betten eine neue Unterkunft, der westliche blieb Altersheim für 25 Insassen. Eine gläserne Wand, die mitten durch die Haupttreppe ging, trennte die beiden Haushälften völlig voneinander ab. Das neue Krankenhaus genügte hohen medizinischen Ansprüchen: für Operationsräume mit Sterilisationseinrichtungen und Vorbereitungszimmern sorgte ein Anbau im Mittelteil. Ein Großteil der medizinisch-technischen

Während der Nacht war das jüdische Altersheim in Neustadt in der Pfalz abgebrannt worden, und während der kalten Nacht wurden die alten Leute in ihren Nachthemden auf Lastwagen nach Mannheim gebracht. Sie waren nun im jüdischen Spital, manche auf Betten in den Korridoren, noch tief im Schock. Es war ein Bild aus Dante's Inferno. Die Ärzte und Schwestern arbeiteten ununterbrochen, und wir gingen von Zimmer zu Zimmer, um mit den Opfern zu reden, ihre Geschichte zu hören, und ihnen Trost zu bringen." [4] Die etwa 350 Flüchtlinge wurden für zehn Tage in provisorisch hergerichteten Räumen, u.a. im Waschküchentrakt und im Operationssaal untergebracht. Die Stadtverwaltung verfügte schließlich die Rückkehr der Flüchtlinge in die Pfalz. Viele alte Leute erhielten im jüdischen Altersheim in B 7, 3 ein notdürftiges Unterkommen.[5] Obwohl in der Pogromnacht auch im Israelitischen Krankenhaus Durchsuchungen und Verhaftungen stattfanden, blieb das Haus weitgehend vor Zerstörungen verschont. Als bekannt wurde, daß auch Rabbiner Dr. Richter verhaftet werden sollte, versteckten ihn die Schwestern eine Nacht im Isolierzimmer für ansteckende Krankheiten.

In jener Zeit waren fünf, später sechs Ärzte im Krankenhaus tätig. Nach dem generellen Zulassungsverbot für alle jüdischen Ärzte von 1938 waren sie als „Krankenbehandler" nur für Juden zugelassen, den Titel Arzt durften sie nicht mehr führen.

Eine Quelle neuer Kraft fanden viele der Entwurzelten im Gottesdienst, der regelmäßig im Speisesaal stattfand. Neben der Klaussynagoge ersetzte damit das Altersheim-Krankenhaus die zerstörte Hauptsynagoge; mehrere Bar-Mizwa-Feiern fanden noch nach 1938 dort statt.

Die Tage der Deportation im Oktober 1940 brachte für die Kranken neue Qual. Dr. Kurt Weigert, der seit Juli 1939 im Krankenhaus praktizierte, erinnerte sich: „*Die Verschleppung wurde in Mannheim mit Härte durchgeführt. Einem Krankenhauspatienten mußte ich zum Transport den für ihn nötigen Dauerkatheter entfernen [...] Im Israelitischen Krankenhaus herrschte ein Chaos. Mindestens dreiviertel der Kranken und Alterspensionäre waren verschleppt [...] Trotz des Ausmaßes der Deportation nahm die Belegzahl noch wesentlich zu! Zahlreiche Juden im weiten Umkreise Mannheims, besonders auch aus der Pfalz, hatten sich nämlich gegen die Verschleppung gesträubt, da sie zu krank seien. Die Polizei brachte sie in Scharen ins Krankenhaus, das Gesundheitsamt sollte über ihre Transportfähigkeit entscheiden. Die hereinströmenden Kranken mußten mangels Betten z.T. in den Gängen auf Matratzen gelagert werden. Tags darauf (am 23. Oktober) erschien der Amtsarzt und erklärte die meisten von der Polizei Eingelieferten für beförderungsfähig. Teilweise wurden sie so schnell fortgebracht, daß noch nicht einmal ihre Namen aufgeschrieben waren.*" [6] Auch vier Ärzte und die Mehrzahl des Pflegepersonals wurden deportiert. Unvergessen bleiben der Arzt Dr. Eugen Neter und die Oberin Pauline Maier, die sich der Deportation freiwillig anschlossen, um ihre Patienten nicht im Stich zu lassen. Pauline Maier wurde in Auschwitz ermordet.

Die ärztliche Betreuung im Krankenhaus lag nun in den Händen von Dr. Kurt Weigert und Dr. Marx. Die nächsten Monate waren zermürbend: „*Von Zeit zu Zeit wurden weitere Transporte von Juden zusammengestellt, und zwar nach dem Osten. Kurz nach ihrem Abzug schrieben uns die Unglücklichen noch. Aber bald trat ein beredtes Schweigen ein, für immer.*" [7] Am 24.12.1941 wurde das noch immer bestehende Krankenhaus vom „Reichsführer SS und Chef der deutschen Polizei", Heinrich Himmler, beschlagnahmt. Die noch verbliebenen Patienten kamen nach B 7,3, wo nicht mehr operiert werden konnte. Das Gebäude am Luisenpark wurde zum Polizeikrankenhaus umfunktioniert, bis der Krieg es zerstörte.

Von 1952 bis 1962 diente das verändert wiederaufgebaute Haus als Tuberkulosekrankenhaus, und seit 1964 ist es ein Alters- und Pflegeheim der Stadt Mannheim. Zur Erinnerung an die mutige Oberin des früheren Israelitischen Krankenhauses trägt es den Namen Pauline-Maier-Haus.[8]

Siehe Abbildungen 257 – 269 in „Bilder vom jüdischen Leben in Mannheim"

Anmerkungen

1 StA MA S 2/448 – 1; IGB 3 – 1930; für Hinweise zu diesem Kapitel ist Helga Purm 1990 zu danken.

2 NMZ 26.10.1931; siehe Sondernummer des IGB zur Eröffnung des Israelitischen Altersheims 3 – 1931; Das Israelitische Altersheim, in: Die lebendige Stadt 1931/32

3 IGB 10 – 1936; IGB 12 – 1936;

4 Bericht von Dr. Karl Richter, Sarasota, Florida, USA über die Ereignisse in Mannheim 1938/1939, 28.12.1980, in StA MA Bestand 16/1967

5 Sara Lewinski in Fliedner Quelle Nr. 20

6 Kurt Weigert in Fliedner Quelle Nr. 21

7 Kurt Weigert in Fliedner Quelle Nr. 21

8 Das TBC-Heim in Mannheim, in MH 3 – 1952
Das Pauline-Maier-Haus, in MH 3 – 1964

*Es ist zu viel
für einen Menschen
von 80 Jahren,
der stets anständig
durchs Leben ging.*

Helene Waldeck

Das Würzweilersche Haus in B 7, 3

In Zeiten schwerster Bedrängnis gewann das jüdische Altersheim in B 7, 3 für die Gemeinde eine schicksalhafte Bedeutung.[1] Hier verbrachten über hundert Mannheimer Juden die letzten Tage in ihrer Heimatstadt. Hier fanden sie vorübergehende Zuflucht vor einer inhumanen Umwelt, hier hofften sie auf Rettung oder zumindest auf Aufschub des drohenden Unheils. Von hier aus mußten sie den Weg in die Todeslager antreten.

Das Gebäude, um 1875 als großzügiges Bürgerhaus erbaut, ging 1899 in den Besitz des Bankiers Sigmund Würzweiler über. Dessen Sohn Gustav, Direktor der Bank Gustav Würzweiler in D 2, 1, übereignete es nach seiner Auswanderung 1936 der jüdischen Gemeinde.[2] Auf die jüdische Gemeinschaft kamen in jenen Jahren soziale Probleme von ungeahnten Ausmaßen zu. Viele jüngere Gemeindemitglieder emigrierten, sobald sich die Möglichkeit dazu bot. Die Altersstruktur der Gemeinde wandelte sich, die Älteren blieben zurück und wurden häufig zu Sozialfällen. Um sie kümmerte sich keine öffentliche Einrichtung mehr, die „arischen" Altersheime und Krankenhäuser waren für sie bis auf wenige Ausnahmen verschlossen. Das bisherige Altersheim und Krankenhaus am Neckar war hoffnungslos überbelegt. Die Schenkung des Hauses B 7, 3 bot der Gemeinde die dringend benötigte Gelegenheit, ein weiteres Alters- und Pflegeheim einzurichten.

Den notwendigen Umbau führten jüdische Helfer durch, u.a. Walter Siesel, der seit 1939 die Hilfsbedürftigen der jüdischen Gemeinde betreute. An seine bereits nach England emigrierte Tochter Alice schrieb er am 14.5.1939: *„In B 7, 3 sind wir bald fertig. Ich befürchte, daß wir noch eine Woche dort Arbeit haben.“* Doch erst am 18.6.1939 berichtete er: *„Das Heim in B 7 ist jetzt fix und fertig.“* [3] Im oberen Stockwerk von B 7, 3 wurde ein Raum als Synagoge eingerichtet, im Keller entstand eine Mikwe. Das Haus war bald bis unter das Dach mit Alten, Kranken, Verletzten, Pflegebedürftigen und Obdachlosen belegt. Eine der Etagen war von vertriebenen Menschen aus der Pfalz belegt, in den übrigen Stockwerken teilten sich badische Juden die Zimmer.[4] Das „Israelitische Altersheim für die Pfalz“ wurde später in eine Wohnung im ersten Obergeschoß des gegenüberliegenden Hauses B 6, 20 verlegt.[5]

Das Nachbargebäude B 7, 2 gehörte der nach Den Haag emigrierten Emmy Wolf. Auch hier wurden Räume von der jüdischen Gemeinde genutzt; z.T. waren hier jüdische Patienten aus Nervenheilanstalten untergebracht. In der Hofmauer, die beide Anwesen voneinander trennte, ermöglichte ein neu geschaffener Durchbruch die Mitversorgung der Bewohner in B 7, 2 von der Küche im Haus Nr. 3 aus. Das Personal des Altersheims bestand aus jüngeren Gemeindemitgliedern. Sie versorgten und pflegten die alten Menschen, die in den hoffnungslos überbelegten Räumen zusammengepfercht waren. In den Tagen der Deportation am 22./23.10.1940 wurden allein 56 Menschen aus B 7, 3 abgeholt.[6] Nach dieser Verschleppung blieben nur noch etwa 100 in sogenannter „Mischehe“ Verheiratete, einige ausländische Staatsangehörige und etwa 100 Personen, die für „transportunfähig“ erklärt worden waren, in der Stadt zurück. Viele von ihnen wohnten in B 7; in den beiden Häusern Nr. 2 und 3 spielte sich das Leben der Restgemeinde ab. Die Leitung der noch verbliebenen Gemeinde unter Hermann Hauser organisierte in B 7, 2 für die noch in Mannheim wohnenden Kinder provisorischen Schulunterricht.

Ende 1941, als das Krankenhaus Collinistraße „für Polizeizwecke“ beschlagnahmt wurde, organisierte die Krankenschwester Johanna Gödelmann den Umzug der Kranken nach B 7, 3.[7] Dort konnte allerdings nicht mehr operiert werden. Dr. Kurt Weigert, einer der Ärzte, erinnerte sich: *„Doch nahm das Städtische Krankenhaus bei schweren Erkrankungen Juden auf [...] Auch das Theresienkrankenhaus half uns durch Röntgen- und Laboruntersuchungen jüdischer Kranker.“* [8] Trotz der drangvollen Enge mußten aus anderen Städten weitere Zugänge aufgenommen werden. In Baden und der Pfalz existierten Anfang 1942 nur noch drei Unterkünfte für pflegebedürftige Juden, in Karlsruhe, Konstanz und in Mannheim, B 7, 3. Ein Schreiben der „Reichsvereinigung der Juden in Deutschland“ macht die bedrohliche Situation deutlich: *„Eine Unterbringung in dem Hause Karls-*

Mikwe im jüdischen Altersheim B 7, 3, Zustand 1995.

ruhe, Kronenstr. 62, das für unsere Zwecke noch zur Verfügung steht, läßt sich nicht ermöglichen, da das Verwalterehepaar zur Abwanderung bestimmt ist. Die heimbedürftigen Personen müssen daher, sofern nicht die Aufrechterhaltung unseres Heimes in Konstanz, Sigismundstr. 21, möglich ist, sämtlich im Altersheim mit Krankenabteilung Mannheim B 7, 3 untergebracht werden. Dieses Haus ist bereits stark belegt, weil vor kurzem das moderne und geräumige Krankenhaus in Mannheim, Collinistr. 47-53 für Reichszwecke in Anspruch genommen und von uns geräumt worden ist. Die Zahl der zur Abwanderung zu bringenden Heiminsassen, die überwiegend über 63 Jahre alt sind, ist geringer als die Zahl derjenigen Personen, die neu untergebracht werden müssen. Das Altersheim in Mannheim wird also voraussichtlich bis zur Höchstgrenze ausgenutzt werden müssen, wodurch die von der Stadtverwaltung Mannheim aus wohlerwogenen Gründen verlangte Platzreserve wegfällt...“ [9]

Seit 1942, nachdem im Januar die „Wannseekonferenz“ die Ermordung der europäischen Juden festgelegt hatte, führten Deportationen von Mannheim aus direkt in den Osten. Die meisten Mannheimer Juden wurden nun von B 7 aus verschleppt: Am 24.4.1942 wurden 32 Menschen nach Izbika deportiert, darunter elf aus B 7, 3. Die Deportation am 21.8.1942 nach Theresienstadt erfaßte 69 Menschen, davon mindestens 52 aus B 7, 3.[10] Eine der Bewohnerinnen dieses Hauses war Helene Waldeck, die Mutter des Mannheimer Ehrenbürgers Dr. Florian Waldeck. Sie nahm drei Tage vor ihrem geplanten Abtransport am 21.8.1942 eine Überdosis Schlaftabletten. In ihrem Abschiedsbrief schrieb sie: *„Ich scheide freiwillig aus dem Leben, das ich nicht mehr ertragen kann. Es ist zu viel für einen Menschen von 80 Jahren, der stets anständig durchs Leben ging. Hoffentlich gelingt mir mein Vorhaben, ich habe die Tabletten schon viele Jahre bei mir, schon bei dem Freitod meiner Tochter, mit der ich damals hätte gehen sollen, da wäre mir viel erspart geblieben. Dem Hause, in dem ich zuletzt versorgt war, danke ich für alles, die Pflegerinnen, die Herren, der Arzt waren fürsorglich und gut zu mir, aber gegen die Hetze waren sie machtlos.*

Daß ich meine Kinder nicht mehr sehe, erschwert mir mein Vorhaben, aber sie werden mich verstehen.“ [11]

Helene Waldeck war nicht die einzige in jenen Tagen, die das Leben nicht mehr ertrug. Allein zwischen dem 19.8. und dem 22.8.1942, nahmen sich mit ihr weitere sechs Menschen das Leben. Es war ein offenes Geheimnis, daß viele Bewohner von B 7 Giftportionen stets bei sich trugen.[12]

Das Gebäude B 7, 3 wurde um die Jahreswende 1942/43 von der Gestapo beschlagnahmt. Im Verlauf des Luftkrieges wurde es, wie auch B 7, 2, durch Bombentreffer teilzerstört. Nach dem Zweiten Weltkrieg übernahm die JRSO (Jewish Restitution Successor Organization) das ausgebombte Gebäude B 7, 3 und verkaufte es an das Land Baden-Württemberg. 1952 ging es in das Eigentum der Familie über, die es noch heute bewohnt. Die heute recht heruntergekommenen Gebäude sind denkmalgeschützt. Ein Relief an der Fassade von B 7, 2 stellt eine Ackerbau- und Ernteszene dar. Das Bild, das betriebsame Beschaulichkeit und Vorfreude auf den Lohn der Arbeit ausdrückt, erfährt durch die Vergangenheit der beiden Häuser einen neuen Sinngehalt. Die hier einst untergebrachten Menschen hatten ihr Leben lang arbeiten müssen, ohne ernten zu dürfen. Die Alten, die man von diesem Ort aus in die Vernichtungslager verschleppte, brachte man um den Ertrag ihres Lebenswerkes, um ihren wohlverdienten Lebensabend, um ihre Würde und um ihr Menschsein.

Siehe Abbildungen 201, 270 und 271 in „Bilder vom jüdischen Leben in Mannheim“

Anmerkungen

1 Zu diesem Kapitel vgl. Keller 1992

2 Gustav Würzweiler (1896 – 1954) gründete in New York die Gustav-Würzweiler-Stiftung, deren Präsident Rabbiner Dr. Max Gruenewald war. Würzweiler wurde auf dem jüdischen Friedhof Mannheim im Grab seiner Eltern an der rechten Umfassungsmauer bestattet.

3 Briefe Walter Siesels an seine Tochter Alice, im Besitz Alice Alexander, London, Kopien in StA MA

4 Mitteilung von Cilla Friedmann, März 1987. Frau Friedmann ist 1991 verstorben.

5 Adressbuch Mannheim 1943

6 Liste der am 22.10.40 aus Mannheim ausgewiesenen Juden, JD 16/1967 Nr. 61

7 Da sie in Mischehe lebte, war sie 1940 nicht deportiert worden. Hans-Joachim Fliedner: Johanna Gödelmann, in MH 1 – 1978, S. 31 *f*

8 Bericht von Dr. Kurt Weigert vom April 1965, in Fliedner Quelle Nr. 21

9 Schreiben des Leiters der Bezirksstelle Baden-Pfalz der Reichsvereinigung der Juden in Deutschland, Karlsruhe, an die Staatspolizeileitstelle Karlsruhe vom 1. April 1942 – betr.: Abwanderung; in: Fliedner Quelle Nr. 45

10 „Verzeichnis der am 24.4.42 evakuierten Juden.“ und „Verzeichnis der am 21.8.1942 evakuierten Juden. In Mannheim wohnhafte Juden, die zur Evakuierung kommen.“ JD 16/1967 Nr. 61; Gedenktafel des Projekts „Spurensuche“, Stadtjugendamt Mannheim

11 Abschiedsbrief der Helene Waldeck (Akten der Staatsanwaltschaft beim Landgericht Mannheim), in Fliedner Quelle Nr. 51

12 „Verzeichnis der in den Jahren 1940 – 44 durch Freitod aus dem Leben geschiedenen Mannheimer Juden“ JD 16/1967 Nr. 61; Erinnerung Doris Perlstein, Mannheim 1987

Gelobt seist du,
Ewiger,
der du die Toten
wieder belebst.

Gebet auf dem Friedhof

Der alte Friedhof in F 7

Ein Friedhof, im Hebräischen „Ort des Lebens“, auch „guter Ort“ genannt, gehörte zu den frühesten Einrichtungen der Mannheimer Gemeinde. Kurfürst Karl Ludwig billigte in der Konzession von 1660 den hiesigen Juden zu, daß sie „*wo sie wollen einen begräbnisplatz erkaufen mögen*“.[1]

Bislang mußte die Gemeinde ihre Toten in Worms beerdigen. Die weite Entfernung und die dazwischenliegenden Landesgrenzen, für deren Überschreitung die Erlaubnis der Obrigkeit eingeholt und Zölle bezahlt werden mußten, machten einen eigenen Friedhof notwendig. Die Benutzung des christlichen Kirchhofs war aus religionsgesetzlichen Gründen ausgeschlossen. Schon früh sind Bestrebungen aus Mannheim bekannt, einen jüdischen Friedhof anzulegen. 1656 bat der Jude Lazarus aus Mannheim den Kurfürsten, ihm und Juden aus der Umgebung ein Stück Feld in der Nähe der Stadt einzuräumen. Der Kauf kam nicht zustande.[2] Die Gemeinde erwarb jedoch 1661 einen Platz „*in dem Bollwerk hinter dem Hütterschen Brüderhof*“ im heutigen Quadrat F 7. Vor „*Direktor, Schultheiss, Bürgermeister und Rath*“ unterschrieben am 29.5.1661 folgende 13 Familien den Kaufvertrag: „*Macholt, Hertz, Läser, Simon, Isac, Salmon, Zallel,*

Mosis, Mannus und Daniel, alle sampt von der teutschen, benebenst Emanuel Carcassone, Abraham und Moise Astroucg von der portugiesischen Judenschaft". Letztere verzichtete damit auf einen eigenständigen Begräbnisplatz.

Die sofortige Bezahlung des Grundstücks war der kleinen Gemeinde nicht möglich. Sie verpflichtete sich zu einem Zinskredit und zur Zahlung von zwei Reichstalern Bodenzins auf ewige Zeiten. Sollten die Käufer je an Kapital, Zins oder Bodenzins im Rückstand bleiben, habe der Kurfürst das Recht, *„sich an der gesamten Judenschaft oder an einem jeden derselben insonderheit nach bestem Belieben zu erholen."*[3]

Der Friedhof wurde von 1661 bis 1842 belegt; mehrmals ermöglichten Ankäufe von Nachbargrundstücken notwendige Erweiterungen. Ein rundbogiges Tor an der Mauer gegenüber F 6 diente als Zugang. Im östlichen Teil gegenüber F 6 standen die ältesten Steine, etwa 800 an der Zahl. Sie datierten bis 1830. In der Nähe der Mauer gegenüber E 7 befanden sich rund 50 Grabmale aus den Jahren 1820 – 1842, und ein schmaler Geländestreifen, der sich bis zur Straße F 7 / G 7 hinzog, barg etwa 150 Steine aus den Jahren 1830 – 1840. Die insgesamt 1113 Grabsteine standen auf einer Fläche von 28 Ar dicht gedrängt aneinander. Die älteren Teile des Friedhofs lagen höher als die später erworbenen, vermutlich waren sie mit Erde aufgefüllt worden, um Raum für neue Gräber zu gewinnen. Nach einer im 20. Jahrhundert erfolgten Ermittlung waren auf dem alten Friedhof 3586 Tote bestattet.[4] Als die Stadt um 1840 den Bau des Hauptfriedhofs plante, entschied sich auch die Gemeinde, einen neuen Friedhof anzulegen und den alten in F 7 zu schließen. Im Jahr 1842 wurde er aufgelassen, Tradition, Gedenken und religiöse Pflichten jedoch weitergeführt. Die Mitglieder der Chewra Kadischa versammelten sich seitdem zu ihren zweimal im Jahr stattfindenden Friedhofbesuchen abwechselnd auf dem alten und auf dem neuen Friedhof.[5]

Noch fast 100 Jahre blieb der alte Friedhof unangetastet. In seiner Umgebung entstanden um die Jahrhundertwende Mietskasernen, die im Sommer jedoch hinter Baumkronen verborgen lagen. Die kleinen Häuschen am zu E 7 gelegenen Rand des Friedhofs mußten 1911 einer Straßenverbreiterung weichen. Auch ein kleiner Geländestreifen des Friedhofs fiel bei dieser Maßnahme weg, wobei sich die Gemeinde mit der Stadtverwaltung einigte, möglichst jede Störung der Totenruhe zu vermeiden. Religionsgesetzlich ist jede Veränderung am Grab verboten. Die hinter den Abbruchhäusern F 7, 34 – 37 verlaufende Friedhofsmauer und der Giebel von F 7, 1/2 wurden als Straßenmauer hergerichtet, die Sargwerkstätte umgebaut.[6] Das Sargmagazin der jüdischen Gemeinde befand sich damals in F 7, 1/2.

Friedhof F 7, um 1906.

1907 nannte Friedrich Walter den Friedhof „*einen interessanten und stimmungsvollen Überrest Alt-Mannheims.*“ [7] Er war das älteste bauliche Kulturdenkmal der Stadt, die Steine trugen häufig Inschriften mit Namen alter und hochangesehener Mannheimer Familien. Doch bereits 1933 polemisierte die Nazipresse gegen den „*vorsintflutlichen Judenfriedhof inmitten der Stadt, der auch wahrscheinlich nach dem Jüngsten Tag sich seines Daseins noch erfreuen wird.*“ [8] Um den alten Friedhof zu beseitigen, setzte die Stadtverwaltung die Gemeinde unter Druck und gab vor, er müsse einem dringend notwendigen Parkplatz weichen. Mit dem Hinweis auf die Religionsgesetze mußte die Gemeinde natürlich die Auflösung ihres Friedhofs ablehnen. Oberbürgermeister Renninger drohte ihr daraufhin, die Frage der Beseitigung aller Judenfriedhöfe in Berlin aufzugreifen, wenn sie weiterhin „*Schwierigkeiten*“ machen würde.[9] In dieser Zwangslage bat die Gemeinde ihren inzwischen in Jerusalem lebenden Rabbiner Dr.Unna brieflich um seine Meinung aus rabbinischer Sicht.[10] Seine Antwort ist nicht überliefert, doch ist anzunehmen, daß er der Verlegung zustimmte, da sie unter Zwang geschah. Tote dürfen nach den halachischen Vorschriften dann exhumiert werden, wenn größerer Schaden abgewendet werden muß.

In dieser Situation nahm die Gemeinde trotz aller religiösen Bedenken die Umbettung der Toten vor. Am 17.7.1938 versammelten sich ihre Mitglieder auf dem alten Friedhof, um mit den Rabbinern Dr. Lauer und Dr. Richter unter traditionellen Gebeten und einer Predigt Abschied von diesem Ort zu nehmen.[11] Unter der Leitung eines jüdischen Architekten begann wenige Tage danach die Umbettung, wobei man jedes der Skelette soweit möglich in einen besonderen Sack legte. Die sterblichen Hüllen wurden auf dem neuen jüdischen Friedhof in einem Sammelgrab neu beigesetzt, einige der alten Grabsteine und steinerne Gebetstafeln dorthin transferiert.[12] Zwei Brunnen aus F 7 fanden ebenfalls auf dem neuen Friedhof eine neue Aufstellung.

Der zerstörte Friedhof F 7, 1955.

In hämischster Weise triumphierte die gleichgeschaltete Neue Mannheimer Zeitung: „*Endlich muß auch der alte Judenfriedhof in F 7 aus dem Stadtbild weichen und bereits ist eine Bresche in die alte häßliche, durch das Alter schwarz gewordene Mauer geschlagen... Es war mehr als ein Schönheitsfehler, was sich da vor dem Auge auftat. Schaut man durch die durch Bretter verschalte Bresche, so sieht man einige Grabsteine inmitten der ungepflegten Wildnis – bisher war es ja, als hüte er ein Geheimnis, von der Mauer dicht umschlossen. Auf dem neuen Judenfriedhof ist eine große Grube gegraben, in der die Gebeine aus den zu beseitigenden Gräbern gemeinsam bestattet werden sollen. Es wird also Ernst auch mit der Erweiterung der Straße in G 7.“* [13]

Zum Bau der „Parkplätze“ sollte es nicht mehr kommen. Nach Kriegsende lag der Platz des ehemaligen Friedhofs noch lange verwüstet; Anwohner berichteten von Spuren und Überresten des Friedhofs, die noch viele Jahre auf dem Gelände sichtbar waren. Die Stadt errichtete 1960 eine Säuglingstagesstätte mit Grünanlagen auf dem Grundstück und stellte eine Gedenktafel auf.

Siehe Abbildungen 272 – 278 in „Bilder vom jüdischen Leben in Mannheim“

Anmerkungen

1 Zum gesamten Kapitel siehe Rosenthal 1938; Löwenstein S. 77; zur Entstehungsgeschichte siehe auch: Der Judenkirchhof in F 7. in MGB 1901, Sp. 62 *f*

2 Löwenstein S. 79

3 Löwenstein S. 80

4 Rosenthal 1938, zur Zahl der Toten in F 7 siehe dort S. 16/17; General-Anzeiger 11.10.1923 „Der alte Mannheimer Israelitische Friedhof“ in StA MA S2/43 – 1

5 Vgl. Zwei Reden gehalten bei den Gedächtnisfeiern der Beerdigungs-Bruderschaft Mannheim von ihrem Rabbiner P. Kohn. Mannheim 1893, LBI RM 744 K6, S. 6/7

6 StA MA Hochbauamt 1/1967, Nr. 557

7 Walter 1907, Band I, S. 298

8 HB 29.6.1933

9 Fliedner Quelle Nr. 136

10 Unna 1975, 52*f*

11 Ansprache von Rabbiner Dr. Lauer in StA MA, Kl. Erw. 722; Bericht in IGB 18 – 1938

12 Rosenthal 1938

13 NMZ 31.7.1938 in Fliedner Quelle Nr. 137, Fliedner vermutet in der Berichterstattung der NMZ eine Doppeldeutigkeit, die Bedauern mit dem Geschehnis ausdrückt.

Der Friede
möge kommen.
Sie werden auf ihren
Lagern ruhen.

Jesaja 57, 2

Der neue Friedhof

In der Planungsphase des Hauptfriedhofs einigten sich die Stadt und die jüdische Gemeinde auf eine gemeinsame Begräbnisstätte. Auf eine Anfrage der städtischen Behörde vom 25.6.1839 teilte Stadtrabbiner Hirsch Traub mit, daß es vom religiösen Standpunkt aus erlaubt sei, gemeinsam mit den christlichen Gemeinden Friedhöfe anzulegen, wenn sie durch eine Mauer getrennt seien. In der städtischen Kommission zur Leitung der Verlegung der Friedhöfe vertrat Synagogenrat Leopold Fuld die jüdische Gemeinde, die das östlich des christlichen Friedhofs gelegene Gelände für 1 520 Gulden erwarb. Die 1842 nach den Plänen des Stadtbaumeisters Anton Mutschlechner ausgeführten Anlagen und Gebäude erforderten zusätzlich rund 10 000 Gulden. Mutschlechner war der Architekt des christlichen Friedhofs. Die Schlosserarbeiten fertigte der jüdische Meister Anton Aberle an.[1]

Das eingeschossige Eingangsgebäude enthielt einen Betsaal, einen Leichenraum und Zweckräume. Die schlichte Fassade war durch Pilaster gegliedert; über dem offenen Eingang stand die hebräische Inschrift „*javoh schalom januchu al mischkwotam*“: Der Friede möge kommen, sie werden auf ihren

Eingangsgebäude des neuen jüdischen Friedhofs am Hauptfriedhof, vor dem 10.11.1938.

Lagern ruhen. Eine urnenbekrönte Attika mit angedeutetem Mittelgiebel schloß die Fassade nach oben ab.

Als erster wurde Bär Weilmann, der selbst ein Mitglied der Chewra Kadischa war, auf dem neuen jüdischen Friedhof beigesetzt; zu diesem Anlaß am 15.8.1842 wurden Spenden von 232 Gulden und 29 Kreuzern an die Armen verteilt.[2] Der nur mit hebräischen Inschriften versehene Grabstein des Bär Weilmann am Mauerweg des Feldes A 1 ist erhalten. Das älteste Feld des Friedhofs war 1857 voll belegt. Es folgten die Felder A 2 ab 1857, B 2 ab 1872, B 1 ab 1882, C 1 ab 1889, C 2 ab 1893 usw.

Die Stadt führte 1898 die Bestimmung ein, daß Tote in der öffentlichen Leichenhalle aufgebahrt werden müssen. Der sogenannte Leichenhallenzwang war für die Gemeinde der Anlaß zu einem Neubau des inzwischen unzureichenden alten Gebäudes. Auf Antrag des Synagogenrats beschloß die Gemeindevertretung am 19.9.1900 den Bau eines dreiteiligen Friedhofgebäudes für 90 000 Mark.[3] Auf dem Platz vor dem alten Eingangsgebäude errichtete die Mannheimer Baufirma F.& A. Ludwig nach eigenen Plänen den neuen Eingangskomplex, der eine Bethalle, eine Leichenhalle mit zehn Zellen, Sezier-, Warte- und Empfangsräume sowie ein Aufseherwohnhaus miteinander verband. Die drei Teile der Anlage waren durch Gänge miteinander verbunden; als Blickfang wirkte die überkuppelte oktogonale Bethalle in der Mitte des Triplexes. Die Fassaden zeigten Formen eines romanisch-gotischen Mischstils. Das Rundbogenfeld über dem Portal zur Bethalle enthielt die hebräische Inschrift, die auch am alten Friedhofsgebäude über dem Eingang zu lesen war.

Während der Ausschreitungen am 10.11.1938 wurden die Gebäude gegen 12.30 Uhr von Nazihorden gesprengt. Der Knall der Explosion war in der ganzen Stadt zu hören.[4] Auch Grabsteine wurden hierbei beschädigt. Die im Wärterhaus wohnende Familie des Friedhofaufsehers wurde 1940 nach Gurs deportiert; Berta und Alexander Heilbrunn sowie der Sohn Hans wurden 1942 in Auschwitz ermordet.

Im Jahr 1954 ließ die Stadt die Leichenhalle in vereinfachter Form wieder aufbauen und hierbei die Ruinen der Kapelle und des Wärterhauses abtragen. Einen Betrag von 35 000 DM, der ursprünglich für die Wiederherstellung der Hauptsynagoge in F 2, 13 vorgesehen war, verwendete die Stadt für den jüdischen Friedhof. Am 22.10.1954, dem 14. Jahrestag der Deportation nach Gurs, wurde die Leichenhalle mit Ansprachen von Landesrabbiner Dr. Geis und Oberbürgermeister Dr. Heimerich ihrer Bestimmung erneut übergeben. Am gleichen Tag wurde auch die Gedenkstätte „Denen die kein Grab fanden“ eingeweiht.[5] Der metallene Davidstern, der ursprünglich den urnenförmigen Gedenkstein krönte, wurde mehrmals zerstört, immer wieder erneuert und schließlich durch eine in den Stein vertiefte Darstellung ersetzt. Zahlreiche Schändungen des Friedhofs gehören auch in neuerer Zeit zur traurigen Realität.[6]

Beim Eintreten in den Friedhof erblickt man zu beiden Seiten des Hauptwegs je eine große Steinschale. Sie stammen vom alten jüdischen Friedhof in F 7 und dienten der beim Verlassen des Friedhofs vorgeschriebenen rituellen Handwaschung. Die hebräische Inschrift der rechten Sandsteinschale nennt die Stifterin Schprinza Wolf, vermutlich 1740.

Die linke besitzt am Rand des Sockels ebenfalls eine hebräische Inschrift, die stark verwittert ist.

Rechts vom Hauptweg liegt das Sammelgrab, in dem die 1938 aus F 7 überführten Gebeine von über 3000 Toten bestattet sind. Von den ursprünglich 1113 Grabsteinen des alten Friedhofs umsäumen 31 das Sammelgrab; an der linken Umfassungsmauer sind 14 Steine aus F 7 angebracht. Unter den jahrhundertealten Grabsteinen des Sammelgrabs ist insbesondere die rechteckige Stele des Lemle Moses Reinganum bemerkenswert, des Stifters der Klaussynagoge. Ein ellipsenförmiges Medaillon zeigt ein Lämmchen, das Namenszeichen Lemles, die hebräische Inschrift lautet übersetzt: *„Dieser Grabstein steht am Haupte des verewigten hochangesehenen Vorstehers und Stadlan Lemle Reinganum, der ein Lehrhaus für die Tora gestiftet und zu diesem Zwecke zehn Gelehrte angestellt hat, die ein sorgenfreies Leben führen sollen; außerdem hat er eine Stiftung von 100 000 Gulden errichtet, aus deren Erträgnissen nach seinem Ableben Toragelehrte unterhalten und drei Lehrer angestellt werden sollen, die den Kindern Unterricht im jüdischen Schrifttum erteilen; ferner sollen an seinem Sterbetag Aussteuerprämien und Kleider an Arme verabreicht werden. Möge ihn Gott für alle diese Wohltaten belohnen! Er starb am Sabbat, 1. Nissan 5484 [1724] und wurde am folgenden Tage beerdigt. Seine Seele sei dem Lebensbunde einverleibt. Amen."* [7]

Der Friedhof enthält neben dem Sammelgrab 5590 Grabstätten, darunter 379 Kindergräber. Rund 8 000 Tote sind hier bestattet.[8] Die am Mittelweg befindlichen Gräber sind oft Repräsentanten der Gemeinde vorbehalten. Das markante Grabmal von Rabbiner Moses Präger, ein hoher Pfeiler in ägyptisierenden Formen, beweist die Hochschätzung seiner Gemeinde, die ihm dieses Denkmal gesetzt hat. Am Mittelweg befinden sich auch die Gräber der Gemeindevorsitzenden Max Goldschmidt, Heinrich Goldstein und Fritz Mayer, der Rabbiner Dr. Julius Fürst, Hayum Wagner, Dr. Moritz Steckelmacher und vieler anderer. Von Interesse ist die Grabstätte von Julius und Henriette Aberle, die der Stadt zum Bau der 1907 eröffneten Kunsthalle das Grundkapital vermacht haben. Die Reihen an den Umfassungsmauern wurden von gutsituierten Gemeindemitgliedern bevorzugt. Hier befinden sich die Grabstätten der Familien Ladenburg und Hohenemser, Inhaber bedeutender Banken, von Bernhard Herschel, Stifter des Herschelbades, der Familie Eberstadt, aus der bedeutende Bankiers, Politiker und Künstler hervorgingen, der Familie Lenel, die drei Generationen von Handelskammerpräsidenten stellte, des Rechtswissenschaftlers Dr. Max Hachenburg. Ihnen, den Wirtschaftsführern, Politikern, Künstlern, Wissenschaftlern und Ehrenbürgern, verdankt Mannheim größtenteils sein wirtschaftliches und kulturelles Emporkommen.[9]

Die Anlage des Friedhofs besteht aus rechteckigen Grabfeldern, die beiderseits der Mittelallee angeordnet sind. Im ersten Feld A 1 finden sich noch die einfach-traditionellen, meist rundbogigen Stelen mit hebräischen Inschriften. Nur vereinzelt treten deutsche Inschriften auf. Die schlichten Grabsteine der 1840er Jahre werden mit steigender Jahreszahl größer, monumentaler und auch überladener. Die herkömmliche jüdische Grabform verschwindet gegen Ende des 19. Jahrhunderts völlig. Die repräsentativen, historisierenden Stilformen von Gräbern jener Zeit unterscheiden sich nicht von denen des christlichen Friedhofs. Die monumentale Pracht der Grabaufbauten sollte Ansehen und Reichtum der Familien repräsentieren. Besonders augenscheinlich zeigt dies der Bereich der linken Umfassungsmauer, wo auf beiden Seiten christliche und jüdische Grabmale sich in Höhe und Prunk zu überbieten suchen. Erhalten sind aber auch die einfachen Grabsteine „kleiner Leute", schlichte Stelen, Obeliske, gemauerte Steingrotten mit Inschriftentafeln. Der von Rabbiner Bernhard Friedmann 1874 gegründete Friedmann-Verein unterstützte unvermögende Hinterbliebene. Er gewährte Schiwah-Beihilfen und Zuschüsse für die Beschaffung von Grabsteinen. Der Friedmann-Verein übernahm *„auf ewige Zeiten die Erhaltung von Grabstätten"*.[10] Er stellte die im Friedhof häufig anzutreffenden schlichten Rundbogenstelen zur Verfügung.

Es gibt keine eigenen Felder für die Urnen von Feuerbestattungen wie im christlichen Friedhof. Urnengräber wurden nur von Angehörigen der liberalen Richtung gewählt, sie sind äußerlich nicht als solche zu erkennen. Die 1901 erfolgte Inbetriebnahme des Krematoriums gab Anlaß zu leidenschaftlich geführten Auseinandersetzungen über die Form der Beisetzung. Der Synagogenrat beschloß gegen den Willen der Orthodoxen, die am Grab üblichen Riten für Feuerbestattungen im Krematorium ausführen zu lassen.[11]

Eine Rückbesinnung auf die jüdische Tradition wird an Gräbern des 20. Jahrhunderts sichtbar. Die nach dem Ersten Weltkrieg verwendeten Grabsteinformen werden schlichter, strenger, die hebräischen Inschriften nehmen zu. In diesen Grabfeldern ist die Abkehr vom Eklektizismus, aber auch die jüdische Renaissance der 20er Jahre augenscheinlich. Gräber der späten 30er Jahre lassen am deutlichsten die Rückkehr zur traditionell jüdischen Grabgestalt erkennen.

Die nach 1945 angelegten Grabstätten zeigen verschiedene Entwicklungen. Mit einer Steinplatte gedeckte Anlagen erinnern an Grabstätten in Israel. Andere Gräber orientieren sich mit künstlerisch behauenem Stein, Einfassung und Blumenschmuck an der Grabgestaltung christlicher Friedhöfe. Eine dritte Gruppe knüpft an die überlieferte jüdische Grabmalform in Deutschland an. Eine im Jahr 1969 erstellte Anlage mit Kissensteinen für 146 Tote erinnert an Menschen, die sich während des Naziregimes unter dem Eindruck der Deportation das Leben genommen haben oder in den Konzentrationslagern ermordet wurden. Einzelne Grabsteine wurden von Angehörigen errichtet.

Das Mischehenfeld ermöglicht die Beisetzung von Juden gemeinsam mit ihren nichtjüdischen Ehepartnern. Es wurde nach dem Ende des Zweiten Weltkrieges geschaffen, um Ehepaare, die sich unter der Verfolgung die Treue gehalten haben, im Tod nicht zu trennen. In östlicher Richtung wurde der Friedhof 1988 erweitert; das Gelände gehörte schon früher der Gemeinde. Da nach 1945 nicht mehr an die Notwendigkeit einer Erweiterung zu denken war, übernahm die Stadt das Grundstück. In den 80er Jahren ging es wieder in den Besitz der Gemeinde zurück.

Siehe Abbildungen 279 – 303 in
„Bilder vom jüdischen Leben in Mannheim"

Anmerkungen

1 Rosenthal 1938, S. 16
2 Rosenthal 1938, S. 16
3 Stockheim S. 478; Chronik der Hauptstadt Mannheim 1900, S. 172
4 Fliedner Quelle Nr. 225
5 Siehe StA MA Hochbauamt 1/1967 Nr. 557; StA MA S 2/43
6 Vgl. u.a. MM 20.7.1966, 21.7.1966, 27.7.1966
7 StA MA E 109/1 Stammbaum A. Oppenheim
8 Zählung des Verwalters Reinhold Lamkowski
9 Karl Otto Watzinger: Biographien zum Rundgang auf dem jüdischen Friedhof, in Förderekreis historischer Grabstätten in Mannheim e.V. (Hrsg.): Die Friedhöfe in Mannheim, Mannheim 1992, S. 311 *ff*
10 Mia Neter: Zusammenarbeit der Gemeinde mit selbständigen Organisationen, in IGB 17 – 1936; IGB 30.7.1934
11 Chronik der Hauptstadt Mannheim 1901, S. 239; Stockheim S. 478

Alter Brauch
und strenges Festhalten
an dem, was die
Gründer und ihre in den
alten Minhogim
wohlbewanderten,
lehrbeflissenen Nachfahren
aufgezeichnet haben,
kennzeichnen das Tun der
Chewra Kadischa.

Karl Darmstädter [1]

Die Beerdigungs-bruderschaft

„D*ie Beschäftigung mit den Sterbenden und Toten erachten unsere Weisen für so wichtig und heilig, daß sie diese als die wahrhafte Wohltätigkeit (chesed schel emet) bezeichnen und den mit ihnen sich Befassenden von allen religiösen Pflichten entheben.*“[2] Diese 1884 von der Mannheimer Beerdigungsbruderschaft verfaßte Bewertung ihrer Tätigkeit zeigt den Stellenwert, den man diesem ältesten Verein Badens zumaß.

Eine Beerdigungsbruderschaft oder Chewra Kadischa, aramäisch Heiliger Verband, ist eine Vereinigung, die in Krankheits- oder Todesfällen Dienste der Nächstenliebe ausübt. Zu ihren Aufgaben gehören der Krankenbesuch, die Totenwache und die Ausführung der religiös vorgeschriebenen Handlungen bei Sterbenden und Toten, z.B. das Waschen und Einkleiden des Leichnams, ferner die Beerdigung und ihre Vorbereitung und die Betreuung der Hinterbliebenen, besonders an den sieben Trauertagen. Der Besuch der Gräber gehört ebenso zu den Pflichten der Chewra wie vielfache Formen von Hilfe für die Notleidenden in der Gemeinde.

Die Mannheimer Chewra Kadischa, volkstümlich Kippe genannt, wurde 1674 gegründet; sie war eine der ältesten jüdischen Bruderschaften in Deutschland, der erste in Baden begründete jüdische Verein.[3] Nach altem Brauch hatte die Kippe unter ihren zahlreichen Angehörigen 18 aktive, „ordentliche Mitglieder". Der Dienst als „Kippebruder" galt als besondere Ehre und große Mizwa. Zu den regelmäßigen Pflichten gehörte die Versammlung mit dem Rabbiner am Sabbat. Zweimal im Jahr fasteten die „Kippebrüder", gedachten der Toten und besuchten die Friedhöfe. An Erev Rosch Chodesch Adar versammelten sie sich auf dem alten Friedhof in F 7, an Erev Rosch Chodesch Elul auf dem neuen. Am Vorabend zum Monat Adar fand das traditionelle gemeinsame Mahl statt, *„verschönt durch Worte der Tora, vielleicht auch durch jüdische Lieder, wie sie sie im Osten singen, wenn jüdisches Simcho die Herzen erfüllt."*[4] Bei diesem Mahl wurden alljährlich die wertvollen Gold- und Silberbecher der Bruderschaft benutzt, in die insgesamt 160 Namen von Mitgliedern und oft das jeweilige Eintrittsdatum eingraviert waren. Neben dem kunsthistorischen Wert dieser Becher ging mit ihnen auch eine wichtige gemeinde- und familienhistorische Quelle verloren.

Zu den Aufgaben der Bruderschaft gehörte auch die Verwaltung der Brautausstattungsstiftung des Michael Mai von 1731. Alle drei Jahre am Erev Rosch Chodesch Adar mußte die Kippe durch Los ein vaterloses jüdisches Mädchen bestimmen, das aus dieser Stiftung eine Brautgabe erhielt.

Die Kippe versuchte, streng an alter Überlieferung festzuhalten, auch wenn Außenstehende andere Erwartungen an sie hatten. Als 1833 der Staat bestimmte, die Särge zu verkitten, blieb der Protest der Kippe allerdings ebenso erfolglos wie ihr Einwand gegen die vom Synagogenrat 1831 festgesetzte neue Leichenordnung.[5]

Die Beerdigungsbruderschaft wurde vom Rabbiner der Klaussynagoge betreut, auch die Mitglieder der Kippe gehörten in der Regel der Klaus an. Die Dienste der Brüder wurden jedoch auch von liberalen Gemeindemitgliedern in Anspruch genommen.

Ende des 19. Jahrhunderts leitete Julius Ettlinger viele Jahre die Bruderschaft.[6] Sein Nachfolger war Leopold Simon, dessen markante Persönlichkeit ehemaligen Gemeindemitgliedern in guter Erinnerung geblieben ist. Er trat 1876 in die Chewra Kadischa ein, amtierte als ihr Vorsitzender und konnte als Neunzigjähriger 1934 die zahlreichen Ehrungen der Gemeinde entgegennehmen. 1936 feierte die Gemeinde und die Chewra das 60. Dienstjubiläum ihres „Kippebruders".

Die weibliche Entsprechung der Männer-Chewra war der Israelitische Frauenverein, der ebenfalls 18 aktive Mitglieder zählte. Daneben nahm er auch außerordentliche Mitglieder auf. Die in seinen Satzungen verankerten Ziele stimmten mit denen der männlichen Chewra überein: *„1. Besuch der Kranken. 2. Die Ausübung der üblichen religiösen Handlungen bei sterbenden oder hingeschiedenen Frauen und Mädchen in hiesiger Stadt. 3. Unterstützung hiesiger israelitischer Armen"*[7] Nach eigenem Bekunden legte der Frauenverein Wert darauf, sein Werk *„in aller Stille"* zu tun. Erst in der Nazi-Zeit trat er durch eine Anzeige im Gemeindeblatt in die Öffentlichkeit, um Ersatz für Mitglieder zu werben, die durch ihre Auswanderung eine Lücke hinterlassen hatten.

Die Chewra Kadischa bestand bis zur Zerstörung der Gemeinde durch die Nationalsozialisten. Auch heute werden die Bestattungshandlungen von mehreren Mitgliedern der Gemeinde vollzogen. Erfreulicherweise stellen sich stets viele Frauen und Männer freiwillig zur Verfügung, um die vorgeschriebenen Maßnahmen und Gebete in der traditionellen Weise auszuführen. Ein eigener Verein besteht heute nicht mehr.

Siehe Abbildungen 303 – 307 in „Bilder vom jüdischen Leben in Mannheim"

Anmerkungen

1 IGB 20 – 1934

2 „Normen über das Verhalten der Vereinsmitglieder bei der Agonie..." Mannheim, im Monate Nissan 5644 [= 1884], LBI

3 Die Gründungsurkunde nennt die Namen der ersten Gründungsmitglieder und den Namen von Rabbiner Moses Grotwohl, Chaim Lauer: Chewra Kadischa, in IGB 17 – 1936

4 Karl Darmstädter in IGB 20 – 1934

5 Lewin S. 261

6 siehe: Zwei Reden gehalten bei den Gedächtnisfeiern der Beerdigungs-Bruderschaft Mannheim von ihrem Rabbiner P. Kohn. Mannheim 1893, LBI RM 744 K6

7 Statuten des israelitischen Frauen – Vereins in Mannheim, Mannheim 14.12.1886. LBI HQ 1172 I 76 A 15

כשר

Du sollst das
Böcklein nicht kochen
in der Milch
seiner Mutter

5. Moses 14, 21

Das Kaschrutwesen

Der Begriff Kaschrut, abgeleitet von hebräisch koscher, tauglich, umfaßt die Gesamtheit der Gebote und Vorkehrungen, um Nahrungsmittel und Gegenstände rituell rein, koscher zu machen. Die Befolgung der Kaschrutvorschriften ist für strenggläubige Juden ein verpflichtendes Gebot.

Schächten ist die vorschriftsgemäße rituelle Schlachtung der zum Genuß erlaubten Tiere. Nur bestimmtes Geflügel, Fische mit Flossen und Schuppen und Säugetiere, die Hufe haben und wiederkäuen, sind nach 3. Moses 11 und 5. Moses 14 rein. Das Schächtgebot hingegen ist von 5. Moses 12, 21 abgeleitet. Über die Art und Weise des Schächtvorgangs gibt die Überlieferung Aufschluß. Das Schlachten geschieht durch einen raschen Halsschnitt, der ohne Unterbrechung und zügig mit einem scharfen, schartenfreien Messer geführt werden muß. Das Tier verliert infolge des plötzlichen Blutdruckabfalls das Bewußtsein. Das Schlachttier soll völlig ausbluten, das Blut muß der Erde zurückgegeben werden. Vor und u.U. auch nach der Tötung ist eine Bracha, ein Segensspruch, zu sprechen. Der Schochet, Schächter, muß zu seiner Tätigkeit ausgebildet sein, er braucht das Zeugnis eines Rabbiners. Das Fleisch von rituell einwandfrei geschächteten Tieren erhält einen Stempel oder ein Siegel. Aufgrund eines Gebots in 5. Moses 14, 21 erfolgt eine strikte Trennung zwischen „fleischigen“ und „milchigen“ Speisen. Fleisch darf nicht mit Milchprodukten zusammen verzehrt werden. Auch für Wein bestehen gewisse Vorschriften. Besonders strenge Kaschrutregeln gelten an Pessach. Sie bestimmen, daß an den Pessachtagen keine Speisen mit Zutaten aus Gesäuertem verwendet werden dürfen.

Im Mannheim des 19. und 20. Jahrhunderts führte meist der Klausrabbiner die Aufsicht über die Beachtung der Speisegesetze; seit 1898 stand das Kaschrutwesen unter der Kontrolle von Rabbiner Dr. Unna. Die streng koscher geführten Metzgereien oder Lebensmittelgeschäfte verwiesen in ihren Anzeigen gerne darauf, daß sie unter Rabbinatsaufsicht standen.

Von Antisemiten wurde wiederholt ein Verbot der rituellen Schlachtung gefordert. Unter dem Vorwand des Tierschutzes erfolgte ein solcher Vorstoß gegen das Schächten im badischen Landtag im Jahr 1899. Die Untersuchungen der badischen Regierung ergaben dagegen eindeutig, daß die rituelle Schlachtung keine Tierquälerei sei und ein Verbot nicht in Frage komme. Trotzdem mußte man sich immer wieder mit dem von judenfeindlicher Seite vorgebrachten Vorwurf der Tierquälerei auseinandersetzen. Zahlreiche Veröffentlichungen von Rabbiner Dr. Unna befassen sich mit diesem Thema.[1]

Schon früh unterhielt die Mannheimer Gemeinde ein eigenes Schlachthaus; aus rituellen Gründen war für sie die Benutzung der allgemeinen Schlachthäuser ausgeschlossen. 1689 genehmigte die Regierung die Errichtung von Christen- und Judenschlachthäusern vor dem Neckartor.[2] Anlaß für ein staatliches Eingreifen gab die 1726 erfolgte Beschwerde der christlichen Metzger, daß für die Juden der neu eingeführte Schlachthauszwang nicht bestehe. Als Folge mußte ein eigenes Judenschlachthaus gebaut werden, das am Rhein, dicht unterhalb der Schiffsbrücke lag.[3] Hier wurde bis in die 1830er Jahre geschächtet; die Absicht der Regierung in den 1760er Jahren, die Juden in ein Getto zu verbannen und das Schlachthaus zu einer Synagoge ausbauen zu lassen, kam nicht zur Ausführung.[4] Die jüdischen Metzger wechselten um 1837 in einen abgeteilten Raum im allgemeinen Schlachthaus über, das am Neckar etwa auf der Stelle der heutigen Stadtwerke stand. Das alte Gebäude diente danach als Lagerhaus des neuen Hafens. Als 1869 ein neues Schlachthaus oberhalb der Neckarbrücke, heute Collinicenter, seinen Betrieb aufnahm, wurde dort geschächtet. Den Vorgang des rituellen Schlachtens regelte die Schlachthausordnung.[5]

Allerdings läßt die in den 1890er Jahren behördlich geregelte Verwendung des Bluts von geschächteten Tieren zur Wurstverarbeitung Rückschlüsse auf die wohl wenig strenge Observanz der damaligen Zeit zu.[6]

Der Verkauf der koscheren Fleischwaren erfolgte einst in der „Judenschranne“, die sich im 17. und 18. Jahrhundert an der östlichen Seite des heutigen Quadrats E 3 befand. Später, bis 1843, war sie im Kranken- und Pfründnerhaus E 5, 9 untergebracht.[7]

כשר

Die Frage der Bierherstellung zog im 18. Jahrhundert langwierige Auseinandersetzungen mit den Christen nach sich. Den Stein ins Rollen brachte eine 1746 erfolgte Eingabe der Mannheimer Juden bei der kurfürstlichen Hofkammer. Sie baten um Genehmigung einer eigenen Bierbrauerei, da die hiesigen Bierbrauer Kalbsfüße zum „Bierschönen“ verwendeten und damit für Juden rituell unrein machten. Zwar verhinderten die Bierbrauer eine solche Genehmigung, doch endete der sich jahrelang hinschleppende „Bierkrieg“ zwischen den pfälzischen Behörden, dem Stadtrat, der Brauerzunft und den Juden, wie er sich in den Ratsprotokollen nachverfolgen läßt, im Jahr 1768 mit der Regelung, daß höchstens sechs Kalbsfüße in einem Sud von 20 Fuder (etwa 20 Hektoliter) erlaubt seien. Die Juden scheinen dann ihre Bemühungen um die Genehmigung einer eigenen Brauerei eingestellt zu haben.[8]

Zu Beginn des 20. Jahrhunderts hatte die Gemeinde zwei angestellte Schächter, die meist auch das Amt des Lehrers oder Kantors bekleideten. Sie benutzten im 1900 eröffneten Schlachthof einen gesonderten Schächtraum, den die Gemeinde angemietet hatte. Die Metzger hatten Gebühren für das Schächten (Großvieh 2,00 Mark, Kleinvieh 0,60 Mark und ein Zicklein 0,20 Mark) an die städtische Schlachthofkasse zu zahlen, die davon einen Teil an die Gemeinde weitergab. Diese vergütete damit ihre Schächter. Als in der Notzeit des Ersten Weltkriegs der Fleischverbrauch stark zurückging, mußte die Gemeinde die Schächter für den Ausfall entschädigen. Etwa ein Drittel bis ein Siebtel aller geschlachteten Tiere in Mannheim wurde in jenen Jahren geschächtet. Die jüdischen Metzger hatten stets eine große christliche Kundschaft; ferner wurden bestimmte Teile des Tieres, die rituell verboten sind, an christliche Metzger weiterverkauft.[9]

Geflügel schächtete man in der Regel im Vorhof des alten Friedhofs in F 7, 1/2; das Gemeindeblatt veröffentlichte die Schächtstunden.[10] Der Schochet war dort u.a. Josef Traub, der als 79jähriger in Gurs ums Leben kam. Jüdische Metzger sorgten vor 1933 für koscheres Fleischangebot in unterschiedlichen Abstufungen; die „koscherste“ Metzgerei war die des Julius Guggenheimer bzw. seines

Metzgerei Schott in E 5, 3, (2. Haus v.l.), kurz nach der erzwungenen Verlegung des Geschäfts nach D 2, 2, aufgenommen am 31.3.1936.

Nachfolgers David Mayer in F 3, 11. Sie stand selbstverständlich unter der Aufsicht von Rabbiner Dr. Unna. Zahlreiche Lebensmittelgeschäfte offerierten koscheren Wein, jüdische Bäckereien sorgten für die traditionellen Berches, die Weißbrote für den Freitagabend, bzw. buken zu den Pessachtagen die vorgeschriebenen Mazzen.

Kein Speisegesetz, doch auch ein rituelles Gebot ist die Vorschrift, keine Textilien zu tragen, in denen tierische und pflanzliche Fasern zusammen verwoben wurden. Die rituellen Schneidereien befolgten das Verbot des Kil'ajim, Zweierlei. 1799 ist ein „Koscherschneider" erwähnt. Noch in den 30er Jahren war es in jüdischen Textilgeschäften üblich, auf Wunsch mit „Koscherleinen" bedient zu werden.

Eines der ersten antijüdischen Gesetze der Nazis war das Schächtverbot, das bereits im April 1933 erlassen wurde. Das Gemeindeblatt antwortete mit Rezeptvorschlägen für fleischlose Mahlzeiten. Einige Zeit konnten die jüdischen Metzger für ihre observante Kundschaft rituell reines Fleisch aus dem Ausland beschaffen, vor allem aus Dänemark. Seit 1934, als auch das Schächten von Geflügel untersagt war[11], wurde zuweilen heimlich in Kellern geschlachtet.

Gerade in diesen Jahren der Bedrohung mahnte Rabbiner Dr. Unna stets zur Einhaltung der Speisegesetze, notfalls auch zum Verzicht auf Fleisch. Ein „Verein zur Wahrung des gesetzestreuen Judentums" mit Sitz in der Akademiestr. 3 versuchte, den rituell lebenden Familien zu helfen. Das Gemeindeblatt berichtete 1937 über dessen Aktivitäten: *„Es gelang ihm, einer großen Anzahl solcher Familien in den letzten Wochen Liebesgabensendungen aus dem Ausland zu vermitteln, vor allem mit (zollamtlich zur*

Einfuhr erlaubten) Fleischsendungen, die auf so vielen Tischen in rituell geführten Häusern zur großen Seltenheit geworden sind."[12] Selbstverständlich hielten sich die Einrichtungen der Gemeinde, die Essen ausgaben, z.B. Krankenhaus und Altersheim, weiterhin an die Kaschrutvorschriften. Sie stellten bei Mangel an koscherem Fleisch auf vegetarische Kost oder Fisch um.

Heute können koschere Lebensmittel u.a. aus Frankfurt und Straßburg bezogen werden. Zu Pessach bietet die Gemeinde den Bezug von Mazzen an. Seit der Inbetriebnahme des neuen Gemeindezentrums 1987 verfügt sie über eine Gemeinschaftsküche, deren Räumlichkeiten streng nach milchigen und fleischigen Speisen getrennt sind. Für die Bewirtung bei Gemeindeveranstaltungen sorgte, noch in der Synagoge Maximilianstraße, viele Jahre das Ehepaar Johanna und Henryk Herszkowicz. Heute bereitet, unter der Leitung von Alisa Erlich, die Kochgruppe des Frauenvereins etwa zum Sederabend, zu Rosch Haschana und für die Bälle koschere Mahlzeiten zu. Neben vielen anderen Mitwirkenden ist Irene Rajz eines der aktivsten Mitglieder der Kochgruppe.

כשר

Siehe Abbildungen 196 – 198, 388, 391 und 392 in „Bilder vom jüdischen Leben in Mannheim"

Anmerkungen

1 Siehe Isak Unna: Tierschutz im Judentum, Frankfurt 1928; Isak Unna: Die Schächtfrage, in: Der Tierfreund, Mai 1930 Nr. 3, Stuttgart; u.a.m.

2 Walter I, S. 266

3 Nach Verwaltungsbericht der Hauptstadt Mannheim 1892 – 1894, S. 255 *f* wurde dieses Judenschlachthaus aus städtischen Mitteln erbaut, Rosenthal 1927, S. 111

4 Rosenthal Synagogen

5 Verwaltungsbericht 1892 – 1894, S. 289 *f*

6 Verwaltungsbericht 1895

7 Felsenthal 1925

8 Rosenthal Kaschrusfrage; GLA 213/1011; Ratsprotokolle.
Herrn Hans Flaig sind wertvolle Hinweise zu danken.

9 Goldberg S. 42 *ff*

10 Siehe z.B. IGB 5 – 1926

11 IGB 6 – 1934

12 IGB 6 – 1937

Sedergestelle, Chanukkaleuchter, Berchesplatten, Hawdalahgarnituren sowie sämtliche Kultusgegenstände in großer Auswahl

Werbung von Salomon Oppenheimer 1938

Geschäfte für den religiösen Bedarf

Während heute koschere Nahrungsmittel, Gebetbücher und Ritualien aus Frankfurt, Basel, Straßburg, Israel oder den USA bezogen werden, fand man früher problemlos alle einschlägigen Geschäfte in den Quadraten. Die Stadt bot eine vollständige Auswahl an Dingen des religiösen Bedarfs nicht nur für Mannheimer. Juden und jüdische Gemeinden im weiten Umkreis versorgten sich mit Ritualien in den Geschäften Mannheims.

Die Existenz eines Toraschreibers ist bereits im 17. Jahrhundert belegt. Die Torarollen werden von einem Berufsschreiber, hebräisch Sofer, nach streng einzuhaltenden Regeln handschriftlich angefertigt. Das auch „Zehntgebottschreiber“ genannte Amt versah im 18. Jahrhundert Simon Jakob, der 1748 ein kleines Haus in F 3, 15 erwarb.[1] Der ehrenvolle Titel des Sofers wird auch auf Grabsteinen erwähnt, so beim „Zehngebotsschreiber“ Samuel Bär (1851-1890), der 1881 in E 4, 11 begann, mehrmals umzog und sich schließlich in G 7, 30 niederließ.

Religiöse Bücher und Gegenstände konnte man im 19. Jahrhundert im Gebäude der Klaus kaufen. Hier wohnte das Brüderpaar Juda und Hirsch Helmann. Die im gleichen Haus lebende Rabbinertochter

Jakobine Lindmann überliefert uns ein lebensnahes Bild: *„Hirsch Helmann handelte mit Devotionalien und hebräischen Büchern. In einem dunklen Hinterzimmer, das nach dem modrigen Höfchen ging, und das auch ein kattunverhangenes Bett enthielt, stand die ganze Bibliothek von Machsorim, Tefillas, Bibeln und Gebetbüchern, und in Schubladen ruhten Gebetmäntel und Gebetriemen von allen Sorten. Seine Kunden waren besonders die Vieh- und Pferdehändler, die zu den großen Märkten und Messen in die Stadt kamen. Auch versorgte er die Gemeinde mit den unentbehrlichen jüdischen Kalendern (luach), und die Schulkinder mit den ersten Bibeln. Seine beste Zeit war aber im Herbst, wenn der Handel mit den Palmzweigen und Paradiesäpfeln anging, und er für die weniger gewandten Gemeindemitglieder das Lulaf fertig band und durch seine beiden Söhne in's Haus schicken ließ. Mein Vater freilich band sich sein Lulaf, unter Anteilnahme der ganzen Familie, mit Fachkenntnis selber, aber er hatte vorher eingehende Conferenzen mit Hellmann, der ihm Palmzweige zur Auswahl brachte, und Paradiesäpfel (Esrogim) in wohlgezimmerten Kästchen, die behutsam geöffnet wurden, um die einzelnen, in zarten Bast gehüllten Früchte herauszuholen. Sie dufteten fremdartig und wurden je nach der Herkunft, ob von Bordighera oder von Smyrna oder Corsica, eingeschätzt. Auch daß oben an der Frucht noch der zarte Blütenstempel saß, verlieh der grünlichgelben Frucht besonderen Wert.“* [2]

Der Toraschreiber Salomon Oppenheimer (1865-1942) eröffnete 1888 in E 4, 6 eine hebräische Buchhandlung, in der er auch Ritualgegenstände und Torarollen anbot. Oppenheimer war zu seiner Zeit der einzige Sofer in Baden. Käufer seiner Torarollen und religiösen Schriftstücke, z.B. Heiratsverträge, kamen von weit her. Als Meister in der Kunst der hebräischen Schrift zeichnete er den Steinmetzen die Buchstaben auf Grabsteinen vor. Salomon Oppenheimer versah auch das Amt des Schammes in der Klaus, arbeitete als Mohel und war Logenwart in der August-Lamey-Loge. Er führte die Memorbücher, verwaltete die Kultgegenstände und war Mitglied der Chewra Kadischa. Ab 1911 befand sich seine Buchhandlung im Haus F 3, 15/16, im Juli 1935 verlegte Oppenheimer sie nach E 2, 12, schräg gegenüber dem Schiffhaus. Der Sohn Karl stand seinem Vater im Geschäft helfend zur Seite.

Die Ausschreitungen des 10.11.1938 trafen die Buchhandlung Oppenheimer besonders schwer. Bücher und Torarollen wurden auf die Straße geschleppt und dort öffentlich verbrannt. Salomon Oppenheimer starb 1942 im Deportationslager Noé.

Ein weiterer Geschäftszweig, der jüdisches Leben in der Stadt ermöglichte, war die Versorgung mit koscheren Lebensmitteln. Weil jüdische Metzger bereits im 18. Jahrhundert ihre Waren oft günstiger anboten, betrachteten ihre christlichen Kollegen sie meist mit Konkurrenzneid. Gewisse Teile des Tieres sind zum Verzehr rituell nicht erlaubt und können zu einem günstigen Preis verkauft werden. Zudem gelang den jüdischen Metzgern häufig eine bessere Kalkulation.

Die Metzgerei Josef Guggenheim bzw. Nachfolger David Mayer in F 3, 11 stand unter der Aufsicht von Rabbiner Dr. Unna, ebenso wie die Metzgerei Leo Kälbermann in D 4, 5. Nach der Auswanderung von Rabbiner Dr. Unna im Jahr 1935 übernahm Rabbiner Dr. Lauer die Aufsicht über das Schächtwesen. Andere Metzgereien waren zwar koscher, standen jedoch nicht unter rabbinischer Aufsicht, z.B. die Metzgerei Hermann Schott in E 5, 3 oder die Metzgerei Hermann Frank in Q 1, 19. Andere Metzger führten kein koscheres Fleisch, verzichteten in der Regel jedoch auf Schweinefleisch, z.B. Metzger Kaufmann Stern in E 3, 2. Diese Betriebe hatten überwiegend christliche bzw. jüdisch-liberale Kundschaft.

Das Schächtverbot vom April 1933 brachte die koscheres Fleisch führenden Metzger um ihre Existenz, sofern sie nicht, wie David Mayer, auf Geflügel und Fisch umstellten. Eine Zeitlang konnte geschächtetes Fleisch aus Dänemark importiert werden. Koscheres Hühner- und Gänsefleisch bot u.a. die Geflügelhandlung Doiny in H 5, 19 bzw. F 3, 18 an. Auch auf dem Wochenmarkt in G 1 wurde geschächtetes Geflügel verkauft, das durch eine Plombe vom Schochet gekennzeichnet war.

Auch bei Lebensmittelgeschäften gab es Unterschiede im Grad der rituellen Observanz. Als Spezialist für koschere Lebensmittel galt Hermann Rieder, der einige Jahre vor dem Ersten Weltkrieg in G 2, 16 ein Feinkostgeschäft eröffnete. Es stand unter Aufsicht von Rabbiner Dr. Unna. Zu Pessach wurden selbstverständlich nur die nach den strengen Pessachvorschriften gebotenen Speisen angeboten. Der Betrieb zog 1931 unter der Nachfolge von Morris Rennert nach F 2, 7 um.

Die jüdischen Bäckereien sorgten für die Lieferung von Mazzen, die für die Pessachtage vorgeschrieben sind. In der Vorpessachzeit gab es auch Torten und Kuchen, die nach den Pessach-Vorschriften aus Mazzenmehl hergestellt waren. Freitags konnte man frische „Berches“ oder „Challe“, mohnbestreute Hefezöpfe für die Sabbatmahlzeiten kaufen. Von dem vielfältigen Angebot in der Stadt seien nur die Bäckereien Nathan Seeliger in F 3, 14 und Bäcker Beer in S 6, 11 genannt.

Der Bezug ritueller Milch war seit 15.3.1927 durch das Entgegenkommen der Milchzentrale möglich. Man hatte den Bedarf beim Milchhändler anzumelden und konnte die Milch am Folgetag in geschlossenen, mit dem Zeichen des Rabbinats versehenen Flaschen abholen.[3]

Milchgeschäft von Felix Flattau am Clignetplatz, Untere Clignetstr. 12, um 1930.

Die jüdischen Speiserestaurants stellten rituell zubereitete Mahlzeiten bereit, wobei das Logenrestaurant Kaufmann in C 4, 12 die strengste Observanz bot. Es wurde bis 1937 geführt, zuletzt als Helmanns Gaststätte. Bis etwa 1922 existierte eine rituelle Volksküche, die ebenso wie der jüdische Speiseverein rituelle Kost für ärmere Kreise anbot. Mitte der 20er Jahre wurde in G 5, 6 ein ritueller Mittagstisch angeboten.[4] Auch in den jüdischen Pensionen konnte man koscher speisen, es gab die Pensionen Spiro in B 2, 3, Neuburger in F 3, 13, Birnbaum in D 2, 5, Golomb in G 5, 6, Herbst in L 14, 17, Lamm in C 8, 11 und das Hotel Odenheimer in D 5, 4. Hier konnte man auch die Feiertage in traditioneller Weise verbringen. Die Teilnahme an der Sederfeier 1938 boten die Pensionen Eis in L 14, 12 und Gutwillig in D 2, 4-5 an. Von den jüdischen Cafés mit koscherem Angebot sind das Café Union (Café Schmeidler) in D 3, 12, das Café Silberberg in F 3, 10 und das Café Liederkranz in E 5, 4 bzw. ab 1935 in Q 2, 16 in guter Erinnerung. Viele dieser Gastronomiebetriebe wurden als jüdische Treffpunkte am 10.11.1938 besonders schwer heimgesucht.

Die rituellen Schneidereien befolgten das Verbot des Kil'ajim (=„Zweierlei"), Wolle und Leinen zusammen in Kleidungsstücke zu verarbeiten. Schon 1799 ist ein „Koscherschneider" erwähnt; im 20. Jahrhundert gab es u.a. die rituelle Schneiderei Siebert in M 7, 13, die „Koscherleinen" verwendete. Für Sargenes, Totenkleider, die u.a. im Jom-Kippur-Gottesdienst getragen werden, sorgten u.a. die Geschäfte Hirsch-Gadiel in F 4, 3 oder Bornstein in T 2, 19.

Die meisten jüdischen Geschäfte führten jedoch ein Warenangebot, das sich in nichts von dem nichtjüdischer Betriebe unterschied. Die Religionszugehörigkeit der Inhaber war dort ohne jeden Belang; allenfalls an Rosch Haschana und Jom Kippur konnte man jüdische Betriebe von anderen unterscheiden, da viele von ihnen geschlossen waren. Erst die Nationalsozialisten brandmarkten jüdische Geschäfte und bedrängten deren Besitzer, Angestellten, Kunden und Lieferanten.

Siehe Abbildungen 384 – 401 in „Bilder vom jüdischen Leben in Mannheim"

Anmerkungen

1 Teutsch S. 21
2 Lindmann
3 IGB 4 – 1927
4 IGB 8 – 1925

Die Vereinigung hat „immer starken Einfluß auf die Gemeinde genommen."

Dr. Paul Lussheimer 1936 [1]

Religiöse Vereine

Um den Interessen der verschiedenen religiösen Richtungen in der Gemeinde, im Synagogenrat und in der Gemeindevertretung Nachdruck zu verleihen, formierten sich verschiedene Vereine. Ihr Ziel war die politische Einflußnahme in Gemeindefragen und die Unterstützung Einzelner.

Die stärkste Organisation der Orthodoxen war der „Verein zur Wahrung der Interessen des gesetzestreuen Judentums in Baden", der in Mannheim seit 1903 bestand. Er trat für die Werte der Überlieferung, für *„die Aufrechterhaltung der Tora"* und für die Sicherung der observanten Einrichtungen ein. Die *„sehr aktive Vereinigung"* hat *„immer starken Einfluß auf die Gemeinde genommen"* und war *„ebenfalls maßgebend im Synagogenrat und der Gemeindevertretung vertreten."* [2] Der Verein trat im November 1929 kooperativ dem „Weltverband Schomre Schabbos" bei, der 1928 in Berlin gegründet wurde. Er kämpfte für konsequenten Sabbatschutz. Nachdem das 1933 erlassene Schächtverbot den Bezug koscheren Fleisches nahezu unmöglich gemacht hatte, erstellte der „Verein zur Wahrung der Interessen des gesetzestreuen Judentums in Baden" eine Liste der rituell lebenden Familien. 1937 gelang es ihm, *„einer* *großen Anzahl solcher Familien in den letzten Wochen Liebesgabensendungen aus dem Ausland zu vermitteln, vor allem mit (zollamtlich zur Einfuhr erlaubten) Fleischsendungen, die auf so vielen Tischen in rituell geführten Häusern zur großen Seltenheit geworden sind.*"[3]

Die 1908 gegründete jüdische „religiös-liberale Vereinigung Mannheim" war ursprünglich eine Wahlvereinigung mit dem Ziel, Mitglieder in den Synagogenrat und die Gemeindevertretung zu entsenden. Sie wurde zu einer Untergruppe der ebenfalls 1908 entstandenen Vereinigung für das liberale Judentum in Berlin. Die Vereinigung lehnte den Zionismus aus Gründen der Universalität des Judentums ab. Ab 1933 widmete sie sich verstärkt dem Gemeindeleben und dessen Ausbau auf religiös-liberaler und sozialer Grundlage. Sie versuchte, das Interesse „*weitester Kreise für jüdische Fragen zu wecken und zu pflegen.*" In den 30er Jahren sorgte sie für die Einführung des Schawuot- und Haschana-Rabba-Lernens, veranstaltete Vorträge und lieferte Beiträge im Israelitischen Gemeindeblatt. Im Jahr 1936 zählte sie 210 Mitglieder.[4]

Anmerkungen

1 IGB 17 – 1936

2 Wilhelm Buchsweiler: Über die Organisationen, in IGB 17 – 1936

3 Fleischversorgung der rituell-lebenden Bedürftigen, in IGB 6 – 1937

4 Wilhelm Buchsweiler: Über die Organisationen, in IGB 17 – 1936, S. 29/30

...der Du uns
mit Deinen Geboten
geheiligt und
uns befohlen hast,
unterzutauchen

Segensspruch vor dem Untertauchen

Die rituellen Tauchbäder

Die Beziehung von Menschen und Dingen zu Gott hängt eng mit Begriffen wie „heilig" und „rein" zusammen. Reinigungen ritueller Art sind bei bestimmten Anlässen vorgeschrieben. Sie reichen vom einfachen Händewaschen, z.B. beim Verlassen eines Friedhofs, bis zum Untertauchen im rituellen Bad, der Mikwe. Für Frauen ist das regelmäßige Untertauchen Vorschrift. Für Männer ist es Brauch, u.a. vor Sabbaten oder Feiertagen in die Mikwe zu gehen. Personen, die zum Judentum übertreten, müssen bei der Aufnahmezeremonie ein rituelles Bad nehmen. Schließlich können sogar Gegenstände in der Mikwe „gekoschert" werden.

Das Tauchbad muß entweder ein natürliches Gewässer, Meer, See, Fluß oder Bach, oder eine Badeanlage mit angesammeltem Naturwasser, Schneeschmelze, Quell-, Regen- oder Grundwasser, von einem bestimmten Fassungsvermögen sein. Das Wasser darf mit angewärmtem Leitungswasser angereichert und in mehreren Becken verteilt sein, muß aber mit dem Naturwasser in Verbindung stehen.

Mikwe
Gemeindezentrum F 3.

Die Mikwe war eine der ersten Anlagen, welche die neugegründete Mannheimer Gemeinde des 17. Jahrhunderts einrichtete. Das frühe Vorhandensein einer Mikwe beweist die Tatsache, daß der Stadtrat 1664 den Rabbiner, die Gemeindevorsteher und *„sämtliche Judenschaft"* aufforderte , eine Abrechnung über die Kosten der Synagoge, des Bades und des Friedhofs vorzulegen. Wo dieses Bad war, ist ebensowenig bekannt wie der Standort des neuen Kaltbades, dessen Bau die jüdische Gemeinde 1667 beschloß.[1]

Spätestens 1844 übernahm die Gemeinde das Gebäude F 5, 25, wo sie eine Mikwe einrichtete.[2] Im Vorderhaus wohnte die Familie der Badefrau, die die Anlage instand hielt und beim Bad behilflich war. Die Wärterin erhielt eine Vergütung; 1918 belief sich das Jahresentgelt für die Badefrau auf 350 Mark. Die Benutzerinnen bezahlten je nach ihren Vermögensverhältnissen, die Mindestgebühr war 1918 auf 2 Mark festgesetzt.[3]

1921 zog die Badefrau Janette Kohl mit ihrem Mann Sigmund und vier Kindern in F 5 ein. Die Tochter Ruth Kohl-Schapiro erinnerte sich: *„Das Häuschen F 5, 25 war eigentlich ein Doppelhäuschen [...] Beide (zweistöckig) gehörten der jüdischen Gemeinde. Als wir dort den jüdischen Lehrer, Herrn Traub, und seine Familie, Frau und zwei erwachsene Töchter, ersetzten, wurde das Haus renoviert und ein Dachgeschoß hinzugebaut"*.[4] Das Gemeindeblatt meldete: *„Das rituelle Frauenbad ist in umfassender Weise renoviert worden. Der Synagogenrat hat in Erkenntnis der Wichtigkeit dieser religiösen Institution bereitwillig die Mittel zur Verfügung gestellt, um das Bad mit allen modernen Einrichtungen (Zentralheizung, elektrisches Licht usw.) zu versehen, so daß die Interessenten in jeder Richtung befriedigt werden können."* [5] Die Mikwe besaß nach diesem Umbau zwei Badezimmer mit Wannen und einen geheizten Warteraum. *„Die Frauen sagten sich per Telefon an und die Aufgabe unserer Mutter war, dafür zu sorgen, daß jede Frau erst die Wanne benutzte – wo nach jeder das Wasser gewechselt wurde – und dann war im Fußboden (die Zimmer waren weiß gekachelt, von unten bis oben und daher leicht pflegbar) einige Stufen nach unten eine viereckige Vertiefung von ungefähr 2 m. Eine Stange lief an der Wand entlang nach unten, so daß man nicht ausrutschte. Die Frauen (jede für sich) gingen diese Treppen hinunter und tauchten unter [...], und da hatte eben eine Frau dabei zu sein, um zu sehen, ob wirklich untergetaucht wurde (und vielleicht, sicher auch, damit nichts passiert). Dieses Wasser wurde nicht oft gewechselt, aber immer wurde warmes Wasser dazugegeben. Im Hofe stand ein großer*

Ofen, der für Wasser und Dampfheizung sorgte, den ganzen Winter (und wahrscheinlich auch Sommer) über 'gefüttert' wurde, Dampf und Temperaturen abzulesen waren [...] 1933 zog Lehrer Kohn ein, sie wohnten dort bis zur Kristallnacht und verließen Deutschland, nachdem Herr Kohn aus Dachau zurückkehrte." [6]

Vermutlich wurde die Mikwe in F 5 am 10.11.1938 zerschlagen, denn die Gemeinde baute Anfang 1939 in ihrem Altersheim B 7, 3 eine neue rituelle Badeanlage. Walter Siesel, der von der Gemeinde mit Bauarbeiten beauftragt war, schrieb am 14.5.1939 an seine bereits nach England emigrierte Tochter Alice: „*In B 7, 3 sind wir bald fertig. Ich befürchte, daß wir noch eine Woche dort Arbeit haben.*" Doch erst am 18.6.1939 konnte er berichten: „*Das Heim in B 7 ist jetzt fix und fertig.*" [7] Noch in einem auf den 29.10.1941 datierten Brief aus der Deportation in Südfrankreich erwähnt er seine Mitarbeit am rituellen Bad.

Im Keller dieses Hauses, der heute als Lager für Altmaterial dient, sind noch Reste der Mikwe erhalten. Nach der Erinnerung von Cilla Friedmann, die als Pflegerin im Altersheim bis zur Deportation im Oktober 1940 arbeitete, trat hier noch eine Frau zum Judentum über. 1942 beschlagnahmte die Gestapo das Gebäude.[8]

Der neuen Gemeinde steht in F 3 wieder ein rituelles Bad zur Verfügung. Die großzügige Anlage besitzt zwei Becken und befindet sich im östlichen Teil des Erdgeschosses von F 3.[9] Die Becken stehen in Verbindung mit einer Zisterne, die koscheres Wasser enthält. Das vorgeschriebene „*natürliche*" Wasser konnte aus hygienischen Gründen im industriebelasteten Mannheim weder aus dem Grund- noch aus Regenwasser gewonnen werden. Ursprünglich war vorgesehen, Heidelberger Quellwasser mit besonderen Transportmethoden – es darf nicht geschöpft werden – nach Mannheim zu holen. 1989 einigte man sich auf schmelzendes Eiswasser, das ebenso den Vorschriften der Halacha entspricht. Das Wasser des Tauchbades ist für die Benutzer erwärmt.

Siehe Abbildungen 199 – 202 in „Bilder vom jüdischen Leben in Mannheim"

Anmerkungen

1 Rosenthal Synagogen; Bayer S. 44
2 Die Adreßbücher nennen die Gemeinde erstmals 1844 als Besitzer
3 Goldberg S. 39 *f*
4 Mitteilung Ruth Kohl-Shapiro, Nir David, Israel, 1987
5 IGB 4 – 1925
6 Mitteilung Ruth Kohl-Shapiro, Nir David, Israel, 1987
7 Briefe im Besitz Alice Alexander, London, Kopien in StA MA
8 Keller 1992
9 U.a. dokumentiert in: Georg Heuberger (Hrsg.): Mikwe Geschichte und Architektur jüdischer Ritualbäder in Deutschland, Ausstellungskatalog des Jüdischen Museums Frankfurt 1992, S. 86 *f*, 182 *f*

...weil aus Gewohnheit
viele am Sabbat tragen...

Die Dajunim in Mannheim [1]

Der Eruw in Mannheim

Nach den Sabbatvorschriften ist das Tragen von Gegenständen im öffentlichen Bereich am Ruhetag verboten. Im Haus dagegen, aber auch innerhalb geschlossener Siedlungen, ist es zulässig. Auf einer öffentlichen Straße ist das Transportieren am Sabbat demnach untersagt, wenn nicht eine markierte, fest umrissene Grenze um die Stadt, der Eruw, zwischen freiem und geschlossenem Bezirk unterscheidet. Unter Umständen kann auch ein Draht, eine „Sabbatschnur", diese Grenze symbolisieren.

In Mannheim bestand ein Eruw bis zum Beginn des 19. Jahrhunderts. Die Grenze zwischen Innen- und Außenbezirk war durch die Stadtbefestigung mit ihren drei Toren eindeutig vorgegeben. Erst die Schleifung der Bastionen in den Jahren ab 1799 machte das Tragen am Sabbat in der Stadt zu einem Problem. Der Rabbiner, es war vermutlich der 1782 – 1809 amtierende Stadtrabbiner Michael Scheuer, verkündete in der Synagoge das Verbot des Tragens am Sabbat.

In der Gemeinde stieß das Verbot auf Widerstand. Man ging sogar so weit, daß man – in den ersten Jahren des 19. Jahrhunderts – bei einer auswärtigen rabbinischen Autorität, dem Rabbiner Salomon Cohn in Fürth, Erkundigungen nach den religionsgesetzlichen Auslegungsmöglichkeiten einholte. Die anonyme, nur mit *„Die Dajunim in Mannheim"* unterschriebene Anfrage stammte vermutlich von den Rabbinatsassessoren, denn „Dajan", Richter, war die volkstümliche Bezeichnung dieses Amtes. In jenen Jahren wirkten Löb Offenbach, Löw Neugass, Hillel Samuel Schotten, Mayer Koblenz, Mayer Alexander Traub, Löb Bodenheim und Gottschalk Abraham Alsenz als Dajanim. Die Schilderungen des Briefs geben ein Stück Stadtgeschichte wieder:

„Hier in Mannheim war seit jeher eine Mauer rings um die Stadt, welche als Festung gedient hat. Durch den Krieg wurde die Festungsmauer zerstört, sodaß kein Zeichen von der Mauer zurückgeblieben ist. Die an die Mauern angebauten Türme sind ebenfalls ganz vernichtet worden, sogar der Stadtgraben ist im Laufe der Zeit durch Aufschütten von Schutt der Ebene gleich geworden. Die Kanäle wurden ganz ausgetrocknet. Einige Stellen glichen einem Tale, wiederum ein großer Teil wurde aufgeackert und als Felder und Gärten benützt und mit verschiedenen Früchten bebaut. Es wurden auch Bäume angepflanzt. Dadurch ergab sich auch, daß viele Straßen von einer Seite her offen (mefulesch) waren. Inmitten der Stadt waren die Straßen breiter als 16 Olen. Aus diesen angeführten Gründen hat sich der damalige Rabbiner veranlaßt gefühlt, das Tragen am Sabbat zu verbieten, solange der Eruw nicht wieder nach den Vorschriften des Schulchon-Aruch hergerichtet wird. Aber die jetzige Lage der Stadt ist schon deshalb ganz verändert, weil die beiden Flüsse Neckar und Rhein tiefer und breiter gemacht, außerdem Kanäle rings um die Stadt gebaut wurden, sodaß der Ablauf der Kanäle direkt in den Rhein resp. Neckar fließt und damit die Kanäle mit den Flüssen verbunden sind. Dadurch ist keine Möglichkeit vorhanden, daß jemand aus der Stadt gehen oder in die Stadt kommen kann, ohne die Brükken, die über die Flüsse gebaut sind, zu passieren [...] Die Möglichkeit an jeder Seite der Brücke 2 Stangen, welche oben mit einem Draht verbunden sind, und demnach einer Tür gleichen sollen, aufzustellen, ist nicht gegeben, da das Bezirksamt hierfür keine Erlaubnis erteilt, dagegen sind jedoch die beiden Brücken oben mit einem Schlagbaum versehen, sodaß man annehmen könnte, dieser Schlagbaum gliche einer Tür. Obgleich jedoch beide Gewässer zu weit von der Stadt entfernt sind und obgleich sie nach den Vorschriften doch nahe den Straßen gelegen sein sollen, sind wir dennoch dafür, daß die Erlaubnis am Sabbat zu tragen, gegeben werden soll. Wir zweifeln aber daran, ob der angeführte Schlagbaum als Tür anzusehen ist oder angesehen werden kann. Es lag uns sehr viel daran, Ihr Einverständnis dazu zu erhalten, schon aus dem Grunde, weil aus Gewohnheit viele am Sabbat tragen und weil man sie von einem Issur befreien soll.

Wir hoffen mit Ungeduld auf baldige Antwort

gez.: Die Dajunim in Mannheim"

Die Antwort des Fürther Rabbiners Salomon Cohn enthielt viele ausführliche Zitate von Gelehrten und kam zum Schluß, daß die Erlaubnis, am Sabbat in Mannheim zu tragen, gegeben werden könne.[2] Dennoch wurde kein Eruw mehr eingerichtet, die Gründe sind nicht bekannt. Eine 1929, über 100 Jahre später erfolgte Anregung hierzu blieb ebenfalls ohne Wirkung. Der im ostjüdischen Verein Ahawas Schulaum tätige Gelehrte B. Bornfreund forderte eine solche Einrichtung, insbesondere da die Bedingungen hierzu wesentlich günstiger seien als noch im 19. Jahrhundert. Die Innenstadt läge inzwischen direkt an den Flüssen: *„Keine Felder, keine Äcker, keine Bäume. Mit welcher Leichtigkeit wäre es in Mannheim wieder einzuführen, daß man am Sabbat wieder tragen darf. Wie schön und welche Wohltat wäre es, wenn die Mannheimer Gemeinde den Rabbinern die Möglichkeit geben würde, dieses durchzuführen."* [3] Da die Anregung Bornfreunds folgenlos war, blieb observanten Juden in Mannheim das Tragen am Sabbat weiterhin verwehrt.

Anmerkungen

1 Zum gesamten Kapitel siehe B. Bornfreund: Der Eruw in Mannheim, in IGB 10 – 1929

2 Rabbiner Wolf Hamburger (Leiter des Lehrhauses in Fürth): Schaar Haskenim, Sulzbach 1829. Darin halachische Untersuchung, betrifft Frage von Mannheimer Rabbinern an Fürther Rabbiner Salomon Cohn über einen Eruw in Mannheim

3 B. Bornfreund: Der Eruw in Mannheim, in IGB 10 – 1929

...jetzt aber sei losgelöst, entlassen und geschieden von mir...

Worte eines Scheidebriefes

Der Clever Scheidungsstreit

Ein Ereignis, das sich im Mannheim des 18. Jahrhunderts abspielte, entzweite die rabbinische Welt in ganz Westeuropa. Der gelehrte Streit, der von dem Mannheimer Rabbiner Tewele Heß ins Rollen gebracht wurde, richtete sich gegen eine Entscheidung des Rabbiners Israel Lipschütz in Cleve.[1] Aus ihm resultierten eine Flut halachischer Streitschriften und zwei umfangreiche Bücher.[2]

Der Fall begann mit der Verlobung des Isaak Neuburg, Sohn des Rabbi Elieser Neuburg aus Mannheim, mit Lea Gunzenhäuser, der Tochter Jakob Gunzenhäusers aus Bonn. Die Hochzeit wurde auf den 8. Elul 5526, den 24.7.1766 festgesetzt. In bester Stimmung traf die Festgesellschaft fünf Tage vor dem Trautermin in Mannheim ein. Bald bemerkte man jedoch Schwankungen in der Gemütslage des Bräutigams. Differenzen zwischen ihm und dem Mann seiner Schwester konnten von den Verwandten ausgeräumt werden. Fristgerecht wurde die Hochzeit gefeiert. Wie es der Brauch war, hielt der junge Ehemann während der Festmahlzeit einen talmudischen Vortrag, den er nicht zu Ende führte, da ihn die Gäste durch eine lebhafte Disputation über seine Ausführungen unterbrachen.

Am folgenden Erew Sabbat, dem „Schenkwein", wie der erste Sabbat nach der Hochzeit damals hieß, warnte ihn sein schon erwähnter Schwager, der Arzt war, vor bestimmten Speisen, die seiner „Krankheit" wegen schädlich seien, doch ließ sich Isaak gerade diese Speisen insgeheim reichen. Am Sabbatmorgen verschwand er und nahm einen Teil der Mitgift mit. Nach langem Suchen fand man ihn am folgenden Sonntag in einem christlichen Bauernhaus in Viernheim[3], in beunruhigter und aufgelöster Gemütsverfassung. Das Geld war größtenteils noch vorhanden. Nachdem man Neuburg beruhigt hatte, gelang es, ihn wieder nach Mannheim zu führen. Nach damaligem Brauch hatte das junge Paar am nächsten Tag dem Landesfürsten ein Treugelöbnis abzulegen; nach der Zeremonie fiel der frischgebackene Ehemann erneut durch sonderbares Gebaren auf. Inzwischen wurde von den Verwandten offen die Zurechnungsfähigkeit Neuburgs angezweifelt.

Bald fuhr das Paar mit den Verwandten nach Bonn. Dort teilte sich Isaak Neuburg dem Rabbi Simon Kopenhagen mit, der ein Vertrauter der Familie war. Der Verstörte berichtete ihm, er müsse Deutschland verlassen, da ihm wegen eines Verbrechens die Todesstrafe bzw. eine langjährige Gefängnisstrafe drohe. Er wolle seine Frau jedoch nicht als Aguna, als gebundene Frau, zurücklassen und beabsichtige, ihr den Scheidebrief zu übergeben. Über sein Verbrechen selbst schwieg Neuburg, ließ sich jedoch von seiner Scheidungsabsicht nicht abbringen.

Lea Gunzenhäuser willigte unter bestimmten Bedingungen in die Scheidung ein, die Neuburg alle zu erfüllen versprach. Da der Noch-Ehemann über Holland nach England fliehen wollte und in Bonn damals kein Rabbinat zuständig war, wollte man den Scheidebrief, den Get, durch Rabbiner Israel Lipschütz in Cleve übergeben lassen. Lipschütz kam diesem Wunsch nach.

Der Streit begann, als der Mannheimer Rabbiner Tewele Heß von der Übergabe des Scheidebriefes erfuhr. Heß erklärte die Scheidung für ungültig, da Neuburg nicht im Vollbesitz seiner Sinne gewesen sei, die Vorgänge in Mannheim hätten dies zur Genüge bewiesen. Er wandte sich schriftlich an das Frankfurter Rabbinat, hauptsächlich an dessen Oberrabbiner Abraham Abisch aus Lissa, mit der Bitte, den Get für nichtig zu erklären. Lea Gunzenhäuser sei nicht als geschieden zu betrachten. Außer von Heß war der Brief von neun Klausrabbinern unterschrieben. Nach eingehender Prüfung schloß sich das Frankfurter Rabbinat der Auffassung von Heß an. Nun brach ein wahrer Sturm im Kreis der Rabbinen los. In den halachischen Briefwechsel zwischen Frankfurt und Cleve schaltete sich auch der Prager Rabbiner Jecheskel Landau ein. Sein Urteil lautete, daß der Scheidebrief gültig und Lea Gunzenhäuser somit frei sei. Hunderte von Exemplaren des Schiedsspruchs wurden überall verteilt. In Frankfurt und Mannheim aber verbrannte man diese öffentlich und erklärte damit die Ungültigkeit des Get. Nachdem die Angelegenheit eskaliert war und die Gemüter in einem Maß bewegt hatte, daß bereits Nachteile für das Judentum befürchtet wurden, fand der Rabbinerstreit nach fast zwei Jahren ein Ende durch die Vermittlung des Londoner Rabbiners Salomon. Er konnte den nach England Geflohenen zur Rückkehr überreden. Auf Drängen beider Familien nahm Neuburg Lea erneut zur Frau und sprach bei der nochmaligen Trauung auf hebräisch: *„Du bleibst mir auch weiter als Frau verpflichtet."*

Aus dem Schriftwechsel des Rabbi Simon Kopenhagen geht hervor, daß Neuburg eines Mordes verdächtigt war, sich seine Unschuld in der Zeit seiner Abwesenheit jedoch herausgestellt habe.

Anmerkungen

1 Vgl. B. Bornfreund: Der Scheidebrief aus Mannheim in Kleve, in IGB 5 – 1930;
Horovitz S. 172 *f*;
Löwenstein S. 100, 227 *f*

2 Simon Kopenhagen: Or hajoschor, Amsterdam 1769;
Israel Lipschütz: Or Isroel, Cleve 1770

3 Bornfreund;
nach Horovitz „Bernheim"

Dein Volk
ist mein Volk,
und dein Gott
ist mein Gott

Buch Ruth 1, 16

Konversion

Von einem Bestreben im Judentum, Angehörige anderer Religionen zu missionieren, kann keine Rede sein. Dennoch ist eine Aufnahme ins Judentum möglich. Bereits die Bibel berichtet von Personen, die übergetreten sind. Vereinzelte Proselyten (griechisch Hinzukömmlinge) hat es zu allen Zeiten geben. Die Anforderungen an Übertrittswillige unterliegen jedoch einem strengen Maßstab. Ein Kollegium von drei Rabbinen nimmt eine Prüfung vor, um sich von der ehrlichen Absicht des Kandidaten und von seinen religiösen Kenntnissen zu überzeugen. Eine Lernzeit von mindestens einem Jahr ist die Regel. Neben der Prüfung sind das Untertauchen in der Mikwe und bei Männern die Beschneidung Voraussetzungen für die Aufnahme ins Judentum.

Aus verständlichen Gründen machten Proselyten meist kein großes Aufheben um ihre Entscheidung. Die Zustimmung der Umwelt war keineswegs sicher, vielmehr zog ein Übertritt oft die gesellschaftliche Ächtung und andere nachteilige Folgen des Judeseins nach sich. Ab 1925 macht das Gemeindeblatt Angaben zu erfolgten Übertritten, jedoch meist anonym. Zwischen 1925 und 1937 nennt das

Blatt folgende, jedoch vermutlich nicht alle Aufnahmen ins Judentum: 1925 traten drei Frauen zum Judentum über[1], 1926 eine Frau und zwei Kinder[2], 1927 vier Frauen und ein Mann[3], 1928 fünf Frauen und fünf Kinder[4]. Ein Wiedereintritt wird 1929 verzeichnet, dieses Mal unter Nennung des Namens[5]. Im selben Jahr traten fünf Frauen, ein Mann und ein Kind der jüdischen Religion bei[6]. 1930 werden zwei Kinder genannt[7], 1931 trat eine Frau über[8]. 1932 erfolgte der Wiedereintritt einer Frau[9] und der Eintritt von zwei Frauen und zehn Kindern[10].

Im Jahr 1933 ist lediglich ein Wiedereintritt verzeichnet[11]. 1934 traten zwei Frauen neu ins Judentum ein, bei einer Frau erfolgte der Wiedereintritt[12]. 1935 erlangten sieben Personen neu die jüdische Religionszugehörigkeit, neun kehrten wieder ins Judentum zurück, acht Personen dagegen verließen es[13]. 1936 wurden ein Knabe und vier Frauen jüdisch[14], 1937 zwei Frauen[15]. Danach schweigt sich das Blatt über Aufnahmen ins Judentum aus. Kurz vor der Auslöschung der Gemeinde soll 1939/1940 im Tauchbad in B 7, 3 noch eine Frau übergetreten sein, um mit ihrem zukünftigen Ehepartner eine jüdische Ehe führen zu können. Glücklicherweise konnten beide Nazi-Deutschland noch rechtzeitig verlassen.[16] – Auch in der heutigen Gemeinde ist eine Reihe von Personen ins Judentum eingetreten.

Zum Austritt aus dem Judentum, meist zu einem Wechsel zum christlichen Glauben, entschlossen sich auch Mannheimer Juden aus den verschiedensten Motiven. Der Missionseifer der christlichen Kirchen, gesellschaftlicher und politischer Zwang und die religiöse Indifferenz des 19. Jahrhunderts waren die Hauptursachen. Mancher erblickte, wie Heinrich Heine, im Taufzettel „*das Entréebillett zur europäischen Kultur*". Daß in der Nazizeit manche Juden im Verlassen ihrer Religion einen Rettungsanker zu erkennen glaubten, ist verständlich. Allerdings war nur in den seltensten Konstellationen, etwa in bestimmten Mischehen, zu hoffen, durch Austritt aus dem Judentum die Deportation hinausschieben zu können. Wenige Gemeindemitglieder machten von dieser zweifelhaften Möglichkeit Gebrauch.

Bereits in den Anfangsjahren der Mannheimer Gemeinde waren Juden christlichem Missionsdruck ausgesetzt. 1663 bereitete der niederländische Pfarrer Mollerus eine Jüdin für die Taufe vor. Der Geistliche, der als eigenwilliger und streitbarer Herr bekannt war[17], zog den Stadtrat in die Angelegenheit hinein, da er „*Leid und Schmach*" von den Juden fürchtete.[18] Zur unrühmlichen Geschichte der Mannheimer Christen gehören auch die inszenierten Taufen eines Juden, eines Farbigen und eines „*schwarzgelben Knabens aus Ostindien*" anläßlich der Einweihungsfeier der Eintrachtskirche in der Friedrichsburg im Jahr 1680.[19]

Die Ideen der Aufklärung im 18. Jahrhundert fanden gerade unter den Juden viele Anhänger. Die Aufgeschlossenheit für die Kultur der Umwelt konnte eine Abwendung vom Judentum auslösen, die sich erst in der Folgegeneration voll auswirkte. So trat von den Hoffaktoren Michael May und Elias Hayum je eine Tochter zum Christentum über.[20] Sie teilten damit das Schicksal des Berliner Aufklärers Moses Mendelssohn, dessen Töchter ebenfalls konvertierten.

Bei Rechtsstreitigkeiten, die vor Behörden ausgetragen wurden, hatten Christen meist die größere Aussicht auf Erfolg. Die kurfürstliche Hofkammer gewährte 1755 den konvertierten Verwandten des Lemle Moses Reinganum, Gottlieb Treuhold und Maria Elisabetha Gambsjägerin, stattliche Summen aus dem Fonds der Klausstiftung, „*ohnerachtet sie ihre Lemle Mosessche Anverwandtschaft noch zur Zeit sehr schlecht erwiesen*".[21] Die feindliche Haltung der kurpfälzischen Behörden und der kirchlich geprägten Gesellschaft gegenüber den Juden verschärften den Druck zur Konversion. Eine Episode der Karl-Theodor-Zeit in Mannheim verdeutlicht die unheilige Allianz von absolutistischem Staat und Kirche, die zuweilen groteske Blüten hervorbrachte. Ein Reisender berichtet in den 1770er Jahren eine Mannheimer Episode: „*Am Hofe aber ist alles der römischen Kirche zugethan [...] Man erzählet, daß neulich ein Jude, der gehängt werden sollte, um der Todesstrafe zu entgehen, sich zur evangelischen Kirche bekannt, und da er hernach befraget worden, warum er nicht vielmehr zur römischen Parthey getreten, geantwortet habe, daß er dieses verspare für den Fall, wann er etwa noch einmal in dergleichen Umstände gerathen sollte.*"[22]

Seit dem 19. Jahrhundert führten Emanzipation und Assimilation, religiöse Verflachung und die Wahl christlicher Ehepartner zu vermehrten Aus- und Übertritten. Prominente Beispiele gaben Angehörige der in der Gemeinde führenden Familien Ladenburg und Hohenemser. Das Gemeindeblatt registrierte neben den Ein- auch die Austritte, diese jedoch jeweils mit Namen und Adresse. Ihre Anzahl überwog die Eintritte. Die Austritte stiegen 1933 nur leicht an. So verzeichnet das Blatt im März 1933 vier, im April zwei, im Mai sieben Personen, im Juni eine Frau, im Juli drei Personen, im August eine, im Oktober zwei und im November drei Austritte. Ähnliche Zahlenangaben finden sich auch in den Folgejahren.

Anmerkungen

1 IGB 8 – 1925
2 IGB 4 – 1926, 9 – 1926
3 IGB 5 – 1927, 8 – 1927, 12 – 1927
4 IGB 4 – 1928, 6 – 1928
5 IGB 1 – 1929
6 IGB 6 – 1929, 7 – 1929, 11 – 1929
7 IGB 11 – 1930
8 IGB 2 – 1931
9 IGB 1 – 1932
10 IGB 2 – 1932, 3 – 1932, 5 – 1932, 12 – 1932
11 IGB 12 – 1933
12 IGB 17 – 1934, 21 – 1934
13 IGB 8 – 1936. Diese Zusammenstellung zeigt, daß die Angaben in den Einzelausgaben des IGB 1935 unvollständig sind.
14 IGB 2 – 1936, 5 – 1936, 15 – 1936, 16 – 1936, 24 – 1936
15 IGB 17 – 1937, 20 – 1937
16 Mitteilung Cilla Friedmann 1987
17 Vgl. Walter I, S. 276 *f*
18 Feder I, S. 119
19 Walter I, S. 287
20 Rosenthal Miszelle
21 Unna 1908, S. 36 *f*
22 Johann Georg Keysler: Reisen durch Deutschland, Böhmen, Ungarn, die Schweiz, Italien und Lothringen [...], 2 Bände, Hannover 1776, S. 1462, zit. nach Gudrun Loster-Schneider: Mannheim in Reisebeschreibungen des 18. Jahrhunderts, Mannheim 1987, S. 48

...die reinsten
Grundsätze
der Menschenliebe
zur Geltung
zu bringen...

Satzung der Loge

Die August-Lamey-Loge

Im Jahr 1843 gründeten in Amerika neueingewanderte Juden den „Unabhängigen Orden Bnei-Brith", „Söhne des Bundes". Die Organisation, abgekürzt U.O.B.B., stellte sich die Aufgabe, Juden verschiedener Richtung und Herkunft zur *„Förderung hoher Menschheitsziele"* zu vereinigen, Not zu lindern und Opfern der Verfolgung zu helfen. Die jüdische Welt war damals erschüttert von einer ungeheuren Ritualmordbeschuldigung, die 1840 die Damaskus-Affäre ausgelöst hatte.

Die erste deutsche Bnei-Brith-Loge entstand 1882 in Berlin als Antwort auf die antisemitische Stimmung der 80er Jahre. In Mannheim wurde im Jahr 1896 ein U.O.B.B. ins Leben gerufen. Seine Gründer gaben ihm den Namen des in jüdischen Kreisen hoch verehrten Staatsmannes August Lamey. Der Schöpfer des Gesetzes zur rechtlichen Gleichstellung der badischen Juden war im Jahr der Logengründung verstorben.

Nach der Logensatzung hatte die August-Lamey-Loge *„den Zweck, die reinsten Grundsätze der Menschenliebe zur Geltung zu bringen, an den Kulturaufgaben unseres deutschen Vaterlandes tätig mitzuwirken, und durch die Pflege der unvergänglichen Ideale des Juden-*

tums deren Erhaltung und Kräftigung zu erstreben.“[1] Neben der Bruderliebe und der Eintracht verpflichteten sich die Mitglieder zu unbedingter Treue zum Judentum. In der Loge konnten sich die Mitglieder zwanglos versammeln; hier kam es zum Austausch zwischen Personen, die sich außerhalb in verschiedenen Parteien und Bewegungen gegenüberstanden. Als Logenbrüder hörten sie die Meinungen der anderen mit Respekt. So hatte die Loge Anteil daran, daß die Auseinandersetzungen in der Gemeinde weitgehend sachlich geführt wurden. Die Loge war auch der Ort, wo sich junge Leute kennenlernen konnten und sollten. Die immer häufiger zustandekommenden jüdisch-christlichen Mischehen waren ein nicht unerhebliches Problem, hatten sie doch meist die Abkehr vom Judentum zur Folge. Anspruchsvolle Vorträge und Diskussionsveranstaltungen gehörten zu den regelmäßigen Aktivitäten der Loge, für die man oft bekannte Gastdozenten wie Dr. Martin Buber und Dr. Leo Baeck gewann.

Die weiblichen Logenmitglieder unterhielten den Schwesternbund „Caritas“, der im Rahmen der sozialen Fürsorge arbeitete. Der Verband der jüdischen Krankenschwestern war ebenso das Werk der Loge wie der Knaben- und Mädchenhort, der in den Räumen der jüdischen Kinderstube schulpflichtige Kinder betreute und verpflegte. Die Logenschwestern sorgten für die Bedürfnisse der Kinder, machten Familienbesuche und halfen nach dem Ende der Schulzeit bei der Lehrstellensuche. Auch während der Berufsausbildung stand die Loge beratend und helfend zur Seite. Seit 1898 bot die Loge die jüdische Stellenvermittlung an.[2] Der Soziale Ausschuß der Loge versuchte, notleidenden Familien zu helfen. An den Feiertagen wurden Spenden und Geschenke verteilt. Die August-Lamey-Loge übernahm die Fürsorge für Kriegswaisen, schuf Ferienkolonien und ermöglichte begabten jungen Menschen das Studium. Die Jüdische Mittelstandshilfe, die sich um Menschen kümmerte, die durch die Inflation alles verloren hatten, war eine der letz-

Kinder-Chanukka-Feier in der Loge mit „Chanukka-Mann“ Liselotte (Lisl) Süss, 1928.

ten Schöpfungen der Loge.[3] Das 1926 eröffnete Wohlfahrtsamt der Gemeinde übernahm viele, bisher von der Loge wahrgenommene Aufgaben und profitierte von den Erfahrungen der Logenbrüder und -schwestern. Mehrere Jahre führte der Verleger Julius Bensheimer den Vorsitz, später übernahm ihn der Lehrer Karl Stiefel. Bis zur erzwungenen Auflösung 1937 war der letzte Präsident der Loge Dr. Wilhelm Buchsweiler.

Das Logengebäude mit seiner historisierenden Fassade wurde um 1900 in C 4, 12 am Zeughausplatz errichtet. Im ersten Obergeschoß befanden sich der obere Saal des Logenrestaurants und der Tempelsaal mit einem Vorraum. Im Erdgeschoß waren ebenfalls Restaurationsräume und die Küche untergebracht. Sie wurde nicht streng koscher geführt. Die Logensäle dienten den Mitgliedern, den jüdischen Vereinen, dem Lehrhaus, der Klausstiftung und vielen anderen jüdischen Organisationen als Veranstaltungsräume. Hier fanden Vorträge und Diskussionen, Konzerte, Zusammenkünfte und Sitzungen statt. An den Hohen Feiertagen dienten sie für zusätzliche Gottesdienste, so der obere Saal für die Neben- und Jugendgottesdienste an Rosch Haschana und Jom Kippur. Von der Galerie aus wirkte der Männerchor des Liederkranz bei den Gottesdiensten mit.[4] Auch eine geräumige Laubhütte war jedes Jahr vorhanden. Das Restaurant wurde von H. Kaufmann betrieben, ab 1936 von den Gebrüdern Hellmann.

1937 wurden die Bnei-Brith-Orden verboten, das Haus C 4,12 von den Nazis geschlossen. Die Stadt brachte sich durch „Kauf" in den Besitz des Gebäudes, das im Krieg zerstört wurde.

Die August-Lamey-Loge war die einzige jüdische Loge in Mannheim. In Freimaurer- und anderen Logen waren zwar Juden vertreten, doch waren diese Gruppen an keine Religion gebunden. Viele Gemeindemitglieder gehörten zum Odd-Fellow-Orden. 1877 entstand aus ihm die Spinoza-Loge, in der z.B. Stadtrabbiner Dr. Oppenheim jahrelang das Amt des Obermeisters versah.

Siehe Abbildungen 327 – 332 in „Bilder vom jüdischen Leben in Mannheim"

Anmerkungen

1 Watzinger 1987, S. 45

2 Vgl. Goldmann S. 72 *f*

3 Karl Stiefel: Gemeinde und August-Lamey-Loge, in IGB 17 – 1936

4 Mitteilung Frederick Wertheimer, Philadelphia, 1994

Ich marschiere
langsam,
aber unaufhörlich

Moses Mendelssohn

Das Lehrhaus

Franz Rosenzweig (1886 – 1929) gründete 1920 in Frankfurt das jüdische Lehrhaus, eine Art Volkshochschule mit dem Ziel, jüdischen Menschen Wissen über ihre Religion zu vermitteln und sie zu einem bewußt jüdischen Leben zu führen. Nach diesem Vorbild entstand nach mehreren Anläufen auch in Mannheim ein jüdisches Lehrhaus. Im 200. Geburtsjahr von Moses Mendelssohn wurde es am 22.9.1929 von Rabbiner Dr. Gruenewald im Casino in R 1, 1 feierlich eröffnet.[1]

Das Unterrichtsangebot der ersten Jahre umfaßte Hebräisch, Bibelkunde, Geschichte und jüdischen Kultus. Als Dozenten verpflichteten sich die Rabbiner Dr. Gruenewald und Dr. Lauer sowie die Lehrer Manfred Kälbermann, Samuel Liebermensch und Berthold Rosenthal. Später unterrichteten hier auch Arthur Kohn, Rabbiner Dr. Ucko. Dr. Martin Buber war häufiger Gastdozent. Rabbiner Dr. Unna dagegen arbeitete nicht im Lehrhaus mit. Die Veranstaltungen fanden je nach Thema und Beteiligung in den verschiedenen Räumen der Gemeinde statt, im Gemeindehaus M 6, 12, im Jugendheim F 2, 14, in der Klaus F 1, 11, in der Loge C 4, 12 oder in den Räumen der Kinderstube G 7, 20.

Nachhaltigen Eindruck machte die vom Lehrhaus erarbeitete Lehrkantate „Licht und Volk“, deren Musik und Texte von Kantor Hugo Adler bzw. von Rabbiner Dr. Gruenewald stammten. In freier dichterischer Form thematisierte sie das Leben der Makkabäer und das Chanukka-Lichtwunder. Sie wurde am 16.12.1930 im ausverkauften Musensaal des Rosengartens unter der Leitung von Kapellmeister Max Sinzheimer uraufgeführt.

Nach dem Beginn der Naziherrschaft 1933 übernahm Dr. Samuel Billigheimer, der bereits bei der Gründung des Lehrhauses beteiligt war, die Leitung der Einrichtung ganz. Als Lehrer an der Lessingschule war Dr. Billigheimer „vom Dienst beurlaubt“ worden. Er erkannte in der neuen Situation die Aufgabe des Lehrhauses darin, eine „*verantwortungsbewußt helfende Antwort auf die seelischen Nöte des jüdischen Menschen*“ zu geben[2]. „*Der Mittelpunkt des Lehrhauses, die jüdische Lehre und Welt, hatte sich als neue Kraftquelle für die bedrängten jüdischen Menschen zu bewähren.*“ Zu den früheren Angeboten traten „*solche über Literatur, Geschichte, jüdische Lebensform, Palästinakunde, Sprachen der Auswanderungsländer, Wirtschaftslehre, Kurzschrift, Maschinenschreiben, Handfertigkeit, Nähen, Kochen u.a.*“ hinzu.[3] Die Teilnehmerzahl an den Kursen des Lehrhauses, die vor 1933 bei höchstens 100 lag, stieg im Sommersemester 1933 sprunghaft auf etwa 600 an. 23 Lehrkräfte leiteten die Kurse.

Das Lehrhaus bereitete zunehmend auf die Auswanderung vor und arbeitete eng mit der jüdischen Schule zusammen. Seit 1936 wurden die Lehrpläne z.T. einheitlich gestaltet und Schülerkurse ins Lehrhaus aufgenommen. Jugendliche Teilnehmer der Lehrhauskurse genügten mit dem Besuch ihrer noch immer staatlich geregelten Schulpflicht. Nach dem Novemberpogrom 1938 kam die Tätigkeit des Lehrhauses zum Erliegen. Seine Kurse gingen im Unterricht der jüdischen Schule auf. Dr. Samuel Billigheimer, der im März 1939 nach Australien emigrierte, fand seinen Nachfolger in Dr. Kurt Norbert Berg, dem bisherigen Leiter der 9. Aufbauklasse der jüdischen Schule. Die Auswanderkurse übernahm Dr. Leo Müller. Dr. Kurt Norbert Berg wanderte im Mai 1940 in die USA aus; die Deportation im Oktober 1940 setzte den Schlußstrich unter jede weitere Tätigkeit des Lehrhauses.

Siehe Abbildungen 241 – 243 in „Bilder vom jüdischen Leben in Mannheim“

Anmerkungen

1 Beilage zum IGB Das Lehrhaus 1 – 1930
2 SAMUEL BILLIGHEIMER: Neue Wege des Lehrhauses, in IGB 7 – 1933
3 SAMUEL BILLIGHEIMER: Das Lehrhaus, in IGB 17 – 1936

Wir hoffen gerne, daß die Gemeindemitglieder von der so gebotenen Gelegenheit, sich mit den Schätzen der jüdischen und allgemeinen Literatur vertraut zu machen, recht regen Gebrauch machen werden.

Der Synagogenrat 1932 [1]

Die Bibliotheken

Wissen und Gelehrsamkeit gehören im Judentum zu den erstrebenswertesten Eigenschaften, das Lesenlernen im frühen Kindesalter war und ist eine Selbstverständlichkeit. Bücher mit weltlichen, vor allem aber mit religiösen Inhalten waren daher auch in früheren Jahrhunderten in jedem Haushalt vorhanden. Die Gemeinde und jüdische Einrichtungen besaßen beachtliche Bibliotheken. Meist gingen sie aus privaten Buchbeständen hervor.

Einen bedeutenden Wert hatte die Bibliothek der Klausstiftung. Sie wurde in den 1890er Jahren durch Klausvorsteher Julius Ettlinger neu geordnet und erweitert, etwa durch die Privatbibliothek von Klausrabbiner Wagner. Neben den zahlreichen Exemplaren von Bibel, Mischna, Talmud und kabbalistischen Werken enthielt sie mehrere alte Erstdrucke, z.T. aus dem 16. Jahrhundert.[2] Heute sind die Bücher der Klausbibliothek in alle Welt verstreut. Der wohl größte Teil der Klaussammlung befindet sich in der Bibliothek des Hebrew Union College – Jewish Institution of Religion in Cincinnati, Ohio, USA. Diese Bände waren 1940 von den Nazis beschlagnahmt und der Schloßbibliothek einverleibt worden. Auch im Keller des zerbombten

Klausgebäudes lagerten 1945 noch Buchbestände. Der Gemeindevorsitzende Max Keller berichtet 1947: *„Eine Bibliothek, die im Keller der früheren Klaus-Synagoge gelagert war, tausende Bücher, stellen wir nunmehr unserer 170 Köpfen starken Gemeinde [...] zur Verfügung.“* [3]

Den größten Teil dieser Bände ließ der amerikanische Armeerabbiner Henry Tavel nach Cincinnati/Ohio/USA transferieren. Die Überführung dieser Bücher aus der orthodoxen Klaus in das Hebrew Union College, das der Reformrichtung angehört, blieb nicht unumstritten. Rabbiner Dr. Gruenewald kritisierte sie als eine *„willkürliche Maßnahme“*. Unter den heute in Cincinnati befindlichen Büchern sind ein Rokeach, eine Hutter-Bibel von 1587 und eine Basler Ausgabe von Talmudtraktaten aus dem 16. Jahrhundert.[4] Weitere Bücher aus Mannheim befinden sich heute in Genf. Die Bibliothek der dortigen jüdischen Gemeinde kaufte in den 50er Jahren den Nachlaß von Rabbiner Dr. Lauer auf. Nach Angaben der Bibliothekarin handelt es sich um seine privaten Bestände.[5]

Eine offizielle Gemeindebücherei bestand seit Beginn dieses Jahrhunderts. Ihre Anlegung wurde 1902 beschlossen, sie sollte *„nur hervorragende, das Judentum betreffende Werke deutscher Literatur wissenschaftlichen, historischen und belletristischen Inhalts in sich aufnehmen und so Geist und Wirken unserer Ahnen und Zeitgenossen zur Würdigung weiterer Kreise gelangen lassen.“* [6] Nach Ansicht der Gemeinderepräsentanten wurde allerdings die Einrichtung *„viel zu wenig benutzt“* [7]. Nachdem sie 1925 in das neue Gemeindehaus M 6, 12 verlegt wurde, erfuhr die Gemeindebibliothek eine wesentliche Vergrößerung durch die Bestände des Jüdischen Kulturvereins, der sie ihr 1932 überließ.[8] Mehrere Emigranten vermachten in der Nazizeit ihre Privatbibliotheken der Gemeindebücherei. Auch jüdische Vereine, z.B. die Ressource-Gesellschaft, besaßen Büchereien. Der größte Teil der öffentlichen und privaten jüdischen Buchsammlungen wurde am 10.11.1938 durch Nazimob vernichtet.

Die Nachkriegsgemeinde legte mit den Jahren wieder einen Grundstock an Gebets- und Religionsbüchern an. Mit der Eröffnung des neuen Gemeindezentrums in F 3 wurde, anfänglich durch die Initiative von Schlomit Jäkle, ein neuer Versuch unternommen, eine Gemeindebibliothek mit geregelter Ausleihe zu schaffen. Heute steht dort wieder ein beachtliches Angebot von jüdischer und allgemeiner Literatur zur Verfügung, das im Sitzungssaal in F 3, 4 ausgeliehen werden kann.

Im Februar 1989 kehrten 87 Bücher der Klausbibliothek in den Besitz der Mannheimer Gemeinde zurück. Sie waren in der Nazizeit durch Beschlagnahmung in die Schloßbibliothek gelangt, die als Wissenschaftliche Stadtbibliothek im Jahr 1971 der Universitätsbibliothek angegliedert wurde. Als man sich in den 80er Jahren dort über die Herkunft dieses Buchbestandes bewußt wurde, beschloß die Leitung der Universitätsbibliothek, die Bücher zurückzugeben. Unter ihnen befinden sich ein Babylonischer Talmud von 1550 und ein Tikun Sopherim, das Toraschreibern als Regelhandbuch diente.[9] Die aus der Universitätsbibliothek zurückgekehrten Bücher der Klausbibliothek gehören zu den Kostbarkeiten der heutigen Gemeindebücherei.

Exlibris der Klausbücher, die heute zur Bibliothek im Hebrew Union College in Cincinnati/USA gehören.

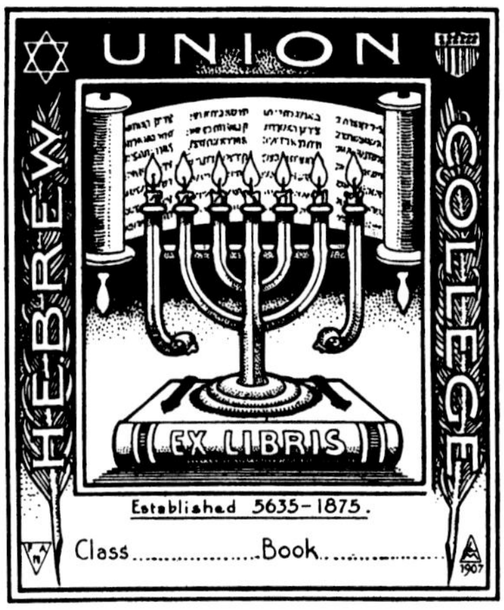

Jüdische Kultusgemeinde Mannheim Collection
GIFT OF
RABBI HENRY TAVEL, *Chaplain, U. S. Army*

Siehe Abbildung 447 in „Bilder vom jüdischen Leben in Mannheim“

Anmerkungen

1 Bekanntmachung betr. Gemeindebücherei, in IGB 1932, StA MA S 2/611
2 Viktor Unna: Die Bibliothek der Lemle-Moses-Klausstiftung in Mannheim, in IGB 12 – 1929; Chaim Lauer: Klaus-Bibliothek, in IGB 17 – 1936
3 Abgedruckt in AJW 26.2.1988
4 Schreiben Hebrew Union College – Jewish Institution of Religion in Cincinnati, Ohio, USA, an Verfasser 1.6.1983 und 5.7.1983
5 Schreiben der Bibliothéque Juive de Genéve, 20.6.1983 und 4.5.1987 an Verfasser
6 Stockheim 1907, S. 478
7 IGB 1 – 1922
8 Bekanntmachung betr. Gemeindebücherei, in IGB 1932, StA MA S 2/611
9 MM 20.2.1989, Rhpf 18.2.1989

Das verloren geglaubte „Memorbuch“ einer jüdischen Gemeinde Deutschlands ist kürzlich hier im Lande wieder aufgefunden worden.

Israel-Nachrichten 1961

Memorbücher

Ein Memorbuch ist das Gedenkbuch einer jüdischen Gemeinde, in dem die Namen verdienter Personen verzeichnet werden. Die Führung eines Mannheimer Memorbuchs wurde am Anfang des 18. Jahrhunderts begonnen. Im liturgischen Teil ist beim Gebet für den Landesfürsten Kurfürst Johann Wilhelm von der Pfalz genannt. Die Sprache ist hebräisch; die meisten Einträge erfolgten auf Pergament mit Quadratschrift; selten ist es Schreibschrift auf Papier. Rosenthal vermutet ein älteres Memorbuch, dessen Einträge übernommen wurden. Das erste Seelengedächtnis gilt der Frau des Rabbiners Isaak Brilin, die 1673 starb. Das Buch nennt 1514 Personen; der letzte Eintrag erfolgte 1858.[1]

Ein in deutscher Sprache verfaßtes Register des Memorbuchs fertigte 1894 der Kultusbeamte Leopold Mayer im Auftrag des Synagogenrats an. Wie Rosenthal feststellt, enthält dieses Register Fehler, insbesondere bei den Jahresangaben. Im Auftrag des „Reichssippenamts“ in Berlin wurde das von Mayer angefertigte Register mikroverfilmt.[2] Eine Abschrift des Registers befindet sich heute im Leo Baeck Institute New York, eine Kopie davon in Mannheim.[3]

Das Original des in der Klaus verwahrten Memorbuchs galt nach dem Novemberpogrom 1938 als verschollen. Von Karl Oppenheimer wurde es jedoch gerettet und nach Israel gebracht. Sein Bruder, Friedrich Mosche Oppenheimer, übergab es 1960 zum Andenken an seinen Vater Salomon Oppenheimer, der Toraschreiber war, an die Central Archives for the History of the Jewish People in Jerusalem. Salomon Oppenheimer hatte den Nachfolgeband 1890-1938 geführt. Es handelt sich um zwei auf Pergament geschriebene Bände, welche die Jahre 1711 – 1938 umfassen.[4]

Eine in Leder gebundene, handgeschriebene Ausgabe Selichot aus dem frühen 18. Jahrhundert kehrte 1988 nach Mannheim zurück. Das in der Mannheimer Synagoge benutzte Gebetbuch, eine Sammlung von Bußgebeten, enthält Namen der damaligen Mitglieder der Gemeinde.[5] Der voluminöse Band gelangte um 1938 durch Rabbiner Dr. Frank Rosenthal in die USA. Als er 50 Jahre danach von einem Jerusalemer Auktionshaus im Auftrag seines Rabbinerkollegen Dr. Löwenstein angeboten wurde, regte der Gemeindevorsitzende Georges Stern seinen Erwerb an. Der Band wurde für 70 000 Dollar ersteigert und überwiegend aus Mitteln des Landes finanziert. Er befindet sich heute im Reiß-Museum.[6]

Anmerkungen

1 Rosenthal in StA MA Kl. Erw. 807

2 Mitteilung von Dr. Daniel J. Cohen,
Central Archives for the History of the Jewish People,
Jerusalem, 28.2.1985

3 Berthold Rosenthal beschrieb im April 1939 das verloren geglaubte Memorbuch und fertigte vermutlich die Abschrift des Registers von Mayer an: Archives AR-GH6/BR9 LBI;
StA MA Kl. Erw. 807.
Texte aus dem Memorbuch mit deutscher Übersetzung sind veröffentlicht in:
August Oppenheim, Stammbaum, StA MA E 10 9/1 und in Unna 1908/1909, Anhang.

4 Mitteilung von Dr. Daniel J. Cohen,
Central Archives for the History of the Jewish People,
Jerusalem, 28.2.1985;
div. Zeitungsberichte 1961

5 57 Namen;
Übersetzung 1988 von Michael C. Sternheimer

6 Mitteilung Oskar Althausen;
vgl. MM 21.1.1989

Und als sich die
Stimme der Trompeten,
Zimbeln und
Saitenspiele erhob und man
den Herren lobte

2. Chronik 5, 13

Das Musikleben –
vom Liederkranz bis heute

Der jüdische Gesangverein Liederkranz entstand aus dem 1855 gegründeten Gottesdienstchor der Hauptsynagoge. Seine Vorgeschichte geht bis ins Jahr 1840 zurück. Damals regte der Oberrat bei der Gemeinde an, den Choralgesang anstelle von Schulknaben von Erwachsenen vortragen zu lassen. Der hierauf gebildete vierstimmige Männerchor sang vom Almemor herab die Responsen im Kaddischgebet und beim Ein- und Ausheben der Tora. Der Erfolg des Chors ermutigte zu einer Tournee durch die badischen Synagogen. Die im Juni 1849 durchgeführte Gastspielreise sollte den Choralgottesdienst in Baden fördern. 1854 – 1859 stand der „Israelitische Singverein", wie der Synagogenchor nun hieß, unter der Leitung des christlichen Hauptlehrers Eberhard Kuhn (1813 – 1887), Organist an der Trinitatiskirche. Der aus 50 Frauen, 35 Männern und 11 Knaben bestehende Chor sang 1855 zur Einweihung der Hauptsynagoge.[1]

Die Mitwirkung von Frauen im Synagogenchor und der Einsatz der Orgel riefen die Kritik von orthodoxer Seite hervor. Auch entstand im Synagogenchor bald der Wunsch, zusätzlich weltliches Liedgut zu pflegen. Er unterhielt Beziehungen zum Mannheimer Musikverein, der 1829 von christlichen Laienmusikern gegründet wurde. Vielleicht auch aus Rücksicht auf die Kritik und das religiöse Empfinden der Orthodoxen spaltete sich ein Männergesangverein ab, der bei seiner Gründung am 28.11.1856 den Namen „Synagogenchor-Männerquartett“ und im Jahr 1858 den Namen „Liederkranz“ annahm.[2] Daneben blieb der Synagogenchor weiterhin aktiv.[3] Der Liederkranz e.V. bestand mit seinen anfänglich 33 Mitgliedern aus fast allen Männern des Synagogenchors. Daß er sich am Charakter eines deutschen Männerchors orientierte, kam nicht zuletzt in der Wahl seines nichtjüdisch klingenden Namens zum Ausdruck.

Das Repertoire des Liederkranz umfaßte deutsche Volkslieder ebenso wie klassische Werke. Für seine Konzerte engagierte er Solisten aus ganz Europa. Oft wirkte er mit anderen musikalischen Einrichtungen zusammen und war im Musikleben der Stadt fest verankert. Nach der "Liedertafel" war er der zweitgrößte Gesangverein Mannheims. In den Jahren nach dem Ersten Weltkrieg führte der Liederkranz neben weltlichen Aufführungen verstärkt Kompositionen mit jüdischem Charakter auf: *„Nicht nur wurden Chorwerke jüdischer Komponisten häufiger aufgeführt, sondern auch die 'alttestamentlichen' Werke allgemein bekannter Komponisten wurden stärker bevorzugt.“* [5]

Unter seinen nicht immer jüdischen Dirigenten Eberhard Kuhn (seit 1856), Wilhelm Wlczek (seit 1859), Ferdinand Langer (seit 1871), Camillo Hildebrand (seit 1905), Karl Zuschneid, Felix Lederer und Max Sinzheimer (1919 – 1938)[4] nahm der Verein eine bewegte Entwicklung. Während er in den ersten Jahren noch auf jüdisch religiöse Musik ausgerichtet war, pflegte er bald zunehmend das klassische „deutsche Lied“. Der Liederkranz war 1862 eines der 42 Gründungsmitglieder des Badischen Sängerbundes. 1864 trat er mit der Operette „Incognito“ zum ersten Mal mit einer größeren Aufführung an die Öffentlichkeit.

Die Zahl der Chorsänger wuchs ständig an; 1892 betrug sie 70, überschritt um 1910 die 100 und erreichte im Jahr 1936 die 150. Seit 1929 waren auch Frauen aktive Chormitglieder.

Den Grundstein zu einem eigenen Gesellschaftshaus legte der Liederkranz am 23.6.1879 in E 5, 4 an der Stelle des früheren Gasthauses „Zum goldenen Ring“. Das großzügige Gebäude enthielt Veranstaltungssäle, Gesellschaftsräume und ein Café. Zur Einweihung führte der Verein ein von dem Vereinsmitglied Emil Ebler zu diesem Anlaß gedichtetes Festspiel „Die Weihe des Hauses“ auf. 1905 wurde das Haus nach den Plänen des Architekten Th.Walch umfassend renoviert.

Liederkranz-Paar Aenne Süss und Fritz Singer, Fasnacht um 1928. Kostüm in den Liederkranzfarben kaiserblau und gold, Lyra aus Straußenfedern. Halskette mit Portraits der Vorstandsmitglieder.

Seine Vielseitigkeit bewies der Liederkranz auch durch die Inszenierung revueartiger Shows. Über die im Januar 1928 im Musensaal des Rosengartens uraufgeführte Revue „Was ist in Mannem los" begeisterte sich das Mannheimer Tageblatt: *„Der Gesangverein 'Liederkranz', dessen glänzende Feste in Mannheim Tradition geworden sind, trat mit einer Veranstaltung hervor, die seine bisherigen Ausflüge über die Grenzen wagemutigen Dilettantismus noch weit übertraf. Mit eigenen Kräften brachte der Liederkranz nichts Geringeres als eine ausgewachsene vollwertige weltstädtische Revue in fünf Bildern heraus, die noch dabei auf eine runde Parodie hinauslief."* [6]

Liederkranzausflug nach Hundseck am 12.7.1931, v.l.n.r. stehend: Sidi Ullmann, Ehepaar Alfred und Toni Hirschland, Willi Ullmann, Lisel Süss, Lene Hesse-Sinzheimer, Julius Süss, ?, Hermann Boehm, Eugen Hirsch, Dr. Carl Kahn, Frau von Michael Rothschild (Ella?), Max Sinzheimer, Grete Hirschland, Jeanne Liebmann, Alfred Liebmann; sitzend: Adele Boehm, Michael Rothschild, Rosel Süss, Louis Kahn (junior), Ehepaar Dr. Gustav Hecht, Paula Hirsch, Marianne Kahn.

Die Mitwirkung von Frauen im Chor seit dem Jahr 1929 war verknüpft mit einer bewußten Hinwendung zu Großwerken der klassischen und modernen Chormusik. Biblische Themen wurden bevorzugt. 1931 spielte man den von Heinrich Schalit komponierten Hymnus von Jehuda Halevy „In Ewigkeit", ferner den sinfonischen Psalm „König David" von Arthur Honegger. 1932 folgte Joseph Haydns „Die Schöpfung", 1933 das durch die „Machtübernahme" der Nazis verzögert aufgeführte Oratorium „Samson" von Händel. Der Liederkranz übernahm nun wieder religiöse Aufgaben in der Gemeinde; Verein und Synagogenchor, aus derselben Wurzel hervorgegangen, näherten sich wieder an.

Seit dem 19. Jahrhundert bis 1933 arbeiteten jüdische und christliche Musiker des Mannheimer Musiklebens eng zusammen. Im Liederkranz wirkten seit seiner Gründung nichtjüdische Dirigenten und Künstler wie Eberhard Kuhn, Ferdinand Langer u.a., im Synagogenchor Albrecht Hänlein. Sie waren Kirchen- oder Theatermusiker. Bemerkenswert ist die Umkehrung dieser Lage ein, zwei Generationen später: Kapellmeister Max Sinzheimer leitete neben dem Liederkranz u.a. auch den Bachchor an der Christuskirche und das von ihm gegründete Stamitz-Orchester.[7]

In der Nazizeit übernahm der Liederkranz neue, dringende Aufgaben. Einerseits versuchte er, durch die Auswahl der Stoffe und das Herausstellen jüdischer Inhalte die jüdische Identität seiner Mitglieder zu stärken. Andererseits erfüllte er eine Ersatzfunktion in einer Zeit, in der jüdische Bürger nach und nach vom kulturellen Leben ausgeschlossen wurden. Jüdischem Publikum wurde der Besuch von Aufführungen vergällt, erschwert und verboten. Er wurde zum einzigen Ort, wo die verfolgten Menschen noch vergleichsweise ungestört Konzerte und Schauspiele genießen konnten. Nur hier konnten Gemeindemitglieder noch im Chor, Orchester oder Theater selbst künstlerisch aktiv werden. Arbeitslose jüdische Künstler, die ihre Stellungen verloren hatten, waren auf die Auftrittsmöglichkeiten der jüdischen Kultureinrichtungen in den Städten angewiesen.

1935 erfolgte der Zusammenschluß des Liederkranz mit dem Jüdischen Kulturbund, der 1933 in Berlin, dann in den deutschen Gemeinden gegründet wurde. Die Bedeutung des Vereins in jener Zeit zeigte sich an der Mitgliederzahl, die bis 1936 auf 800 anstieg.[8]

Sein Gesellschaftshaus mußte der Liederkranz-Kulturbund 1936 aufgeben; die Baumaßnahmen des westlichen Plankendurchbruchs erforderten den Abbruch des gesamten Quadrates E 5. Dem Vereinsvorstand gelang 1934 der Kauf des Gebäudes Großer Meyerhof Q 2, 16 mit Räumen, die für Gastronomie- und Aufführungsbetrieb geeignet waren. Unter der Leitung von Architekt Arthur Lehmann wurde das Haus für die Zwecke des Liederkranz-Kulturbunds umgestaltet, so daß der Kulturbetrieb im August 1936 beginnen konnte. Im Erdgeschoß entstand eine Gaststätte, als „Café Schloss" bekannt, mit 250 Sitzplätzen. Der rund 290 qm große Saal mit Bühne im Obergeschoß faßte mit Konzertbestuhlung rund 500 Zuschauer. Auch ein Proberaum von 60 qm sowie Funktionsräume standen im neuen Haus zur Verfügung.[9]

In Q 2, 16 hatte der Liederkranz, immer noch unter der Leitung seines Kapellmeisters Max Sinzheimer, seine letzte Blüte. Höhepunkte erlebte der Verein 1936 im, zu seinem 80jährigen Jubiläum aufgeführten, Oratorium „Saul" von Händel oder im Opernabend mit den Darbietungen „La serva padrona" von Pergolesi und „Bastien und Bastienne" von Mozart.[10] Im Frühjahr 1937 folgte das Oratorium „Judith" von Mozart in hebräischer Sprache. Eines der letzten großen Musikwerke war die Aufführung von Händels Oratorium „Judas Makkabäus" an Chanukka 1937.[11]

Bereits zwei Tage vor dem Novemberpogrom 1938 wurde die Einrichtung in Q 2, 16 von Schlägertrupps heimgesucht. Es gab mehrere Verletzte.[12] Die Nazipresse eiferte am 9.10.38: „*Als gestern abend durch die Rundfunknachrichten bekannt wurde, daß das Befinden des von einem jüdischen Mordbuben überfallenen deutschen Legationssekretärs weiterhin ernst sei, kam es vor der Mannheimer 'Mauschelzentrale' in Q 2 zu Ansammlungen empörter deutscher Volksgenossen gegen die systematischen Anschläge dieses internationalen Gesindels auf deutsche Männer im Ausland [...]*"[13]

Am 10.11.1938 wurden die Räume des Kulturbunds und das Café Schloss von Nazihorden besonders gründlich zerschlagen.

Eine Kostbarkeit stellt das erhaltene „Goldene Buch" des Liederkranz dar. Das dreibändige, von Max Hallenstein liebevoll gestaltete Werk ist heute teilweise im Stadtarchiv erhalten. Der dritte Band tauchte in den 80er Jahren bei einer nichtjüdischen Mannheimerin auf, die ihn an ein israelisches Archiv geben wollte. Durch die Vermittlung des ehemaligen Gemeindemitglieds Lisa Moos-Liebmann blieb er in Mannheim.[14]

Im Juni 1925 gründete der Verein der Ostjuden das Jüdische Mandolinen-Orchester, damals eine Unterabteilung der Jüdischen Kulturliga Mannheim. Es trat vorwiegend zu Feiern an religiösen Festen auf. Unter seinem Dirigenten M. Lentschner trat es an zahlreichen Jom Tow-Veranstaltungen auf, untermalte etwa Purim- und Chanukkaabende mit temperamentvoll dargebotenen Liedern und Instrumentalstücken. In Revuen und Sketchen aus dem jiddisch-chassidischen Milieu ließen die Mitglieder des Mandolinenorchesters die traditionelle Welt der Ostjuden zumindest für Stunden wiedererstehen. 1929 veranstaltete das Orchester einen Purimball mit Stücken aus dem Waisusu-Lied von Abraham Goldfaden, einer Komposition des Dirigenten M. Lentschner „Chassidisch" und einem Solovortrag von Oberkantor Wolf Lewi. Der anschließende Tanz rundete die Feier, die „*ein froilicher Purimabend*" wurde, ab.

Die ostjüdischen Vereine wurden bereits 1933 verboten.

Übergabe des neuen Konzertflügels am 10.1.1995.

V.l.n.r.: Raffaele Polani, Julia Chifrina, Orna Marhöfer, Heinrich Vetter, Manfred Erlich, Jaffa Polani, Nelli Berditchevskaia.

Die heutige Gemeinde bietet in ihren Räumen ein beachtliches Angebot an musikalischen Veranstaltungen. International bekannte Gastspielgruppen wechseln sich ab mit Darbietungen von Kunstschaffenden aus der Region. Die Anschaffung eines neuen Konzertflügels wurde durch eine namhafte Spende des Mäzens Heinrich Vetter ermöglicht, dem die Gemeinde mit der Pflanzung von 100 Bäumen in Israel und mit der musikalischen Soirée „Merci in Melodie" am 10.1.1995 dankte. Hierbei bewies sie einmal mehr, daß sie auch aus ihren eigenen Reihen Künstler von hohem Niveau stellt. Die Sopranistin Inessa Galante, der „musikalische Hausherr" Raffaele Polani, die Violinistin Nelli Berditchevskaia, die Pianisten Julia Chifrina und Daniele Polani boten im vollbesetzten Gemeindesaal einen von Liedern, Arien und Instrumentalstücken angefüllten Abend, der allen Teilnehmern unvergeßlich bleiben wird.

Siehe Abbildungen 333 - 347 in „Bilder vom jüdischen Leben in Mannheim"

Anmerkungen

1 Adler 1924. Die Angaben zu E. Kuhn sind Herrn Pfarrer Karl-Hermann Schlage 1994 zu verdanken.
2 Walter 1907 Band II, S. 558. Zu diesem Kapitel siehe Liederkranz Mannheim 1856 – 1906 Zum 50jährigen Jubiläum, Mannheim 1906; Gustav Hecht: Fünfundsiebzig Jahre Mannheimer "Liederkranz e.V.", in IGB 1 – 1931; Gustav Hecht: Liederkranz e.V., in IGB 17 – 1936
3 Vgl. 75jähriges Jubiläum des Synagogenchors Mannheim, in IGB 10 – 1930
4 IGB 1 – 1931
5 Philip V. Bohlman: Das Musikleben während der jüdischen kulturellen Renaissance in Mannheim vor dem Zweiten Weltkrieg, in MH 2 – 1985, S. 111 *f*
6 StA MA, Kl. Erw. 693
7 Hinweis Herr Pfarrer Karl-Hermann Schlage 1994
8 G. Hecht: 80 Jahre „Liederkranz", in IGB 6 – 1936
9 IGB 15 – 1936; IGB 18 – 1936; IGB 21 – 1937
10 IGB 21 – 1936
11 Vgl. Gustav Hecht: Vor und hinter den Kulissen, in IGB 18 – 1937
12 Fliedner Quelle Nr. 225
13 HB 9.11.1938
14 StA MA, Kl. Erw. 693, Band I und III, über den Verbleib von Band II ist nichts bekannt.

Neben einem guten
und aufrechten Charakter,
neben einem umfassenden
geistigen Rüstzeug,
neben einer soliden beruf-
lichen Ausbildung muß
der junge jüdische Mensch
einen widerstands-
fähigen Körper besitzen.

Hans Götzl /
Arthur Löwenbaum 1936 [1]

Der Sport –
Bar Kochba, Schild und Makkabi

Das Interesse an sportlicher Betätigung nahm nach den ersten Zionistenkongressen eine neue Entwicklung; der Arzt und Schriftsteller Max Nordau prägte um 1900 das Wort vom „Muskeljudentum". In dieser Zeit entstand in Berlin der jüdische Turnverein Bar Kochba, der nach dem Führer des Aufstands der Juden gegen die Römer in den Jahren 132 – 135 n.d.Z. benannt war. Das Programm dieser Turnbewegung strebte die *„Pflege der national-jüdischen Gesinnung"* an. 1921 entstand in Karlsbad der Makkabi-Weltverband.

Kurz vor dem Ersten Weltkrieg begann sich in Mannheim nach dem Berliner Modell eine jüdische Turngruppe zu formieren, die nur langsam vereinsmäßige Formen annahm. Die Arbeit dieses zionistischen Turnvereins wurde von *„denkbar größten Widerständen verschiedenster Art gehemmt"*.[2] Die Frage, ob ein jüdischer Sport- und Turnverein notwendig sei, sorgte für sehr kontroverse Auseinandersetzungen in der Gemeinde. Die Mehrzahl der Mitglieder lehnte einen eigenen Verein ab[3]; das Vorhaben mußte ihnen sinnlos, ja sogar schädlich erscheinen, war es ihnen doch erst seit wenigen Jahren möglich, am gesellschaftlichen Leben teilzunehmen. Juden deutscher Abkunft waren vor 1933 überwiegend in

Fußballmannschaft Bar Kochba Mannheim, 1934.

allgemeinen Mannheimer Sportvereinen wie dem „1846er" verankert. Nur allmählich entwickelte sich in den 20er Jahren der jüdische Turnverein zu einem angesehenen Glied der Mannheimer Sportvereine. Er hatte meist ostjüdische Mitglieder, die der zionistischen Idee wesentlich aufgeschlossener gegenüberstanden als die deutschen Juden.

Der jüdische Turnverein nannte sich Mitte der 20er Jahre in „Turn- und Sportverein Bar Kochba" um.[4] Er war den Mannheimer Sportbünden angeschlossen und Mitglied des deutschen Makkabikreises. Er umfaßte Fußball- und Handballmannschaften, Abteilungen für Gymnastik, Leichtathletik, Tischtennis, Ringen und eine Wandergruppe. Die Stadtverwaltung stellte Sportstätten zur Verfügung, z.B. die Turnhallen der Pestalozzi-, Liselotte- und Lessingschule sowie das Stadion. Häufig traten die Mannschaften von Bar Kochba gegen andere Mannheimer oder auswärtige Vereine an, nahmen an Sportfesten teil, spielten gegen jüdische Sportgruppen anderer Städte oder gegen Mannschaften der Jugendgemeinde. Die Heimabende von Bar Kochba waren von Vorträgen, Liedern, Spielen und Veranstaltungen mit nationaljüdischen Inhalten ausgefüllt.

Auch die 1920 gegründete Mannheimer Ortsgruppe des Reichsbunds jüdischer Frontsoldaten (RjF) unterhielt seit etwa 1925 eine Sportgruppe für Erwachsene, überwiegend ehemalige Kämpfer des Ersten Weltkriegs. In Berlin war der Turn- und Sportverein des RjF 1925 ins Vereinsregister eingetragen. Er nannte sich „Schild" als Symbol der Abwehr gegen Antisemiten.[5] Auch hier pflegte man neben dem Sport die Geselligkeit; zionistische Ideen fanden allerdings keinen Eingang.

Im März/April 1932 wurde in Palästina die erste Welt-Makkabiah mit Teilnehmern aus 22 Nationen ausgetragen, eine Art „Olympiade" jüdischer Sportler. Mitglieder des Mannheimer Bar Kochba besuchen bei dieser Gelegenheit erstmals das Heilige Land, das für viele zum späteren Einwanderungsland und zur neuen Heimat wurde.

Erheblichen Zulauf erfuhren der Bar Kochba und die Sportgruppe des RjF seit 1933. Die durch „Arisierung" aus den allgemeinen Sportvereinen ausgeschlossenen jüdischen Sportler traten in die jüdischen Vereine ein. Den Zielen des politischen Zionismus, die der Bar Kochba vertrat, stellte der RjF Werte wie Ehre, Pflicht, Treue und Kameradschaft gegenüber. Die Mitgliederzahlen beider Vereine erhöhten sich sprunghaft. Der RjF begann, seine sportlichen Angebote beträchtlich auszuweiten, seine Sportgruppe „Schild" nahm nun ebenfalls Jugendliche auf.

Nachdem die Stadt 1933 den jüdischen Sportlern ihre Übungseinrichtungen entzogen hatte, mußte man in provisorischen Sportstätten trainieren. Der Bar Kochba verfügte über einen ehemaligen Pferdestall in der Oststadt[6], die Sportgruppe „Schild" bezog 1938 eine Halle in C 3, 8. „Schild" und Bar Kochba boten Turnen in Schüler-, Jugend- und Altersriegen, Leichtathletik, Fuß- und Handball, Jiu Jitsu, Ringen und Boxen an. Beide Vereine unterhielten Schachgruppen, der RjF hatte zusätzlich eine Hockeyabteilung. 1936 zählte der RjF etwa 420, der Bar Kochba rund 400 Mitglieder, die sich in je etwa 15 Sportmannschaften betätigten.[7]

Der Bar Kochba erfüllte sowohl die sportlichen als auch kulturelle Bedürfnisse seiner Mitglieder und führte regelmäßig künstlerische und informative Veranstaltungen durch. Vortragsabende mit religiösen und zionistischen Themen, Purim- und Chanukkafeiern fanden anfangs in den Räumen des Casinos in R 1, 1, dann in der Liederkranzgaststätte Schloss in Q 2, 16 statt. Die Leitung der künstlerischen Abende übernahm bis zu seiner Auswanderung 1938 der heute in England lebende Sally Kesten: *„Theaterstücke beschrieben die historischen Ereignisse in biblischen Zeiten und die Verwandtschaft mit den Erlebnissen unserer Generation unter den Nazis. Natürlich unterlagen alle Vorführungen der Kontrolle der damaligen Regierung. Mehrere jüdische Künstler und Berufsschauspieler, denen die Möglichkeit versagt war, am allgemeinen kulturellen Leben teilzunehmen, beteiligten sich an diesen jüdischen künstlerischen Tätigkeiten."* [8]

1936 stellte eine jüdische Firma in der Friesenheimer Straße / Ecke Hombuschstraße ein Gelände zur Verfügung, das planiert und als Sportstätte mit Umkleide- und Nebenräumen hergerichtet wurde. Der engagierte Einsatz der Bar Kochba-Mitglieder und die Unterstützung des RjF ermöglichten am 8.3.1936 die Eröffnung des eigenen Sportplatzes mit Spielen gegen jüdische Sportvereine aus Frankfurt und Stuttgart.[9]

An die Zeit zwischen 1933 und 1938 erinnert sich Morris L. Newman, ein ehemaliges Bar Kochba-Mitglied: *„Natürlich konnten wir nur gegen andere jüdische Vereine in anderen Städten spielen. So ging es dann an Sonntagen per Lastwagen nach Karlsruhe, Frankfurt, Stuttgart, Darmstadt, Wiesbaden und so weit wie Leipzig und Köln für Fußball, Handball und Tischtennis. Mitglieder kamen auch aus Ludwigshafen und der badischen und pfälzischen Umgebung."* Auswanderung, wachsende Bedrohung, finanzielle und räumliche Nöte schränkten die Vereinstätigkeit immer stärker ein, bis nach dem Novemberpogrom 1938 beide Vereine durch staatliches Verbot ihre Tätigkeit für immer einstellen mußten.

Über 40 Jahre sollte es dauern, bis engagierte Gemeindemitglieder wieder einen jüdischen Sportverein in Mannheim ins Leben riefen. Die treibenden Kräfte waren das ehemalige Bar Kochba-Mitglied Oskar Althausen, ferner Rolf Levi, Georges Stern, Gérald Rosenfeld, Dr. Michael Rosenberg, Lucian Studniberg, Manfred Erlich und der damalige Generalsekretär von Makkabi Deutschland, Isaak Behar. Unter dem Namen „TuS Makkabi Mannheim e.V." wurde der Verein im Juni 1979 ins Vereinsregister eingetragen. Dr. Rosenberg war viele Jahre 1. Vorsitzender von Makkabi Mannheim und Schatzmeister von Makkabi Deutschland. Für besondere Verdienste um den jüdischen Sport erhielt Manfred Erlich 1986 die Goldene Ehrennadel von Makkabi Deutschland. Seit 1969 hat er an fünf Makkabiot teilgenommen, 1985 als Delegationsleiter der deutschen Mannschaft. Dieselbe Auszeichnung wurde 1993 Ora Eigermann-Wolf zuteil, die mehrere Jahre den Vorsitz von Makkabi Mannheim innehatte und dem Präsidium von Makkabi Deutschland angehörte.

Fußballmannschaft Makkabi Mannheim, Turnier in St. Avold, April 1972.

Eröffnungsfeier der Makkabiah 1973. Einmarsch der deutschen Mannschaft in das mit 50 000 Zuschauern besetzte Stadion in Ramat Gan. Links Manfred Erlich.

Am 28.2.1988 konnte Makkabi seine eigene Trainingshalle in F 3 in Betrieb nehmen. 1995 hat der Verein 120 Mitglieder und steht unter dem Vorsitz von Lorry Schirer. Er umfaßt folgende Abteilungen: Tennis, Aerobic, Tischtennis, Volley- und Basketball. Erfolgreiche Sportler trainieren für die im vierjährigen Zyklus stattfindenden Makkabispiele in Israel. Auf europäischer Ebene finden, um zwei Jahre versetzt, ebenfalls Makkabiwettkämpfe statt, so 1995 in Amsterdam. Die Mannheimer sind insbesondere im Basketball aktiv. Die Basketballmannschaft um Lorry Schirer und Jugendtrainer Sergio Heer trainiert für die Teilnahme an der Europa- bzw. Weltmakkabiade und organisiert die Sichtungslehrgänge für Jugendliche aus ganz Deutschland in Mannheim.[10]

Jährliche Sportfeste, Begegnungen mit anderen Vereinen und gesellschaftliche Aktivitäten gehören zu den selbstverständlich gewordenen Tätigkeiten des Vereins. Zu Simchat Tora oder Chanukka finden die Makkabi-Bälle statt; Chanukka ist das Erinnerungsfest an den Aufstand der Makkabäer, deren Namen der Verein trägt.

Siehe Abbildungen 348 – 364, 444 und 448 in „Bilder vom jüdischen Leben in Mannheim"

Anmerkungen

1 IGB 17 – 1936
2 IGB 4 – 1923
3 Vgl. Leserbriefe zu diesem Thema im IGB Ende 1925/Anfang 1926
4 Im Dezember 1927 feierte der Verein sein zehnjähriges Bestehen, IGB 12 – 1927
5 Bernett S. 49 *f*
6 Mitteilung Morris L. Newman, New York 1987
7 IGB 17 – 1936
8 Mitteilung Sally Kesten, Petts Wood, Orpington, Kent, GB 1987
9 IGB 3 – 1936; IGB 6 – 1936; siehe auch Hans Götzl/Arthur Löwenbaum: Der Sport, in IGB 17 – 1936
10 MM 4./5.1.1995

Neben dem kulturellen Leben hat das gesellige Leben unter den Juden Mannheims stets eine bedeutsame Rolle gespielt.

Dr. Paul Lussheimer 1936 [1]

Die Geselligkeit

Mehrere jüdische Vereine ermöglichten einst das gesellige Beisammensein. Der größte Verein mit diesem Ziel war die Ressource-Gesellschaft, die aus dem 1817 gegründeten jüdischen Erholungsverein hervorging und 1828 unter französischem Namen von Josef Hohenemser neu gegründet wurde. In ihrer Satzung nannte sich die Gesellschaft *„ein Verein zum Zwecke der geselligen Unterhaltung und Erholung“*.[2] Die anfangs 46 Mitglieder zählende Vereinigung traf sich in gemieteten Räumen in E 3,1 zu Billard, Domino, Karten und Schachspiel. Schon 1839 konnte der Verein das Gebäude C 1, 2 erwerben, ein ehemaliges Adelspalais der Gräfin von Ottweiler, die als „Katzengräfin“ in die Lokalgeschichte eingegangen ist. Das 1739 unter dem Einfluß von Galli da Bibiena erbaute Haus diente den Zwecken der Gesellschaft bis in die Nazizeit. Eine 1924 durchgeführte Aufstockung schuf bessere räumliche Möglichkeiten. Während des Umbaus trafen sich die Mitglieder im Restaurant „Pergola“ am Friedrichsplatz.

Bei ihrem 100. Jubiläum 1928 hatte die Gesellschaft etwa 200 Mitglieder. Die Aktivitäten hatten wenig spezifisch Jüdisches, die Ressource bot ihren Mitgliedern *„hauptsächlich die Pflege der Geselligkeit nach des Tages anstrengender Berufsarbeit"*. Allerdings wurden in den Räumen der Gesellschaft *„häufig bei Kaffee und Spiel Gemeindefragen erörtert"* und damit auch Gemeindepolitik betrieben. Die Vertreter der Gemeindespitze waren oft zugleich Mitglieder der Ressource, so daß zwischen der Gesellschaft und der Gemeinde zahlreiche inoffizielle Beziehungen bestanden.[3] Eine reichhaltige Bibliothek mit über 6000 Bänden stand zur Verfügung.

Seit dem Frühjahr 1938 mußten sich die Ressource-Mitglieder bei der Gestapo anmelden, wenn sie sich treffen wollten. Unter seinem letzten Vorsitzenden Max Sulzburger mußte der Verein aufgelöst werden; 1939 wurde er aus dem Vereinsregister gelöscht.[4]

Der jüdische „Viktoria-Club" von 1910 befand sich in L 11, 17. Er wurde im Novemberpogrom 1938 so gründlich zerstört, daß die später zur Beschlagnahmung eintreffende Gestapo nur mehr Trümmer vorfand.[5]

1924 entstand der Unterhaltungsclub „Unitas", der *„die Wahrung der Geselligkeit und Freundschaftlichkeit durch gemeinsame Ausflüge, Mitglieds-, Unterhaltungs- und Spielabende"* bezweckte. Sein Vorsitzender war Edgar Rennert; der 16jährige Max Fränkel betätigte sich als „Vergnügungskommissar".[6]

Die heutige Gemeinde legt großen Wert auf gesellige Veranstaltungen und gemeinsame Aktivitäten. 1983 rief der Vorstand einen Seniorenkreis ins Leben, der bis 1987 von Paulette Sattig und seither von Elisabeth Heinrich geleitet wurde. Stellvertretend für viele andere Initiativen seien hier der zeitweise sehr aktive, von Alisa Erlich und Edna Altgenug 1992 wieder ins Leben gerufene Frauenverein und seine Kochabende genannt. Die regelmäßig unternommenen Gemeindeausflüge führten in den vergangenen Jahren nach Idar-Oberstein zur Besichtigung der Edelsteinschleiferei, zur Eberstadter Tropfsteinhöhle und zum Wasserschloß in Mespelbrunn. Ferner bieten die zahlreichen kulturellen Veranstaltungen der Gemeinde ebenso Gelegenheit zum geselligen Beisammensein wie die festlichen Bälle, etwa die alljährlich von Sara und Leon Bajtel organisierten Jom-Haazmaut-Partys.

Siehe Abbildungen 381 – 383 und 446 in „Bilder vom jüdischen Leben in Mannheim"

Anmerkungen

1 IGB 17 – 1936
2 SATZUNG der Ressource-Gesellschaft eingetragener Verein in Mannheim. Mannheim 1901, LBI HS 2915 M3 R4 A3; ROSENTHAL 1927, S. 335 *f*
3 Vgl. IGB 3 – 1929, Beiträge zur Säkularfeier der Ressource-Gesellschaft
4 JD 16/1967 Nr. 39
5 FLIEDNER Quelle Nr. 225
6 Mitteilung Max Fränkel, Haifa Israel, 1987

Seniorenkreis 1993. V.l.n.r.: Regina Studniberg, Ehepaar Cilla und Meinhard Flatauer, Walter Durlacher, Paul Rath, Lotte Schwab.

Der jüdische Handwerker ist und bleibt ein Stand, an dem die Waffen des Antisemitismus wirkungslos abprallen.

Israelitisches Gemeindeblatt 1 – 1924

Der Handwerkerverein

Ein altes antijüdisches Vorurteil spricht Juden die Eignung zu handwerklichen Berufen, ja sogar jeden Arbeitswillen ab. Daß sie traditionell wenig im Handwerk vertreten waren, hat jedoch seine Gründe in den bis ins 19. Jahrhundert herrschenden Gewerbebeschränkungen und Zunftzwängen. Dennoch waren Juden, besonders in Mannheim, schon früh in handwerklichen Berufen tätig. Insbesondere in Mangelberufen waren sie entgegen sonstigen Bestimmungen zugelassen. Aus rituellen Gründen übten sie seit jeher das Metzger-, Bäcker- und das Schneiderhandwerk aus.

Der „Verein selbständiger jüdischer Handwerker und Gewerbetreibender Mannheim" wurde 1914 mit 20 Mitgliedern als Interessenvertretung gegründet. Zu seinen Zielen gehörte die Hebung des Handwerks, die Findung und Ausbildung von jüdischen Lehrlingen, die Bekämpfung antisemitischer Vorurteile, der Ausbau der sozialen Absicherung, wirtschaftliche und gesellschaftliche Gleichberechtigung. In der Notzeit nach dem Ersten Weltkrieg appellierte der Verein im Israelitischen Gemeindeblatt, das jüdische Handwerk zu unterstützen: *„In Anbetracht der heutigen Notlage des Handwerks im allgemeinen, des jüdischen im besonderen, erlaubt sich der Jüdische*

Handwerkerverein Mannheim, die hiesige jüdische Einwohnerschaft und Institute höflichst zu ersuchen, alle vorkommenden Arbeiten von jüdischen Handwerkern ausführen zu lassen." [1] Für seine Mitglieder organisierte der Handwerkerverein Veranstaltungen, Ausflüge und gesellige Treffen, die immer regen Zulauf hatten. Er unterhielt in Mannheim eine Geschäftsstelle, die sowohl die Gesamtinteressen der angeschlossenen Berufsgruppen als auch die Einzelinteressen der Mitglieder wahrnahm und die Verbindung zum Berliner Zentralverband jüdischer Handwerker und Gewerbetreibender aufrecht erhielt.[2]

Nach dem Machtantritt der Nazis stieg die Mitgliederzahl auf 156 an. Der Boykott jüdischer Betriebe, der in Mannheim schon Ende März 1933 begann, machte den Verein als Interessenvertreter wichtiger denn je. Aus Anlaß seines 20jährigen Bestehens 1934 gab der Verein einen Kalender mit Mitgliedsverzeichnis heraus, der auch ohne Kommentar jüdische Kunden zur Wahl jüdischer Betriebe aufforderte. Die politische Entwicklung machte alle bisherigen Anstrengungen des Vereins zunichte. Unter dem Eindruck wachsender Bedrohung stellte er sich der neuen Aufgabe, dem handwerklichen Nachwuchs im Ausland neue Beschäftigungsmöglichkeiten zu vermitteln.

Die „Verordnung zur Ausschaltung der Juden aus dem deutschen Wirtschaftsleben" vom 12.11.1938, in der die Schließung aller jüdischen Handwerks- und Gewerbebetriebe angeordnet wurde, war den ehemaligen Mitgliedern des inzwischen verbotenen Handwerkervereins wie ein letzter Schlag ins Gesicht.

Siehe Abbildungen 378 – 380 in
„Bilder vom jüdischen Leben in Mannheim"

Anmerkungen

1 Siehe IGB 9 – 1922, IGB 1 – 1924, Mitgliederverzeichnis des Vereins in derselben Ausgabe

2 Wilhelm Buchsweiler: Über die Organisationen, in IGB 17 – 1936, S. 29

Wir jüdischen Frontsoldaten aber... stehen, allen rohen Haßausbrüchen zum Trotz, in nie wankender Treue zum deutschen Vaterland und seinem Schicksal.

Mannheimer Zeitungsanzeige des RjF 1924 [1]

Der Reichsbund jüdischer Frontsoldaten

Als Antwort auf antisemitische Angriffe nach dem Ende des Ersten Weltkriegs entstand 1919 in Berlin der „Reichsbund jüdischer Frontsoldaten" als jüdisches „*Gegenstück zum Stahlhelm*".[2] Bereits ein Jahr später trat die Ortsgruppe Mannheim unter dem Vorsitz von Arthur Lehmann ins Leben. In ihrer Satzung bezeichnete sie sich als „*Zusammenschluß der jüdischen Frontsoldaten Mannheims und Umgebung zur gemeinsamen Abwehr aller Angriffe, welche nachweisen wollen, daß die deutschen Juden die Pflicht der Landesverteidigung im Weltkriege nicht recht erfüllt haben. Er soll alle jüdischen Frontsoldaten ohne Rücksicht auf die Stellung zu innerjüdischen Fragen umfassen.*"

Die Mitglieder des RjF waren patriotisch deutsch denkende Juden, die ihr Deutschtum höher als ihre Religion einstuften. Sie empfanden Deutschland als Heimatland, das sie unter Einsatz ihres Lebens verteidigt hatten. Ihr größtes Anliegen war die Abwehr antijüdischer Angriffe. National-jüdische, d.h. zionistische Bestrebungen lehnten sie strikt ab.

Daneben widmete sich der Reichsbund der Kameradschaftspflege, der Betreuung von Kriegsopfern und seit Mitte der 20er Jahre der sportlichen Ertüchtigung seiner Mitglieder. Zahlreiche Aktivitäten gingen vom RjF aus, Vortragsabende, Geselligkeiten, Mitgliederausflüge und Gedenkgottesdienste für die Kriegstoten. Im März 1921 wurden auf Initiative des RjF in der Hauptsynagoge zwei Gedenktafeln für die jüdischen Gefallenen des Ersten Weltkriegs enthüllt. Die beiden Marmortafeln rechts und links des Hauptportals enthielten 137 Namen von getöteten Soldaten aus der jüdischen Gemeinde.[3] Seit der Zerstörung der Hauptsynagoge 1938 erinnert keine Gedenktafel, kein Mahnmahl mehr an die jüdischen Opfer des Ersten Weltkriegs.

Die Mitgliederzahl des Mannheimer RjF betrug anfänglich 180; sie stieg im Jahr 1933 sprunghaft an. Nun betrug sie zeitweise 550, die Mitglieder der Sportgruppe „Schild" nicht hinzugerechnet.[4] Die Sportgruppe des RjF entwickelte sich ab 1933 zu einer dem Bar Kochba ebenbürtigen Sportorganisation. Der Reichsbund gab die wöchentlich erscheinende Zeitschrift „Der Schild" heraus.

Jüdische Frontkämpfer wurden noch 1934 „im Namen des Führers und Reichskanzlers" mit dem „Ehrenkreuz für Frontkämpfer" ausgezeichnet. Bald, besonders nach dem Tod des Reichspräsidenten Hindenburg, wurde der Kampf des RjF aussichtslos, die deutsch-patriotische Haltung von Juden ad absurdum geführt. Dem Reichsbund verblieb die Aufgabe, die Rechte seiner Mitglieder und ihrer Hinterbliebenen zu verteidigen und jüdische Belange nach außen zu vertreten. Der Ausschluß der Juden vom Dienst in der Wehrmacht erschütterte das Weltbild und das Selbstverständnis vieler ehemaliger Frontkämpfer zutiefst.

Die Mannheimer Ortsgruppe des RjF, die ihre Geschäftsstelle in der Heinrich-Lanz-Str. 15 hatte, wurde einige Jahre von Dr. E. Neter geleitet. Ihr letzter Vorsitzender war Max Sulzburger. 1939 wurde der RjF wie alle jüdischen Organisationen in die Reichsvereinigung der Juden in Deutschland eingegliedert und damit praktisch aufgelöst.

Siehe Abbildungen 365 – 373 in „Bilder vom jüdischen Leben in Mannheim"

Anmerkungen

1 Mannheimer Generalanzeiger 3.5.1924, StA S 2/515 – 1

2 K.J. Herrmann: Das Dritte Reich und die deutsch-jüdischen Organisationen 1933 – 34, Köln/Berlin/Bonn/München 1969, S. 18

3 Mannheimer Generalanzeiger 21.3.1921; Namen von 128 jüdischen Gefallenen abgedruckt in: Reichsbund jüdischer Frontsoldaten (Hrsg.): Die jüdischen Gefallenen des deutschen Heeres, der deutschen Marine und der deutschen Schutztruppen 1914 – 1918, Berlin 1932; Liste mit 129 Namen in HStA J 355 Nr. 216

4 Wilhelm Buchsweiler: Über die Organisationen, in IGB 17 – 1936

...in der unbeirrbaren Pflege deutscher Gesinnung zu bestärken. **Pflicht**

§ 1 der Vereinssatzungen

Der Centralverein

Der „Centralverein deutscher Staatsbürger jüdischen Glaubens", 1893 in Berlin gegründet, eröffnete noch im gleichen Jahr in Mannheim eine Ortsgruppe. Seine Grundanliegen waren die staatsbürgerliche und gesellschaftliche Gleichstellung der deutschen Juden und die Pflege der „deutschen Gesinnung". Er war patriotisch-„assimilatorisch" und politisch liberal orientiert.[1] Das Presseorgan des Vereins war die in Berlin erscheinende C.-V.-Zeitung. Geistig eng mit dem RjF verwandt, mußte auch er im Jahr 1933 sein Aufgabengebiet wesentlich erneuern, wurde doch jede Identifikation mit Deutschland augenscheinlich sinnlos. Der CV widmete sich nun in verstärktem Maß der Beratung auf juristischem und wirtschaftlichem Gebiet. 1933 wurde eine besondere Beratungsstelle für Ärzte und andere freie Berufe errichtet. Durch Vorträge, Kundgebungen und andere Veranstaltungen hat die Mannheimer Ortsgruppe des Centralvereins das Gemeindeleben in vielfacher Weise bereichert.[2] Sein langjähriger Vorsitzender war Justizrat Dr. Julius Appel.

1935 wurde der CV im Zuge der Zerstörung der jüdischen Infrastruktur in den „Central-Verein der Juden in Deutschland", ein Jahr später sogar in einen „Jüdischen Centralverein" eingeschmolzen.[3]

Anmerkungen

1 Bernett S. 80
2 Wilhelm Buchsweiler: Über die Organisationen, in IGB 17 – 1936
3 Sylke Tempel: Deutscher als die Deutschen: Die CV-Zeitung, in AJW 5.6.1994

Wenn ihr nur wollt,
ist es kein Märchen.

Theodor Herzl

Zionismus

Die Sehnsucht nach einer Rückkehr nach Erez Israel hat das geistige Leben der Juden seit ihrer Vertreibung aus Palästina vor 2000 Jahren wesentlich geprägt. Die messianische Hoffnung auf die Wiedererrichtung einer jüdischen Heimstätte hat seitdem immer wieder konkrete Projekte eines Judenstaats in Palästina hervorgebracht. Zionismus in seiner neueren Ausprägung ist die politische Bewegung, die für einen autonomen jüdischen Staat auf dem Boden Palästinas eintritt. Der Begriff Zionismus wurde 1893 von Nathan Birnbaum geprägt.[1] Die 1896 erschienene Schrift „Der Judenstaat“ von Theodor Herzl (1860 – 1904) und die seit 1897 zusammentretenden Zionistenkongresse leiteten eine neue Phase im konkreten Bemühen um einen jüdischen Staat ein. Einen einflußreichen Mitstreiter für seinen Plan fand Herzl in Großherzog Friedrich I. von Baden, der Herzl 1896 zu einer Audienz empfing. Die Hauptsorge des Großherzogs, so schrieb Herzl, war seine Befürchtung, *„seine jüdischen Untertanen zu kränken, wenn er für meine Sache einträte [...] Er habe über seine jüdischen Bürger noch nie zu klagen gehabt.“* [2]

In Mannheim gründeten 1899, nur zwei Jahre nach dem ersten Zionistenkongreß in Basel, 25 Befürworter des Judenstaats eine Ortsgruppe der „Zionistischen Vereinigung für Deutschland". Sie stand unter der Leitung des Arztes Dr. Julius Moses (1869 – 1945), der persönlich mit Herzl verkehrte und der später Mannheimer Gemeindevorsitzender wurde. Diesem frühen zionistischen Kreis gehörten vor allem junge Akademiker wie Dr. Simon Felsenthal und Dr. Markus Regensburger an.[3] Zionistischem Gedankengut waren neben einigen Akademikern vor allem Ostjuden aufgeschlossen. Durch ihren Einfluß erhielt der Zionismus wachsenden Zuspruch, sei es durch ostjüdische Flüchtlinge, von aus Rußland zurückgekehrten und dort in Kontakt mit Ostjuden gekommenen Soldaten des Ersten Weltkriegs oder von ostjüdischen Studenten an der Universität Heidelberg. Die meisten der alteingesessenen deutschen Juden lehnten bis in die 30er Jahre Herzls Projekt mit Entschiedenheit ab; sie bejahten Erez Israel allenfalls als Zufluchtsort für osteuropäische Juden.

Zionismus oder Deutschtum – diese Frage wuchs zu einem der Hauptkonfliktpunkte innerhalb der Gemeinde aus. Die Haltung zum Zionismus war nicht nur von der Herkunft, sondern auch von der Generationszugehörigkeit bestimmt. Die Gründung eines jüdischen Turnvereins, der zionistische Ziele verfolgte, war ebenso umstritten[4] wie die Aktivitäten der zionistischen Jugendbünde, etwa des „Blau-Weiß", und der 1925 gegründeten Jugendgemeinde. Trotz der gegenüber zionistischen Zielen ablehnenden Haltung der Mehrheit zeigte die Gemeinde ihre Vorurteilslosigkeit durch die Wahl von Dr. Julius Moses in die jüdische Gemeindevertretung 1902, in den Synagogenrat 1912 und zum Vorsitzenden der Gemeinde 1923, *„weil man von ihm Verjüngung und jüdische Belebung erwartete."*[5]

Die Zionistische Ortsgruppe Mannheim trat durch Vortrags- und Diskussionsveranstaltungen für die Erfüllung des 1897 beschlossenen Basler Programms, für die Schaffung einer öffentlich-rechtlich gesicherten Heimstätte in Palästina und für den Aufbau des Landes ein, klärte über Geschichte, Kultur und Geographie von Palästina auf. Sie warb für die nationalen Fonds Keren Kajemeth und Keren Hajessod. Nachdem sich 1913 Hebräisch als Nationalsprache durchgesetzt hatte, förderte sie den Iwritunterricht. Durch Spendensammlungen unterstützte die Vereinigung Palästinaeinwanderer auch materiell. Im Gemeindeblatt machte sie 1924 bekannt: *„Die Einreise nach Palästina wird erfreulicherweise von Monat zu Monat stärker. Am 9. Dezember sind allein aus Deutschland wiederum 100 Chaluzim nach Palästina befördert worden. Wir haben die Freude, auch drei Mitglieder der Zionistischen Ortsgruppe Mannheim mitgeschickt zu haben. Es sind die Herren Marcus Dremmer, F. Goldmann und I. Goldstein. Die Zionistische Ortsgruppe Mannheim betrachtet es als ihre Ehrenpflicht, sämtlichen von ihr ausgehende Chaluzim, ob arm, ob reich, die für Palästina erforderliche Ausrüstung mitzugeben. Auch diesmal konnten wir sie dank der Opferbereitschaft einiger Gemeindemitglieder ausreichend und gediegen ausstatten. An dieser Stelle sei insbesondere der Firma Warenhaus Kander [...] der herzlichste Dank ausgedrückt."*[6] Im Gemeindeblatt veröffentlichte Briefe von Mannheimer Chaluzim aus der neuen Heimat luden zur Nachahmung ein.[7] Die Berufung von Rabbiner Dr. Gruenewald zum Jugendrabbiner im Jahr 1925 wirkte sich sehr fördernd auf die zionistische Überzeugung der Gemeindejugend aus.

Ein schwerer Schlag für die Gemeinde und für die zionistische Idee war der gewaltsame Tod zweier Mannheimer Jugendlicher in Palästina. Marie Jacobi und Siegbert Stahl wurden 1931 von Arabern ermordet.[8] Der Bruder Heinz Stahl (1913 – 1985) emigrierte 1933 nach Palästina. Als Kind war er in der Jugendbewegung auf zionistisches Gedankengut gestoßen: *„Vor allem die Begegnung mit Ostjuden in der Bewegung, die alle nach Erez Israel wollten, bestärkte in mir den Entschluß, nach Erez Israel zu kommen. Eine weitere Tätigkeit der Jugendbewegung waren die Schrebergärten, die die Gemeinde der Jugendgemeinde zur Verfügung stellte. Dort pflanzten wir Gemüse an."* Die kindliche Beschäftigung mit Feldarbeit bereitete die in Palästina erforderlichen Fähigkeiten vor. 1931 absolvierte Stahl bei einem christlichen Bauern eine landwirtschaftliche Ausbildung. *„Dieser Bauer, Aug. Lehmann (Deutschhof bei Berggraben/Pfalz) nahm mich aus ideologischen Gründen auf. Er gehörte der Mennonitensekte an, eine Sekte, die nach der Bibel lebt. In der Kirche haben die Mennoniten keine Bilder, und ihre Kirche sieht der Synagoge sehr ähnlich. Sie glauben, daß der Messias kommt, dann werden sie in Israel sein nach den Versprechungen unserer Propheten. Deshalb unterstützen sie den Zionismus und die Vorbereitungen dazu."* Danach besuchte Stahl den „Vorbereitungskibbuz" Ludwigshorst in der Grenzmark. Er berichtet von der Ausbeutung der Arbeiter durch den Gutsherrn, was ihn auch *„ein Stück Sozialismus"* lehrte. Nach der im Januar 1933 erfolgten Auflösung des Vorbereitungskibbuz' emigrierte er nach Palästina.[9]

Viele der Gemeindemitglieder waren beim Machtantritt der Nazis 1933 durch die zionistischen Einrichtungen in der Stadt bereits mit dem Gedanken des Lebens im Heiligen Land konfrontiert worden. Palästina wurde im Vergleich zu anderen Gemeinden von Mannheimern etwas häufiger als Einwanderungsland gewählt. Eine Rolle spielten hierbei auch das in der Stadt anwesende Palästinaamt der Jewish Agency, die Jugendbünde, die nach 1933 allesamt zionistisch wurden, die Möglichkeiten der „Berufsumschichtung", der handwerklichen Berufsausbildung und die Vermittlung landwirtschaftlicher Hachschara-Ausbildungsstellen.

Die Zionistische Ortsgruppe Mannheim weihte am 4.2.1935 in einer Feier ihr neues Heim in der Karl-Ludwig-Str. 38 ein.[10] 1936 zählte sie 375 Mitglieder ohne die ihr angeschlossenen Untergruppen, die Junggruppe der Zionistischen Ortsgruppe, Hechaluz und Bachad.[11]

Die Gründung des Staates Israel am 15.5.1948 war ein Sieg für die zionistische Bewegung. An ihm hatten auch die aus Mannheim stammenden Vordenker, Anhänger und Pioniere ihren Anteil.

Israel wird auch heute von verschiedenen Organisationen unterstützt. Der Fond Keren Kajemeth fördert im wesentlichen die Urbarmachung des Landes, Keren Hajessod leistet etwa bei der Einwanderung und bei der Verteidigung Hilfen. Auch Mitglieder der Mannheimer Gemeinde betätigten sich als Askan, als Spendensammler.

In London entstand 1920 die „Womens International Zionist Organization" (WIZO) mit dem Ziel, zionistische Aufbauarbeit zu leisten. Aus dem 1969 gegründeten Jüdischen Frauenverein erfolgte im Jahr 1976 die Initiative zur Bildung einer WIZO-Gruppe Mannheim, die von Ilse Lewin geleitet wurde. Sie nannte sich 1986 in WIZO-Gruppe Mannheim-Heidelberg um. Die WIZO bot Referate zu vielfältigen Themen an, veranstaltete Wohltätigkeitsbälle und förderte u.a. ein Müttergenesungswerk in Herzliya-Pituach und ein Jugendzentrum in Nahariya.[12]

Siehe Abbildungen 374 – 377 in „Bilder vom jüdischen Leben in Mannheim"

Anmerkungen

1 Vgl. Nathan Peter Levinson: Der Messias, Stuttgart 1994, S. 132 *ff* (Kapitel 11. Die heilige Stadt Der Zionismus als messianische Bewegung und seine Widersacher)

2 Zier, Hans Georg: Theodor Herzl und Großherzog Friedrich I. von Baden, Zwei Streiter für den Judenstaat, in Oberrat 1984, S.112

3 Straus, Rahel: Wir lebten in Deutschland, Erinnerungen einer deutschen Jüdin, Stuttgart 1962, S. 99 *f*

4 Vgl. IGB 4 – 1923 und Leserbriefe zu diesem Thema in IGB Ende 1925/Anfang 1926

5 Mia Neter in Fliedner Quelle Nr. 86; Watzinger 1984, S. 127

6 IGB 12 – 1924

7 Briefe von Mannheimern aus Palästina, z.B. Dr. Franz Hilb, IGB 9 – 1926 oder Ruth Unna und Siegbert Stahl, IGB 3 – 1930

8 Siehe Sondernummer IGB 12 – 1931

9 Interview mit Naftali (Heinz) Stahl, Kibbuz Givath Brenner, 1978. Aus dem Hebräischen übersetzt von seinem Bruder Josef (Werner) Stahl

10 IGB 5 – 1935

11 IGB 17 – 1936

12 Oberrat 1987, S. 91

Und so möge
unsere altehrwürdige Gemeinde
in Mannheim nicht nur ihre Nöte,
Freuden, Bedürfnisse und
Leistungen durch diese Blätter
ihren Mitgliedern kundgeben,
auch diese mögen recht fleißig von
dem Rechte Gebrauch machen,
in ihrem Gemeindeblatt ihre Wünsche,
Erwartungen und Vorschläge, aber
auch ihre Kritik niederzulegen.

Erste Ausgabe
Israelitisches Gemeindeblatt 1922

Mannheimer jüdische Zeitungen

Eine im Jahr 1823 zur Pflege der Kunst und Literatur gegründete Vereinigung jüdischer Jünglinge gab mehrere Jahre die Zeitschrift „Die Schule am Berge Libanon" heraus.[1] In Mannheim erschien 1839 – 1848 halbmonatlich die Schrift „Der Israelit des 19. Jahrhunderts", die religiöse Reformen forderte.[2] Für 1846 ist die von Klausrabbiner Hayum Wagner gemeinsam mit Prediger Adler aus Worms herausgegebene Zeitschrift „Die Reform des Judentums" genannt. Sie bezeichnete sich als *„ein Organ für die Rabbinerversammlung Deutschlands"*. 1846 hatte die in Breslau stattgefundene dritte Versammlung reformerischer Rabbiner beschlossen, im Folgejahr in Mannheim zu tagen. Politische Ereignisse, aber auch Kontroversen innerhalb der Reformrichtung verhinderten die geplante Rabbinerversammlung. Die Zeitschrift wurde bald wieder eingestellt. Sie lieferte Berichte über den Stand der Reformbewegung in den Gemeinden, wollte zum Ideenaustausch beitragen und *„einer aus dem innersten Kerne der göttlichen Offenbarung sich herausarbeitenden Reform den Weg nach den Herzen der Gemeinden und der einzelnen Glaubensgenossen bahnen"*.[3]

Eine unerschöpfliche Quelle über das jüdische Leben der 1920er und 30er Jahre stellt das Israelitische Gemeindeblatt Mannheim dar. Seine erste Nummer erschien am 17.9.1922, rechtzeitig zu den Hohen Feiertagen. Die Anfänge des Gemeindeblatts fielen in eine Zeit, die geprägt war durch die überstandene Not des Krieges, durch das Abflauen der Assimilationseuphorie, durch den verstärkten Kontakt mit dem Judentum des Ostens und der Auseinandersetzung mit der zionistischen Idee, eine Zeit jüdischer Renaissance. Die Schriftleitung des einmal im Monat erscheinenden Blatts übernahm Rabbiner Dr. Zlocisti.

Hauptblatt bis auf weiteres loszulösen. Sie will für die nächste Zeit die Öffentlichkeit von der Jugend und die Jugend von der Öffentlichkeit befreien, von der Rücksicht auf die Öffentlichkeit und von der Rücksichtslosigkeit gegenüber der Öffentlichkeit." Die Kontroversen zwischen Vertretern der Jugend und der Erwachsenenwelt hatten eine Form angenommen, die Rabbiner Dr. Gruenewald als Schriftleiter zu diesem Schritt veranlaßten. Das Jugendblatt, so kündigte er an, sollte von nun an lediglich der Jugend zugänglich sein. Doch im Mai 1933 kehrte das Jugendblatt wieder ins Gemeindeblatt zurück, ab Dezember unter dem Titel „Die Jugendspalte".

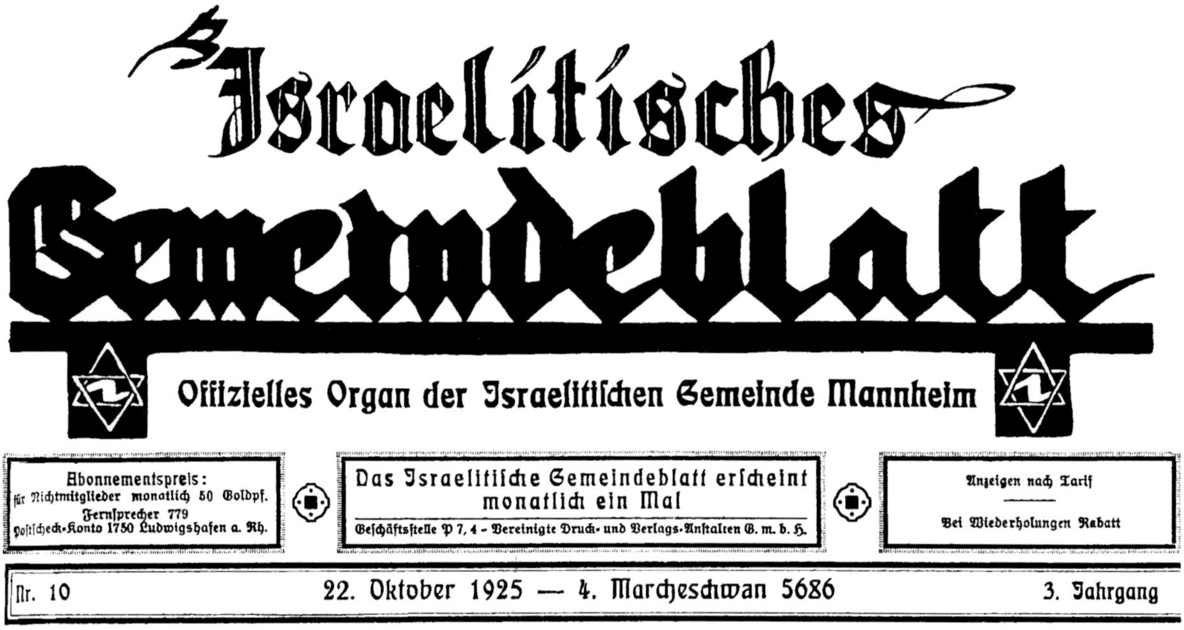
Israelitisches Gemeindeblatt

Offizielles Organ der Israelitischen Gemeinde Mannheim

Abonnementspreis: für Nichtmitglieder monatlich 50 Goldpf. Fernsprecher 779 Postscheck-Konto 1750 Ludwigshafen a. Rh.

Das Israelitische Gemeindeblatt erscheint monatlich ein Mal

Geschäftsstelle P 7, 4 - Vereinigte Druck- und Verlags-Anstalten G. m. b. H.

Anzeigen nach Tarif

Bei Wiederholungen Rabatt

Nr. 10 22. Oktober 1925 — 4. Marcheschwan 5686 3. Jahrgang

Wirtschaftliche Not und die Inflation erzwangen bald eine längere Erscheinungspause. Nach der Mainummer 1923, die bereits 400 Mark kostete, erschien erst im Januar 1924 wieder ein Gemeindeblatt, das für 50 Goldpfennige zu kaufen war. Seit 1925 lag die Redaktion des Blatts in den Händen von Rabbiner Dr. Gruenewald. Von der ersten Ausgabe 1927 an beinhaltete das Blatt auch eine Seite für die Gemeinde Ludwigshafen, die vorher keine eigene Zeitschrift hatte. Seitdem hieß es im Untertitel *„Offizielles Organ der israelitischen Gemeinden Mannheim und Ludwigshafen"*. Zu Beginn des Jahres 1928 wurde die Zeitschrift zu einem Blatt der Gemeinden Badens erweitert. Ausgabe A galt für Mannheim, Ausgabe B für andere Gemeinden. Der Hauptteil war beiden Ausgaben gemeinsam.

Auch die Jugend kam im Gemeindeblatt zu ihrem Recht. Seit Mai 1926 enthielten die Ausgaben des Israelitischen Gemeindeblatts eine Beilage „Die Jugendgemeinde", doch schon im Oktober 1928 entschloß sich die Redaktion, *„das Jugendblatt vom*

Das Israelitische Gemeindeblatt diente nicht nur für Mitteilungen der Gemeindegremien und der Vereine. Vielmehr war es auch Diskussionsforum für die verschiedensten Themen, seien es gottesdienstliche und religiöse Fragen, die Haltung zum Zionismus, das Verhältnis von Jugend und Erwachsenen, von Liberalismus und Orthodoxie. Zu verschiedenen Anlässen erschienen Sonder- und Jubiläumsnummern mit Themenschwerpunkten. Der vollendete Umbau der Klaussynagoge[4], das 75jährige Jubiläum der Hauptsynagoge[5], die Eröffnung des Israelitischen Altersheimes[6], der 60. Geburtstag von Rabbiner Dr. Unna[7] und zahlreiche andere Gelegenheiten boten sich an. Im Dezember 1931 erschien anläßlich der Ermordung zweier Mannheimer Jugendlicher in Palästina eine zusätzliche Ausgabe.[8]

Geschäftsanzeigen von Mannheimer Firmen ermöglichten die Finanzierung des Blattes. Nach 1933 allerdings verschwanden die Annoncen der „arischen" Betriebe; für jüdische Geschäftsinhaber erlangte das Gemeindeblatt in jener Zeit zunehmende Bedeutung als Werbeträger. Nachdem sie durch die Boykottmaßnahmen der Nazis den Großteil ihrer Kunden verloren hatten, versuchten sie, im Gemeindeblatt wenigstens die jüdische Kundschaft auf sich aufmerksam zu machen.

Bis 1934 blieb die monatliche Erscheinungsweise des Blatts konstant. Ab Februar 1934 kam das Gemeindeblatt „*angesichts des wachsenden Interesses, welches sich in den letzten Monaten auf allen Gebieten jüdischen Lebens entwickelte,*" zweimal monatlich heraus. Zunehmende Bedeutung kam dem Blatt nun als Informant über die sich ständig verschärfende Gesetzeslage und über Auswanderungsmöglichkeiten und -bedingungen der verschiedenen Länder zu.

Die Sondernummer zu den Hohen Feiertagen 1936 mit dem Titel „Die Gemeinde Mannheim", ursprünglich zum zehnjährigen Jubiläum des Wohlfahrtsamts konzipiert, bietet angesichts des bevorstehenden Endes einen erschütternden Rückblick auf 300 Jahre jüdischer Geschichte in Mannheim. Zugleich war diese Ausgabe eine Art Abschied. Rabbiner Dr. Gruenewald führte in seinem Vorwort aus: „*Aus dem ursprünglichen Anlaß ist mehr geworden: ein Gesamtbericht und eine Bilanz. Sie geht nicht nur über die letzten zehn Jahre. Es ist fraglich, ob diese Bilanz geglückt ist. Ist sie es nicht, dann gehört auch das zur Bilanz.*" [9]

Den Titel „Jüdisches Gemeindeblatt" nahm die Zeitschrift mit der Nr. 15 im Jahr 1937 an. Ihre unversehens letzte Ausgabe erschien am 3.11.1938, eine Woche vor dem Novemberpogrom. Die darin angekündigten Veranstaltungen, etwa die des Liederkranz, der Eintopfsonntag der Jüdischen Winterhilfe, Bar-Mizwa-Feiern und andere Termine fanden nicht mehr statt. Kurze Zeit nach Erscheinen dieser Ausgabe lagen die Einrichtungen der Gemeinde zertrümmert am Boden.

Einen zaghaften Versuch eines Neubeginns machte in den 50er Jahren eine Mitteilungsschrift für Mannheimer Gemeindemitglieder. Ihr Nachfolger wurde das „Mitteilungsblatt des Oberrates der Israeliten Badens", das, unter der Schriftleitung von Oskar Althausen, bis heute erscheint. Neben einem allgemeinen Teil und Mitteilungen von anderen badischen Gemeinden informiert es mehrmals im Jahr über die neuesten Ereignisse der Mannheimer Gemeinde.

Für ehemalige Mannheimer in aller Welt ist das Mitteilungsblatt „Mannemer Newsletter" von Interesse, das seit Anfang der 90er Jahre in regelmäßigen Abständen von Dr. Bianca Zwang Hirsch in San Francisco an Interessenten versandt wird.

Anmerkungen

1 Rosenthal 1927, S. 336
2 JL unter Stichwort Presse, jüdische
3 Unna II, S. 42
4 IGB 3 – 1930
5 IGB 6 – 1930
6 IGB 3 – 1931
7 IGB 2 – 1932
8 IGB 4.12.1931
9 IGB 17 – 1936

Bis zum Anfang dieses Jahrhunderts wurden die gottesdienstlichen Angelegenheiten in lebendigem Flusse gehalten.

Dr. Samuel Billigheimer

Die jüdische Gemeinde Feudenheim

Feudenheim war bis 1910 ein selbständiges Dorf, das erst durch Eingemeindung zu einem Stadtteil Mannheims wurde. Von allen Vororten des heutigen Stadtgebietes war lediglich in Feudenheim eine jüdische Gemeinde ansässig, obwohl auch in anderen Ortsteilen einzelne jüdische Familien wohnten.[1]

Die erste Erwähnung eines Juden mit dem Namen Wolf in Feudenheim findet sich in den Mannheimer Ratsprotokollen von 1672.[2] Im Jahr 1678 ist er in den Feudenheimer Gerichtsprotokollen erwähnt; man räumte ihm für drei Gulden das Weiderecht für zwei Pferde und zwei Kühe ein. 1690 hieß es, Wolf sei *„bei den französischen Kriegstroublen nach Ilvesheim gezogen"*.[3] Im Jahr 1774 wohnten 17 Juden in Feudenheim; ihre Zahl stieg bis 1803 auf 58 an. Als Synagoge diente das Privathaus des Isaac Löw; in dem 1798 verfaßten Bericht des Landrabbiners Gottschalk Abraham heißt es, daß der Schutzjude Isaac Löw seine „Schule", d.h. das für Gottesdienste genutzte Giebelzimmer seines Hauses, unentgeltlich zur Verfügung stellte. Für den Neubau einer Synagoge hatte die anwachsende Gemeinde bis 1809 so viele Spendengelder gesammelt, daß es für den Kauf des Grundstücks in der Neckargasse, der späteren Neckarstraße 10 genügte. Bis zum Bau der Synagoge gestattete Isaac Löw der Gemeinde eine weitere Benutzung des Betraums in seinem Haus, obwohl er befürchtete, daß die beim Gottesdienst verwendeten Kerzen ein Feuer verursachen könnten. Zudem nahm er das für die Synagoge vorgesehene Grundstück einstweilen in Pacht. Zusammen mit Spenden ermöglichten die aus der Verpachtung gewonnenen Einnahmen im Jahr 1819 den Bau der Synagoge. Im Jahr 1841 wurde sie durch einen Umbau erweitert.

Das einfache Gebäude mit rechteckigem Grundriß war durch seine Rundbogenfenster als Sakralbau zu erkennen. Man betrat es durch den Hof. Vom Innenraum sind keine Ansichten überliefert; nur aus der Erinnerung von Augenzeugen des 20. Jahrhunderts liegen Beschreibungen vor. Danach war die an der Westseite gelegene Frauenempore durch Glasfenster abgetrennt. Unter ihr lagen der Vorraum mit dem Treppenaufgang und ein Zimmer, in dem die Jahrzeitkerzen brannten. In der Männersynagoge befanden sich beiderseits vom Mittelgang jeweils etwa sieben Bänke. An den Wänden waren in Höhe jeder Bank und am Aron Hakodesch siebenarmige Leuchter angebracht. Deren Kerzen waren die einzige Beleuchtung. Die Decke war gewölbt und vermutlich bemalt. Die Bima stand vor der Heiligen Lade, die sich an der Wand zur Neckarstraße befand.[4]

Als Rabbiner wird 1819 ein Ruchum David genannt, der auch Schächter war. Über die Zusammensetzung der kleinen Dorfgemeinde gibt die Gemeindestatistik Auskunft: „*12 Männer, 10 Weiber, 16 Söhn, 10 Töchter, 5 Knecht und 5 Mägd*“. Sie unterstand dem Ladenburger Rabbinat und später nach dessen 1884 erfolgter Auflösung dem Rabbinat in Heidelberg. Die Feudenheimer Juden lebten wie andere Dorfjuden jener Zeit meist vom Viehhandel oder als Trödler. Da viele von ihnen in der Talstraße zwischen Haupt- und Ziethenstraße wohnten, wurde dieser Abschnitt früher die „Judengasse“ genannt.

In der Neckarstraße 8 entstand 1841, gleichzeitig mit dem Umbau der Synagoge, das neue Schulhaus. Es enthielt im Erdgeschoß ein Klassenzimmer und eine Mikwe, im Dachgeschoß die Lehrerwohnung. Der Feudenheimer Synagogenrat hatte 1838 die staatliche Behörde – erfolglos – gebeten, bei den größeren jüdischen Gemeinden eine Kollekte für ein neues Schulhaus zu erwirken, das alte sei zu alt und baufällig geworden.[5]

Seit 1840 unterrichtete der Lehrer Samuel Weil die jüdischen Kinder in Religion. Für die weltlichen Fächer mußten sie in die evangelische Schule gehen. Nachdem auf Antrag der jüdischen Gemeinde Feudenheims die israelitische Schule 1845 staatlich anerkannt wurde, durfte Samuel Weil auch in den weltlichen Fächern unterrichten. Die Schulaufsicht führte der evangelische Ortspfarrer. Im Schuljahr 1865/66 besuchten 22 Schüler den Unterricht und 26 Schüler 1867/68. Wenngleich die gesetzlich vorgeschriebene Mindestanzahl von 25 Schülern nicht immer erreicht war, konnte sich die israelitische Schule mehr als zwei Jahrzehnte halten. Im Jahr 1869 war das Minimum allerdings mit nur 18 Schülern deutlich unterschritten. Lehrer Weil wurde pensioniert, und die Schüler gingen wie vordem wieder in die evangelische Schule. Das israelitische Schulhaus diente nur noch für den Religionsunterricht, der in den 1870er Jahren von Raphael Rosenheimer erteilt wurde. Auch nach der 1876 in Feudenheim erfolgten Einführung der Simultanschule fand im israelitischen Schulhaus noch Religionsunterricht statt.

Während um 1860 die Gemeinde noch aus 20 – 25 Familien mit 120 – 130 Personen bestand, nahm die Zahl ihrer Mitglieder um die Jahrhundertwende durch Abwanderung in die Stadt und durch Auswanderung drastisch ab. Sie sank von 113 Personen im Jahr 1895 auf 65 im Jahr 1905 und betrug 1925 nur noch 49. Zu Beginn des 20. Jahrhundert kam kaum mehr ein Minjan zustande, „*was die Feiertagsstimmung erheblich drückte, ja verdüsterte.*“ [6] Andererseits wählten neuzuziehende jüdische Familien auch Feudenheim als Wohnort; sie bevorzugten jedoch meist die großen Synagogen in der Stadt.

Ihre Toten begrub die Feudenheimer Gemeinde bis zur Mitte des 19. Jahrhunderts auf dem Verbandsfriedhof in Hemsbach. 1858 erwarb sie ein Grundstück auf dem „Schelmenberge“ in der heutigen Scheffelstr. 33, um einen eigenen Friedhof anzulegen. Die Behörde genehmigte die Anlage nur ausnahmsweise, da die Entfernung vom letzten Haus des Dorfes nur 920 Fuß, etwa 300 m, anstatt der vorgeschriebenen 1200 Fuß betrug. In vier Jahrzehnten wurden hier etwa 50 Tote bestattet; der jüngste noch lesbare Grabstein trägt die Jahreszahl 1897.

Um 1900 legte die jüdische Gemeinde einen neuen Friedhof neben dem christlichen an. Den Eingang erreichte man über einen Feldweg von der Talstraße aus, im Gebiet der heutigen Straße Wingertsau. Der erste Grabstein war der des am 1.1.1901 gestorbenen Nathan Kahn; vor ihm wurde jedoch noch ein Kind beerdigt. Die letzten Grabmale weisen die Sterbedaten 1938 und 1939 auf.[7] Im Jahr 1936 wurde die Umgebung des neuen jüdischen Friedhofs als Bauland umgelegt. Infolge dieser Maßnahme wurde der ursprünglich längliche Grundstücksstreifen verkürzt und verbreitert, die zugehörige Leichenhalle und die Remise 1938 versetzt. Vom christlichen Friedhof aus entstand ein neuer Eingang.[8] Im Jahr 1941 schloß die Stadtverwaltung den jüdischen Friedhof für jede weitere Benut-

Rabbiner Dr. Levinson beim Gebet auf dem alten jüdischen Friedhof Feudenheim, 14.3.1965.

zung. Sowohl der alte als auch der neue jüdische Friedhof in Feudenheim sollten zerstört und die Grundstücke zweckentfremdet werden. Der Verlauf des Zweiten Weltkrieges verhinderte diese Vorhaben.

Im Jahr 1888 kam Karl Billigheimer (1864 – 1931) als Religionslehrer und Vorbeter in die Feudenheimer Gemeinde. Wie seine Vorgänger wohnte er mit seiner Familie im Schulhaus neben der Synagoge. Sein Sohn Dr. Samuel Billigheimer (1889 – 1983) erinnerte sich an die Sabbate und Feiertage: *„In der 2. Hälfte der 90er Jahre erlebte ich an diesen Tagen eine lebendige und volle Synagoge. Ich war stolz auf meinen Vater, wenn ich ihn an den hohen Feiertagen die erhebenden Melodien in seiner so ansprechenden Baritonstimme vortragen – und beten – hörte, denn der Beter war in ihm stärker als der Sänger [...] Hoch geschätzt wurde seine Toralesung. Bis zum Anfang dieses Jahrhunderts wurden die gottesdienstlichen Angelegenheiten in lebendigem Flusse gehalten. Tüchtige Gemeindevorstände wie Nathan Kahn, Max Kaufmann u.a.m. unterstützten das Gemeindeleben.*“ [9] Karl Billigheimer studierte auch Knabenchöre für den Gottesdienst ein. Nach 22jähriger Tätigkeit in Feudenheim übernahm er 1910 die Leitung des jüdischen Waisenhauses in Mannheim. Danach wurde die Feudenheimer Synagoge kaum noch benutzt, lediglich an den Hohen Feiertagen fanden noch Gottesdienste statt.

In der Nazizeit wanderten viele Feudenheimer Juden aus. Es kam auch zu Selbsttötungen. Am 10.11. 1938 zerstörten SA-Männer die Synagoge, rissen den Boden heraus und setzten das Gebäude in Brand. Nachmittags holten sie die jüdischen Männer aus ihren Wohnungen und zwangen sie, Gebetbücher in ein vor der Synagoge entfachtes Feuer zu werfen. Der Gemeindevorsitzede Gustav Kahn soll sich mit den Worten geweigert haben: *„Das ist nicht meine Sitte.*“ Wie überall wurden die jüdischen Männer verhaftet und mehrere Wochen im KZ Dachau gefangen gehalten.

Bei der großen Deportation am 22.10.1940 wurde auch Gustav Kahn zusammen mit 14 weiteren jüdischen Feudenheimern nach Gurs verschleppt. Drei Geschwister der Familie Reinmann starben dort, mindestens neun Feudenheimer kamen in Konzentrationslagern ums Leben. Andere, in „Mischehe" lebende Juden, wurden erst später aus Feudenheim abgeholt. Noch Anfang 1945 ging ein Transport nach Theresienstadt.

Beim Abriß der Synagogenruine und des baufälligen Schulhauses wurden 1962 zwei Grundsteine gefunden, die der Feudenheimer Heimatforscher Franz Gember auswertete. Der Stein an der Synagogenmauer trug die Jahreszahl 1819. Der zweite, vom Schulhaus stammende Stein, vermutlich aus dem Jahr 1841, enthielt ein Bleirohr, eine verschlossene Glasflasche, zwei Silbermünzen von 1840 und 1841 sowie Papier- oder Lederreste. Beide Grundsteine gingen verloren.[10] Am Ort der Synagoge entstand eine Grünanlage; an der bis zu den Fensteransätzen erhaltenen Südmauer befindet sich eine Gedenktafel, die am 14.3.1965 im Rahmen der Woche der Brüderlichkeit enthüllt wurde. Auch an den beiden jüdischen Friedhöfen Feudenheims sind heute Gedenktafeln angebracht.

Siehe Abbildungen 185 – 195 in „Bilder vom jüdischen Leben in Mannheim"

Anmerkungen

1 Zu diesem Kapitel siehe WATZINGER 1965; CHRISTOPH KESSLER: Jüdisches Leben, in: GESCHICHTSWERKSTATT FEUDENHEIM/STADTARCHIV MANNHEIM (Hrsg.): Feudenheim Illustrierte Geschichte eines Mannheimer Vorortes, Mannheim 1991, S. 95*ff*

2 Ratsprotokolle 1672, S. 454, StA MA

3 GUSTAV CHRIST: Aus Mannheims Umgebung nach dem Orlean'schen Krieg. In: MGB 1916, Sp. 28

4 Siehe StA MA 63/1970 Nr. 138 und Nr. 139

5 GLA 362/572

6 BILLIGHEIMER

7 Siehe Akten aus dem GLA, Kopien in StA MA 63/1970 Nr. 137

8 Siehe Plan der Bauplatzumlegung 1935, Duplikat in StA MA 63/1970 Nr. 139

9 BILLIGHEIMER

10 MM 5.9.1962; Aufzeichnungen Franz Gembers im Besitz der Tochter Lore Opetz, Mannheim 1987

Ein Jahrtausend schon und länger
Dulden wir uns brüderlich
Du, du duldest, daß ich atme,
Spott *Daß du rasest, dulde Ich.*

Heinrich Heine: An Edom

Antijudaismus in Mannheim

Wo beginnt Antisemitismus oder, genauer formuliert, Antijudaismus? Um mit Henryk M. Broder zu fragen: Setzt „*Antisemitismus erst da ein, wo Friedhöfe geschändet, Juden gejagt, Gotteshäuser abgefackelt werden*"?[1] Sicher nicht erst da. Doch selbst diese, für jedermann als Unmenschlichkeit erkennbaren Verbrechen ereigneten sich auch in Mannheim, hatten auch hier ihre harmlos erscheinende Vorgeschichte. Selbst in der vergleichsweise toleranten Stadt, die seit ihrer Gründung bis heute Sammelbecken für Bewohner verschiedenster Herkunft ist, zeigte sich der Antijudaismus in seinen abscheulichsten Formen. Auch in Mannheim hat der Haß gegen Juden eine unrühmliche Tradition.

Schon wenige Jahre nachdem Kurfürst Karl Ludwig die Juden ins Land gerufen hatte, behaupteten die christlichen Metzger 1685 in einer Eingabe an die Regierung, die Juden haben sich ins Land „*eingeschlichen*". Der Gemeindevorsteher mußte in einem Bericht begreiflich machen, daß der Kurfürst durch Plakate, Patente und Privilegien Juden ausdrücklich zur Niederlassung eingeladen hatte.[2] Nicht zum letzten Mal waren Mannheimer Juden gezwungen, Dinge richtigzustellen.

Nach den Quellen des 17. und 18. Jahrhunderts war namentlich der Mannheimer Rat bemüht, die Zahl und die Freiheiten der Juden möglichst klein zu halten. Ein Ratsherr Stribing strebte 1682 erfolglos die Absonderung der Juden in eine Gasse an.[3] Als der Kurfürst 1698 die Anzahl der zugelassenen Familien von 84 auf 150 erhöhte und ihnen weitere Rechte zugestand, erhob der Rat Einspruch und bat, ihre Anzahl nicht über 100 zu *„extendiren"* und ihnen nicht mehr Privilegien als früher zu bewilligen, *„damit wenigstens ein Unterschied zwischen christen und Juden desfalls sein möge"*.[4] Als 1701 der Stadtrat von der Regierung um seine Meinung zur Aufnahme des Haium aus Otterbach gefragt wurde, äußerte er die Befürchtung, *„dass ohnumbgänglich die hiesige Statt ein puhre lautere Juden Statt werden muss, dahingegen die Christen das Thor mit dem Rücken werden ansehen müssen"*.[5]

Manche der heutigen Historiker sehen in Widerständen dieser Art nur den *„üblichen Konkurrenzneid, den die Christen auch untereinander in ihren Berufsgruppen eifrig praktizierten"* [6], oder normale „Animositäten" zwischen gesellschaftlichen Gruppen. Das uralte, von der Kirche geprägte Feindbild des Juden als „Christusmörder" spielt bei ihrer Betrachtung keine Rolle. Der antijüdische Haß kann aber nur vor dem Hintergrund gesehen werden, daß vom Mittelalter bis ins 20. Jahrhundert Juden als Hostienschänder, Brunnenvergifter, Ritualmörder, Wucherer und Blutsauger beschuldigt, daß sie seit der Zeit der Kreuzzüge in Deutschland verfolgt, ausgenutzt, vertrieben und ermordet wurden. Judenhaß ist keine bloße Animosität.

Daß die Anwesenheit der Juden in Mannheim besonders bei den Katholiken Anstoß erregte, zeigt die Beschwerde des katholischen Pfarramts beim Kurfürsten vom 23.10.1711: *„was gestalten hiesige Mannheimer ungemein anwachsende Judenschaft mit Haltung ihrer Caeremonien auch übermüthigen geprängs auff offener Gassen dergestalten und nicht anderst frey sich hervorthuen, als wann sich würklich zu Jerusalem unter äigenen Fürsten und Scepter befünten."* Ein Ärgernis für die Katholiken war auch, daß bei einer Hochzeit *„erstlich der brantigam, nachgehents die Brauth processionsweis aus dem Haus morgens bei hellem lichten Tag mit 4 oder 5 waxfacklen und 10 vorhergehende musicanten, nicht anders, als wann das hochwürdigste Guth begleitet würde"*. Die Beschwerden wiederholen sich 1716, insbesondere gegen Lemle Moses Reinganum.[7] Die Einstellung der Kirche zu den Juden war offen feindselig, obwohl auch sie von ihnen profitierte. Juden wurden von ihrer Baupflicht gegen die Abgabe von 160 Gulden für den Bau der katholischen Kirche befreit.[8]

Der Stadtrat erließ 1717 eine Kleiderordnung für die Juden. Wenngleich das Leben damals für alle Menschen in starkem Maß geregelt war, sprechen aus ihr Neid und Abneigung: *„Nachdem von einer kurf. Regierung zu Heidelberg an den Stadtrat dahier der nachdrückliche Befehl ergangen, daß denen Juden die Tragung der spanischen Ryden wie auch kostbaren Kleider und Mäntel von Damast oder Seiden abgestellet werden, hingegen dieselbe mit gemeinen schwarzen und anderen Mänteln wie in Frankfurt, Worms und anderen Städten gebräuchlich in der Stadt, jedoch ohne Schabesdeckel auf die Straßen aufziehen, deren Weibern und Töchtern aber das kostbare Gold- und Silbertragen verboten sein solle, als ist dem Rabbiner und Vorstehern mittelst kopeilicher Abschrift anbefohlen worden, der gemeinen Judenschaft den Inhalt sothanen gnädigsten Regierungsbefehls mit solchem Nachdruck zu publizieren, auf daß keine verdrießliche Executiones darüber entstehen möchten."* [9]

Spott

Selbst die uralte tückische Behauptung des Ritualmords blieb der Mannheimer Gemeinde nicht erspart. Als 1727 ein Kind verschwand, richtete sich der Verdacht gegen die Juden. Man wollte die Leiche in einem Keller gesehen haben. Die Vorsteher mußten energisch auftreten und eine Untersuchung fordern, die schließlich die Grundlosigkeit der Behauptungen ergab.[10]

Typische Beispiele des Judenhasses zeigen sich immer wieder, besonders bei Leuten, die allen Grund zur Selbstkritik hätten. Der reisende Adlige Karl Ludwig von Pöllnitz urteilt 1730 über die Mannheimer Juden: *„Sicher ist, daß sie die Halsabschneider der christlichen Kaufleute sind und daß sie nicht redlicher sind als irgendwo anders"*. Bekannt war allerdings auch der zweifelhafte Lebenswandel des judenfeindlichen Barons; er *„pumpte alle Welt an, prellte seine Gläubiger um ihr Geld und die Wirte um die Zeche."* [11]

Ein besonders abstoßender Fall von Judenhaß ist bezeugt durch eine in Mannheim gedruckte Schmähschrift aus dem Jahr 1741 mit dem Titel: *„Die in der Chur=Pfältzischen Stadt Mannheim wegen trauriger Emigration des gantzen Juden=Packs in dem Schieß=Haus versammlete höchst=fröliche Burgerschafft. Da das gantze Juden-Volck wegen ihrer vielfaltigen Verbrechen die Stadt und Land raumen mußte."* In widerwärtiger Weise beschreibt und kommentiert das Pamphlet in Reimform einen fiktiven Auszug der Juden aus Mannheim, der indes nie stattgefunden hat. Juden werden darin als *„Christen-Schinder"*, *„böser Juden-Pack"*, als *„Schänder Christi Blut"* und *„falsche Judas-Diener"* beschimpft. Der geifernde Haß steigert sich in die höhnische Strophe *„Heut essen Wir vor euch ein guten Schweinen Braten, / Und trincken edlen Wein, der vor uns kauscher ist, / Ich weiß gewiß, daß dies uns heute wird nicht schaden, / Wilt du es halten mit, sag Jud, so werd ein Christ."*

Das primitive Machwerk nahm vorweg, was genau 200 Jahre später furchtbare Realität werden sollte:

„Te DEum laudamus! Wohl weiser Stadt=Rath /
Daß nunmehr kein Juden=Insaß in der Stadt /
Te DEum laudamus! gratulire daß sey /
Stadt Mannheim vom völligen Judenthum frey.“ [12]

Die judenfeindlich gesinnte kurfürstliche Hofkammer, 1743 von Carl Theodor über ihre Haltung zur Lemle-Moses-Klaus befragt, äußerte Bedenken, *„in einer kurfürstlichen Residenzstadt so vieles unnütze Judenvolk, welches aus ihrem hartnäckigen Glaubenseifer sich als innerliche Feind des christlichen Namens jederzeit darstellte, eines privilegirten außerordentli-*

Spott

chen Domicilly und Ober-Judenschul genießen zu lassen.“ Durch solche Nachsicht würden *„fremde, unsaubere und unflätige Juden samt Weibern und Kindern“* in die Stadt gezogen, und im Lehrhaus würde *„Gift und Bosheit ausgekocht“*. Doch mußten selbst diese Judenhasser einräumen, daß die Aufhebung der Klaus aufgrund der Konzessionen unrechtmäßig wäre und daß die aus der Klausstiftung fließenden Gelder den kurfürstlichen Untertanen zugute kamen.[13] Für die Lemle-Moses-Klaus hatten *„die Umtriebe der Judenfeinde keine unmittelbaren Folgen“*, doch erfolgte 1744 eine Verfügung, daß die Michael May'sche Klaus aufgehoben werden sollte.[14]

Der langgehegte Wunsch großer Teile der Bürgerschaft, die Juden in ein Getto zu verweisen, schien in den 1760er Jahren in Erfüllung zu gehen, in einer Zeit, die als Epoche der Aufklärung gilt. Der Stadtrat schlug die heutigen Quadrate H 4 – 6 und J 4 – 5, das damals schlechteste Wohngebiet, als Judenviertel vor. Die Synagoge sollte ins jüdische Schlachthaus am Rhein verlegt werden: *„sie würden also, weil sie ohnehin ihre Synagoge gern abseits halten, die Inwohnerschaft, da solche an den Wall ganz alleinig zu liegen komme, mit ihrem unerträglichehn Geschrei in solcher Gegend nicht allso beschwerlich wie mit ihrer dermaligen mitten in der Stadt gelegenen fallen.“* [15] Ein vermutlich von F.W. Rabaliatti 1762 gezeichneter Plan sah um das geplante Getto eine Mauer mit zwei Toren vor.[16] Die Regierung befahl den Juden 1765 durch eine Konzessionserläuterung, innerhalb von drei Jahren ihren Wohnsitz in die heutigen Quadrate F 3 – 7, G 3 – 6, H 3 – 6 und J 3 – 4 zu verlegen, eine Anordnung, die allerdings nie vollständig realisiert wurde.[17]

Die Entwicklung des Staatswesens zum aufgeklärten Wohlfahrtsstaat dämpfte den ungezügelten Haß des 18. Jahrhunderts. Dennoch brach der stets virulente Antijudaismus bei vielen sich bietenden Gelegenheiten durch. Die als Hep-Hep-Sturm bekannten judenfeindlichen Exzesse des Jahres 1819 entfesselten auch in Mannheim Tumulte.[18] Ob während der Revolution von 1848/49, die im März 1848 in zahlreichen Gemeinden Badens brutale Ausschreitungen gegen Juden auslöste, auch in Mannheim Gewalttätigkeiten auftraten, darüber schweigen sich die Quellen aus. Das Klima in der Stadt jener Zeit war wohl weniger gegen Juden gerichtet als anderswo. Möglicherweise ist dies dem Umstand zu verdanken, daß jüdische Getreidehändler während der großen Teuerung von 1846/47 in Mannheim größere Not verhindert haben.[19] Eine Antwort auf die Pogrome im badischen Umland erging durch einen Aufruf in der Mannheimer Presse: *„Mit tiefem Schmerze, welchen alle wahren Freunde der Volksfreiheit und des Vaterlandes theilen, vernehmen wir die Nachricht, daß die Tage, welche die Herzen aller wackeren Bürger mit hehrer Begeisterung erfüllen, [...] entweiht werden wollten durch blinde Zerstörungswuth und Gefährdung der Personen und des Eigenthumes unserer Mitbürger mosaischen Glaubens, daß das leuchtende Panier der Freiheit besudelt werden will durch schmähliche Excesse [...] Nur Diener der Reaction oder von ihnen Irregeleitete vermögen zu Judenverfolgungen die Hand zu bieten, wie sie nie ein freies Land, wohl aber der Despotismus kannte. Wir unterzeichneten Abgeordneten fordern in unserem und aller unserer Collegen Namen, im Namen aller, die treu und redlich mit dem Volk und seiner Freiheit meinen, auf, durch Belehrung, Wort und That, mit aller Kraft und Energie dahin zu wirken, daß solche Entweihungen der Tage der Freiheit unterbleiben und nicht in des Volkes Ehre und Namen geschändet werden durch Frevel und Unthaten. Dr. Hecker. Helmreich. v. Itzstein. Karl Mathy. Fr. Bassermann. v. Soiron. L. Weller. W. Sachs.“* [20]

Der Antijudaismus machte Ende des 19. Jahrhunderts einem sowohl politisch als auch rassistisch motivierten Judenhaß Platz. Der Begriff Antisemitismus taucht erstmals 1880 auf. Die Antisemiten bekämpften eifernd die gesellschaftliche und politische Gleichstellung der Juden, versuchten sie zu verunglimpfen und von kulturell und politisch wichtigen Positionen fernzuhalten. Solche judenfeindlichen Agitatoren aus den Kreisen des Berliner Hofpredigers Stöcker fanden auch in Baden Gehör.

Aus Mannheim sind aus jener Zeit wenige antisemitische Vorfälle überliefert. Das Großherzogliche Schöffengericht verurteilte im Februar 1883 den Redakteur eines in Mannheim erscheinenden *„Antisemitenblatts“* wegen Beleidigung zu einer Geldstrafe. Den Anlaß hatte ein Bericht im „Mannheimer Boten“ gegeben, den die jüdische Zeitung Jeschurun zitierte: *„Judenspiegel. Bei der am Sonntag zu Neustadt a. H. im Saalbau abgehaltenen Delegirten-Versammlung der Pfälzischen Gewerbevereine waren die Vereine Zweibrücken und Frankenthal durch je einen Handelsjuden vertreten [...] Ist das kein Hohn auf die Gesellschaft?“* [21]

Der alltägliche Antijudaismus fand nur selten Beachtung in der Presse. 1885 wird im Mannheimer General-Anzeiger ein antisemitischer Lehrer erwähnt: *„Anfrage: Ist es wahr, daß die Einübung der Gesänge zum israelitischen Kindergottesdienste und damit des Kindergottesdienstes selber, einem Lehrer über-*

tragen worden ist, der sich als rücksichtsloser Antisemite hervorgethan und der sich selbst soweit vergessen konnte, daß er wegen in der Klasse gebrauchter, judenfeindlicher Äußerungen einen Verweis erhalten mußte [...]?

Antwort der Redaktion: Nach eingezogener Erkundigung bestätigt sich zu unserer Überraschung die Übertragung fraglichen Unterrichts an Hrn. P.......... ebenso, wie der notorische Judenhaß desselben. Wir nehmen an, daß diese Ernennung aus Unkenntniß der Richtung des betr. Herrn erfolgt ist, sonst wäre uns diese Hypertoleranz (wie wir dieses Verfahren euphemistisch nennen wollen) durchaus unerklärlich. An Leuten, die zu diesem wohl ganz lukrativen Amte befähigt und geeignet wären, fehlt es wohl im Lehrkörper unserer Volksschule ebensowenig, als sonst unter unseren Mitbürgern." [22]

Antisemitismus wurde vielfach als nichts „Ehrenrühriges" empfunden. Ein antisemitischer Verein entstand in Mannheim 1890.[23] Über seine Aktivitäten ist nichts Näheres bekannt. Sicher unterstützte er den 1898 erfolgten Vorstoß badischer Antisemiten, die unter dem Vorwand des Tierschutzes im Landtag ein Schächtverbot durchzusetzen versuchten. Die Kammer lehnte die Petition mit nur drei Gegenstimmen ab; eine andere Art der Erledigung würde, so der Regierungsvertreter, nur die antisemitische Strömung stärken.[24] Bei der Reichstagswahl 1898 erhielt der offen als Antisemit auftretende Kandidat Köster in Mannheim 2,099 % der Stimmen.[25]

Ein weiteres Beispiel für kleinlich-schäbigen Antisemitismus ist die dümmliche Sage vom Goldenen Mann, die in den 1920er Jahren auftaucht. In ihr wird die Wolfsangel aus dem Mannheimer Stadtwappen in Verbindung gebracht mit einem goldenen Mann, der einst auf dem Marktplatz stand. Ein Jude soll ihn, um an das Gold zu kommen, so lange blank geschabt haben, bis er das Aussehen der Wolfsangel annahm.[26]

Von spektakulären antijüdischen Vorfällen blieb Mannheim vor 1933 verschont. Es gab nur die scheinbar kleinen, alltäglichen Gemeinheiten, die nirgends verzeichnet sind und gegen die man als Jude machtlos war. Die latente Judenfeindschaft bereitete den Boden vor, auf dem die Nazis den Antisemitismus zur Bürgerpflicht machen konnten.

Nach dem Zusammenbruch des Hitlerreiches 1945 gab es „keine" Antisemiten mehr – hatte es nie welche gegeben? Ein Stadthistoriker beklagte die Lücke, die Juden in Mannheim hinterlassen hatten: „*Ihr Untergang bedeutete für die Stadt einen schweren Verlust, gehörten doch zu ihnen nicht nur die großen Bankiers, Kaufleute und Mäzene, sondern auch Mitglieder des Stadtratskollegiums.*" [27] Derselbe Autor hatte jedoch 1937 in historischer Rückschau noch geschrieben: „*Auch gegen die Juden, die [...] Wucher trieben, ging man energisch vor.*" [28] „*Wunderliche Namen verzeichnet das Grundbuch von 1778: Jud Löw Hammelburger, Jud Nathan Scheuer, Jud Jessel, Jud Nathan Samuelleri, Jud Isau Löw Auerbach, Jud Seligmann Herz Bill, Jud Seckel Levi, Jud Lösser Heyum Naas. Wesentlich erfreulicher sieht es gegenüber aus, denn hier hatten sich manche bedeutende Künstler des kurfürstlichen Hofes niedergelassen.*" [29]

Dennoch, Mannheim war nie eine Stadt, in welcher der Antisemitismus eine ausgesprochene Hochburg hatte. Antisemitismus gibt es überall, mit dieser Erkenntnis müssen Juden auch hier leben. Die letzten Jahrzehnte waren nicht frei von Friedhofsschändungen, Schmierereien, anonymen Briefen und auch Übergriffen. Neonazis verbreiteten immer wieder ihr menschenverachtendes Gedankengut. Die heutige Gemeinde schweigt dazu nicht. 1992 stellte sie einen Antrag auf Strafverfolgung gegen die rechtsradikale Skinband „Tonstörung" wegen des Verdachts auf Volksverhetzung und schrieb einen offenen Brief an den Innenminister von Baden-Württemberg.

Auch pure Gedankenlosigkeit kann Wegbereiter des Hasses sein. Das Presseamt der Stadt Mannheim gab 1994 die Broschüre „Leben in Mannheim" für neu Zugezogene heraus, in der in einem Artikel über „Ausländer in Mannheim" das Bild des jüdischen Gemeindezentrums F 3 zu sehen ist.[30] Natürlich wurde die Schrift wieder zurückgezogen, und die Stadt entschuldigte sich.

Die bislang letzten Fälle von krassem Antijudaismus lieferte das Mannheimer Landgericht. 1993 setzte es den wegen Volksverhetzung angeklagten, selbsternannten „Gaskammer-Experten" und Auschwitzleugner Leuchter gegen eine Kaution auf freien Fuß. In seiner Heimat kann sich der US-Bürger inzwischen in Sicherheit vor der deutschen Justiz wiegen und durch Verbreitung seiner obskuren „Gutachten" weiterhin all jenen „Argumente" liefern, die den Völkermord an Juden unter Hitler bestreiten. Einen „*Schlag ins Gesicht der Überlebenden des Holocaust*" nannte es die Jüdische Gemeinde Mannheim.

Ein Jahr darauf sorgte die 6. Strafkammer des Landgerichts für einen weiteren, weltweit Empörung hervorrufenden Skandal. Den seit Jahrzehnten aktiven Neonazi und berüchtigten NPD-Vorsitzenden Deckert, ebenfalls wegen Volksverhetzung angeklagt, er hatte u.a. die Tiraden des „Gaskammerexperten" übersetzt und verbreitet, bezeichnete es in der Urteilsbegründung als „*verantwortungsbewußte Persönlichkeit mit klaren Grundsätzen*", hielt ihm zugute, daß ihm seine politische Überzeugung „*Herzenssache*" sei und erstellte ihm eine „*günstige Sozialprognose*". Zugunsten des Ewiggestrigen berücksichtigte das Gericht, „*daß Deutschland auch heute noch, rund fünfzig Jahre nach Kriegsende, weitreichenden Ansprüchen politischer, moralischer und finanzieller Art aus der Judenverfolgung ausgesetzt ist, während die Massenverbrechen anderer Völker ungesühnt blieben"*.[31]

Folgt man der Argumentation dieses Richters, der 1995 auf eigenen Antrag in den Ruhestand versetzt wurde, ist es also ehrenwert, „*Ansprüche*" von Nazi-Opfern abzuwehren. Nach Worten des Gerichts besteht hierfür doch „*ein berechtigtes Interesse*", auch wenn Lügen und Haßtiraden zu dieser Abwehr eingesetzt werden. Beginnt hier Antisemitismus? Die Schwelle zu ihm ist längst überschritten. Fest steht aber auch, daß er hier noch nicht endet.

Spott

Anmerkungen

1 Henryk M. Broder: Alles gar nicht so gemeint? in AJW 3.11.1994
2 Rosenthal 1927, S. 106 *f*
3 Feder I, S. 69
4 Löwenstein S. 136
5 Löwenstein S. 137
6 Kirchgässner S. 35
7 Feige, Paul: Kirchengeschichtliches über Mannheim, in: Festgabe für die 49. Generalversammlung der Katholiken Deutschlands in Mannheim 1902, Mannheim 1902, S. 28 *f*
8 Löwenstein S. 134
9 Kleiderordnung für die Juden, in: MGB 1902, Sp. 20; Feder I, S. 341 *f*
10 Feder I, S. 344
11 MGB 12 – 1926, Sp. 235 *f*
12 Die in der Chur=Pfältzischen Stadt Mannheim wegen trauriger Emigration des gantzen Juden=Packs in dem Schieß=Haus versammelte höchst=fröliche Burgerschafft. Da das gantze Juden=Volck wegen ihrer vielfältigen Verbrechen die Stadt und Land raumen mußte. Anno 1741 (Original in: Bayrische Staatsbibliothek München); siehe dazu: Eine Schmähschrift gegen die Mannheimer Juden 1741. In MGB 5 – 1925, Sp. 118 *f*
13 Unna 1908, S. 23
14 Unna 1908, S. 24
15 Rosenthal Synagogen
16 Hans Huth: Nicht ausgeführte Architektur im 17. – 1. Hälfte 19. Jahrhundert, in Badische Heimat 1 – 1978, S. 27 *f*
17 Feder I, S. 345 *f*; Löwenstein S. 244 *f*; Rosenthal 1927, S. 122
18 Rosenthal 1927, S. 250
19 Vgl. Walter II, S. 442. Der Hinweis ist Frau Dr. Grit Arnscheidt zu verdanken
20 Mannheimer Journal 9.3.1848
21 Jeschurun Frankfurt/Main 1883, S. 155. Vermutlich ist mit dem Mannheimer Boten der Badische Volksbote gemeint.
22 General-Anzeiger (Badische Volks=Zeitung) 9.12.1885, Mitteilung von Hans-Joachim Hirsch
23 Lindemann S. 53
24 Rosenthal 1927, S. 291 *f*; Goldmann S. 44
25 Postkarte 1898, Sammlung Werner Albrecht
26 MGB 8/9 – 1924, Sp 165 *f*; Hupp, Friedrich: Das Heimatbuch der Stadt Mannheim, Mannheim 1939, S. 422 *f*
27 Gustaf Jacob: Mannheim – so wie es war, Düsseldorf 1971, S. 54
28 Gustaf Jacob: Die Mannheimer Planken, wie sie wurden und was sie erlebten, in: Die Mannheimer Planken, Schriften der Stadt Mannheim, Heft 2, 1937, S. 32
29 ebd. S. 35
30 Vgl. Beitrag „Nix bei gedacht" in: Meier Das Stadtmagazin für die Rhein-Neckar-Region 10 – 1994
31 Vgl. Frankfurter Rundschau 11.8.1994 und internationale Presseorgane ab August 1994

Juden
nicht
erlaubt.

Jud bleibt Jud!

Oberbürgermeister
Karl Renninger

Entrechtung 1933 – 1945

Es war die erklärte Absicht der Nationalsozialisten, Juden systematisch aus dem wirtschaftlichen, gesellschaftlichen und kulturellen Leben Deutschlands „auszuschalten“. Ihr Ausschluß aus jedem öffentlichen Leben war bis 1938 erreicht.

Eines der ersten Signale der neuen Machthaber war die auf Reichsebene angeordnete Boykottaktion gegen jüdische Geschäfte am 1.4.1933. In Mannheim wurden jüdische Betriebe noch früher als anderswo überfallen. Vorauseilenden Gehorsam zeigte die berüchtigte „SA-Standarte 171“, die bereits am 13.3.1933 eine Feier im Schloßhof anläßlich des Besuchs des Kommissars Robert Wagner zum Anlaß für eine großangelegte Aktion gegen jüdische Geschäfte nahm und eine mehrtägige Schließung erzwang. Vom 28.3.1933 an bezogen erneut Posten vor jüdischen Geschäften Stellung, um die Kunden zu behindern und Schließungen zu bewirken.[1]

Die Neue Mannheimer Zeitung berichtet über den „offiziellen“ Boykott am 1.4.1933: *„Die Breitestraße und die Planken waren von diesem Zeitpunkt ab überfüllt von Menschen. Die meisten jüdischen Geschäfte hatten heute morgen überhaupt nicht mehr geöffnet. Der Rest schloß noch vor 10 Uhr. Durch Plakatträger wurde*

Juden nicht erlaubt.

Eine Naziversammlung im Musensaal des Rosengartens. Foto aus dem Nachlaß des Gemeindemitglieds Alfred Simon.

die Mannheimer Bevölkerung aufgefordert, nur bei deutschen Geschäftsleuten zu kaufen. Trupps überklebten die Schaufenster christlicher Geschäfte mit roten Streifen, die mitteilten, daß es sich hier um deutsche Läden handele. Auf die Schaufenster von jüdischen Firmen wurde ein schwarz-gelber Zettel geklebt, auf dem die Worte: 'Jüdisches Unternehmen' zu lesen waren." [2]

Kunden, die in jüdischen Geschäften einkauften, wurden belästigt, das „Hakenkreuzbanner" veröffentlichte ihre Namen, um sie anzuprangern. Wie im Fall des Textilgeschäfts Herzberg in der Neckarstadt war es vielfach üblich, daß NS-Schergen die Kunden bis zu ihrer Wohnung verfolgten, um ihre Identität festzustellen. Diese Aktionen wiederholten sich bis November 1938 vielfach.[3]

Viele der sogenannten „arischen" Geschäfte, Restaurants und Cafés kennzeichneten ab 1935 ihr Unternehmen mit Schildern wie *„Juden werden hier nicht bedient"*. Wiederum gab das „Hakenkreuzbanner" den Anstoß dazu, indem es *„die Liste derjenigen Volksgenossen, die keinen Wert auf jüdische Kundschaft legen"*, als Vorbild veröffentlichte.

Durch staatliche Gesetze wurden bereits 1933 die ersten Grundrechte aufgehoben. Das „Gesetz zur Wiederherstellung des Berufsbeamtentums" brachte die jüdischen Beamten um ihren Beruf, die Zulassungen für Ärzte, Rechtsanwälte, Studenten und Schüler wurden mehr und mehr eingeschränkt. Das „Gesetz über den Widerruf von Einbürgerungen und die Aberkennung der deutschen Staatsangehörigkeit" vom Juli 1933 traf etwa 600 Mannheimer jüdische Bürger, deren Einbürgerung zwischen 1918 und 1933 erfolgt war. Die Betroffenen stammten meist aus Familien osteuropäischer Herkunft.

Die Nürnberger Gesetze schlossen 1935 auch die deutschen Juden von der neu eingeführten „Reichs-

bürgerschaft" aus, sie galten nun als „Staatsangehörige" mit minderen Rechten. Eheschließungen und außereheliche Beziehungen zwischen Juden und „Ariern" wurden als „Rassenschande" unter Strafe gestellt.[4]

Auch die Stadtverwaltung unter Oberbürgermeister Karl Renninger tat das ihre. Renningers Devise *„Jud bleibt Jud"*, sein konsequenter Antisemitismus sind verbürgt.[5] Die Stadt stellte jeglichen Umgang mit Juden ein, schloß jüdische Firmen von der Vergabe städtischer Aufträge aus, kündigte Miet- und Pachtverträge bis hin zu Theatermieten. Die Städtische Sparkasse gewährte Juden keine Kredite mehr, die städtischen Heime nahmen keine Juden mehr auf. Die Benutzung der Bäder, des Stadions und anderer Einrichtungen war ihnen verboten. Die städtischen Büchereien und Sammlungen wurden „bereinigt", jüdische Straßennamen entfernt. Städtische Bedienstete durften auch privat mit Juden nicht mehr verkehren, nicht bei ihnen kaufen, keinen jüdischen Rechtsanwalt oder Arzt mehr konsultieren.[6] Im städtischen Schlacht- und Viehhof wurden *„die bis dahin den Markt beherrschenden jüdischen Händler vollends ausgeschaltet"*.[7]

Eine der schwersten Ausschreitungen gegen Mannheimer Juden war der Überfall auf das Rheinbad Herweck, das die Nazis *„Judenaquarium"* nannten. Einer der Gäste sagte 1946 aus: *„Das Bad war voll besetzt, wovon meiner Schätzung nach ca. 40% der Anwesenden jüdische Gäste waren, aber nicht nur diese, sondern auch die anwesenden christlichen Gäste wurden angepöbelt, beschimpft, geschlagen, in das Wasser gestoßen, teilweise ins Bassin und teilweise in den freien Rhein [...] Die Eindringlinge hatten erstens die im Terrassenrestaurant angebrachte Kaffeemaschine geöffnet und die nackten Badegäste mit heißem Wasser begossen. Sie haben Jungens und Männer, die teilweise aus Angst und teilweise wahrheitsgemäß zum Ausdruck brachten, daß sie nicht der jüdischen Religionsgemeinschaft angehören, körperlich untersucht auf freier Fläche, um festzustellen, ob diese Angaben der Wahrheit entsprechen."* Die Angreifer schlugen und warfen mit SA-Knüppeln, Stühlen, Tischbeinen, Biergläsern und Tassen nach den Schutzlosen; Frauen und Mädchen wurden mißhandelt. Als letztes öffentliches Bad mußte auch das Herweck-Rheinbad 1935 das Schild *„Juden hier unerwünscht"* anbringen lassen.[8]

Juden nicht erlaubt.

Die existentielle Grundlage wurde Juden systematisch durch Kündigungen, Berufsverbote und geschäftsschädigende Maßnahmen genommen. Die „Arisierung" jüdischer Betriebe, das heißt ihr Zwangsverkauf weit unter dem tatsächlichen Wert, brachte Inhaber und Angestellte um Einkommen und Vermögen. Staat, Partei und skrupellose „Volksgenossen" verschafften sich immer ungenierter den Zugriff auf jüdisches Vermögen. Ab 1938 waren Juden aus dem Wirtschaftsleben völlig „ausgeschaltet".

Der Pogrom am 10.11.1938, die sogenannte „Kristallnacht", machte den nationalsozialistischen Rassen- und Vernichtungswahn auch für diejenigen offenkundig, die bisher ihre Augen verschlossen hatten. Das Kommando zu den Terroraktionen kam aus München. Der Befehl der „SA-Gruppe Kurpfalz", der in der Nacht des 9./10.11.1938 an die nachgeordneten Dienststellen weitergegeben wurde, lautete: *„Auf Befehl des Gruppenführers sind sofort innerhalb der Brigade 50 sämtliche Synagogen zu sprengen oder in Brand zu setzen. Nebenhäuser, die von arischer Bevölkerung bewohnt werden, dürfen nicht beschädigt werden. Die Aktion ist in Zivil auszuführen. Meutereien oder Plünderungen sind zu unterbinden. Vollzugsmeldung bis 8.30 Uhr an Brigadeführer oder Dienststelle."* Mit dem „Vollzug" wurde sofort begonnen.[9] SA-Männer holten den aus Heidelberg bestellten Sprengstoff im „Schlageterhaus" in M 3, 4 ab. Ein SA-Trupp fuhr zur Hauptsynagoge, um sie zu sprengen. Die ab etwa sechs Uhr morgens durchgeführte Aktion war der Auftakt für Zerstörungsaktionen im ganzen Stadtgebiet. An den Schandtaten beteiligten sich neben SA-Mitgliedern, die befehlsgemäß in Zivil angetreten waren, auch Parteifunktionäre und unorganisierter Mob. Was in der Hauptsynagoge durch Sprengung nicht bewirkt wurde, holten die Schergen mit Äxten nach. Die Gebäude der Gemeinde, die Klaussynagoge, das Jugendheim, die Gemeindebüros in E 7, 28, wurden demoliert, die Feudenheimer Synagoge und die Gebäude des Friedhofes gesprengt bzw. zerschlagen und in Brand gesetzt. Im Verlauf des Tages suchten Trupps jüdische Privatwohnungen und Geschäfte auf, mißhandelten die Bewohner, zerstörten die Einrichtungen und plünderten Waren und Mobiliar, stahlen Geld und Wertsachen.

Juden nicht erlaubt.

Schon früh am Morgen des 10.11. begann die Verhaftung der jüdischen Männer. Sie brachte man nach Dachau, wo die meisten mehrere Wochen in Haft blieben. Rabbiner Dr. Richter erfuhr als einer der ersten von dieser Verhaftungsaktion: *„Das Telephon begann zu läuten, und die Hiobsbotschaften kamen, eine nach der anderen. Dieser und jener war verhaftet worden, und vor Abend waren es wohl mehrere hunderte."* [10] Die Festgenommenen wurden zunächst ins Polizeipräsidium bzw. ins Landesgefängnis gebracht und danach mit der Bahn ins KZ Dachau verschleppt. Die betroffenen Familien standen wie unter einem Schock. Ihre Angehörigen waren verschleppt, ihre persönliche Habe und die Einrichtungen der Gemeinde lagen am Boden. Undenkbares hatte sich zugetragen.

Als einer der wenigen Männer war Rabbiner Dr. Richter der Verhaftung entkommen: *„Nun begannen die schweren Wochen der langsamen Wiederherstellung. Ich besuchte viele der Familien, deren Gatten, Väter und Söhne verschleppt worden waren. Fast unmittelbar kamen die ersten Särge aus Dachau an, mit den Überresten der im Lager Verstorbenen. Es wurde uns verboten, die Särge zu öffnen, und fast täglich hatten wir die traurige Pflicht, auf den Friedhof zu gehen, an der zerstörten Kapelle vorbei, um den Toten die letzte Ehre zu erweisen. Ich weiß nicht mehr, bei wie vielen Beerdigungen ich als der einzige Rabbiner in Mannheim während des schweren Winters 1938/39 amtieren mußte. Nebst den Särgen aus Dachau erhielten wir auch Urnen mit der Asche der Toten aus Buchenwald. Viele Familien verloren einen Ehemann, einen Vater, einen Sohn, einen Bruder.*

Nach und nach kamen die meisten Männer aus den Lagern zurück. Überall sah man Männer mit geschorenen Köpfen, die aus Dachau zurückgekommen waren, und große Lifts standen jeden Tag in den Straßen, um die Güter der Auswanderer zu empfangen." [11]

Ab 1939 waren Juden verpflichtet, den zusätzlichen Vornamen Israel oder Sara anzunehmen, wenn sie nicht schon einen Vornamen hatten, der nach Meinung der Nazis jüdisch klang. Der Reichsminister des Innern veröffentlichte hierzu eine Liste mit möglichst fremdartig anmutenden Namen.[12]

Ein Gesetz über die Mietverhältnisse mit Juden schuf im April 1939 eine weitere Grundlage, jüdische Mieter aus ihren Wohnungen zu vertreiben. Nach ihrer Kündigung mußten sie in sogenannte „Judenhäuser" einziehen, die noch in jüdischem Besitz waren. Die so erzwungene Gettoisierung war den Organisatoren der bald folgenden Deportationen für die Erfüllung ihrer infamen Aufgabe nur willkommen. Als am 22./23.10.1940 annähernd 2000 Menschen verhaftet wurden, hatten die Häscher nur noch bestimmte Häuser aufzusuchen. Die „Beschlagnahmung" der Wohnungseinrichtungen und der zurückgelassenen Habe, im Grunde dreister Diebstahl, wurde auf diese Weise vereinfacht.

Was die in Mannheim zurückgebliebenen Juden und diejenigen, die nach der Naziideologie als solche galten, durchzustehen hatten, entzieht sich jeder Vorstellungskraft. Fast wöchentlich wurden neue Bestimmungen wirksam, die Dasein und Menschenwürde noch mehr einschränkten. Beispielsweise mußten sie an Jom Kippur 1939 ihre Radiogeräte persönlich bei der Polizeistelle abgeben; eine besondere Infamie war es, daß Bestimmungen solcher Art häufig an jüdischen Feiertagen ausgeführt werden mußten. Juden wurden zur Brechung der Religionsgesetze gezwungen und konnten dem nächsten Feiertag nur mit gemischten Gefühlen entgegensehen. Seit September 1941 mußte man einen Judenstern auf der Kleidung tragen, das für jedermann sichtbare Zeichen der Ächtung. Die Anordnungen gingen vom Verbot, zum Friseur zu gehen (29.5.1942), optische oder elektrische Geräte zu besitzen (19.6.1942) bis zum Entzug von Fleischwaren, Eiern und Milch. (18.9.1942).[13] Bei geringsten Verstößen setzte man sein Leben aufs Spiel.

Die Deportationen gingen weiter, auch auf Partner aus „Mischehen" wurde nun keine Rücksicht mehr genommen. Einige wurden als Zwangsarbeiter zu Aufräumarbeiten nach Berlin verschleppt, eine Gruppe Mannheimer Juden mußte auf der Friesenheimer Insel brauchbare Dinge aus den Schuttplätzen heraussuchen. Bei dieser Zwangsarbeit wurden am 5.9.1944 neun Menschen durch Luftangriffe getötet.[14] Zahlreiche Juden verloren auch in der Stadt ihr Leben im Bombenhagel, denn ihnen war die Benutzung der Luftschutzräume untersagt.

Bespuckt, im günstigsten Fall von der Umwelt gemieden, demoralisiert, entwurzelt, bestohlen, verschleppt; durch die Deportationen von Freunden und Verwandten vereinsamt, den Luftangriffen schutzlos ausgeliefert in steter Erwartung drohender Verhaftung und Deportation der eigenen Familie in Konzentrationslager, gequält und ermordet; diese jahrelang währende Bedrängnis, die Trostlosigkeit, das unsägliche Leid jener Gepeinigten gehört zum Schlimmsten, was Menschen je in dieser Stadt erleiden mußten.

Siehe Abbildungen 402 – 407 in
„Bilder vom jüdischen Leben in Mannheim"

Juden nicht erlaubt.

Anmerkungen

1 Fliedner 112 *f*, Quellen Nr. 98 – 100
2 NMZ 1./2.4.1933, in StA MA S 2/515 – 1
3 Fliedner 119 *f*, Quelle Nr. 119
4 Vgl. Fliedner Quellen Nr 194 *ff*
5 Fliedner S. 175
6 Die Stadtverwaltung Mannheim im Jahrfünft 1933 – 1937, S. 43/44
7 ebd. S. 156
8 Fliedner Quellen Nr. 217 – 221
9 Zum 10.11.38 siehe Fliedner S. 199 – 204, Quellen Nr. 222 – 232
10 Bericht von Dr. Karl Richter, Sarasota, Florida, USA über die Ereignisse in Mannheim 1938/1939, 28.12.1980, in StA MA Bestand 16/1967
11 ebd.
12 Blau S. 50
13 Blau
14 Fliedner Quelle Nr. 21

Meine Eltern haben
seelisch furchtbar gelitten

Renate Spiegel, geb. Wildberg

Auswanderung 1933 – 1940

Die durch den Machtantritt der Nazis entstandene Situation drängte die Mannheimer Juden zunehmend zur Auswanderung. Die erste Emigrationswelle erfolgte 1933, durch die „Machtergreifung" und die frühen antijüdischen Gesetze ausgelöst. Die Nürnberger Rassegesetze und die Entlassung der jüdischen Beamten 1935 führten zum zweiten Auswanderungsschub. Ihm folgte der Schock des Novemberpogroms 1938, der die dritte Fluchtwelle bewirkte. Wer bis dahin sein Leben nicht gerettet hatte, geriet in die Vernichtungsmaschinerie des Regimes. Nach Kriegsbeginn am 1.9.1939 war eine Auswanderung nur noch unter schwierigsten Bedingungen möglich.

Ein Vergleich der Auswandererquoten Mannheims mit den Zahlen im Reichsdurchschnitt zeigt zwei Besonderheiten: Palästina kam als Einwanderungsland etwas mehr Bedeutung zu als in anderen Gemeinden, und der Zeitraum vor 1938 wurde etwas besser zur Auswanderung genutzt als anderswo.[1]
Die Mannheimer Gemeinde traf frühzeitiger als andere Vorkehrungen zur Auswanderung. Nach der Aussage von Rabbiner Dr. Gruenewald habe er selbst unmittelbar nach der „Machtergreifung" mit einem ehemaligen Mannheimer Industriellen in Holland,

Leopold Schwarzkachel aus Mannheim vor seinem Kiosk in Naharija, Israel, November 1963.

der eine Getreidefirma hatte, einen Auswanderungsfonds für die Mannheimer Gemeinde gegründet.[2] Auch die vergleichsweise günstige wirtschaftliche Situation mancher Juden in Mannheim mag eine Auswanderung begünstigt haben.

Die Gründe, weshalb Mannheimer Auswanderer Palästina als Ziel mehr bevorzugten als der Durchschnitt der deutschen Juden, sind wohl in der Struktur der Gemeinde und ihren zionistischen Organisationen zu suchen. Seit 1899 leistete die Ortsgruppe Mannheim der „Zionistischen Vereinigung für Deutschland" Überzeugungs- und Aufbauarbeit. Das „Palästinaamt" der Jewish Agency förderte die Aliah von Juden nach Erez Israel, der „Hilfsverein der Juden in Deutschland" die Einwanderung in andere Länder. Beide Organisationen arbeiteten eng mit den Instanzen der Gemeinde zusammen, berieten Auswanderungswillige und gewährten Finanzhilfen. Die Erziehung in den zionistisch eingestellten Jugendbünden erleichterte in vielen Fällen die Loslösung von Deutschland. Das Miterleben der Aliah von Freunden und Bekannten ermutigte trotz aller Unsicherheiten, nach Palästina einzuwandern. Die in Mannheim gegebenen Möglichkeiten der „Berufsumschichtung", die handwerkliche Berufsausbildung und die Vermittlung landwirtschaftlicher Hachschara-Ausbildung erwiesen sich als gute Voraussetzungen für die Emigration. Die Arbeit der „Jugendaliah" setzte 1934 ein. Sie wollte durch frühzeitige Einordnung in Palästina einen höchsten Grad an Anpassung an die Lebensformen des Landes, besonders an das Kibbuzleben erreichen.

Die Zielländer, auch das von Großbritannien verwaltete Palästina, verschärften ihre Einwanderungsbedingungen in zunehmendem Maß. Viele führten Wartelisten ein und verlangten Bürgschaftserklärungen und Eigentumsnachweise. Die an Deutschland zu zahlende „Reichsfluchtsteuer" und zahlreiche weitere Belastungen erschwerten die Emigration zusätzlich. Je später man sich dazu entschloß, desto gefahrvoller und entbehrungsreicher wurde die Flucht. Lisa Moos-Liebmann schildert: *„Meine Eltern hätten 1938 ein Affidavit nach den USA bekommen können, aber da ihre einzigen Kinder, mein Bruder und ich, schon 1934 und 1935 nach Palästina ausgewandert waren, wollten sie nur dorthin. Die dreiwöchige Fahrt auf dem 'Seeräuberkahn', wie sie es nannten, war eine Odyssee. Nach drei Wochen wurden sie von den Engländern im Haifaer Hafen geschnappt und sollten nach Mauritius verschifft werden. Dieses Schiff 'Patria' ging im Hafen von Haifa innerhalb von 20 Minuten unter. Viele ertranken und meine Mutter wurde schwer* *verwundet.*" Die Patria und andere illegal in Palästina vor Anker gegangene Schiffe wurden von der jüdischen Untergrundorganisation Hagana seeuntüchtig gemacht, um die englische Mandatsregierung zur Aufnahme der Flüchtlinge zu veranlassen.

Einen weiteren Schicksalsschlag erlitten viele durch den Verlust des Umzugsgutes. Jakob Wildberg, der Inhaber einer Blechröhrenfabrik in B 5, 6 verlor seine gesamte Habe. Die Tochter Renate Spiegel erinnert sich: Er war „*froh, daß er mit meiner Mutter 1940 nach Amerika kommen konnte, mit einem bleiernen Koffer und $ 20.00. Alles, was er nach Amerika an Möbeln und Hausrat geschickt hat, ist gestohlen worden in Holland, nachdem die Nazis Holland überrannt hatten. Meine Eltern haben seelisch furchtbar gelitten, sie mußten mit uns drei in kleinen Zimmern wohnen und von uns ernährt werden.*"

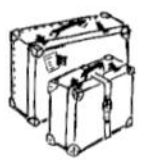

Von den Szenen, die sich häufig im Mannheimer Hauptbahnhof beim Verabschieden der „Palästina-Wanderer" abspielten, gibt Otto Simon im Gemeindeblatt eine stimmungsvolle Schilderung. Es sei schon Tradition geworden, daß immer Montag nachts kurz vor 12 Uhr, vor dem direkten Schnellzugwagen nach München, der Anschluß nach Triest hatte, eine Gemeindegruppe die auswandernden Chaluzim verabschiedete: „*Zwischen dem Zuge, der nur wenige Minuten Aufenthalt hat, und den Verbleibenden spinnt sich ein unsichtbares Band, es ist eines von vielen, das – mit diesem Zuge – Erez und Golus miteinander verbindet. Verhalten und mehr mit der Seele, als mit den Lippen gesungen, liegt die 'Hatikwah' über der Schar Verbleibender.*" [3]

Vielen blieb jedoch die Rettung durch Auswanderung versagt.

Siehe Abbildungen 408 – 416 in „Bilder vom jüdischen Leben in Mannheim"

Anmerkungen

1 Eine Untersuchung der Schicksale von 8186 Mannheimer Bürgern ergab, daß von 1933 bis Ende 1936 insgesamt 1425 Mannheimer auswanderten. In den nächsten zwei Jahren folgten ihnen 1458 Menschen und bis zur Deportation am 22.10.1940 nochmals 1044. Von diesen Emigranten meldeten sich 52,1 % nach Amerika ab, 29,5 % ins europäische Ausland und 14 % nach Palästina. Der tatsächliche Anteil der Auswanderung nach Erez Israel lag jedoch höher, da viele Emigranten den Weg nach Palästina über Drittländer wählten. Untersuchung von Rosenstock in: ROBERT WELTSCH (Hrsg.): Deutsches Judentum, Aufstieg und Krise, Stuttgart 1963; zitiert nach FLIEDNER S. 104

2 KAHN S. 30

3 IGB 8 – 1935

Was über Gurs lag,
das war die Angst.

Oskar Althausen [1]

Deportationen 1938 – 1945

Die erste Zwangsverschickung in Mannheim traf die Juden polnischer Herkunft. Im Oktober 1938 kündigte die polnische Regierung an, sie wolle einer Anzahl von Personen, welche seit fünf Jahren und länger keine Verbindung mit Polen hatten, die Staatsangehörigkeit entziehen. Das NS-Regime in Deutschland nahm dies als Anlaß zu einer Abschiebungsaktion.

In Mannheim waren 75 Männer betroffen. Sie lebten z.T. seit Jahrzehnten in der Stadt. Überfallartig wurden sie am Abend des 27.10.1938 aus ihren Wohnungen heraus verhaftet, mußten im Schloßgefängnis die Nacht verbringen und wurden am 28.10.1938 nachmittags mit der Bahn abtransportiert. Die weiblichen Angehörigen und die Kinder blieben zurück; viele sahen ihre Väter, Ehemänner, Söhne bei der Abfahrt am Hauptbahnhof zum letzten Mal.[2] Einer der Deportierten erinnerte sich: *„Jeder bekam zwei Laib Brot und Margarine und wurde dann in die Waggons verladen. Das war ein Bild der Grausamkeit. Weinende Frauen und Kinder, herzzerreißende Szenen. Dann wurden wir unter strengster polizeilicher Bewachung in geschlossenen Waggons an die Grenze transportiert. Samstagnachmittag (29. Oktober), um 5 Uhr dort angelangt, wurden wir über die Grenze ge-*

schoben. Ein neues grausames Schreckensbild war hier zu sehen. Drei Tage waren wir auf dem Bahnsteig und Bahnhofshallen, 8000 Menschen. Frauen und Kinder ohnmächtig, wahnsinnig, Sterbefälle, die Gesichter gelb wie Wachs [...] Am vierten Tag endlich Hilfe gekommen. Ärzte, Schwestern mit Medikamenten, Butter und Brot vom jüdischen Komitee aus Warschau.“ [3] Die Abgeschobenen waren nur für kurze Zeit vor dem Zugriff der Deutschen sicher. Die Besetzung Polens durch die Wehrmacht 1939 und die Einrichtung der Gettos durch die Deutschen brachte den sicheren Untergang.

Die nächste Zwangsverschickung ereignete sich wenige Tage nach dieser Abschiebungsaktion. Am Morgen der Pogromnacht vom 9/10.11.1938 begannen die Verhaftungen der deutschen jüdischen Männer. Mehrere hundert Personen wurden am Abend in Sonderzügen ins Konzentrationslager Dachau gefahren; schon auf dem Transport kam es zu schweren Mißhandlungen. Die Einweisung ins Lager war begleitet von Fußtritten, stundenlangem Stehen, Kälte und Hunger; die brutale Behandlung führte zu Krankheit und Tod zahlreicher Häftlinge.Ein Teil der Gefangenen wurde gegen Ende des Jahres unter der Voraussetzung entlassen, daß die Spuren der Mißhandlungen am Körper nicht mehr sichtbar waren und daß man sich zur baldigen Auswanderung verpflichtete. Nach der Rückkehr in Mannheim mußten die Entlassenen sich bis zur Abreise regelmäßig bei der Gestapo melden.

Andere Mannheimer fanden in Dachau den Tod, so Benno Furchheimer, der in Neckarau ein kleines Kaufhaus hatte. Die Tochter Inge berichtet: *„Mein Vater wurde am 3. Juni 1941 in Dachau ermordet, zu Tode geprügelt. In einem Telegramm aus Dachau wurde uns mitgeteilt, daß mein Vater am Morgen gestorben sei, wir könnten seine Leiche sehen. Das hatten wir noch nie gehört. Unsere Mutter war eine sehr tapfere Frau; wir fuhren nach Dachau und wir sahen unseren Papa, d.h. sein Gesicht. Wir hatten unterschrieben, daß wir nicht versuchen würden, ihn aufzudecken. Die Haut auf der linken Seite seines Gesichts war weggerissen. Als wir seine Kleider zurückerhielten, war seine Brille auf der gleichen Stelle zerbrochen.“* [4]

Nahezu alle Juden, die zwei Jahre später noch in Baden, der Pfalz und im Saarland wohnten, wurden zu Opfern der Zwangsverschickung am 22./23.10. 1940.[5] Sie erfaßte annähernd 2000 jüdische Mannheimer, Frauen, Männer, Kinder und Greise. Diese Deportation war veranlaßt von den „Gauleitern“ Badens und der Saarpfalz, Robert Wagner und Josef Bürckel, die ihren Ehrgeiz darin sahen, die von ihnen verwalteten „Gaue“ als erste in Deutschland „judenrein“ zu machen. Die Aktion wurde ohne Ankündigung durchgeführt; allenfalls ein Gerücht, es liege etwas „in der Luft“, ging seit Mitte Oktober um.

Am Morgen des 22.10.1940 erschienen Polizisten in den Wohnungen und forderten die fassungslosen Menschen zum Packen auf; nur die Mitnahme von 50 kg Gepäck und 100 Reichsmark waren erlaubt. Da sehr wenig Zeit gewährt wurde, konnten die Menschen nur hastig und unüberlegt packen, was sich später verhängnisvoll auswirken sollte. Sie hatten eine Erklärung zu unterschreiben, die dem Verzicht auf alles zurückgebliebene Eigentum gleichkam. Die Wohnungen wurden durch Gestapo-Beamte versiegelt. Ihre Inhaber sahen sie nie wieder. Zu Fuß wurden sie gezwungen, den Polizisten an die Sammelstellen zu folgen, meist zu Schulgebäuden und Turnhallen, etwa in der C 6-Schule.

Von dieser Aktion blieben die in Mischehen lebenden, die nicht transportfähigen und die ausländischen Juden zunächst noch verschont, nicht jedoch die Angehörigen der mit Deutschland verfeindeten Staaten. Dieses Geschehen spielte sich an allen Orten in Baden, in der Pfalz und im Saarland ab.

In Mannheim fuhren die ersten Züge vom Hauptbahnhof noch am 22.10.1940 ab. Doch vor der ungeheuren Zahl von Menschen versagte selbst deutsches Organisationstalent; die Menge der vorhandenen Eisenbahnwagen war unzureichend. Bis neue Waggons herangeschafft waren, brachte man die überzähligen Menschen über Nacht in der Hans-Schemm-Schule in Mannheim-Schönau unter. Die heutige Schönauschule befand sich damals noch im Rohbau. Im Morgengrauen des 23.10. gingen die Bahntransporte vom Bahnhof Waldhof aus weiter.

Über das Ziel der Fahrt waren sich die Betroffenen zunächst im unklaren. Viele befürchteten den Transport in den Osten. Erst an den Ortsschildern wurde erkennbar, daß die Züge in Richtung Südbaden rollten.

Mehrere Mannheimer hatten noch vor dem Verlassen der Wohnung ihrem Leben selbst ein Ende gesetzt, andere starben oder töteten sich während der Bahnfahrt. Von den Schreckensszenen, die sich auf dem Transport abspielten, geben Briefe von Walter Siesel, der auf dem Transport Pflegebedürftige betreute, ein erschütterndes Zeugnis.

Nach einer mehrtägigen Fahrt ins Ungewisse trafen neun Transportzüge mit über 6500 Juden, davon mehr als 4500 aus Baden, am 24./25.10.1940 im südfranzösischen Oloron ein, einem Ort am Fuß der Pyrenäen. Mit Lastwagen wurden sie in das Internierungslager Gurs gebracht. Die Koffer wurden zunächst im Freien gestapelt. Als die Besitzer sie teilweise erst nach Wochen zurückerhielten, war ihr Inhalt durch Regen größtenteils unbrauchbar geworden.

Das Lager Gurs im unbesetzten Teil Frankreichs war 1939 als Internierungslager für Flüchtlinge des Spanischen Bürgerkrieges errichtet worden. Die mit der deutschen Besatzungsmacht kollaborierende Vichy-Regierung Marschall Pétains hatte es zur Aufnahme der badisch-pfälzischen Juden bereitgestellt. Es bestand aus einem eingezäunten, schlammigen Gelände; entlang der 1,800 km langen Lagerstraße lagen die Baracken. Jeweils etwa 25 Baracken bildeten einen durch Stacheldraht in sich abgeschlossenen „îlot“, französisch Inselchen. Das Lager enthielt neun Frauen und vier Männerîlots. Jeweils 50 – 65 Personen hatten sich den spärlichen Raum in einer Baracke zu teilen, in ihrem Innern war es dunkel, zugig und kalt. Die Wände hatten Luken, die in geschlossenem Zustand kein Tageslicht hereinließen. Die völlig ungenügende Heizsituation erlaubte nur selten, die hölzernen Läden zu öffnen.

Bei der Ankunft besaßen die Räume keine Einrichtungsgegenstände, sondern allenfalls Strohlager. Die alten, oft gebrechlichen Leute litten besonders unter den unhygienischen Verhältnissen, der Kälte und dem allgegenwärtigen Schlamm. Vorfälle wie dieser waren keine Seltenheit: *„In der Nacht ging eine Frau auf den Abort, sie trat neben den Laufsteg, fiel auf das Gesicht und konnte sich nicht mehr aus dem Schlamm freimachen. Als sie lange nicht zurückkam, ging die Tochter, welche neben ihr schlief, nachzusehen. Sie fand die Mutter tot, erstickt auf dem Gesicht liegend.“* [6] Schlamm und Kälte, Ratten und Wanzen, Hunger und Trostlosigkeit, Krankheit und Tod prägten das Leben in Gurs.

Diejenigen Internierten, die noch arbeitsfähig waren, bemühten sich zusammen mit der französischen Lagerleitung um Verbesserungen. Durch den Einsatz der Ilotbewohner konnten nach Wochen provisorische Küchen und Krankenstationen geschaffen werden. Die internierten Ärzte und Schwestern, z.T. aus dem jüdischen Krankenhaus Mannheim, gaben ihr Bestes, allen voran Dr. Johanna Geissmar, Oberin Pauline Maier und Dr. Eugen Neter. Doch blieben ihre Möglichkeiten äußerst eingeschränkt: *„Die Monate November/Dezember 1940 und Januar 1941 sahen ein grausames Massensterben. Eine ruhrartige Darmerkrankung hatte um sich gegriffen, nachdem die neuen, sehr schwierigen Lebensbedingungen die Menschen, besonders die vielen Alten, körperlich und seelisch geschwächt und widerstandsunfähig gemacht hatten. Vergeblich fast war die überaus schwere Arbeit der Ärzte und das Mühen der sich aufopfernden Schwestern; zu sehr mangelte es an Arzneien, Diät, Nahrung und Pflegemitteln […] In jenen drei Monaten starben weit über 600 Männer und Frauen.“* [7] Das Essenangebot genügte nicht den geringsten Ansprüchen. *„Die Menge der wichtigsten Nahrungsstoffe, Fett, Eiweiß und Mehle entsprach nur ungefähr einem Viertel der als notwendig betrachteten […] Zu dieser Unzulänglichkeit der Kost kam hinzu das Eintönige des Speisezettels.“* [8] Zahlreiche Hungerödeme waren die zwangsläufige Folge.

Nach dem grauenvollen Winter 1940/41 begann die Lagerleitung, einen Teil der Internierten in kleinere Nebenlager zu verlegen. Ältere Deportierte kamen nach Noé, Familien mit Kindern überwiegend nach Rivesaltes, behinderte Menschen hauptsächlich nach Récébédou. Weitere Nebenlager waren bei Nexon und Vernet. Die in den Nebenlagern herrschenden besseren Bedingungen brachten zwar kurzfristig Erleichterungen mit sich, doch erwiesen sich die Wachmannschaften dort häufig strenger und brutaler als in Gurs.

Verschiedene Hilfsorganisationen bewirkten, daß ein Teil der Kinder aus den Lagern gerettet und in Heimen untergebracht wurde. Dankbar erinnern sich viele an die Schweizer Krankenschwester Elsbeth Kasser, die sich aufopfernd um die Menschen in Gurs kümmerte.[9] Mit Hilfe von Verwandten und Unterstützung Fremder konnten einige in die Schweiz oder andere Länder flüchten, manche tauchten in die Illegalität ab. Sie überlebten durch den Beistand hilfsbereiter Franzosen, auch aus den Reihen der Résistance. Etwa 17 % der nach Gurs deportierten badischen Juden überlebten in Frankreich. Wer Verwandte im Ausland hatte, wer die notwendigen Papiere und Bestechungsgelder zahlen konnte und wer über die notwendige körperliche Verfassung verfügte, flüchtete ins nicht von den Nazis kontrollierte Ausland.

Alle anderen erwartete der Tod. Gemäß den Beschlüssen der Wannseekonferenz vom 20.1.1942 veranlaßten die mit der „Judenfrage“ befaßten deutschen Dienststellen in Paris im März 1942 die ersten Deportationen von Juden in den Osten. Von Sommer 1942 bis in den Herbst 1943 gingen Transporte von den südfranzösischen Lagern über Drancy bei Paris zu den Konzentrationslagern des Ostens, meist nach Auschwitz und Lublin-Majdanek.[10] Was sich beim Bekanntwerden der Transportlisten, beim Abtransport, während der viele Tage dauernden Fahrt in Viehwaggons, bei der Ankunft im Lager und in den letzten Lebensstunden der ausgelieferten Menschen abgespielt hat, entzieht sich jeder Vorstellungskraft. Die Mehrzahl von ihnen wurde gleich nach der Ankunft in Auschwitz in Gaskammern getötet.[11] Auf diese furchtbare Weise fanden die meisten der deportierten Mannheimer Juden den Tod.

In Mannheim blieben im Oktober 1940 nur noch etwa 200 in Mischehe lebende, ausländische oder transportunfähige Juden zurück, wobei der deutsche Amtsarzt, der ihren Gesundheitszustand beurteilte, strengste Maßstäbe anlegte. Im Verlauf des Krieges wurden auch sie deportiert.

Die bis 1945 immer wieder durchgeführten Deportationen führten direkt in die Konzentrationslager Osteuropas. Die Liste der am 24.4.1942 nach Izbika *„evakuierten Juden"* enthält 32 Namen, die Liste der Deportation vom 21.8.1942 nach Theresienstadt nennt die Namen von 69 verschleppten Personen.[12] Außerdem sind folgende Deportationen bekannt, die von Mannheim ausgingen oder in Mannheim wohnende Juden betrafen: 11 Menschen am 29.9.1942, 4 Menschen am 1.3.1943, 18 Menschen am 14.3.1943, 6 Menschen am 15.6.1943, 9 Menschen am 8.10.1943 sowie 14 oder 16 Mannheimer am 10.1.1944.[13] Verzweiflungstaten, Selbstmorde waren an der Tagesordnung. Noch am 14.2.1945 wurden 49 Juden unter dem Decknamen „Arbeitseinsatz" nach Theresienstadt verschleppt. Der nächsten vorgesehenen Deportation kamen die Ende März 1945 in Mannheim einmarschierenden Amerikaner zuvor. Sie erlösten die etwa 60 in der Stadt verbliebenen „Nichtarier". Im Gegensatz zu den vorher deportierten Menschen durften die meisten der am 14.2.1945 Verschleppten Anfang Mai die Befreiung durch russische Truppen erleben.[14]

Vier Jahrzehnte sollte es dauern, bis eine Liste der jüdischen Opfer des Naziterrors für Mannheim vorlag. Sie wurde vom Stadtjugendamt Mannheim im Rahmen des Projekts „Spurensuche" erarbeitet und zunächst als Gedenkwand in Form einer Ausstellung und später als Teil des Buches „Auf einmal da waren sie weg" veröffentlicht.[15] Die Liste, die keinen Anspruch auf Vollständigkeit erhebt, enthält weit über 2000 Namen.

Auf dem Friedhof des ehemaligen Lagers Gurs, auf dem 1187 Tote ruhen, errichtete der Verband der jüdischen Gesellschaften Basses-Pyrénées im Jahr 1945 ein Denkmal in Form eines Obelisken. Der Friedhof selbst wurde 1961/62 auf Initiative badischer Städte und Gemeinden sowie des Oberrats nach Entwürfen des Karlsruher Planungsamts instandgesetzt. Eine neue Gedenkstätte im Rang eines „Memorial National" wurde 1994 auf dem ehemaligen Lagergelände von der französischen Regierung in Gemeinschaft mit der „Amicale du Camp de Gurs" erstellt. Stellvertretend für alle Lager des Vichy-Faschismus soll die Erinnerungsstätte ein Mahnmal gegen den Antisemitismus und Rassismus Vichy-Frankreichs sein. Die nach den Plänen des israelischen Künstlers Dani Karavan erstellte Anlage wurde am 14.10.1994 in Anwesenheit von Staatspräsident Mitterand eingeweiht.[16]

Mannheimer Delegation auf dem Friedhof des Lagers Noé
1. Reihe, v.l.n.r.: Oskar Althausen, Rabbiner Dr. Levinson, Bürgermeister W. Pföhler, Udo Haug.

Siehe Abbildungen 417 – 440 in „Bilder vom jüdischen Leben in Mannheim"

Anmerkungen

1 OSKAR ALTHAUSEN: Die Deportation und Camp de Gurs überlebt, in: WIEHN S.343 – 373

2 Vgl. die hämische Berichterstattung im HB 29.10.1938

3 Mitteilung Sigmund Hoffmann, Milano 1987

4 Mitteilung Inge Angst, geb. Furchheimer, Silver Spring, Md. USA, 1987

5 Zum Thema Gurs siehe die reichhaltige Zusammenstellung von OBST;
WALTER SCHMITTHENNER (Hsg.):
Maria Krehbiel-Darmstädter: Briefe aus Gurs und Limonest 1940 – 1943, Heidelberg 1970;
SCHULVERWALTUNGSAMT MANNHEIM (Hsg.):
22./23.Oktober 1940 Deportation Mannheimer Juden nach Gurs, Mannheim 1990;
LANDAU

6 OBST S. 66

7 Vgl. HAUPTAMT DER STADTVERWALTUNG KARLSRUHE (Hsg.): Totenliste des Lagers Gurs, Karlsruhe, 1990

8 Eugen Neter in FLIEDNER Quelle Nr. 38

9 Barbara Becker und Friedrich Teutsch: „Die edle Schwester Elsbeth Kasser..." in STADTARCHIV MANNHEIM (Hsg.): Mannheim im Zweiten Weltkrieg; Mannheim 1993;
die von Schwester Elsbeth gesammelten Bilddokumente aus Gurs wurden seit 1989 an verschiedenen Orten ausgestellt, siehe Katalog: GURS Ein Internierungslager in Frankreich 1939 – 1943, Zeichnungen, Aquarelle, Fotografien, Sammlung Elsbeth Kasser, Herning Dänemark 1989 in dänischer, 1990 in deutscher Sprache erschienen

10 Deportationslisten siehe BARBARA VORMEIER: La déportation des Juifs allemands et autrichiens de France, Paris 1980

11 OBST S. 94 *ff*;
FLIEDNER Quellen Nr. 36 – 41

12 JD 16/1967 Nr. 61

13 STADTJUGENDAMT S. 90/91

14 Zwei Menschen dieses Transports verstarben in Theresienstadt bzw. auf der Rückreise nach Mannheim, FLIEDNER Quelle Nr. 21

15 STADTJUGENDAMT S. 108 *ff*

16 Mitteilung Oskar Althausen, Mannheim 1995

Ruth Weiss

Ehemalige Mannheimer in aller Welt

Die aus Mannheim geflüchteten Juden und ihre Nachkommen leben in Ländern rund um den Erdball. Viele der heute Hochbetagten knüpften wieder Kontakte zu ihrer früheren Heimatstadt. Andere lehnten es ab, in Einzelfällen bis heute, mit Deutschland etwas zu tun zu haben. Als Reaktion auf das trotz aller schrecklichen Erinnerungen große Interesse ehemaliger Mannheimer an den Geschehnissen in der Stadt nahm die Stadtverwaltung im Jahr 1957 die Kontaktpflege auf. Seit 1980 lädt sie jährlich eine Gruppe von acht bis zehn jüdischen Besuchern ein, die einst in Mannheim lebten. Die Auswahlkriterien waren nicht immer einheitlich; z.Z. werden die Ältesten der in Frage kommenden Personen bevorzugt. Noch etwa 80 ehemalige Mannheimer, die auf eine Einladung hoffen, wurden bisher nicht berücksichtigt. Die Stadt hielt im Jahr 1994 Kontakte zu 477 jüdischen ehemaligen Mannheimern, von denen 142 in Israel, 237 in den USA und die anderen in zahlreichen Ländern, schwerpunktmäßig jedoch in Südamerika und Australien leben.[1]

Im Jahr 1978, 40 Jahre nach der Vertreibung aus Deutschland, wurde in Israel der „Verband Ehemaliger Mannheimer, Ludwigshafener und Umgebung“

Die erste von der Stadtverwaltung eingeladene Gruppe ehemaliger Mannheimer bei einem Ausflug zum Heidelberger Schloß, 1980.

gegründet. Er besteht aus zwei Ortsgruppen; Mitglieder, die in Tel Aviv und Umgebung leben, treffen sich in einem Lokal Tel Avivs, die im nördlichen Landesteil wohnenden früheren Mannheimer kommen in Haifa zusammen. Die Leitung und Organisation der Tel Aviver Gruppe übernahm Zwi Goldstein, der Sohn des Mannheimer Gemeindevorsitzenden Heinrich Goldstein. Der Verband in Haifa wurde zunächst von einem Komitee unter dem Vorsitz von Max Mantel, seit 1987 von Gad (Edwin) Haas geleitet. Die Mitglieder beider Verbände kommen regelmäßig zu Vorträgen, Lesungen, Film- und Diavorführungen zusammen, meist nachmittags bei Kaffee und Kuchen. Gruppen und Einzelbesucher aus Deutschland, u.a. Reisegruppen der Gesellschaft für Christlich-Jüdische Zusammenarbeit und andere Touristengruppen sind gern gesehene Gäste. Zusammenkünfte dieser Art führten häufig zu dauerhaften Kontakten. Die Verbände sind bemüht, das Wissen um die Zeit der Verfolgung aufrecht zu erhalten. Gerade junge Besucher, die interessiert sind am Schicksal der Juden in Deutschland und an der Geschichte ihrer Emigration, haben schon vielfach von den Gesprächen mit den ehemaligen Mannheimern profitiert.[2] Enge Beziehungen unterhalten beide Verbände zur deutschen Botschaft in Tel Aviv und zum Mannheimer Rathaus. Über die Veranstaltungen berichtet in der Regel die deutschsprachige Zeitung „Israel-Nachrichten", die in Tel Aviv erscheint.

Die Mitglieder beider Verbände sind meist hochbetagt. Immer mehr von ihnen fällt es schwer, an den Treffen teilzunehmen, der Kreis wird zunehmend kleiner. Der 1993 unternommene Versuch einer Zusammenarbeit des Tel Aviver Verbands mit dem Verband ehemaliger Ostpreußen und Danziger fand kein Interesse, und so beschloß man, sich in größeren Abständen in kleinerem Kreis zu treffen. Der Verband in Haifa hatte 1994 noch 40 Mitglieder, wobei an manchen Veranstaltungen, meist im Haifaer Café Ritz, noch bis zu 25 Mitglieder zusammenkommen. Kontakte können aufgenommen werden über: Verband Ehemaliger Mannheimer, Ludwigshafener und Umgebung, Zwi Goldstein, P.O.B. 18013, Tel Aviv, Telefon 6 95 40 37 bzw. Verband Ehemaliger Mannheimer, Ludwigshafener und Umgebung, Gad Haas, P.O.B. 6960 Carmel, Haifa, Telefon 37 46 59.[3]

Eine weitere große Gruppe ehemaliger Mannheimer lebt in den USA. Die bislang informellen Kontakte untereinander bekamen durch ein 1990 veranstaltetes, internationales Treffen ehemaliger Mannheimer aus aller Welt einen offiziellen Charakter. Zur Vorbereitung dieser Zusammenkunft trat im November 1988 in New York das „Mannheim Reunion Committee" zusammen. Unter dem Vorsitz von Ernest W. Michel gehörten Walter Salomon, Max Kaufmann, Robert B. Kahn, Max K. Liebmann, Joey Ullmann, Edith Ullmann und Lotte Marshall dem Komitee an, zu dessen Ehrenmitgliedern die früheren Mannheimer Rabbiner Dr. Max Gruenewald und Dr. Karl Richter ernannt wurden. Man verständigte die früheren Gemeindemitglieder durch Briefe und Presseaufrufe und forderte sie auf, ihre Lebenserinnerungen einzusenden. Das hieraus entstandene englischsprachige Gedenkbuch mit dem Titel „Reflections by Jewish Survivors from Mannheim" enthält Erinnerungen von 116 früheren Mannheimern und liefert einen interessanten Beitrag zur Geschichte der Mannheimer Juden.
Das Treffen fand in Monticello, einer Stadt in den Catskill Mountains im Staat New York, vom 14. bis 17.6.1990 im Hotel Kutscher's statt. Es war für die Beteiligten ein besonders eindrucksvolles Erlebnis, das lange nachhallte. In der Folge fanden mehrere kleinere „reunions" in verschiedenen Teilen der USA statt, z.B. in Chicago, Florida und San Francisco.

Das enorme Interesse der ehemaligen Mannheimer an Informationen und Austausch spiegelt sich im Mitteilungsblatt „Mannemer Newsletter“ wider, das seit 1.1.1991 in regelmäßigen Abständen von Bianca Zwang Hirsch in San Francisco zusammengestellt und an über 350 Abonnenten in aller Welt versandt wird.[4] Außerdem berichtet die deutschsprachige Emigrantenzeitung „Der Aufbau“ über ehemalige oder heutige jüdische Gemeinden in Deutschland.

Siehe Abbildung 445 in „Bilder vom jüdischen Leben in Mannheim“

Anmerkungen

1 Auskunft Herr Gluth, Stadtverwaltung Mannheim 1994

2 Vgl. KAHN, S. 87

3 Auskunft Zwi Goldstein, Tel Aviv und Gad Haas, Haifa, 1994

4 Auskunft Bianca Zwang Hirsch, San Francisco, 1995

Begriffserklärungen

Adar
Monat des jüdischen Kalenders

Ahawas Schulem
„Friedensliebe", Name einer ostjüdischen Vereinigung in Mannheim

Aliah
„Hinaufstieg", Einwanderung nach Israel

Almemor
Estrade in der Synagoge zur Aufnahme des Tisches für die Toravorlesung

aramäisch
semitische Sprache

Aron Hakodesch
Heilige Lade zur Aufnahme der Torarollen

Aschkenasim, Adj. **aschkenasisch**
Juden aus Mittel- und Osteuropa

Askan
Spendensammler für den Keren Hajessod

Bachur, Bocher, Pl. **Bachurim**
Jüngling

Bar Kochba
jüdischer Turnverein, Name in Erinnerung an den Führer des Aufstands gegen die Römer 132 – 135 n.d.Z

Bar Mizwa
„Sohn der Pflicht", Knabe beim vollendeten 13. Lebensjahr, Feier zu diesem Anlaß

Bat Mizwa
„Tochter der Pflicht“, Mädchen beim vollendeten 12. Lebensjahr, Feier zu diesem Anlaß

benschen
beten

Berches
Weißbrote für die Sabbatmahlzeit

Besomim
Gewürze, Besomimbüchse für die Feier zum Sabbatausgang

Bet Din
Gerichtshof, bestehend aus drei Rabbinern

Bet Haknesset
Synagoge

Bet Hamidrasch
Lehrhaus

Bikkur Cholim
„Krankenbesuch“, religiöse Pflicht

Bima
Estrade in der Synagoge zur Aufnahme des Tisches für die Toravorlesung

Bnei-Brith
„Söhne des Bundes“, jüdische Loge

Bracha
Segensspruch

Brit Mila
Beschneidung

Chalot, Challe
Weißbrote für die Sabbatmahlzeit

Chaluz, Pl. **Chaluzim**
„Pionier“ zur Einwanderung nach Israel

Chamez
„Gesäuertes“, darf an Pessach nicht gegessen werden

Chanukka
Lichterfest

Chasan
Vorbeter der Synagoge

chassidisch
„fromm“, einer mystischen Bewegung im Judentum angehörend

Cheder
Elementarschule

Chewra Kadischa
Beerdigungsbruderschaft

Chumasch
Tora, fünf Bücher Moses

Chuppa
„Baldachin“, „Trauhimmel“ bei der Eheschließung

Chawer
„Genosse“

Dajan, Pl. **Dajanim (Dajunim)**
„Richter“, Rabbinatsassessor

El male rachamim
Gebet bei der Seelenfeier

Elul
Monat des jüdischen Kalenders

Erev
Vorabend

Erez Israel
„Land Israel“

Eruw
symbolische Grenze, dient der Erleichterung der Sabbatvorschriften

Esra
Name eines orthodoxen Jugendbunds

Esrog (Etrog), Pl. **Esrogim**
Zitrusfrucht, gehört zum Feststrauß am Laubhüttenfest

Gabbaj
Almoseneinnehmer

Gemara
Teil des Talmuds

Get
Scheidungsbrief

Golus (Galut)
Diaspora, Juden außerhalb Israels

Habonim
„die Aufbauer“, Name eines Jugendbunds

Hachschara
„Tauglichmachung“, Vorbereitung auf Arbeitsleben in Israel

Hagada (Hagada schel Pessach)
Erzählung vom Auszug aus Ägypten, wird am Sederabend vorgetragen

Halacha
Sammelbezeichnung der religiösen Bestimmungen

Haman
Bösewicht im Buch Esther

Haschana-Rabba (Hoschana Rabba)
siebter Tag des Laubhüttenfests

Haschomer Hazair
„Der junge Wächter“, Name eines Jugendbunds

Hatikwah
Nationalhymne Israels

Haut la crêche
(franz.) „Hoch die Krippe“, Zeremonie bei der Namensgebung für Mädchen

Hawdala
„Unterscheidung“, Ende des Sabbattages

Hechaluz
Organisation der Chaluzim

Hohe Feiertage
zehn Bußtage von Rosch Haschana bis Jom Kippur

Holekreisch
Fest der Namensgebung für Mädchen

Issur
Verbot

Iwrit
Hebräisch

Jad
Hand, Zeigehand für die Toralesung

Jeschiwa
Talmudhochschule

Jom Haazmaut
Unabhängigkeitstag Israels im April/Mai

Jom Kippur
Versöhnungstag, heiligster Feiertag des Jahres im September/Oktober

Jom Tow
Feiertag

Kabbala, kabbalistisch
Überlieferung, jüdische Geheimlehre

Kabbalat Schabbat
„Begrüßung des Sabbats", Einleitung des Sabbatgottesdienstes am Freitagabend

Kaddisch
Heiligung, Gebet für das Seelenheil Verstorbener

Kadimah
„Vorwärts", Name eines Jugendbunds

Kaschrut
Gesamtheit der Koschervorschriften und -einrichtungen

Keren Hajessod
Grundfonds für den Aufbau Israels

Keren Kajemeth Lejisrael
Fonds für die Urbarmachung Israels

Ketuba
„das Geschriebene", Ehevertrag

Ketuvim
„Schriften", Teil der Bibel

Kibbutz
kollektive Siedlung in Israel

Kiddusch
„Heiligung", Weinsegen

Kil'ajim
„Zweierlei", Verbot der Mischung, u.a. von pflanzlichen und tierischen Fasern in Stoffen

Kizur Schulchan Aruch
„geordneter Tisch", Sammlung von Ge- und Verboten

Klaus
„abgeschlossener Raum" (lat.), Lehrhaus mit Synagoge

Kol Nidre
„Alle Gelübde", Einleitungsgebet zum Jom-Kippur-Abend

Konversion
Übertritt von einer Religion zur anderen

koscher
rituell rein

Lag Baomer
Halbfeiertag im April/Mai

Lecha Dodi
„Komm, mein Freund", Hymne zum Empfang des Sabbat

Linas Hazedeck
„Stätte der Gerechtigkeit", ostjüdischer Verein

Luach
jüdischer Kalender

Lulaf
Feststrauß, der am Laubhüttenfest zur Hand genommen wird

Ma Towu
Bibelstelle 4. Buch Mose 24, 5, auch in Musik umgesetzt

Maariv
Abendgebet

Machane
Lager

Machsor, Pl. **Machsorim**
Festtagsgebetbuch

Makkabäer
jüdische Führerfamilie, die im 1. und 2. Jh. v.d.Z. gegen Fremdherrschaft kämpfte

Makkabi
jüdischer Turnverein, Name in Erinnerung an Juda Makkabi (gest. 161 v.d.Z.)

Makkabiah, Pl. **Makkabiot**
jüdische „Olympiade"

Mappa
Toramantel

Mazze
ungesäuertes Brot

Megilla
Rolle des Buches Esther

Memorbuch
Gedächtnisbuch einer jüdischen Gemeinde

Mikwe
rituelles Tauchbad

Mincha
Mittagsgebet

Minjan, Pl. **Minjanim**
„Zahl", Mindestzahl von zehn erwachsenen Männern beim Gottesdienst

Mischna
Teil des Talmud

Mizwa
„Gebot", religiöse Pflicht

Mohel
Beschneider

Ner Tamid
„Ewiges Licht"

Omer
Garbe, die zwischen Pessach und Schawuot im Tempel dargebracht wurde; die Tage in diesem Zeitabschnitt werden gezählt

orthodox
gesetzestreu

Parnas, Pl. **Parnassim**
„Verpfleger", Vorsteher einer Gemeinde

Parochet
Vorhang vor dem Toraschrein

Pentateuch
Fünf Bücher Moses

Pessach
„Überschreitungsfest" im März/April, erinnert an die Befreiung aus der ägyptischen Knechtschaft

Proselyt
griech. Hinzukömmling, ein ins Judentum Aufgenommener

Rabbi, Rabbiner
„mein Meister", geistiger Führer

Raschi
Rabbi Salomo ben Isaak, Bibel- und Talmudkommentator

Rimon, Pl. **Rimonim**
„Granatapfel", Toraaufstecker

Rosch Chodesch
erster Tag des jüdischen Monats

Rosch Haschana
jüdisches Neujahrsfest im September

Sabbat, Schabbes
Samstag, der Gott geweihte Ruhetag

Sabbatianismus
Bewegung, hervorgerufen durch den Pseudo-Messias Sabbatai Zewi (1626 – 1676)

Sandak
„Pate" bei der Beschneidung

Sargenes
Totenkleid

Schadchan
Heiratsvermittler

Schalosch Seudot
„drei Mahlzeiten", Bez. f.d. dritte Sabbatmahlzeit am Samstagnachmittag

Schammes
Synagogendiener

Schawuot
Wochenfest sieben Wochen nach Pessach

Schema Israel, Schma Israel
„Höre Israel", Bekenntnis der Einzigkeit Gottes

Schiwah
„sieben", Trauerwoche nach der Beerdigung

Schochet
ritueller Schlächter

Schofar
Widderhorn, Blasinstrument

Schomre Schabos
„Hüter des Sabbat", Name eines ostjüdischen Vereins, Name des Weltverbands für Sabbatschutz

Schtadlan, Schetadlan
„Fürsprecher", Vertreter jüdischer Interessen

Schul
jiddisch für Synagoge

Schulchan
„Tisch", dient der Toralesung in der Synagoge

Seder
„Ordnung", häuslicher Familiengottesdienst am Vorabend zum Pessachtag

Sefardim, Adj. **sefardisch**
Juden aus Südeuropa und Nordafrika

Selichot
„Verzeihungen", Bußgebete

Simchat Tora
„Freude über die Tora", Ende des Toralesezyklus im September/Oktober

Simcho
Freude

Sofer
Toraschreiber

Sukka
Laubhütte

Sukkot
Laubhüttenfest im September/Oktober

Synagoge
Haus der Versammlung zum Gottesdienst

Tallis, Tallit
Gebetsmantel

Talmud
„Belehrung", neben der Bibel Hauptwerk des Judentums

Taschlich
„Du wirst werfen", Brauch, am 1. Tag Rosch Haschana an einen Fluß zu gehen und mit der Bitte um Sündenvergebung Brotkrumen hineinzuwerfen

Tass
„Platte", Zierschild an der Torarolle

Tefilla
„Gebet"

Tischa Be'aw
Trauertag im Juli/August, der an die Zerstörung des Tempels erinnert

Tora
„Lehre", Fünf Bücher Moses

Zedaka
Wohltätigkeit im Sinn ausgleichender Gerechtigkeit

Zionismus
Bewegung zur Wiederherstellung eines jüdischen Staates im Heiligen Land

Literatur und Quellen

Adler, Hugo
Die Entwicklung des synagogalen Gesanges in Mannheim, in: IGB 1 – 1924, 2 – 1924, 4 – 1924, 5 – 1924 (ADLER)

Bayer, Tilde
Die Juden in Mannheim während der Regierungszeit des Kurfürsten Karl Ludwig 1661 – 1680, Magisterarbeit im Seminar für Neuere Geschichte der Universität Mannheim 1988 (BAYER)

Bernett, Hajo
Der jüdische Sport im nationalsozialistischen Deutschland 1933 – 1938, Schriftenreihe des Bundesinstituts für Sportwissenschaft Band 18, Schorndorf o.J.

Billigheimer, Samuel
Karl Billigheimer, in: MH 1 – 1972 (BILLIGHEIMER)

Blau, Bruno
Das Ausnahmerecht für die Juden in Deutschland 1933 – 1945, Düsseldorf 1954 (BLAU)

Bohlmann, Philip V.
Das Musikleben während der jüdischen kulturellen Renaissance in Mannheim vor dem Zweiten Weltkrieg, in: MH 1985

Die in der Chur=Pfältzischen Stadt Mannheim wegen trauriger Emigration des gantzen Juden=Packs in dem Schieß=Haus versammlete höchst=fröliche Burgerschafft. Da das gantze Juden=Volck wegen ihrer vielfältigen Verbrechen die Stadt und Land raumen mußte. Anno 1741

Endres, Juliane
Das Mittwochsthema: Eine neue Synagoge - ein neues Leben? Süddeutscher Rundfunk S 3, ausgestrahlt am 23.9.1987 (ENDRES)

von Feder, Heinrich
Geschichte der Stadt Mannheim, Mannheim/Straßburg 1875/1877 (FEDER)

Felsenthal, Simon
Zur Geschichte des israelitischen Kranken- und Pfründnerhauses E 5, 9, in Mannheim, in: IGB 10 – 1925, 11 – 1925 und 12 – 1925 (FELSENTHAL 1925)

Felsenthal, Simon
Jüdische Ärzte in Alt-Mannheim, in: MGB 1929, Sp. 38 *f*; ders.: Dr. Hayum Jacob, in IGB 7-1929 (FELSENTHAL 1929)

Felsenthal, Simon
Die jüdische Gemeinde Mannheim im ersten Jahrhundert des Bestehens der Stadt, in: IGB 9 – 1931 (FELSENTHAL 1931)

Felsenthal, Simon
Ein jüdischer Arzt der Carl Theodor-Zeit in Mannheim als medizinischer Schriftsteller Dr. Elkan Wolf/Von den Krankheiten der Juden 1777 erschienen bei C.F. Schwan in Mannheim,in: IGB 2 – 1933 (FELSENTHAL 1933)

Fliedner, Hans-Joachim
Die Judenverfolgung in Mannheim 1933 – 1945. Bd. 1: Darstellung. Bd. 2: Dokumente, Veröffentlichung des Stadtarchivs Mannheim 1 und 2, Stuttgart/Berlin/Köln/Mainz, 1971 (FLIEDNER)

Geschichte der Mannheimer Juden, Aus der
in: MGB 1904, Sp. 261 *f* (GESCHICHTE)

Goldberg, Jakob
Die wirtschaftlichen Leistungen der jüdischen Gemeinde Mannheim, Dissertation an der philosophischen Fakultät der Universität Heidelberg 1920 (GOLDBERG)

Göller, Leopold
Lemle Moses, in: Kurpfälzer Jahrbuch, Heidelberg 1927, S. 103 – 110 (GÖLLER)

Gurs
Ein Internierungslager in Südfrankreich 1939 – 1943 Zeichnungen, Aquarelle, Fotografien Sammlung Elsbeth Kasser, Ausstellungskatalog, Viborg (Dänemark) 1989, Pforzheim Mannheim Konstanz 1990, Hamburg 1991 (KASSER)

Hahn, Joachim
Erinnerungen und Zeugnisse jüdischer Geschichte in Baden-Württemberg, Stuttgart, 1988 (HAHN)

Hammer-Schenk, Harold
Untersuchungen zum Synagogenbau in Deutschland von der ersten Emanzipation bis zur gesetzlichen Gleichberechtigung der Juden (1800 – 1871). Dissertation Bamberg 1974

Hammer-Schenk, Harold
Synagogen in Deutschland, Geschichte einer Baugattung im 19. und 20. Jahrhundert (1780 – 1933), 2 Bände, Hamburg 1981 (HAMMER-SCHENK)

Hauptamt der Stadtverwaltung Karlsruhe (Hrsg.)
Totenliste des Lagers Gurs, Karlsruhe 1990 (KARLSRUHE)

Hirsch, Paul R. (Hrsg.)
Drei kurpfälzische Hoffaktoren. Aus den Erinnerungen von Julius Lehmann Mayer. In: MGB 1922, Sp. 7 *ff* und 35 *ff* (HIRSCH Hoffaktoren)

Hirsch, Paul R. (Hrsg.)
Die Mannheimer Judenschaft am Ende des achtzehnten Jahrhunderts. Aus den Erinnerungen von Julius Lehmann Mayer. In: MGB 1922 Sp. 178 *ff* (HIRSCH Judenschaft)

Horovitz, Markus
Frankfurter Rabbinen, in vier Heften als Beilage zu den Jahresberichten der Israelitischen Religionsschule Frankfurt, 1882 – 1885; neuediert mit Ergänzungen von Josef Unna, Jerusalem 1969 (HOROVITZ)

Hundsnurscher, Franz / Taddey, Gerhard
Die Jüdischen Gemeinden in Baden - Denkmale, Geschichte, Schicksale, Veröffentlichung der Staatlichen Archivverwaltung Baden-Württemberg, Stuttgart, 1968 (HUNDSNURSCHER U.A.)

Huth, Hans
Die Kunstdenkmäler des Stadtkreises Mannheim, München 1982 (HUTH)

Jüdisches Lexikon, ein enzyklopädisches Handbuch des jüdischen Wissens in vier (fünf) Bänden, Berlin 1927 – 1930 (JL)

Kahn, Robert B. / Mannheim Reunion Committee
Reflections by Jewish Survivors from Mannheim, New York 1990 (KAHN)

Keller, Volker
Die ehemalige Hauptsynagoge in Mannheim, in: MH 1 – 1982 (KELLER 1982)

Keller, Volker
Die Klaus-Synagoge in Mannheim, in: MH 1 – 1984 (KELLER 1984)

Keller, Volker
Zum Leben und Werk von Dr. Isak Unna, Rabbiner an der Klaussynagoge in Mannheim 1898 – 1935, in: MH 2 – 1987 (KELLER 1987)

Keller, Volker
Bilder vom jüdischen Leben in Mannheim, Sonderveröffentlichungen des Stadtarchivs Mannheim 19, Mannheim 1988 (KELLER 1988)

Keller Volker
Das jüdische Altersheim B 7, 3, in: MH 2 – 1992 (KELLER 1992)

Bernhard Kirchgässner
Integrationsprobleme einer bürgerlichen Gründungsstadt Mannheim 1660 – 1720, Juden in Mannheim, in: Schriften der Gesellschaft der Freunde Mannheims und der ehemaligen Kurpfalz, Heft 22, 1992, S. 34 *ff* (KIRCHGÄSSNER)

Kleiderordnung für die Juden
in: MGB 1902, Sp. 20

Krehbiel-Darmstädter, Maria
Briefe aus Gurs und Limonest 1940 – 1943, hrsg. von Walter Schmitthenner, Heidelberg 1970 (KREHBIEL-DARMSTÄDTER)

Landau, M. Edwin / Schmitt, Samuel (Hrsg.)
Lager in Frankreich - Überlebende und ihre Freunde, Mannheim 1991 (LANDAU)

Lauer, Chaim
Die Klaus und ihre Rabbiner, in: IGB 17 – 1936 (LAUER)

Lewin, Adolf
Geschichte der badischen Juden seit der Regierung Karl Friedrichs 1738 – 1909, Freiburg 1909 (LEWIN)

Lindmann, Helwine Jakobine
Relata refero. Ich bin ein Stein, doch schlägt der Stahl an mich, so sprühe ich Funken (Lebenserinnerungen, verfaßt 1911),
StA MA, Kleine Erwerbungen 323, Original in CAHJP. (LINDMANN)

Moses, Elisabeth
Jüdische Kult- und Kunstdenkmäler in den Rheinlanden, in: Rheinischer Verein für Denkmalpflege und Denkmalschutz 1931, Heft 1, Düsseldorf 1931 (MOSES)

Neter, Eugen
An unsere früheren Mitarbeiter. (Typoskript ohne Verfasser- und Zeitangabe, vermutlich Eugen Neter, um 1939, LBI (NETER)

Oberrat, Großherzoglich Badischer (Hrsg.)
Dienstvorschriften für Mohelim, Karlsruhe 1897 (OBERRAT 1897)

Oberrat der Israeliten Badens (Hrsg.)
Gedenkbuch zum hundertfünfundzwanzigjährigen Bestehen des Oberrats der Israeliten Badens, Frankfurt/Main 1934 (OBERRAT 1934)

Oberrat der Israeliten Badens (Hrsg.)
Juden in Baden 1809 – 1984, mit Begleitbuch zur gleichnamigen Ausstellung, Karlsruhe, 1984 (OBERRAT 1984)

Oberrat der Israeliten Badens / Jüdische Gemeinde Mannheim / Stadtarchiv Mannheim (Hrsg.)
Jüdisches Gemeindezentrum Mannheim F 3. Festschrift zur Einweihung am 13. September 1987, Mannheim, 1987 (OBERRAT 1987)

Obst, Johannes
Gurs. Deportation und Schicksal der badisch-pfälzischen Juden 1940 – 1945, Didaktisch-methodische Handreichung für weiterführende Schulen, Mannheim, 1986 (OBST)

Rieger, J. G.
Historisch=topographisch=statistische Beschreibung von Mannheim und seiner Umgebung; Mannheim 1824 (RIEGER)

Rosenthal, Berthold
Aus der Geschichte der israelitischen Volksschule in Mannheim, in: IGB 2 – 1926, IGB 3 – 1926 (ROSENTHAL 1926)

Rosenthal, Berthold
Heimatgeschichte der badischen Juden, Bühl/Baden 1927, Reprint Magstadt 1981 (ROSENTHAL 1927)

Rosenthal, Berthold
Unbekannte Spuren vom „*Jud Süß*", in: MGB 1929, Sp. 108 *f* (ROSENTHAL 1929)

Rosenthal, Berthold
Miszelle, in: Zeitschrift für die Geschichte der Juden in Deutschland, 1930, S. 71, Berlin (Stadtarchiv Mannheim 3/156) (ROSENTHAL Miszelle)

Rosenthal, Berthold
Das Testament des Löb Dinkelspiel vom Jahre 1787, in: MGB 1930, Sp. 207 *f* (ROSENTHAL Dinkelspiel)

Rosenthal, Berthold
Zur Geschichte der Mannheimer Synagogen, in: IGB 6-1930 (ROSENTHAL Synagogen)

Rosenthal, Berthold
Eine Kaschrusfrage, in IGB 9 – 1930 (ROSENTHAL Kaschrusfrage)

Rosenthal, Berthold
Der erste Schritt zur Gleichberechtigung der Juden in Mannheim, in: IGB 7 – 1931 (ROSENTHAL Gleichberechtigung)

Rosenthal, Berthold
Jüdische Wohlfahrtspflege in Mannheim am Ende des 18. Jahrhunderts, in: IGB 3 – 1931 (ROSENTHAL Wohlfahrtspflege)

Rosenthal, Berthold
Der Mannheimer Rabbiner Isaac Brilin (1671 – 1678), in: IGB 8-1932 (ROSENTHAL 1932)

Rosenthal, Berthold
Zwei jüdische Ärzte (Dr. Hayum Jacob und Dr. Simon Lefmans), Monatsschrift für Geschichte und Wissenschaft des Judentums, 77 (1933), S. 447 – 456 (ROSENTHAL 1933)

Rosenthal, Berthold
Vergangene Tage, in: IGB 17 – 1936 (ROSENTHAL 1936)

Rosenthal, Berthold
Zur Geschichte des alten jüdischen Friedhofs in Mannheim, Vortrag, gehalten im Juli 1938, Typoskript mit Nachtrag um 1940, Leo Baeck Institute New York (ROSENTHAL 1938)

Sauer, Paul
Dokumente über die Verfolgung der jüdischen Bürger in Baden-Württemberg durch das nationalsozialistische Regime 1933 – 1945, Veröffentlichungen der Staatlichen Archivverwaltung Baden-Württemberg, Bd. 16/17, Stuttgart,1966 (SAUER 1966)

Sauer, Paul
Die Schicksale der jüdischen Bürger Baden-Württembergs während der nationalsozialistischen Verfolgungszeit, Veröffentlichungen der Staatlichen Archivverwaltung Baden-Württemberg, Bd. 20, Stuttgart, 1969 (SAUER 1969)

Schoeps, Julius H. (Hrsg.)
Aus zweier Zeugen Mund - Festschrift für Pnina Navè Levinson und Nathan Peter Levinson, Gerlingen 1992 (SCHOEPS)

Stadtjugendamt Mannheim (Hrsg.)
"Auf einmal da waren sie weg", Mannheim 1995 (STADTJUGENDAMT)

Stockheim, Max
Die israelitische Gemeinde, in: Walter 1907, Band III, S. 475 – 480 (STOCKHEIM 1907)

Unna, Isak
Die Lemle Moses Klaus-Stiftung in Mannheim, zwei Bände, Frankfurt/Main 1908/1909 (UNNA 1908/1909)

Unna, Isak
Oberrabbiner Michael Scheuer als Kritiker seiner Zeit, in: Zeitschrift für die Geschichte der Juden in Deutschland, Nr. 4 – 1929, Berlin (UNNA 1929)

Unna, Mosche
u.a.: For the Sake of Unity and Uniqueness, Jerusalem 1975 (hebräisch) (UNNA 1975)

Unterrheinischer Bezirk des Badischen Architekten- und Ingenieurvereins und der Architekten- und Ingenieurverein Mannheim-Ludwigshafen (Hrsg.)
Mannheim und seine Bauten, Mannheim 1906 (UNTERRHEINISCHER)

Walter, Friedrich
Mannheim in Vergangenheit und Gegenwart, Band I-III, Mannheim 1907 (WALTER 1907)

Watzinger, Karl-Otto
Die Jüdische Gemeinde in Feudenheim, in: MH 3 – 1965 (WATZINGER 1965)

Watzinger, Karl-Otto
Geschichte der Juden in Mannheim 1650 – 1945, Veröffentlichungen des Stadtarchivs Mannheim 12, Stuttgart/Berlin/Köln/Mainz, 1987 (WATZINGER 1987)

Wiehn, Erhard R. (Hsrg.)
Oktoberdeportation 1940, Konstanz 1990 (WIEHN)

Abkürzungen der Zeitschriften und Archive

AJW	Allgemeine Jüdische Wochenzeitung
AZ	Allgemeine Zeitung
AZJ	Allgemeine Zeitung des Judenthums
CAHJP	Central Archives for the History of the Jewish People, Jerusalem
GLA	Generallandesarchiv Karlsruhe
HB	Hakenkreuzbanner
HStA	Hauptstaatsarchiv Stuttgart
IGB	Israelitisches Gemeindeblatt Mannheim
JD	Stadtarchiv Mannheim „Judendokumentation“
MGB	Mannheimer Geschichtsblätter
MH	Mannheimer Hefte
MM	Mannheimer Morgen
MOIB	Mitteilungsblatt des Oberrates der Israeliten Badens
NMZ	Neue Mannheimer Zeitung
RM	Reiß-Museum Mannheim
RNZ	Rhein-Neckar-Zeitung
Rhpf	Die Rheinpfalz
StA HD	Stadtarchiv Heidelberg
StA MA	Stadtarchiv Mannheim

Bildnachweis

Baum, Lena
London, Großbritannien
69, 87, 105, 116

Copley, Ruth
USA
135

Eigermann-Wolf, Ora
Mannheim
174

Erlich, Alisa und Manfred
Mannheim
61 unten, 117, 175, 176

Feist, Ruth
Dayton, Ohio, USA
57

Goldstein, Zwi
Tel Aviv, Israel
37

Hebrew Union College
Cincinnati, USA
165

Heinrich, Elisabeth
Mannheim
51, 96, 178

Hoffmann-Lewy, Edith
Naharija, Israel
146, 213

Israelitisches Familienblatt
(Hamburg) Nr. 50, 11.12.1930, Beilage Nr. 269
30

Jüdische Gemeinde Mannheim
50

Keese, Gudrun
Mannheim
46/47, 48 beide, 95

Kibbuz Degania
Israel
90

Leistner, Dieter
Mainz
150

Levinson, Prof. Dr. Peter Nathan
Jerusalem
58, 192, 210

Marhöfer, Orna
Mannheim
60, 62 oben, 97, 172

Reiß-Museum Mannheim, Jean Christen
19, 28, 128

Rothe, Philipp
Heidelberg
70 unten

Schwarzkachel, Gusta
Naharija, Israel
205

Shore, Edith
Chicago, USA
56

Sperber, Lisa
New York, USA
160, 169, 170

Simon, Alfred
Mannheim (Nachlaß)
44, 46/47, 48 beide, 200/201

Soussan, Benjamin David
Freiburg
70 oben

Stadtarchiv Mannheim
125, 188

Stadtplanungsamt Mannheim
132, 142

Studniberg, Marlies
Mannheim
61 oben, 62 unten, 63 beide, 64

Walter, Friedrich
Mannheim in Vergangenheit und Gegenwart, Mannheim 1907, Band 1
131